# 구조율고 【三】 九朝律考

[권2] 위율고魏律考

[권3] 진율고晉律考 上・中・下

# 구조율고 <sup>[三]</sup> 九朝律考

## [권2] 위율고 魏律考
## [권3] 진율고 晉律考 上·中·下

An Annotated Translation on the Laws of Nine Dynasties

정수덕 程樹德 저 ┃ 임병덕 역주

세창출판사

구조율고 【三】 九朝律考

1판 1쇄 인쇄   2015년  4월  15일
1판 1쇄 발행   2015년  4월  25일

저    자 | 정수덕(程樹德)
역주자 | 임병덕(林炳德)
발행인 | 이방원
발행처 | 세창출판사
           주소 | 서울 서대문구 경기대로 88 (냉천빌딩 4층)
           신고번호 | 제300-1990-63호

           전화 | (02) 723-8660    팩스 | (02) 720-4579
           http://www.sechangpub.co.kr
           e-mail: sc1992@empal.com

ISBN  978-89-8411-498-2  94360
        978-89-8411-495-1 (세트)

잘못된 책은 구입하신 서점에서 바꾸어 드립니다.
책값은 뒤표지에 있습니다.

이 도서의 국립중앙도서관 출판예정도서목록(CIP)은 서지정보유통지원시스템 홈페이지
(http://seoji.nl.go.kr)와 국가자료공동목록시스템(http://www.nl.go.kr/kolisnet)에서
이용하실 수 있습니다.(CIP제어번호: CIP2015011084)

2011년 한국연구재단 명저번역에 선정된 후 벌써 3년이 지났다. 청대고
증학의 진수를 느낄 수 있는 程樹德의『九朝律考』에 대한 역주를 진행하고
마무리하면서 요즘 3년 전 내가 그 얼마나 무모한 시도를 했는지 절감하고
있다. 출판을 앞둔 현 시점에서도 역주작업의 결과에 대해 여전히 두려움
을 느끼고 있다. 만약 그 어려움을 미리 알았더라면 이 일을 결코 시도할 엄
두도 내지 못하였을 것이다. 程樹德의『九朝律考』를 언뜻 보았을 때는 '二
十四史'의 본문이 대부분인 줄 알았다. 그런데 막상 하나하나 번역을 하다
보니 程樹德이 인용하고 참고하고 있는 문헌자료가 실로 방대하다는 것을
실감하였다. 程樹德의『九朝律考』에는『漢書』,『史記』,『三國志』,『魏書』,
『晉書』,『陳書』,『隋書』등의 正史類를 비롯하여 唐代의 법전인『唐六典』
과『唐律疏議』, 그리고 유교 경전 및 제자백가서인『春秋左傳』,『抱朴子』,
『春秋公羊傳』,『禮記』,『韓非子』,『呂氏春秋』,『荀子』,『管子』,『周禮』,
『禮記』,『春秋穀梁傳』,『大戴禮記』등을 비롯하여 漢代의 지리서인『水經
注』,『三輔黃圖』, 그리고 자서 혹은 자전류인『急就篇』,『集韻』,『釋名』,
『爾雅』,『說文解字』등이 인용되었고, 시기적으로는 전국시대부터 송원대
에 이르는 시기에 편찬된『國語』,『戰國策』,『潛夫論』,『新序』,『韓詩外傳』,
『申鑒』,『新書』,『漢紀』,『風俗通義』,『論衡』,『鹽鐵論』,『淮南子』,『東觀
漢記』,『逸周書』,『荊楚歲時記』,『後漢紀』,『羣書治要』,『酉陽雜俎』,『藝
文類聚』,『通典』,『北堂書鈔』,『意林』,『白氏六帖事類集』,『初學記』,『通
志』,『容齋隨筆』,『演繁露』,『冊府元龜』,『東漢會要』,『鼠璞』,『唐會要』,
『西漢會要』,『資治通鑑』,『太平御覽』,『文獻通考』등 수많은 사료가 인용

되고 있으며 여기에서 散見하는 漢律을 비롯한 隋代까지의 九朝律을 빠짐없이 망라하고 있다. 程樹德의『九朝律考』에서 인용되고 있는 사료는 앞서 열거한 것만이 아니고, 심지어는 北京大 도서관에서도 찾을 수 없는 사료도 있고, 또한 단순히 사료의 본문에서만 인용된 경우 못지않게 '注疏'에서 인용된 사료가 상당하여 한문 실력이 짧은 나로서는 수많은 한계에 부딪칠 수밖에 없었다. 게다가 程樹德이 활동한 시대에는 중국의 노대가들을 동원하여 정밀한 교감을 행한 '중화서국 표점본 이십사사'가 출판되지 않은 시기였고, 또한 납활자 시대에 수작업과 자신의 암기력에 기초해서『九朝律考』를 출간하였기 때문에 표점이나 오자, 탈자를 제외하고도 전거로 삼은 문헌 가운데 인용권수가 다르거나 찾을 수 없는 경우도 적지 않아 실제 번역과정에서 수도 없는 난관에 부딪혔다. 그 전거가 되는 인용문을 전혀 다른 책에서 찾기도 하였다. 이처럼 이 책의 번역은 나의 능력을 벗어난 작업이었지만, 그럼에도 불구하고『九朝律考』의 번역을 이나마 마무리하고 출판할 수 있게 된 것은 나를 도와준 뛰어난 제자와 후배가 있었기 때문이었다. 충북대학교를 졸업하고 성균관대학교에서 석사를 마친 뒤 북경대학에서 박사과정에 재학 중인 김병진 군은 이 책의 번역에 큰 도움을 주었다. 특히 해석이 어려운 문장의 경우 김병진 군이 결정적 해석을 제공한 경우도 적지 않았다. 예를 들어 "行言許受財"를 해석하지 못하고 있어서 며칠간 고민한 적이 있었다. 김병진 군을 포함하여 몇 분께 자문을 받았는데, 김병진 군의 해설이 가장 상세하여 김병진 군의 해설에 근거하여 "[사전에] 말을 주고받아 뇌물을 받는 것을 허락한 경우"라는 식으로 해석하여 "사전에 뇌물을 요구하였거나 뇌물로 바치는 물건임을 알면서도 받는 행위에 대한 처벌 규정"으로 번역을 마무리하였다. 또한 성균관대학교 박사과정에 재학 중인 김진 군으로부터도 많은 도움을 받았다. 이미 김병진 군과 김진 군은 매우 빈틈없는 논문을 발표하여 한국의 동양사학계의 차세대 주자로 주목을 받고 있는데, 이들의 탄탄한 연구성과의 배경에는 은사이신 하원수 선생님의 영향이 큰 것 같다. 이 밖에도 이 책을 번역하면서 해석이 풀리지 않을 경우에는 성대의 김경호 선생님, 숙대 임중혁 선생님, 경북대 윤재석 선생님, 전남대 박건주 선생님, 성대 송진 선생님, 서강대 홍승현 선생님, 경북대 오준석 선생님 등을 비롯하여 많은 분들의 도움을 받았다. 해제에 대해서는 충남대학교의 정순모 선생님의 예리한 지적을 받아 수정하였다. 이렇게 많은 분들의 도움을 받고도『九朝律考』에 대한 역주는 아직도 자신이 없다. 무엇보다『九朝律考』가 얼마나 난해하고 방대한 책인지도 모르고 명저번역을 1년 기간으로 신청하다 보니 번역기간이 너무 짧았다. 이 정도 분량의 번역서라면 당연히 연구팀이 조직되어 여러 사람들과의 토론을 거쳤어야 했는데, 필자의 착오로 예산이나 시간상 모두 불가능하였다. 변명을 덧붙이자면, 국내 명저 번역이 대체로 중국과 일본의 번역서를 참고하고 있고, 심지어는 국내에 이미 번역한 책을 별다른 수준의 차이를 느낄 수 없게 중복 번역한 경우도 있지만, 이 책은 일본이나 중국에서 번역된 사례가 없어서 참고할 만한 책이 전무한 상태였다는 점이다. 따라서 중국의 고전과 전적에 천박한 나는 해석상 미궁에 빠진 적이 많을 수밖에 없었다. 여러 면에서 부족하고 미진하지만, 한 가지 이 책의 장점을 거론할 수 있다. 그것은 역주에 최근의 출토문헌의 연구성과를 반영하여 보강하고 있다는 점이다. 근래에 최근의 中國古代法制史 연구는 주로 출토문헌을 중심으로 진행되었는데, 그 계기가 된 것은 1975년 湖北省 雲夢縣 睡虎地秦墓에서 1천여 매의 법률관계 죽간, 즉 秦律의 조문과 그 해석이 밝혀지게 되면서부터였다.『雲夢睡虎地秦簡』중의 법률자료는 중국 고대 법제의 형성과 전개과정에 대한 이해는 물론 동아시아 법체계의 형성이라는 측면에서도 매우 중요하다. 즉『雲夢睡虎地秦簡』은 漢初의「九章律」,『二年律令』등을 통해 파악할 수 있는 漢律과의 관계뿐만 아니라 唐律의 연원 및 법체계의 변천과 異同에 대한 연구에도 중요한 단초를 제공하고 있다.『雲夢睡虎地秦簡』이후 최근 몇 년 사이에 학계의 관심이 집중된 것은『張家山漢簡』『二年律令』이었다. 秦律 이후 湖北省 江陵 張家山 漢墓群에서도 그 모습을 보인 漢初의 律令인『張家山漢簡』『二年律令』에 대한 연구는 2002년 공식

출간 이후 秦律 연구를 능가하는 열기 속에 진행되었다. 최근 3권까지 공개된 『嶽麓書院秦簡』도 中國古代法制史 연구의 중요한 출토자료로 주목을 받고 있고 곧 전모가 공개될 예정이다. 본서에서는 『嶽麓書院秦簡(參)』의 奏讞資料까지 역주에 참고하고 있다. 역주만이 아니라 본문의 해석상에서도 『雲夢睡虎地秦簡』과 『張家山漢簡』 『二年律令』의 연구 성과를 어느 정도 반영할 수 있었다. 예를 들어, '船方長'의 方은 舫의 通假字로 '方長'은 곧 '舫長'이다. 따라서 船方長은 船長을 의미하는 것으로 쉽게 해석할 수 있었다. 그런데 '船方長'에 대한 해석은 『張家山漢簡』 『二年律令』의 강독에서 도움을 받은 것이었다. 『晉書』 「刑法志」에는 矯制가 나오고 있는데, 制는 詔書로 矯制는 즉 矯詔이다. 오늘날의 연구자는 『二年律令』을 통하여 矯制는 '大害', '害', '不害' 등 몇 개의 등급으로 나누어 있었고, 이에 따라 처벌을 달리하였음을 상세히 알 수 있게 되었다. 程樹德은 『史記』 「秦始皇本紀」에 나오는 隱宮을 궁형을 받은 자로 보고 있지만, 나는 최근의 출토문헌의 연구성과에 따라 '隱宮'을 '隱官'으로 주석을 달았다. 또한 服飾과 관련된 한율의 규정은 이해하기 매우 어려운데, 『二年律令』 282簡에는, "윗도리(겉옷 衣)를 사여하는 경우 6장 4척에 그 테두리 장식은 5척이며 (안에 넣는) 솜은 3근이다. 속저고리(속옷 襦)는 2장 2척에 그 테두리 장식은 1장이며 (안에 넣는) 솜은 2근이다(賜衣者六丈四尺、緣五尺、絮三斤, 襦二丈二尺、緣丈、絮二斤)."라 하여 복식과 관련된 참고할 만한 규정이 나온다. 복식과 관련된 한율의 규정을 쉽게 이해할 수 있었던 것도 『二年律令』에 힘입은 바라 할 수 있다. 程樹德의 『九朝律考』에는 魏晉 註釋家들의 주석이 대거 인용되고 있는데, 魏晉 註釋家는 『睡虎地秦墓竹簡』 자료나 『二年律令』을 직접 보지 못한 상태였기 때문에 때로는 『睡虎地秦墓竹簡』 자료나 『二年律令』을 확인하게 된 현재의 학자가 유리한 점도 있다. 그러나 이 부분도 최근의 출토문헌에 대한 연구성과를 소화하는 데 게을리한 결과로 인하여 미진한 것 투성이다.

돌이켜보면 자신의 능력도 돌아보지 않고 내가 『九朝律考』의 역주에 도

전한 것은 실로 모험이었고 따라서 오역도 적지 않으리라 생각한다. 게다가 이 책에 대한 역주를 진행하고자 하였을 때 수술로 몸이 정상적인 상태가 아니었다. 중국의 고전과 전적에 천박한 내가 최근 3년간 이 책의 번역에 집중하면서 논문으로만 연구자의 역량이 평가되는 한국의 학계의 이상한 현실에서 크게 뒤처진 느낌이 든다. 이 책의 출판을 계기로 소홀히 한 몸 관리와 밀린 논문에 집중해야 할 것 같다.

끝으로 이 책의 편집을 맡은 세창출판사의 편집진들의 세심한 교정과 편집에 감사를 드린다. 그리고 이 책을 명저번역으로 선정되는 데 도움을 주신 한국연구재단의 인문사회연구진흥지원팀의 서영민 선생님, 임현정 선생님, 김대환 선생님, 홍지영 선생님, 김상현 선생님께도 감사를 드린다. 특히 홍지영 선생님께는 틈틈이 많은 질문을 드려 귀찮게 해드렸고 그때마다 친절하게 상세히 설명해 주었다. 모든 면에서 무미건조하고 부족한 나를 사랑하는 아내에게 나는 매우 부족하다. 항상 미안함을 느낀다. 그리고 나 자신보다 훨씬 소중하게 생각하는 내 딸 예나와 예림이에게 아빠의 작은 성과를 전해주고 싶다.

2014년 9월
세종시 첫마을에서
임 병 덕

1. 『九朝律考』는 1927년 商務印書館에서 처음 출간되었는데, 현재까지 북경과 대만의 商務印書館에서 꾸준히 책을 출판하고 있다. 다만 본 역주서는 商務印書館에서 출판된 책이 아닌 1963년 中華書局에서 출판된 책을 저본으로 삼았다.

2. 인용된 『漢書』와 『史記』 등은 '중화서국 표점본 이십사사'를 참고하여 대조 작업을 하였다.

3. 『唐六典』과 『唐律疏議』에 대한 번역은 金鐸敏主編, 『譯註唐六典』 서울: 신서원, 2003년과 김택민 · 임대희 主編, 『譯註唐律疏議』 名例編 · 名則上 · 下, 서울: 한국법제연구원, 1994 · 1998년을 참고하였으며, 원문 대조는 (唐)李林甫等撰, 『唐六典』(陳仲夫點校本) 北京: 中華書局, 1992년과 (唐)長孫無忌等撰, 『唐律疏議』 北京: 中華書局, 1993년을 참고하였다.

4. 『睡虎地秦墓竹簡』과 『二年律令』은 각각 睡虎地秦墓竹簡整理小組, 『睡虎地秦墓竹簡』 北京: 文物出版社, 1978년과 張家山二四七號漢墓竹簡整理小組, 『張家山漢墓竹簡[二四七號墓](釋文修訂本)』 北京: 文物出版社, 2006년을 참고하였고, 그중 『張家山漢墓竹簡[二四七號墓](釋文修訂本)』 속의 漢初 율령은 『二年律令』으로 약칭하였다. 특히 『睡虎地秦墓竹簡』에 대한 해석은 尹在碩, 『睡虎地秦墓竹簡』 서울: 소명출판, 2010년을 참고하였다.

5. 『春秋左傳』 등의 경전은 주로 十三經注疏를 참고하였다.

6. 『九朝律考』의 표점에 오류가 상당히 많았다. 이는 많은 양의 사료를 중

간 중간 떼어내어 발췌하고 이를 이어 붙이는 과정 중에 문장이 불분명해진 부분이 많았기 때문일 것으로 추측되지만, 이와 같은 부분을 제외하고도 사료 자체를 잘못 이해하여 표점이 잘못된 부분도 상당히 많았다. 때문에 표점을 고칠 경우 하나하나 주석을 달아 설명하는 것이 불가능하였고, 이 경우 '중화서국 이십사사 표점본'을 따랐다. 그러나 꼭 필요하다고 생각되면 원래의 문장 가운데 어느 부분을 발췌했는가를 주석에 사료를 나열하면서 관련부분에 줄을 그어 표기하기도 하였다.

7. 『九朝律考』에는 표점이나 오자, 탈자를 제외하고도 전거로 삼은 문헌 가운데 인용권수가 다르거나 찾을 수 없는 경우도 적지 않아 실제 번역 과정에서 수도 없는 난관에 부딪혔다. 그 전거가 되는 인용문을 전혀 다른 책에서 찾기도 하였다. 예를 들어 심한 경우에는 전거를 『南齊書』라고 하였는데, 『南齊書』에는 해당 내용이 보이지 않으며, 『冊府元龜』에 수록되어 있는 사례도 있었다. 단순한 문장상의 차이점이나 글자의 오류 등은 대부분 그대로 두고 번역과 주석을 통해 바로잡고자 하였다. 권수나 문헌 자체가 확실히 다른 경우에도 대부분 설명 없이 전거가 되는 문헌에 따라 수정하였다.

8. 인용한 사료는 원칙적으로 사료 원문과 빠짐없이 대조하여 쪽수를 표기하는 것을 원칙으로 하였다.

9. 번역은 모두 우리말 발음으로 하고 한자의 병기가 필요하다고 판단될 때는 우리말(한자)을 병기하였다. 그러나 주석의 경우에는 전문성이 있는 내용이 많다는 점에서 우리말과 한자를 함께 사용하였다.

10. 번역 가운데 [ ]로 표시된 부분은 원문에는 없지만, 이해를 돕기 위해 보완한 내용이다.

■ 역주자 서문 · 5
■ 역주자 일러두기 및 범례 · 10

**┃구조율고九朝律考【三】┃**

권2　　**위율고魏律考**

위율고魏律考 _ 21

위율가魏律家 _ 107

—

권3　　**진율고晉律考**

진율고 상晉律考 上 _ 119

진율고 중晉律考 中 _ 209

진율고 하晉律考 下 _ 270

■ 찾아보기 · 356

## 구조율고九朝律考【一】

권1   漢律考 1
　　　漢律考 2
　　　漢律考 3

## 구조율고九朝律考【二】

권1   漢律考 4
　　　漢律考 5
　　　漢律考 6
　　　漢律考 7
　　　漢律考 8

## 구조율고九朝律考【四】

권4   南朝諸律考
권5   後魏律考上
　　　後魏律考下
권6   北齊律考
권7   後周律考
권8   隋律考上
　　　隋律考下

魏律考

【원문】 余既成漢律考八卷, 因欲以次採撫魏晉六朝諸律, 先成魏律考一
卷. 考魏明帝頒定新律, 魏志不載年月. 據通鑑綱目, 太和三年詔司徒
陳羣等, 制新律十八篇, 係於十月立聽訟觀之後, 未知何據? 魏志明帝
靑龍二年二月, 詔減鞭杖之制. 十二月, 詔有司刪定大辟減死罪. 是魏
律成於太和靑龍之間, 蓋無可疑矣. 咸熙元年, 晉文帝爲晉王, 令賈充
改定律令, 越年遂禪於晉, 距新律之頒行, 僅三十餘年耳. 魏志高堂隆
傳, 稱軍國多事, 用法深重. 晉志亦言陳羣劉邵雖經改革, 科網本密, 是
新律在當時已不滿人意. 隋書經籍志僅存劉邵律略論五卷, 而新律則
久已山佚. 蓋魏自中葉已後, 王室漸微, 政歸典午, 國祚既促, 江左巴
蜀, 猶阻聲敎, 既流傳不遠, 抑有由也. 今可考者, 僅晉志在新律序略一
篇, 其增損漢律之處, 如誣告人反罪及親屬纂囚改坐棄市, 皆失之重,
然大端實與九章無大出入. 捕律戶律二篇, 仍漢之舊. 劫略請賕償贓由
盜律分出, 詐僞毀亡由賊盜分出, 告劾由囚律分出, 繫訴斷獄由囚律興
律分出, 警事律亦由興律分出, 刪漢之廏律一篇. 夫漢興以來, 科條無
限, 序略稱十八篇, 於正律九篇爲增; 於旁章科令爲省, 其刪削繁蕪之
功, 自不可沒. 若夫改漢具律爲刑名第一, 依古義制爲五刑, 列之律首,
幷以八議入律, 開晉唐宋明諸律之先河. 又如漢時大臣犯罪, 動輒指爲
不道, 而魏則無聞. 其體例之善, 比附之嚴, 亦有未可輕議者. 輯而存
之, 聊以備一朝之掌故, 後之考求文獻者, 得觀覽焉.

一九一九年己未夏五月 閩縣 程樹德 序

【역문】 나는 한율고 8권을 완성한 후, 이어서 위·진·육조의 여러 율을 차례로 채록하고자 하여 우선 위율고 1권을 완성하였다. 위 명제가 제정하여 반포한 신율을 상고해 보면, 『삼국지 위서』에는 날짜가 기록되어 있지 않다. 『통감강목』에 따르면, 태화 3년(229)에 사도 진군 등에게 조서를 내려, 한의 법을 정리하고 신율 18편을 제정하도록 했다고 하였으며, [그 기사를] 10월 청송관 건립 이후에 위치해 두었는데, 무엇에 근거한 것인지 모르겠다. 『삼국지 위서』에서는 명제가 청룡 2년(234) 2월에 조서를 내려 편장의 제도를 경감했다고 기록하였으며, 12월에 조서를 내려 유사에게 대벽죄[에 관한 율을] 산정하여 사죄를 감경시켰다고 하였다.[1] 이를 통해 볼 때 위율의 성립은 태화·청룡 연간에 이루어졌음을 의심할 바 없을 것이다. 함희 원년(264) 진 문제가 진왕이 되었을 때 가충에게 명하여 율령을 개정하였는데, 다음해 마침내 [황위가] 진에게 선양되었으니, 신율이 반행된 지 30여 년이 지났을 따름이었다. 『삼국지 위서』「고당륭전」에서는 "군국에 사건이 많아 법의 사용이 엄중했다."고 하였다.[2] 『진서』「형법지」에서도 역시 "진군·유소가 비록 개혁하였으나 법망이 본래 엄밀하였다."고 하였으니,[3] 이를 통해 당시에도 신율에 대해 사람들이 만족하지 않았음을 알 수 있다. 『수서』「경적지」에 겨우 유소의 『율략론』 5권이 전할 뿐이니,[4] [당시에 이미] 신율이 산일된 지 오래되었던 것이다. 대개 위 중기 이후 왕실은 점차 쇠미해지고 정권은 사마씨에게 돌아갔으니 국가의 운명이 이미 위태로웠다. 강동과 파촉은 성인의 교화가 미치지 못한 곳이므로, 오래도록 유전되지 못했던 것에 그 [산일의] 원인이 있을 것이다. 지금 상고할 수 있는 것은 겨우 『진서』「형법지」에 있는 신율의 『서략』 1편뿐인데, 한율에서 증감된 부분을 살펴보면, '타인이 모반했다고 무고한 죄[무고인반죄(誣告人反罪)]' 및

---

1 『三國志 魏書』 권3, 「明帝紀」, 101쪽·104쪽.
2 『三國志 魏書』 권25, 「高堂隆傳」, 712쪽.
3 『晉書』 권30, 「刑法志」, 927쪽.
4 『隋書』 권33, 「經籍志」, 973쪽.

'친속이 죄수를 강탈한 경우 기시형에 처한다[친속찬수개좌기시(親屬簒囚改坐棄市)]'는 조문들은 모두 중함을 잃었지만, [그 외에는] 대략 실제로 구장률과 큰 차이가 없다. 포율·호율 2편은 한의 옛 법을 그대로 계승하였다. 겁략·청구·상장은 도율에서 분리되어 나왔고, 사위·훼망은 적도에서, 고핵은 수율에서, 계소·단옥은 수율·홍률에서 분리되어 나왔다. 경사율 역시 홍률에서 갈라져 나왔으니, 한의 [율 중] 구율 한 편만을 삭제한 것이다. 무릇 한나라 이래 법률의 조문에는 한도가 없으나, 서략에서 18편이라 하였으니, 정률에 9편을 더하고 방장·과령을 생략한 것이다. [따라서 위율이] 그 번잡한 것들을 삭제한 공로는 결코 사라지지 않을 것이다. 또한 한의 구율을 개정하여 '형명제일'로 삼고 옛 의리에 따라 오형을 정하여 율의 맨 처음에 열거하였으며, 아울러 팔의를 율에 편입시켜 진·당·송·명률의 선구가 되었다. 더욱이 한에서는 대신이 죄를 범한 경우 빈번히 부도라고 지칭하였으나, 위에서는 [이러한 것을] 보지 못하였다. 그 체계의 훌륭함과 비부의 엄격함 역시 경시할 수 없을 것이다. 모아서 보존하여 부족하나마 한 왕조의 제도를 갖추어 두었으니, 후대에 문헌을 고찰하는 자들이 열람할 수 있을 것이다.

1919년 기미년 여름 5월 민현에서 정수덕 서

## ◉ 魏律篇目　위율편목

**【원문】** 明帝即位, 與議郎庾嶷 · 荀詵等定科令, 作新律十八篇.(劉劭傳)

**【역문】** 명제가 즉위하고, [유소는] 의랑 유억 · 순선 등과 함께 법령을 정하여『신율』18편을 만들었다.[5](『삼국지 위서』「유소전」)

**【원문】** 天子又下詔改定刑制, 命司空陳群 · 散騎常侍劉邵 · 給事黃門侍郎韓遜 · 議郎庾嶷 · 中郎黃休 · 荀詵等刪約舊科, 傍采漢律, 定爲魏法, 制新律十八篇.(晉書刑法志)

**【역문】** 명제는 형제(刑制)의 개정에 관한 조칙을 내렸는데, 사공[6] 진군, 산기상시[7] 유소,[8] 급사황문시랑[9] 한손, 의랑[10] 유억,[11] 중랑[12] 황휴, 순선[13] 등에게 구래의 법령[과(科)]을 정리하고, 널리 한율을 채집하여 위국의 법률을 정하도록 명령하니, 이에『신율』18편을 제정하였다.[14](『진서』「형법지」)

---

5 『三國志 魏書』권21, '劉劭傳', 618쪽.
6 司空은 魏에서 漢의 제도를 계승한 것으로, 三公의 하나이다. 御史大夫라고도 하는데, 후에 大司空으로 개칭하였다가 東漢初 大를 떼고 司空이라고 하였다. 獻帝 때에 御史大夫를 두었지만, 魏의 文帝 때에 다시 司空으로 변경하였다.
7 散騎常侍는 天子에 近侍하는 고문관으로 尙書의 奏事를 담당하였다. 天子가 行幸하면 그 車의 곁에 騎馬로 扈從한다. 본래는 散騎와 中尙侍로 나뉘어져 있었으나 魏文帝 黃初初年 하나로 합쳐서 散騎尙侍로 하였다.
8 劉邵는 三國 魏의 法律家, 思想家로 廣平邯鄲(지금의 河北省 邯鄲市)人이다. 字는 孔才이며, 太子舍人으로 辟召되어 文帝 때에 尙書郎, 散騎常侍가 되고, 明帝 때에는 陳留太守, 騎都尉를 역임하였다. 庾嶷, 荀詵 등과 함께 律令을 제정하였는데 그것이『新律』18편이다. 그 외에도『律略論』, 『人物志』十二篇 등 백여 편을 저술하였다.
9 給事黃門侍郎은 秦代의 官名으로 漢에서 이를 계승하였다. 천자에 近侍하는 官으로 散騎常侍 등과 함께 尙書의 奏事를 관장하였다. 秦漢 시기에는 黃門侍郎이라고 칭해졌고, 唐 天寶元年(742)에는 門下侍郎으로 개칭되었다. 東漢末에서 魏晉 시기에는 門下省의 사무를 관장하였다.
10 議郎은 秦代에 처음 설치된 것으로, 의논을 관장하며 내용을 정리하여 조정에 제공한다. 漢代에는 대체로 賢良方正이 이러한 직무를 맡았다. 郎官의 하나로 天子의 諮問에 응하기도 한다.
11 庾嶷의 字는 劭然이며, 潁川(지금의 河南省 禹縣)人이며, 太僕을 역임하였고, 九卿의 반열에 올랐다.
12 中郎은 秦의 官名으로 漢代에도 계승되었다. 질은 比六百石이며, 宮廷의 禁衛를 맡는 관리였다. 평소에는 궁전의 門戶를 守衛하고 천자 行幸의 때에는 護衛의 車騎를 담당한다.
13 黃休는 魏 明帝 시기에 議郎과 尙書 등을 역임하였으며, 荀詵은 자는 曼倩으로 荀彧의 三子이며, 大將軍從事郎을 역임하였다.

【원문】 乃命陳群等採漢律, 爲魏律十八篇, 增漢蕭何律劫掠·詐僞·毀
亡·告劾·繫訊·斷獄·請賕·警事·償贓等九篇也.(唐六典注)

【역문】 마침내 진군[15] 등에게 명하여 한율을 채록하여 위율 18편을 만들게
하였는데, 한 소하의 [구장(九章)]율에 겁략·사위·훼망·고핵·계신·
단옥·청구·경사·상장 등 9편을 더하였다.[16](『당육전』 주)

【원문】 魏因漢律爲十八篇, 改漢具律爲刑名第一.(唐律疏議)

【역문】 위는 한율을 근거로 하여 18편을 제정하고, 한의 구율을 개정하여
형명제일로 하였다.[17](『당률소의』)

【세주 원문】 按沈氏寄簃文存云, 唐六典言, 增漢蕭何律劫掠、詐僞、毀亡、告劾、
繫訊、斷獄、請賕、警事、償贓等九篇也, 以晉志劾之, 詐僞卽詐律(疑志脫僞字),
此外有留律(留上當有乏字)律, 免坐律. 留律, 志言別爲之, 當不在正律之內; 而免
坐律, 亦魏所增, 合前九篇, 共得十篇. 盜律賊律囚律雜律, 竝有分出之事; 具律改
爲刑名, 擅興當卽興律所改, 是改定者凡六篇, 仍其舊者止捕律、戶律二篇, 除廐律
一篇改爲郵驛令不計外, 合而計之, 與十八篇之數相符. 惟晉志言所定增十三篇, 就
故五篇, 合十八篇, 劾與前數不合. 六典言魏增九篇, 與十篇之數亦不合, 未詳其故.

【세주 역문】 심가본(沈家本)의 『기이문존(寄簃文存)』에서는 [다음과 같이] 말하였다.
"『당육전』에서 '[위는] 한 소하의 [구장]율에 겁략·사위·훼망·고핵·계신·단
옥·청구·경사·상장 등 9편을 더하였다.'고 하였는데, 『진서』「형법지」를 통해 살
펴보면, 사위(詐僞)는 즉 사율(詐律)[「형법지」에서는 위(僞)자가 빠진 것 같다]이며, 이 외

---

14 『晉書』 권30, 「刑法志」, 923쪽.
15 三國 魏의 潁川 許昌(지금의 河南省 許昌市)人으로 字는 長文이다. 陳寔의 손자 陳紀의 아들로 建
安後期 孔融과 교류하여 명성을 얻었다. 일찍이 劉備 수하의 別駕로 후에 曹操에게 歸附하였다.
魏國이 세워지자 御史中丞이 되어 曹操 및 文帝, 明帝에 이르기까지 侍中, 尚書令, 司空 등을 역임
하였다. '九品中正制'를 시행하였는데 이것은 그가 처음 만든 것이었다. 그의 父와 마찬가지로 肉
刑復活論을 주장하였다.
16 『唐六典』 권6, 「尚書刑部」, 181쪽.
17 『唐律疏議』 권1, 「名例」, 2쪽.

에도 유율(留律)[유(留)자 앞에는 마땅히 핍(乏)자가 있어야 한다]과 면좌율(免坐律)이 있
었다. 유율은 「형법지」에서 '별도로 만들었다'고 하였으므로, 분명히 정률(正律) 내
에 포함된 것이 아니다. 면좌율 또한 위에서 증보한 것으로, 이전의 9편과 합하여 모
두 10편이 되었다. 도율(盜律)·적률(賊律)·수율(囚律)·잡률(雜律)은 모두 [율문을]
나누어 둔 것이며, 구율(具律)은 개정하여 형명(刑名)이라 하였고, 천흥(擅興)은 흥률
(興律)을 개정한 것이다. 이처럼 개정한 것이 모두 6편이고, 옛것을 그대로 계승한
것이 포율(捕律)·호율(戶律) 2편뿐이므로, 우역령(郵驛令)으로 개정된 구율(廐律) 1
편을 제외하고 계산한다면, 모두 합한 것이 18편이라는 숫자에 부합한다. 다만 『진
서』「형법지」에서 '제정한 신율은 13편으로 늘려 정하고, 원래 있던 5편을 합하여
모두 18편이 되었다.'고 하였는데, 살펴보면 앞서 [언급했던] 숫자와 부합하지 않는
다. 『당육전』에서는 '위에서 9편을 늘렸다'고 하였는데, 10편이라는 숫자와 부합하
지 않으나 그 까닭에 대해서는 상고하지 못하였다."

## ◉ 魏律序  위율서

【원문】 其序略曰: 舊律所難知者, 由於六篇篇少故也. 篇少則文荒, 文荒則
事寡, 事寡則罪漏. 是以後人稍增, 更與本體相離. 今制新律, 宜都總事
類, 多其篇條. 舊律因秦法經, 就增三篇, 而具律不移, 因在第六. 罪條
例旣不在始, 又不在終, 非篇章之義. 故集罪例以爲刑名, 冠於律首. 盜
律有劫略·恐猲·和賣買人, 科有持質, 皆非盜事, 故分以爲劫略律. 賊
律有欺謾·詐僞·踰封·矯制, 囚律有詐僞生死, 令丙有詐自復免, 事類
衆多, 故分爲詐律. 賊律有賊伐樹木·殺傷人畜産及諸亡印, 金布律有
毁傷亡失縣官財物, 故分爲毁亡律. 囚律有告劾·傳覆, 廐律有告反逮
受, 科有登聞道辭, 故分爲告劾律. 囚律有繫囚·鞫獄·斷獄之法, 興
律有上獄之事, 科有考事報讞, 宜別爲篇, 故分爲繫訊·斷獄律. 盜律
有受所監受財枉法, 雜律有假借不廉, 令乙有呵人受錢, 科有使者驗
賂, 其事相類, 故分爲請賕律. 盜律有勃辱强賊, 興律有擅興徭役, 具律

有出賣呈, 科有擅作修舍事, 故分爲興擅律. 興律有乏徭稽留, 賊律有
儲峙不辦, 廄律有乏軍之興, 及舊典有奉詔不謹·不承用詔書, 漢氏施
行有小愆之反不如令, 輒劾以不承用詔書乏軍要斬, 又減以丁酉詔書,
丁酉詔書, 漢文所下, 不宜復以爲法, 故別爲之留律. 秦世舊有廄置·
乘傳·副車·食廚, 漢初承秦不改, 後以費廣稍省, 故後漢但設騎置而
無車馬, 而律猶著其文, 則爲虛設, 故除廄律, 取其可用合科者, 以爲郵
驛令. 其告反逮驗, 別入告劾律. 上言變事, 以爲變事令, 以驚事告急,
與興律烽燧及科令者, 以爲驚事律. 盜律有還贓畀主, 金布律有罰贖入
責以呈黄金爲價, 科有平庸坐贓事, 以爲償贓律. 律之初制, 無免坐之
文, 張湯·趙禹始作監臨部主·見知故縱之例. 其見知而故不擧劾, 各
與同罪, 失不擧劾, 各以贖論, 其不見不知, 不坐也, 是以文約而例通.
科之爲制, 每條有違科, 不覺不知, 從坐之免, 不復分別, 而免坐繁多,
宜總爲免例, 以省科文, 故更制定其由例, 以爲免坐律. 諸律令中有其
敎制, 本條無從坐之文者, 皆從此取法也. 凡所定增十三篇, 就故五篇,
合十八篇, 於正律九篇爲增, 於旁章科令爲省矣. 改漢舊律不行於魏者
皆除之, 更依古義制爲五刑. 其死刑有三, 髠刑有四, 完刑·作刑各三,
贖刑十一, 罰金六, 雜抵罪七, 凡三十七名, 以爲律首. 又改賊律, 但以
言語及犯宗廟園陵, 謂之大逆無道, 要斬, 家屬從坐, 不及祖父母·孫.
至於謀反大逆, 臨時捕之, 或汙瀦, 或梟菹, 夷其三族, 不在律令, 所以
嚴絶惡跡也. 賊鬥殺人, 以劾而亡, 許依古義, 聽子弟得追殺之. 會赦及
過誤相殺, 不得報讎, 所以止殺害也. 正殺繼母, 與親母同, 防繼假之隙
也. 除異子之科, 使父子無異財也. 歐兄姊加至五歲刑, 以明敎化也.
囚徒誣告人反, 罪及親屬, 異於善人, 所以累之使省刑息誣也. 改投書
棄市之科, 所以輕刑也. 正篡囚棄市之罪, 斷凶强爲義之蹤也. 二歲刑
以上, 除以家人乞鞫之制, 省所煩獄也. 改諸郡不得自擇伏日, 所以齊
風俗也. 斯皆魏世所改, 其大略如是.(晉書刑法志)

【역문】 위의 신율의 서문에서는 대략 [다음과 같이] 말하였다. 구율(舊律)의

내용을 이해하기 어려운 이유는 그 기본으로 한 『법경(法經)』이 6편으로, 편목의 수가 적기 때문이다. 편수가 적으면 율문의 규정이 조략하게 되고, 율문이 조략하면 사례가 적어지며, 사례가 적어지면 범죄를 망라하기 어렵게 된다. 이 때문에 후대인들이 점점 증보하여 더욱 율의 본래 모습과 괴리가 있게 된다. 지금 신율을 제정함에 있어 사안이 유사한 것을 종합하여 율의 편목 및 조항을 늘려야 할 것이다. 구율은 진의 『법경』을 계승한 것으로, 거기에 3편을 증가시켰는데, 구율(具律)의 [순서는] 바꾸지 않고 그대로 제6편에 두었다. [이렇게] 죄에 관한 조문[條例]을 율의 편수(篇首)에 두지 않았을 뿐만 아니라, 편 말미에도 두지 않았다고 하는 것은 편장(篇章)을 설치한 취지에 부합하지 않는다. 때문에 [신율에서는] 죄에 관한 조문을 모아 형명(刑名)이라 이름 짓고 신율의 수편(首篇)에 두도록 한다. 한의 도율(盜律)에는 겁략(劫略),[18] 공갈(恐猲),[19] 화매매인(和賣買人)[20]이 있고 과(科)[21]에는 특질(持質)이 있지만, 그것은 모두 도(盜)에 해당하는 것은 아니다.[22] 그런 까닭에 이를 분리하여 겁략률(劫略律)로 한다. 적률(賊律)에는 기만(欺謾),[23] 사위(詐僞),[24] 유봉(踰封),[25] 교제

---

18 劫略: 劫掠이라고도 한다. 唐律에서는 强盜라 한다. 강제로 상대방의 재물이나 人身을 강탈하는 것이다. 沈家本은 劫略을 强盜로 해석하고 있다. 魏에서는 폭력범죄와 관련된 것을 '劫略律' 내에 포함시켰다. 盜律은 주로 도둑질하는 행위를 징벌하는 법규이다.

19 恐猲: 恐喝과 같다. 威勢로 타인의 재물을 뜯어내는 것이다. 『唐律疏議』에서는 공갈은 타인의 죄를 알고 이를 고발한다고 협박해서 재물을 뜯어내는 것이라 해석하고 있다. 타인의 약점을 이용하여 재물을 뜯어내는 경우는 모두 공갈에 해당한다.

20 和賣買人: 양민인 자신의 자녀나 타인을 제삼자와 합의하여 매매한 경우. 和賣買人은 '略人' '略賣人'과는 구분된다. 인신매매라 하더라도 '略人' '略賣人'은 '和賣買人'에 비하여 重하게 처벌된다.

21 持質: 人質로 잡아 타인에게 재물을 강요하는 것.

22 皆非盜事: 古代의 盜律은 竊盜罪에 관한 규정이다. 劫略 이하 4가지 사항은 모두 상대방에게 위협을 가하여 불법으로 재물을 취득하거나 강제로 人身賣買하거나 人質로 잡아서 부당한 이득을 취하는 것이어서 일반적인 절도와는 그 성질을 달리한다는 것이다.

23 欺謾: 군주를 속이는 것. 張斐 注『律表』, "違忠欺上謂之謾";『漢書』, 「宣帝紀」, "上計簿. 具文而已. 務爲欺謾. 以避其課. 三公不以爲意. 朕將何任?"

24 詐僞: 일반적인 사기행위. 『二年律令』14簡: "☑諸詐增減券書及爲書故詐弗副. 其以避負償. 若受賞賜財物. 皆坐臧爲盜; 其以避論. 及所不當" 沈家本『歷代刑法考』, 「漢律撫遺」, "詐者, 許言相詆以取利, 如唐律之詐欺取才是也. 僞者, 造私物以亂眞, 如私鑄之類是也." 漢律에는 詐僞에 관한 처벌규정이 賊律에 있다.

25 踰封: 諸侯가 자기에게 封해진 領地의 범위나 주어진 封戶의 정수를 넘어서 영토를 확대하거나 이

(矯制)<sup>26</sup>가 있고, 또 수율(囚律)에는 사위생사(詐僞生死),<sup>27</sup> 영병(令丙)에는 사자복면(詐自復免)<sup>28</sup>이 있어 유사한 사례가 매우 많으므로, 이를 분리하여 사율(詐律)<sup>29</sup>로 한다. 적률(賊律)에는 적벌수목(賊伐樹木)<sup>30</sup>이나 살상인축산(殺傷人畜産)<sup>31</sup> 및 제망인(諸亡印)<sup>32</sup>이 있고, 또 금포율(金布律)<sup>33</sup>에는 훼상망실현관재물(毁傷亡失縣官財物)<sup>34</sup>이 있으므로, 이를 나누어 훼망률

---

익을 취하는 것. 『禮記』, 「雜記」, "不踰封而弔, 鄭玄注: 踰封, 越境也.";『漢書』, 「王子侯表上」, "楊丘共侯安, 十六年侯偃嗣, 十一年, 孝景四年, 坐出國界, 削爲司寇." 踰封은 대체로 越境이나 國界를 벗어난 것을 처벌하는 것으로 보이나 李悝의 『法經』의 雜律 중 "踰制"로 파악하는 견해도 있다.

26 矯制: 즉 矯詔. 詔令을 假託하여 일을 하는 것. 制는 詔書. 『張家山漢簡·二年律令』이나 『漢書』에 의하면 矯制는 '大害', '害', '不害' 등 몇 개의 등급으로 나누어 처벌하였음을 알 수 있다.

27 詐僞生死: 사실을 속여 생존하고 있는 자를 죽었다고 하거나 죽은 자를 살았다고 하는 것. 『唐律疏議』, 「詐僞」, "若詐稱祖父母, 父母及夫死以求假及有所避者, 徒三年", "若先死, 詐稱始死及患者, 各減三等" 그 외에도 "거짓으로 병들어 死 또는 傷된 경우" 혹은 "실제로 병들어 死 또는 傷된 경우"를 관리가 부실하게 파악한 경우에는 杖刑 또는 徒刑에 처하였는데, 漢律의 "詐僞生死" 역시 당률의 이러한 내용을 포함하고 있을 것이다.

28 詐自復免: 復免이라 함은 조세나 요역의 면제를 받는 것을 말한다. 詐自復免은 復免의 자격을 갖추지 않은 자가 거짓으로 죽었다고 속이는 등의 수법으로 조세나 요역을 면제받는 것. 復免은 일반적으로 흔히 '復除'라고 칭한다. 『漢書』, 「高祖紀」, "復勿租稅二歲. 師古注: 復者, 除其賦役也"; 『唐律疏議』, 「詐僞」에도 "詐自復除"의 조문이 있다.

29 詐律: 즉 詐僞律. 『唐律疏議』, 「詐僞」에 詐僞律은 魏가 賊律을 나누어 이를 만든 것이라 하였다.

30 賊伐樹木: 內田智雄은 "자신이 소유하지 않은 官私의 樹木에 손상을 가하거나 이것을 伐해서 쓰러트리는 것"으로 해석하여 '賊'을 '손상'으로 보고 있는데, 冨谷至는 '적'을 "악의를 가진 가해"로 해석하고 '伐'의 행위를 수식하는 부사적용법으로 해석해야 한다고 한다.

31 殺傷人畜産: 타인 또는 관이 소유하는 가축에 해를 가하거나 이를 살상하는 것. "賊殺傷人畜産, 與盜同法. 畜産爲人牧而殺傷☐"(『二年律令』, 49簡)

32 諸亡印: 官·爵에 있는 자가 그 官·爵의 公印을 亡失하는 것. 賊伐樹木이나 殺傷人畜産 및 諸亡印은 唐律에서는 모두 雜律에 들어가 있다. "亡印, 罰金四兩, 而布告縣官, 毋聽亡印"(『二年律令』, 51簡)

33 金布律: 金布律은 官이 소유한 金·錢·布·綿 등의 재물의 관리 출납에 관한 법령이다. 고대의 貨幣에 관한 法律로 金은 金錢을 가리키고 布는 布帛을 가리키며 모두 일정한 규격이 있다. 『晉書』에는 金布律로 되어 있지만 『漢書』 「蕭望之傳」에는 "金布令"으로 되어 있고 顔師古注에는 "金布者, 令篇名也, 其上有府庫, 金錢, 布綿之事, 因以名篇"으로 나와 있다. 漢代에는 後代처럼 律과 令을 명백히 구분하여 사용하지 않았다. 律은 刑法典으로 제정되었고 刑罰法規를 주 내용으로 하는 데에 비하여 令은 律 이외에 天子가 수시로 詔勅으로 공포한 법령을 가리킨다. 律과 令은 그 성립과정이나 법령형식이 다르지만 내용적으로는 서로 통하는 점이 있고, 漢代의 경우 唐代처럼 확연하게 刑罰法規와 行政法規로 구분되었던 것은 아니다. 『睡虎地秦墓竹簡』에는 "金布律"이 자세히 나오고 있는데, 金錢과 布綿의 徵收·交換·流通 및 貨物의 保管·標價·賠償 등에 관한 규정이 그것이다. 秦·漢에는 律과 令이 동일한 편면을 가진 경우가 존재했는데, 가령 '田律'·'田令'이 그러하다.

34 縣官: 고대에는 천자를 가리켰는데 점차 官府·國家를 가리키게 되었다. 縣官財物은 국가의 재물

(毀亡律)로 한다. 수율에는 고핵(告劾)[35]이나 전복(傳覆)[36]이 있고, 또 구율 (廐律)에는 고반체수(告反逮受)[37]가 있고, 과(科)에는 등문도사(登聞道辭)[38] 가 있으므로, 이를 분리하여 고핵률(告劾律)로 한다. 수율에는 계수(繫 囚)[39]나 국옥(鞫獄),[40] 단옥(斷獄)[41]의 법규가 있고, 흥률(興律)에는 상옥(上 獄)[42]에 관한 조문이 있으며, 과(科)에는 고사(考事)[43]나 보언(報讞)[44]이 있 으니, 마땅히 별도로 편을 나누어야 하므로 이를 분리하여 계수단옥률

---

을 의미한다.

35 告劾: 他人의 違法行爲를 官司에 告發·彈劾하는 것.

36 傳覆: 범죄자를 체포하고 재차 심문하는 것. 沈家本은 '傳'은 전달하는 것으로 囚人을 縣에서 郡으 로 이송하여 太守에게 審理를 받게 하는 것이며, '覆'은 '覆案', 즉 재심리하는 것이라고 하였다. 內 田智雄은 "魏律에서는 告劾律에 들어가고 繫訊斷獄律에는 속하지 않았기 때문에 이것은 裁判에 있어서 審理를 가리키는 것이 아니고, 그 이전 단계의 告劾에 관련하는 범죄 사실의 취조 등을 의 미하는 것일 것이다."(『譯註中國歷代刑法志』, 103쪽)라고 하였다. 즉 '傳覆'이라 함은 피고의 공술 을 기록해서 조서를 제작하고 거듭 이를 심리해서 그 사실 여부를 확실히 하는 것이라 생각된다.

37 告反逮受: 告反은 謀反을 고발하는 것. 逮受는 곧 逮驗이다. 謀反을 고발하는 자가 있으면 반드시 被告者는 逮捕하여 驗證해야 한다. 刑法志의 下文에는 '逮受'가 '逮驗'으로 되어 있는데, 沈家本은 '逮驗'이 바르다고 보았고 '逮驗'은 逮捕·驗證을 의미하는 것이라고 해석하였다. '逮受' 혹은 '逮驗' 의 의미는 분명하지 않지만 그것은 '告反'과는 다른 것이다. 그렇다면 '告反逮受' 혹은 '告反逮驗'이 라는 사항이 있었는지 그 점도 불분명하다. 그러나 이것이 漢律에 있어서 일반적인 告劾과 구별되 며 특히 廐律에 있었던 점에서 추측하면 '告反逮受' 혹은 '告反逮驗'이라 하는 특수한 사항으로 취 급되어 있었던 것은 아닐까 생각된다(이상은 內田智雄, 『譯註中國歷代刑法志』, 103쪽). 程樹德은 漢律考에서 '告反逮受'라는 항목을 두어 이것을 '誣告反坐'에 관한 것으로 해석하고 있다. '告反逮 受'라는 해석이 정확하다면, 그것은 모반에 관한 고발이 있는 경우 驛傳시설을 이용해서 접수 내 용을 조속히 통보할 수 있도록 하는 것을 규정한 것일 수도 있다.

38 登聞道辭: 등문이라 함은 반란 등과 같은 비상한 사건이나 긴급히 상주해야 할 사건이 발생한 경 우 및 원죄나 몹시 곤궁한 일이 발생한 경우 宮門外에 있는 太鼓를 울려 조정에 호소하는 것이다.

39 繫囚: 범죄자를 옥에 가두는 것.

40 鞫獄: 犯罪者를 訊問하고 범죄사실을 糾明하는 것. 鞠이라고도 한다.

41 斷獄: 범죄사실에 따라 재판을 하고 罪刑을 결정하는 것. 『唐律疏議』에서는 "決斷之法"으로 해석 한다. 斷獄律이라는 명칭은 魏代부터 시작되었다. 魏代에 李悝의 囚法에서 一篇이 나뉘어져 나오 고, 北齊에 이르러 捕律과 합쳐져 捕斷律이라고 개칭하였다. 後周에 이르러 斷獄律이라고 하였다.

42 上獄: 沈家本은 "上獄疑爲罪人在獄之法", 즉 죄인을 감옥에 수감하는 것과 관련된 것으로 죄인의 수가 많은 경우 수감하거나 경비하기 위해 일반인민을 징집하는 것이 필요하므로 興律에 포함되 어 있는 것으로 파악하고 있다. 內田智雄는 "上獄이라는 文字上으로부터 생각하면 아마 이것은 獄 事에 대해 上級機關에 신고하는 것을 의미하는 것으로 보인다"고 하였다.

43 考事: 범죄자를 조사해서 범죄사실을 규명하는 것.

44 報讞: 용이하게 판결하기 어려운 疑義가 있는 재판 사건에 대하여 下級司法機關에서 上級司法機 關에 보고하여 그 審議 判定을 구하는 것을 '讞'이라 하며, 상급사법기관에서 이것을 심리하고 판 결을 내려서 하급사법기관에 그 판결내용을 알리는 것을 '報讞'이라 한다.

(繫訊斷獄律)[45]로 한다. 도율에는 수소감(受所監)[46]이나 수재왕법(受財枉法)[47]이 있고, 잡률(雜律)에는 가차불렴(假借不廉)이 있으며, 영을(令乙)에는 가인수전(呵人受錢)[48]이 있고, 과(科)에는 사자험뢰(使者驗賂)[49]가 있다. 이들은 사안이 유사하므로 분리하여 청구율(請賕律)[50]로 한다. 도율에는 발욕강적(勃辱强賊)[51]이 있고, 흥률에는 천흥요역(擅興徭役)[52]이 있으며, 구율(具律)[53]에는 출매정(出賣呈)[54]이 있고, 과조(科條)에는 천작수사(擅作修舍)[55]의 사안이 있으므로, 이를 분리하여 흥천율(興擅律)[56]로 한

---

45 繫訊斷獄律: 繫囚‧訊鞫‧斷獄에 관한 것을 규정한 律이다. 繫訊律과 斷獄律로 나누는 것이 보통이다.

46 受所監: 관리가 그 통할‧감독하에 있는 관리로부터 재물이나 음식, 기타 이익을 제공받는 것.

47 受財枉法: 관리가 뇌물을 받고 청탁을 들어주는 것. "受賕以枉法, 及行賕者, 皆坐其臧爲盜. 罪重于盜者, 以重者論之"(『二年律令』, 60簡)

48 呵人受錢: 관리가 직무상의 권한을 이용하여 타인에게 압력을 가하고 금전을 收受하는 것.

49 使者驗賂: 沈家本은 使者가 명을 받들어 賄賂에 관한 소송사건의 단속을 맡았을 때 그와 관련하여 스스로 위법행위를 범한 경우를 의미하는 것으로 파악했다. 內田智雄는 使者가 명을 받들어 賄賂사건을 심리할 때 그 자신이 違法行爲를 행한 경우를 의미하는 것으로 해석하고 있다.

50 請賕律: 賕는 賄賂. 『說文解字』, 「貝部」, "賕, 以財物枉法相謝也" 즉 관리가 뇌물을 받고 관계자들에게 편리를 제공하는 것. 즉 請賕律은 재물을 수수하여 독직죄 등을 적용받는 것을 말한다.

51 勃辱强賊: 沈家本은 '强賊에 대해 분노해서 毆辱을 가하는 것으로, 强賊을 체포하면 이를 官에 인도해야 했기 때문에, 毆辱을 가해 살상하면, '擅'이라 하지 않을 수 없다. 그런 까닭에 魏에서는 이를 興擅律에 넣었다라고 하였다. 이에 대해 內田智雄은『晉書』,「刑法志」에 기록되어 있는 張斐의 晉律注에 "위세로 재물을 얻는 범죄행위의 하나로 '戮辱'을 들고 있고 그것은 毆擊을 가해 재물을 얻는 것"이라고 설명하고 있는 점에 동의하고 있다. 만약 '勃辱'이 '戮辱'을 말하는 것이라면, 勃辱强賊은 그것이 興擅律에 들어 있다는 사실에 근거해 보았을 때, 병역이나 요역 등의 '興'과 관련해서 담당관리가 불법적인 제재나 압박을 가해 私利를 얻는 경우를 가리키는 것으로도 추측된다고 보고 있다.

52 擅興徭役: 관리가 인민을 멋대로 요역에 동원하는 것.『雲夢秦簡』에는 徭律이 있는데, 국가가 백성을 徭役에 징발하는 것 이외에 縣廷에서도 요역을 동원할 수 있는 것으로 되어 있다. 이 경우 반드시 상급기관에 보고하여 승인을 받아야 한다. 승인받지 않은 상태에서 요역에 동원할 경우 "擅興徭役"에 해당된다. 漢律 역시 秦律의 이러한 내용을 받아들이고 있다.『漢書』,「王子侯表下」, "祚陽侯仁, 初元五年, 坐擅興繇賦, 削爵一級, 爲關內侯九百一十戶.";『漢書』,「百官公卿表下」, "陽平侯杜相爲太常, 元鼎五年, 坐擅繇大樂令論. 顔師古注: 擅役使人也."

53 具律: 형벌의 加重 혹은 輕減에 관한 법률로 후대의 '刑法總則'과 유사하다.

54 出賣呈: 공평하게 값을 매겨 官有物品을 팔도록 하는 규정. 呈은 程과 통한다.『睡虎地秦墓竹簡』에도 工人程이 나오는데, 여기에는 官營手工業의 노동력에 대한 규정 등 엄밀한 규정이 나온다.『史記』,「秦始皇本紀」에 나오는 "不中呈不得休息"의 '呈'과 秦律의 '程'은 의미가 완전히 동일하다.

55 擅作修舍: 관리가 규정에 따르지 않고 멋대로 舍屋를 수축하는 것. 興律의 "擅興徭役"과 유사하나 '科'에 있고 '律'에 있지 않다.

56 興擅律: 興擅律이라 함은 국가가 軍事나 工事 등을 위해 인민을 병역이나 徭役에 징집하거나 필요

다. 종래의 흥률에는 핍요(乏徭)나 계류(稽留)[57]가 있고, 적률에는 저치불판(儲峙不辦)[58]이 있으며, 구율(廄律)에는 핍군지흥(乏軍之興)[59]이 있다. 또한 구전(舊典)[60]에는 봉조불근(奉詔不謹)[61]이나 불승용조서(不承用詔書)[62]가 있다. 한대에는 소건핍(小愆乏)과 불여령(不如令)[63]이 있으면 번번이 "불승용조서, 핍군(不承用詔書, 乏軍)"으로 고발하고 요참(腰斬)에 처한 후, 다시 그 죄를 정유조서(丁酉詔書)[64]로 경감하였다. 정유조서는 한문제가 반포한 것으로, 다시 [현재의] 법령으로 삼기에 부적합하다. 때문에 이를 별도로 분리하여 핍류율(乏留律)[65]로 편성한다. 진대(秦代)에는 구치(廄置)·승전(乘傳)·부거(副車)·식주(食廚)[66]가 설치되어 있었는데, 한 초에는 진의 이러한 제도를 고치지 않고 계승하였다. 그러나 후에 비용이 증가하자 점차 생략하게 되어 후한대에는 단지 기치(騎置)만을[67]

한 물자를 징발하는 것에 대한 규정 및 이와 관련된 관리의 불법행위 등에 대해 규정한 법률이다. 『晉書』에는 興擅律로 되어 있지만 『通典』에는 擅興律로 되어 있다.

57 乏留律은 乏徭稽留를 의미한다. 乏徭는 정해진 徭役에 복역하지 않고 도망가는 것을 말하며, 稽留는 복역기간 내에 도착하지 못하고 지체된 것을 말한다. 『睡虎地秦墓竹簡』,「徭律」,"御中發徵, 乏弗行, 貲二甲; 失期三日到五日, 誶; 六日到旬, 貲一盾; 過旬貲一甲" 唐律에서도 "徵人稽留","丁夫雜匠稽留"는 모두 『擅興律』에 들어가 있다.

58 儲峙不辦: 비축해 두어야 할 물자가 불충분하거나 비축되어 있는 물자의 보관이 완전하지 않은 것을 말한다. 『後漢書』,「章帝紀」,"(元和元年), 詔所經道上, 郡縣無得設儲峙, 李賢注:"儲, 積也. 峙, 具也. 言不預有蓄備."

59 乏軍興: 군대의 징집·출동 및 군용자원의 조달 등에 지장이 생기는 것. 이것이 廄律에 속하는 것은 모두 軍馬와 관련이 있기 때문이다. 『尚書』,「費誓」의 孔疏에 "興軍征討而有乏少, 謂之乏軍興"이라고 하였다.

60 舊典: 律令 이외의 舊來의 典章制度를 말한다.

61 奉詔不謹: 天子의 詔令을 받들어 使者가 된 자가 그 詔命을 충실히 이행하지 않는 것. "不承用詔書"에 비해 죄는 비교적 가볍다. 『漢書』,「吳王濞傳」,"敢有議詔及不如詔者, 皆腰斬."

62 不承用詔書: 관리가 詔書의 令을 따르지 않는 것.

63 小愆之反不如令: 『通典』에는 "之反"을 "乏軍"으로 하였다. 小愆乏은 경미한 過失을 의미하며, 不如令은 令에 정해져 있는 것을 관리가 충실히 실행하지 않는 것을 말한다. 비교적 사소한 過失이나 令에 따르지 않은 것에 대해 漢代에는 重罪로 처벌하였다.

64 丁酉詔書: 丁酉日에 반포한 詔書. 고대에는 항상 반포한 날로 詔書를 칭한다. 丁酉詔書의 구체적인 날짜와 내용은 알 수 없다.

65 乏留律: 原文에는 之留律로 되어 있는데 이는 乏留律의 잘못이다. 乏留律은 乏徭稽律의 약칭이다.

66 廄置·乘傳·副車·食廚: 廄置는 곧 驛站으로 驛傳用의 廄舍 시설이다. 『史記』,「田橫傳」의 集解에 "廄置, 置馬以傳驛也"라고 하였다. 乘傳은 驛傳用의 四頭馬車이며, 副車는 屬車라고도 칭한다. 황제가 出行할 때 隨從하는 從者가 쓰는 車이다. 『史記』,「留侯世家」,"天子屬車三十六乘, 屬車卽副車" 食廚는 음식을 제공하기 위한 장소이다.

설치하고 거마(車馬)는 설치하지 않았으나, 율에는 여전히 관련 조문이
남아 있었으니 그것은 가공의 제도에 지나지 않았다. 따라서 구율(廐律)
을 폐지하고, 그 가운데 행용할 수 있고 과조(科條)에 부합한 것을 뽑아
우역령(郵驛令)으로 한다. 그중 '고반체험(告反逮驗)'은 별도로 고핵률에
삽입한다. 상언변사(上言變事)[68]는 변사령(變事令)으로 한다. 경사고급(警
事告急)[69]과 홍률 중의 봉수(烽燧)[70]와 과조(科條) 중 이에 부합한 것을 합
하여 경사율(警事律)로 한다. 도율에는 환장비주(還贓畀主)[71]가 있고, 금
포율에는 벌금(罰金)·속형(贖刑)·채무의 상환에 대해 황금을 기준가로
해서 표시하는 율문이 있으며,[72] 과(科)[73]에는 평용좌장(平庸坐贓)[74]의 사

---

67 騎置: 驛站이다. 東漢 光武帝는 節儉을 강조하여 驛站制度를 크게 정비하였다. 그 결과 驛站에서는
단지 馬匹만을 준비하게 되었고, 따라서 이를 騎置라 하게 되었다.

68 上言變事: '上變' 또는 '上變事'라고도 칭한다. 모반 등과 같은 非常한 사건을 朝廷에 고발하는 것을
말한다.『漢書』,「梅福傳」,"其道上言變事. 注: 變謂非常之事" 거연출토의 목간에는 이 긴급사태를
보고하는 上言變事書가 적지 않게 보인다.

69 警事告急: 驚事는 곧 警事, 警備之事. 변경에서 적이 침투하였을 경우 이를 上官에게 보고해 조치
를 취하는 것. '警'과 '驚'은 통하지만, 어느 쪽이 타당한지는 명확하지 않다.『墨子』, 號令第七十.
"卒有驚事, 中軍疾擊鼓者三. 城上道路·里中巷街, 皆無得行, 行者斬"; "■ 平望靑堆隧驚候符左券齒
百"(『敦煌漢簡釋文』38:59 D1393)

70 烽燧: 고대에 변방에서 불과 연기를 이용하여 경보를 알리던 신호 장치. 낮에 연기로 신호를 알리
는 것을 烽이라 하고 밤에 불로 알리는 것을 燧라 한다.

71 還贓畀主: 장물을 원래의 주인에게 돌려주는 것.

72 罰贖入責以呈黃金爲價: 罰은 罰金을 가리키고 贖은 贖刑을 가리킨다(『尙書』,「舜典」, "金作贖刑").
責은 債와 동일한 의미로, 入責는 빌린 재물을 상환하는 것이다.『睡虎地秦墓竹簡』. 金布律에는
債務를 노동으로 대신할 수 있다는 내용이 나온다. 呈은 程과 동일한 글자로 法規를 의미한다. 벌
금 및 속죄금에 대하여 그 변제에 일정한 규정을 설치하여 이것을 적용하고, 황금의 중량으로 그
가액을 표시하여 상환하도록 하는 것이다. 秦律에서는 黃金 혹은 布帛을 기준가로 하여 銅錢으로
납입하였다(『睡虎地秦墓竹簡』. "其出入錢以當金布"). 한편『二年律令』에서는, "有罰·贖·債·當
入金, 欲以平價入錢. 及當受購·償而毋金. 及當出金·錢縣官而欲以除其罰·贖·債. 及爲人除者.
皆許之. 各以其二千石官治所縣十月金平價予錢. 爲除."(『二年律令』, 427簡〜428簡)라 하여 罰·
贖·債의 납입은 황금으로 하는 것을 원칙으로 하고, 만약에 황금이 없을 경우 전납도 허용하고 있
다.『漢書』에는 "秦兼天下, 幣爲二等: 黃金以溢爲名, 上幣; 銅錢質如周錢, 文曰「半兩」, 重如其文.
而珠玉龜貝銀錫之屬爲器飾寶藏. 不爲幣, 然各隨時而輕重無常."(『漢書』卷24下「食貨志」)이라 하
여 秦代의 화폐 정책은 황금을 上幣로 삼았으며, 동전인 半兩錢을 下幣로 했다는 기록이 나온다.
즉 황금이 본위화폐이고 동전이 병용되는 것이었다. 구체적인 내용은 임중혁,「秦漢律의 罰金刑」,
『中國古中世史硏究』15, 2006년 참조.

73 科: 刑律의 附屬法規. 科條 혹은 事條라고도 한다. 後魏에서는 科를 格으로 하였고 唐에서는 이를
沿襲하였다.

74 平庸坐贓: 平은 評價하는 것. 庸은 勞動을 말한다. 관리가 인민의 徭役勞動을 자신을 위해 사용하

항이 있는데, 이것은 상장률(償贓律)로 한다. 한율(漢律)을 처음 제정할 당시에는 면좌(免坐)[75]의 조문이 없었는데, 장탕(張湯)·조우(趙禹)가 처음 "감림부주견지고종(監臨部主見知故縱)"[76]의 법례를 만들었다. 그것은 범죄를 알면서 고의로 고발하지 않은 자는 각각 그 범죄자와 동죄(同罪)로 하고, 착오하여 실수로 고발하지 않는 자는 각각 속형을 적용하며, 또 범죄를 보지도 못하고 알지도 못한 자는 연좌되지 않게 하는 것으로, 표현이 간략하고 통칙으로써 [율의 어떠한 조항에도] 적용할 수 있다. 과조의 규정은, 매 조문마다 모두 위범(違犯) 명목이 있는데, 그 범죄사실을 깨닫거나 알지 못하면 연좌를 면할 수 있다는 내용을 다시 분별하지 않아서, 면좌에 관한 내용이 매우 번다하다. 마땅히 이들을 모두 총괄하여 면좌의 법례를 만들어 과(科)의 문자를 간략하게 해야 하니, 다시 그 준칙을 제정하여 면좌율로 한다. 무릇 율령에 처벌 규정은 있으나 본조에 연좌지면(連坐之免)에 관한 조문이 없는 경우 모두 이 면좌율에 의거하도록 한다. 무릇 제정한 신율은 13편을 증보하고,[77] 원래 있던 5편[78]을 합하여 18편이 되었다. [이전의] 정률 9편에 비해서는 증가하였지만, 정률을 보조하는 방장(旁章)·과령(科令)[79]에 비교하면 줄어든 것이다. 한의 구율(舊律) 중 위에서 시행되지 않은 것은 개정하여 모두 삭제하고, 고제(古制)의 취지에 따라 오형(五刑)[80]을 제정하였다. 그중 사형(死刑)에

---

고 그것에 의해서 부당한 이득을 얻은 경우. 부당하게 사역된 徭役勞動을 평가산정하여 그 액수에 따라서 각각 장죄를 적용시키는 것을 말한다. 『唐律疏議』 名例의 '平贓'에 대한 규정은 대체로 漢代 科의 "平庸坐贓"에 해당한다.

75 免坐: 他人의 罪에 連坐되는 것을 免하는 것.

76 監臨部主見知故縱: 자신의 부하나 관할하에 있는 자가 불법행위를 하였는데, 그 상관이나 담당관리가 알면서도 故意로 이것을 방치한 경우 처벌하는 규정이다.

77 여기에서 말하는 "增十三篇"에서 增의 의미는 이전에 없었던 것을 새로 추가했다는 것만을 의미하는 것이 아니고, 개편하여 篇名을 고친 것도 포함된다. 十三篇은 대체로 刑名·劫略·詐僞·毀亡·告劾·繫訊·斷獄·請賕·興擅·乏留·警事·償贓·免坐로 보는데 異說도 있다.

78 就故五篇: 보통 盜律·賊律·捕律·戶律·雜律로 보는데 여러 異說도 있다.

79 旁章科令: 律 이외의 법규정인 旁章·科·令을 말한다; 旁章: 기본법에 대한 추가·단행법. 즉 正律의 외측(旁)에 위치하는 법규라는 의미; 漢代에는 正律과 旁律이라는 '正副二律'의 구분이 존재했었다.

80 五刑: 內田智雄은 魏에서 제정한 五刑에 대해 死刑·髡刑·完刑·作刑·贖罰刑을 가리키는 것으

는 3종류가 있고,[81] 곤형(髡刑)은 4종류,[82] 완형(完刑)과 작형(作刑)은 각
각 3종류,[83] 속형(贖刑)은 11종류,[84] 벌금(罰金)은 6종류,[85] 여기에 각종 저

로 보고 있고, 高潮·張大元은 死刑·髡刑·完(作)刑·贖·罰金刑으로 보고 있다. 古代의 五刑은
大辟·宮刑·剕刑·劓刑·墨刑을 의미한다.

81 당시의 사형제도에는 梟首·腰斬·棄市가 있었다.

82 일찍이 濱口重國은 이 '髡刑有四'를 髡鉗城旦, 髡鉗城旦+笞一百, 髡鉗城旦+笞二百, 鈦左趾+笞二
百, 鈦右趾+笞二百의 5가지 가운데 하나를 제외한 4가지일 것으로 보았다. 이에 대하여 冨谷至는
'髡刑有四'를 髡鉗城旦春, 髡鉗城旦春鈦左趾, 髡鉗城旦春鈦右趾, 髡鉗城旦春鈦左右趾일 것으로
보고 있다. 濱口重國의 說과의 가장 큰 차이점은 髡鉗城旦春鈦左右趾를 추가함으로써 笞刑을 없
앴다는 점이다. 다시 말하면 笞刑은 부가형에 불과할 뿐이고 正刑에 혼재해서 설명해서는 곤란하
다는 입장이라 할 수 있다. 冨谷至의 이러한 견해는 『居延漢簡』에 나오는 다음의 "望□苑髡鉗鈦
左右止 大奴馮宜 年卅七八歲中壯髮長五六寸靑黑色母須皁袍白布 絇履白革舃持 劍亡"의 자료에
나오는 "望□苑髡鉗鈦左右止"의 髡鉗鈦左右止에 주목한 것이었다. 아울러 陽陵에서 출토된 '兩足
用 鈦'의 제시를 통해 이를 입증하고자 하였다. 그런데 여기에서 유의해야 할 것은 이 시기의 자료
에는 '髡鉗鈦左趾城旦'과 '髡鉗鈦左右趾城旦'라는 용어는 나오지만 '髡鉗鈦左趾'라는 용어는 나오
지 않고 사료에는 항상 '右趾'만이 나타난다는 사실이다. 이 때문에 '鈦右趾'는 실은 鈦右趾+鈦左
趾, 즉 '髡鉗鈦左右趾'일 것이라는 견해가 張建國에 의해 제기되었다.(張建國, 「前漢文帝刑法改革
とその展開の再檢討」, 『古代文化』 48-10, 1996; 冨谷至, 임병덕·임대희 역, 『유골의 증언-古代
中國의 刑罰』, 서경문화사, 1999, 236~243쪽.) 鈦右止뿐만 아니라 肉刑인 '斬右趾도 실은 斬左趾+
斬右趾라는 것이다. 또한 그 실례로『史記』 「孫子吳起列傳」의 "臏至, 龐涓恐其賢於, 疾之, 則以
法刑斷其兩足而黥之"와『韓非子』 「和氏」의 "楚人和氏得玉璞楚山中, 奉而獻之厲王, 厲王使玉人相
之, 玉人曰石也. 王以和爲誑而刖其左足. 及厲王薨, 武王卽位, 和又奉其璞而獻之武王. 武王使玉人
相之, 又曰石也. 王又以和爲誑而刖其右足"에서 和氏가 玉이 아닌 石을 바쳤다고 해서 左足을 베이고
다시 右足을 베이는 사례를 거론하고 있다. 여기에서 張建國은 '髡刑有四'를 髡鉗鈦左右止城旦春
+笞二百(略稱 '右止'), 髡鉗鈦左止城旦春+笞二百(略稱 '鈦左止'), 髡鉗城旦春+笞二百(略稱 '髡鉗笞
二百'), 髡鉗城旦春(略稱 '髡刑')로 보고 있다.

83 完刑: 韓樹峰은 시간적 변화를 고려하여 耐刑도 변화하고 있다는 견해를 아래의 표와 같이 제시하
고 있다. 그에 의하면 秦律에서는 完刑이 (髡刑) 耐刑을 의미하고, 漢初에는 내형 또는 곤형을 의
미하며, 漢文帝 개혁 후에는 육형을 가하지 않고 신체를 온전하게 한다는 의미로 변화하였다고 주
장하였다.(韓樹峰, 「秦漢律令中的完刑」, 『中國史硏究』 4, 2003)

| 時期 | 秦 | 漢初 | | | 漢文帝改革後 | |
| --- | --- | --- | --- | --- | --- | --- |
| 名稱 | 完(耐) | 完(耐或髡) | | | 完(完好無損) | 髡鉗 |
| 復合刑 | 完(耐)城旦春 | 完(耐)城旦春 | 完(髡)城旦春 | | 完城旦春 | 髡鉗城旦春 |

일반적으로 完刑은 耐刑을 가리키는 것으로 본다. 完刑은 육체나 두발에 손상을 가하지 않는다는
의미이다. 程樹德은 본 魏律考에서 魏의 完刑을 秦漢의 完城旦春과 연결 짓고 있으나, 濱口重國은
完城旦春·鬼薪白粲·司寇의 계통을 이은 四歲刑·三歲刑·二歲刑으로 보고 있다. 한편 任仲爀
(任仲爀, 「秦漢律의 髡刑, 完刑, 耐刑」, 『중국고중세사연구』 18, 2007)은 髡·完·耐에 대한 주석
가들의 관점을 아래와 같이 도표로 제시하였다.

| 주석가 | 시기 | 관점 | 사료 |
| --- | --- | --- | --- |
| 鄭司農 | 後漢 章帝 | 髡≠完 | 周禮注疏 掌戮 髡者使守積 △鄭司農云髡當爲完△謂但 |

죄(抵罪) 7종류[86]를 포함하면, 모두 37종류의 형명(刑名)이 있는데, 이것

| | (?-83) | | 居作三年不虧體者也玄謂此出五刑之中而髡者必王之同族不宮者宮之爲虧其類髡頭而已守積積在隱者宜也 |
|---|---|---|---|
| 班固 | 後漢(32-92) | 髡=完 | 髡者使守積 --完者使守積 |
| 許愼 | 後漢(58-147) | 完=耐 | 而部: 耏: 罪不至髡也. 從而從彡. |
| 應劭 | 後漢 蕭令 | 完=耐 | 輕罪不至於髡, 完其耏鬢, 故曰耏. |
| 如淳 | 魏 陳郡丞 | | 「律『耐爲司寇, 耐爲鬼薪·白粲』. 耐猶任也.」 |
| 孟康 | 魏 散騎常侍 | 髡=完 | 不加肉刑, 髡剃也 |
| 臣瓚 | 西晉 | | 文帝除肉刑, 皆有以易之, 故以完易髡, 以笞代劓, 以鈦左右止代刖. 今既曰完矣, 不復雲以完代完也. 此當言髡者完也. |
| 蘇林 | 魏 黃初 | | 一歲爲罰作, 二歲刑已上爲耐. 耐, 能任其罪. |
| 顔師古 | 唐 | | |
| 李賢 | 唐 | 完=耐 | 完者, 謂不加髡鉗而築城也 |

作刑: 作刑은 勞役刑을 말하는 것으로, 程樹德에 의하면 漢制에는 三歲刑인 鬼薪白粲. 二歲刑인 司寇作, 一歲刑인 罰作復作이 모두 作刑였으므로 魏의 제도도 漢代와 동일했을 것이라고 보고 있다. 이에 비하여 濱口重國은 魏의 作刑을 漢의 一歲刑·半歲刑·三月刑으로 보고 있다.

84 贖刑: 先秦 시기에는 銅을 사용하였고, 漢代에는 黃金, 後漢 이후부터는 絹과 金을 겸용하였다. 程樹德에 의하면, 贖死刑이 一等, 贖髡刑이 四等, 贖完刑·贖作刑이 각각 三等으로 모두 합쳐 十一等이 된다고 한다. 『張家山漢簡二年律令』에는 속형에 대해서 자세한 기록이 나온다. 참고로 『二年律令』의 贖刑과 贖錢額을 도표화하면 다음과 같다.

| 種 類 | 贖刑額(金) | 贖刑額(錢) |
|---|---|---|
| 贖 死 | 二斤八兩 | 25,000 |
| 贖城旦舂 | 一斤八兩 | 15,000 |
| 贖鬼薪白粲 | 一斤八兩 | 15,000 |
| 贖 斬 | 一斤四兩 | 12,500 |
| 贖 腐 | 一斤四兩 | 12,500 |
| 贖 劓 | 一斤 | 10,000 |
| 贖 黥 | 一斤 | 10,000 |
| 贖 耐 | 十二兩 | 7,500 |
| 贖 遷 | 八兩 | 5,000 |

85 罰金: 罰金刑과 贖刑의 차이에 대해 일찍이 沈家本은 죄의 輕重의 차이로 설명하였다. 즉 죄가 가벼운 것은 罰金으로 하고 무거운 것은 贖刑으로 한다는 것이다. 또 贖刑은 본형이 있고 그 본형을 재물로 대신하는 것이라면 罰金刑은 다른 형벌을 대신하는 것이 아니라 그 자체가 독립형이라고 하였다. 즉 贖刑은 代替刑이고 罰金刑은 獨立刑이라는 것이다. 罰金은 경미한 범죄에 대해 부과하는 것으로 贖刑에 비해 부과되는 금액이 훨씬 적다.

을 율의 수편(首篇)으로 하였다. 또한 적률을 고쳐 단지 [황제에 대해 불경한] 말을 하거나 종묘·원릉(園陵)[87]을 침범하는 경우 '대역무도(大逆無道)'라 하여 요참(腰斬)에 처하며, 가속을 연좌하더라도 조부모나 손자는 포함하지는 않는다. 모반대역(謀反大逆)[88]의 경우 즉시 범인을 체포하여, 혹 그 가옥을 부수고 땅을 파서 물에 잠기게 하거나,[89] 그 주범의 머리를 잘라 사람들에게 보이고 시체를 잘라 육젓을 담근다.[90] 아울러 삼족을 멸하는데,[91] [이것은] 율령에는 기재하지 않으니, 극악한 행위를 엄격하게 근절하기 위한 것이다. 사람을 이유 없이 포악하게 죽이거나 싸움을 하다 죽여서[92] 고발되어 조사를 받다 도망간 경우 고대의 경의(經義)에 따라 피해자의 자제가 범인을 추적하여 살해하는 것을 허락한다. 다만 사면을 받았거나 과실로 사람을 죽인 경우에는 복수를 허락하지 않는데, 그것은 살해 행위를 막기 위한 것이다. 계모를 살해한 것은 친모를 살해하는 것과 동일하게 처벌하니, 이는 계자(繼子)와 가모(假母) 사이에 틈이 생기는 것을 막기 위한 것이다.[93] 이자(異子)의 과(科)를 없애도록

---

86 雜抵罪는 雜多한 抵罪로 抵罪라 함은 罪에 해당되어 처벌받는 것을 의미한다. 일반적으로 除名이나 爵位剝奪 등을 가리키는 것인데, 여기에서는 五刑에 포함되지 않는 雜多한 處罰을 가리키는 것이다.

87 宗廟: 천자나 제후가 祖先을 제사하는 장소. 周代의 天子 7묘는 三昭三穆에 太祖의 宗廟를 더한 것이다. 漢代에는 周의 제도를 따르지 않고 皇帝가 거세할 때마다 宗廟를 세웠다. 昭穆을 분별하지 않고 7대로 제한하지도 않았다. 魏晉은 漢의 제도를 따랐다. 園陵: 帝王과 皇后의 墓地. 여기서는 宗廟의 園陵까지를 포함하는 의미이다.

88 謀反大逆: 謀反大逆과 大逆無道의 차이는 다음과 같다. 즉 謀反大逆은 국가의 전복을 꾀해 천자의 신변에 危害를 가하는 것으로 그 해악이 직접적으로 미치는 것을 말한다. 이에 비하여 大逆無道는 천자를 비방하거나 宗廟園陵을 침범하는 등 간접적인 해악을 끼치는 것을 말한다.

89 汙瀦: 汙池. 대역죄를 지은 자의 집을 부수고 물로 채워서 사람들이 다시 그곳에 거처하지 못하도록 하는 것이다.

90 『漢書』, 「刑法志」에는 "三族의 刑에 해당하는 자는 모두 우선 黥·劓·斬左右趾刑을 받은 다음 笞殺을 가하고 머리를 높은 곳에 걸어두고, 시장에서는 그 骨肉을 절여서 肉醬으로 한다. 천자를 비방하거나 욕한 자는 먼저 그 혀를 자른다."라는 기록이 있다.

91 三族: 漢代 三族刑의 범위는 父母·妻子·同産(兄弟姉妹)이었다. 그런데 여기에서 말하는 三族은 반드시 이를 의미하는 것이라고 볼 수는 없다. 여기에서 '大逆無道'가 祖父母나 孫에까지 그 범위가 미치지 않는다고 기재되어 있으므로 '謀反大逆'은 당연히 祖父母나 孫이 포함된다고 보아야 합리적이다. 따라서 여기에서 말하는 三族은 父母·妻子·同産 이외에 祖父母·孫까지도 포함한다고 보아야 할 것이다.

92 賊鬪殺: 정당한 이유 없이 나쁜 마음을 품고 사람을 흉포하게 죽이는 것.

한 것은[94] 부자 사이에 재산을 분리하지 않도록 하기 위한 것이다. 형이나 자(姊)를 구타하면 가중 처벌하여 오년형(五年刑)에 처하도록 하는데,[95] 이는 교화(敎化)를 선양하기 위한 것이다. 죄수가 모반을 하였다고 타인을 무고하면 그 죄가 친속에게 미치도록 하여 일반 양인(良人)이 하는 경우와 다르게 하니,[96] 이는 수인(囚人)을 단속하여 형벌을 감소시키고 무고가 생기지 않도록 하기 위한 것이다. 익명의 편지로 타인을 고발하는 경우 기시(棄市)에 처하는 한의 규정을 개정하는 것은[97] 형벌을 가볍게 하기 위한 것이다. 죄수를 탈취하면 기시의 죄로 처벌한다는 규정을 정한 것은, 흉악·강포한 행위를 의롭다고 여기는 행태를 근절하기 위한 것이다. 이세형(二歲刑) 이상에 대해서는 죄인의 가족들이 재심을 청구할 수 있는 규정을 없애니,[98] 이는 옥사의 번거로움을 줄이기 위해서이다. [지금까지의 관습을] 고쳐 모든 군(郡)에서는 스스로 삼복(三伏)의 기일(忌日)[99]을 택하지 못하도록 하니, 이는 전국의 풍속을 통일하기 위해서이다. 이와 같은 것이 모두 위대(魏代)에 개정한 것으로, 그 대략

---

93 繼假之隙: 繼子와 假母 사이에 화목하지 못함을 의미. 고대에는 繼母와 庶母를 假母라 하였다. 그것은 養子를 假子라 한 것과 마찬가지이다.

94 異子之科: 父와 子의 戶를 獨立·分家시키는 것에 대한 科條이다. 魏에서는 이러한 科條를 폐지하였다. 이것은 隋·唐 시기에 "子孫別籍異材"를 禁止시키는 법령의 淵源이 되었다. 『唐律疏議』, 「戶婚」, "諸祖父母, 父母在而子孫別籍異財者, 徒三年."

95 歐: 毆와 통한다. 본문의 뜻으로 미루어 보아 兄姊를 구타하는 罪는 漢代에는 四歲刑이었을 것이다. 『唐律疏議』, 「鬪訟」에서는 "諸毆兄姊者, 徒二年半, 傷者徒三年"이라고 하였다. 魏律은 이 점에서 漢·唐律보다 무겁다고 하겠다.

96 "일반 良人과 다르게 한다"는 의미는 일반인이 타인을 誣告하면 그 誣告 내용과 똑같은 죄로 처벌하지만 囚人이 誣告하면 본인만이 아니라 그 親屬에까지 죄가 미치도록 한 것으로, 일반인보다 엄하게 처벌하는 것을 말한다.

97 投書棄市: 匿名의 書信을 보내 타인을 무고하면 사형에 처한다는 것. 唐에서는 단지 '流刑二千里'에 처했는데 魏에서는 구체적으로 어떻게 처벌했는지 알 수 없다.

98 乞鞫: 판결에 복종하지 않고 再審을 청구하는 것. 秦·漢 시에는 죄인의 가속들이 再審을 청구할 수 있도록 허락하였지만 魏에서는 二年徒刑 이상에 대해서는 乞鞫을 허락하지 않았다. 『張家山漢簡二年律令』에서는 "罪人獄已決, 自以罪不當欲乞鞫者, 許之. 乞鞫不審, 加罪一等. 其欲復乞鞫, 當刑者, 刑乃聽之. 死罪不得自乞鞫, 其父母兄弟夫妻子欲乞鞫, 許之. 其不審, 黥爲城旦舂. 年未盈十歲爲乞鞫, 勿聽. 獄已決盈一歲, 不得乞鞫."이라 하여 乞鞫에 대해 자세한 내용이 나오고 있다.

99 伏日: 盛夏의 三伏인 初伏·中伏·末伏을 말한다. 秦·漢 시기에는 巴蜀 등의 기후가 특수하므로 지방관이 스스로 三伏을 선택하도록 하였는데, 魏에서 이를 고쳐 통일한 것이다. 伏日에는 百鬼가 通行한다고 믿어 閉家하고 休息을 취하였다.

은 이와 같다.¹⁰⁰(『진서』「형법지」)

**【세주 원문】** 按漢世律令最繁, 九章之外, 有旁章, 有科令. 魏卽刪繁就簡, 悉納入正律之中, 改具律爲刑名移置律首, 各篇中有相類者, 則隨類分出, 別立篇目; 其全刪者, 止廐律一篇, 各條中修正之處, 均一一指出, 其餘與漢律, 實無大出入.

**【세주 역문】** 한대의 율령이 가장 번잡하니, 구장률 외에도 방장(旁章)과 과령(科令)이 있었다. 위에서는 곧 번잡한 것을 삭제하여 간략하게 만들고, 모두 정률(正律)에 포함시켰다. [또한] 구율(具律)을 고쳐 형명(刑名)으로 하고, 율의 맨 앞에 두었으며, 각 편 중 서로 비슷한 것이 있을 경우 그 종류에 따라 나누어 두고 별도로 편목을 설치하였다. 완전히 삭제한 것은 구율(廐律) 한 편뿐이며, 각 조문에서 수정한 부분은 모두 일일이 지적하였으니, 나머지 율문과 한율은 실로 크게 차이가 없는 것이다.

## ◉ 魏律佚文  위율일문

**【원문】** 大將軍文王上言:「騎督成倅弟太子舍人濟, 橫入兵陳傷公, 遂至隕命. 科律大逆無道, 父母妻子同産皆斬. 濟凶戾悖逆, 干國亂紀, 罪不容誅. 輒勅侍御史收濟家屬, 付廷尉, 結正其罪.」(魏志卷四)

**【역문】** 대장군 사마문왕이 상언하였다. "기독 성쉬의 아우 태자사인 성제가 함부로 군진에 들어와 고귀향공(高貴鄕公)¹⁰¹에게 상해를 입혀 마침내 목숨을 잃게 만들었습니다. 율에 따라 과죄한다면 '대역무도'로 부모와 처자, 형제들을 모두 참형에 처해야 합니다. 성제는 흉악하고 패악하여 나라를 범하고 기강을 어지럽혔으니, 그 죄는 죽여도 모자랍니다. 바로 시어사에게 명하시어 성제의 가속을 체포해 정위에게 이송하고 그 죄를 판결하도록 하십시오."¹⁰²(『삼국지 위서』권4)

---

100 『晉書』권30, 「刑法志」, 922–926쪽.

101 高貴鄕公은 曹髦를 지칭한다. 曹髦는 魏文帝 曹丕의 손자로 魏의 4대 皇帝(재위 기간 254–260)이다.

102 『三國志』권4, 「魏書」, '高貴鄕公髦', 146–147쪽.

**【세주 원문】** 按魏律佚文不概見, 此條事在明帝定律以後, 決爲新律原文無疑. 漢律亦有此條, 見漢書景帝紀注. 又尙書微子正義引漢魏律, 敢有盜郊祀宗廟之物, 無多少皆死云云, 知魏律多與漢律同.

**【세주 역문】** 위율의 일문은 대체로 보이지 않는데, 이 항목의 사안은 명제 시기 율문을 제정한 이후에 해당하므로, 신율의 원문에 따라 판결하였음이 분명하다. 한율에도 또한 이 조문이 있으니,『한서』「경제기」주문에 보인다. 또한『상서(尙書)』미자(微子)편의 정의에서도 한율·위율을 인용하여 "감히 교사(郊祀)와 종묘의 물품을 훔친 자는 수량을 불문하고 모두 사형에 처한다"[103]고 하였으니, 위율이 대부분 한율과 동일함을 알 수 있다.

◉ **魏刑名**  위의 형명(刑名)

**【원문】** 死刑三.(以下具見晉書刑法志, 唐六典注死刑作大辟)

**【역문】** 사형 세 등급.(이하의 [형명]은 모두『진서』「형법지」에 보인다.『당육전』의 주문에서는 사형을 대벽(大辟)이라고 하였다[104])

**【세주 원문】** 按漢死刑有梟首、腰斬、棄市, 已詳漢律考. 晉張斐律表云, 死刑不過三. 又云, 梟首者惡之長, 斬刑者罪之大, 棄市者死之下. 以漢晉二律證之, 知所謂死刑三者, 卽梟首、腰斬、棄市也. 新律序略有大逆無道腰斬之條. 又魏志高柔傳, 公孫淵兄晃, 數陳其變. 及淵謀逆, 帝不忍市斬, 欲就獄殺之. 柔上疏曰:「晃及妻子叛逆之類, 誠應梟縣」事在明帝時. 卽魏有梟首、腰斬、棄市之刑明也.

**【세주 역문】** 한대의 사형으로는 효수(梟首)·요참(腰斬)·기시(棄市)가 있으니, 이미 한율고에서 상세히 설명하였다. 진(晉) 장비(張斐)의 율표(律表)에서 "사형은 세 등급을 넘을 수 없다."고 하였으며, 또한 "효수는 가장 흉악한 자[에 대한 형벌]이고, 참형(斬刑)은 중대한 죄[에 대한 형벌]이며, 기시는 사형 가운데 가벼운 형벌이다."[105]

---

103 『尙書正義』,「微子」, "漢魏以來, 著律皆云, 敢盜郊祀宗廟之物, 無多少皆死, 爲特重故也."
104 『唐六典』권6,「尙書刑部」, 181쪽, "乃命陳羣等採漢律, 爲魏律十八篇 … 其大辟 有三."

라고 하였다. 한율과 진율을 통해 증명해 보면, 이른바 "사형의 세 등급"이라는 것은 효수·요참·기시임을 알 수 있다. 신율의 서략(序略)에 "대역무도는 요참에 처한다"는 조문이 있다. 또한 『삼국지 위서』「高柔傳」에 "공손연(公孫淵)의 형 공손황(公孫晃)이 여러 차례 [공손연의] 역모에 대해 보고하였다. 공손연이 역모를 일으키자 황제는 [그를] 차마 시에서 참할 수 없어 옥에서 죽이고자 하였다. 고유가 상소를 올려 "공손황과 [그의] 처자는 역모의 무리이므로 확실히 참수하여 효수해야 합니다."[106]라고 하였다. 이 일은 명제 시기의 일이다. 즉 위에 효수·요참·기시의 형벌이 명백히 존재했던 것이다.

**【원문】** 髡刑四.

**【역문】** 곤형 네 등급.

**【세주 원문】** 按漢律髡爲五歲刑. 晉律髡鉗五歲刑、四歲刑、三歲刑、二歲刑, 凡四等, 見御覽, 疑魏律當與晉同. 魏志孫禮傳曹爽劫禮怨望, 結刑五歲, 事在明帝定律以後, 殆卽髡刑也. 又常林傳注引魏略云, 沐並爲成皋令, 校事劉肇出過縣, 遣人呼縣吏, 求索槀穀. 是時蝗旱, 官無有見. 未辦之間, 肇人從入並之閣下, 呴呼罵吏. 並怒, 因躧履提刀而出, 多從吏卒, 欲收肇. 肇覺知驅走, 具以狀聞. 有詔:「肇爲牧司爪牙吏, 而並欲收縛, 無所忌憚, 自恃淸名邪?」遂收欲殺之. 髡決減死, 刑竟復吏.

---

105 棄市: 사형 집행 후 시가에 시체를 진열하는 것. "刑人于市, 與衆棄之"(『禮記』,「王制」) 한대의 사형제도에는 腰斬과 棄市가 있었는데, 重한 것이 腰斬, 輕한 것이 棄市였다. 漢代의 棄市는 斬首였다. 魏晉 以後 점차 棄市는 絞刑으로 바뀌고, 隋唐 이후의 사형제도로는 重한 것이 斬刑, 輕한 것이 絞刑이 된다. 『漢書』,「景帝紀」에 "改磔曰棄市, 勿復磔"라는 내용이 있고, 이에 대한 應劭의 注는 '先此諸死刑皆磔於市, 今改曰棄市, 自非妖逆不復磔也'라고 되어 있다. 『二年律令』에서 磔이나 梟首에 관한 기록으로는, "子賊殺傷父母, 奴婢賊殺傷主·主父母妻子, 皆梟其首市"(34簡), "女子當磔若要(腰)斬者, 棄市"(88簡), "劫人, 謀劫人求錢財, 雖未得若未劫, 皆磔之"(69簡)이 있다. 腰斬이나 棄市는 사형의 집행 방법에 의한 명칭이라 할 수 있고, 위의 磔이나 梟首는 시체 처리 방식에 의한 명칭으로 각각 분류할 수 있다(冨谷至,「統一秦の刑罰-秦の刑罰-」『秦漢刑罰制度の研究』, 同朋舍, 1998, 79~80쪽). 秦代의 死刑制度로는 戮刑、磔刑、棄市、定殺、生埋、賜死、梟首、腰斬 등이 있다. 이 가운데 『二年律令』에 나오는 梟首는 遺體의 처리에 기초해 명명한 것으로, 棄市의 한 방법으로 제시된 것이라 할 수 있다. 즉 腰斬과 棄市라는 正刑 사이에 존재하는 또 하나의 정식 死刑制度라 할 수는 없는 것이다.

106 『三國志 魏書』권24,「高柔傳」, 687쪽.

是髠決減死之刑, 與漢制同.

【세주 역문】 한율에는 곤형이 오세형이었다. 진율은 곤겸오세형·곤겸사세형·곤겸삼세형·곤겸이세형으로 모두 네 등급이었는데, [그 내용은] 『태평어람』에 보이며,[107] 아마도 위율 역시 진율과 동일했을 것이다. 『삼국지 위서』 「손례전(孫禮傳)」에서는 "조상(曹爽)이 손례가 원망했다고 탄핵하여 [손례는] 오세형으로 판결되었다."[108]고 하였는데, 이것은 명제가 율을 제정한 이후의 일이므로 아마도 [오세형은] 곤형이었을 것이다. 또한 「상림전(常林傳)」의 주문에서는 『위략(魏略)』을 인용하여 [다음과 같이] 말하였다. "목병(沐並)이 성고령(成皐令)이 되었는데, 교사(校事)[109] 유조(劉肇)가 성고현(成皐縣)을 지나가다 사람을 보내 현리(縣吏)를 부른 후 볏짚과 곡식을 요구하였다. 이때는 황충해와 가뭄이 발생한 [상황이었으므로] 관에는 현재 보유하고 있는 [볏짚과 곡식이] 없었다. [사안을] 처리할 틈도 없이, 유조의 부하가 목병의 관사까지 들이닥쳐, 현리에게 소리 지르며 욕을 하였다. 목병이 분노하여 신을 신고 칼을 차고 나가니 많은 이졸(吏卒)들이 쫓아 나와 유조를 체포하고자 하였다. 유조는 낌새를 채고 달아나 [모든 상황을] 기록하여 보고하였다. 조서를 내려 '유조는 [지방관을] 감독하여 [황제를] 보좌하는 관리인데, 목병이 체포하고자 하였으니 두려워하는 바가 없는 것이다. [목병은] 스스로 청명한 명성을 자부하는 것인가?'라고 하였다. [목병을] 체포하여 사형에 처하고자 하였다. 사형을 감하여 곤형에 처하고, 현리도 형벌에 처했다."[110] 여기에서 "곤형이 사형을 감형한 형벌"이라고 한 것은 한의 제도와 동일하다.

【원문】 完刑三.

【역문】 완형 세 등급.

---

107 『太平御覽』 권642, 「刑法部」, "晉律曰, 髠鉗五歲刑笞二百, 四歲刑, 三歲刑, 二歲刑."
108 『三國志 魏書』 권24, 「孫禮傳」, 692쪽.
109 校事는 三國의 魏와 吳에서 官民의 사정을 정찰하기 위해 설치한 관직이다. 吳에서는 校官이라고도 하였다.
110 『三國志 魏書』 권24, 「常林傳」, 661쪽.

【세주 원문】 按秦漢完四歲刑, 魏分三等, 無考.

【세주 역문】 진·한의 완형은 사세형이었는데, 위에서는 세 등급으로 나누었다. [다만 그 자세한 내용은] 상고할 수 없다.


【원문】 作刑三.

【역문】 작형 세 등급.


【세주 원문】 按漢制三歲刑鬼薪白粲, 二歲刑司寇作, 一歲刑罰作復作, 均作刑也, 魏制當與漢同. 惟城旦舂鬼薪白粲諸刑名, 晉以後無聞, 魏是否仍習漢制, 今不可考.

【세주 역문】 한의 제도에서 삼세형은 귀신백찬이고, 이세형은 사구작이며, 일세형은 벌작·복작으로 모두 작형[노역형]이다. 위의 제도 역시 분명 한과 동일했을 것이다. 다만 성단용·귀신백찬 등의 형명은, 진(晉) 이후에는 알려진 바가 없으므로, 위에서 한의 제도를 인습했는지의 여부에 대해 현재로서는 상고할 수 없다.


【원문】 贖刑十一.

【역문】 속형 열한 등급.


【세주 원문】 按以晉梁諸律證之, 贖死爲一等, 贖髡刑完刑作刑凡十等, 故云贖刑十一. 晉律金等不過四, 魏金等無考. 魏志太和四年十月, 令:「罪非殊死聽贖各有差.」.

【세주 역문】 진율·양률 등을 통해 증명해 보면, 사죄를 속하는 것이 한 등급이고, 곤형·완형·작형을 속하는 것이 모두 열 등급이므로 "속형 열한 등급"이라고 한 것이다. 진율에서는 "속금의 등급의 차이는 4냥을 넘지 않는다."[111]고 하였는데, 위의 속금의 등급에 대해서는 상고할 수 없다. 『삼국지 위서』에 [다음과 같이] 기록되어 있다. "태화 4년(230) 10월에 영을 내려 '죄가 참수형에 해당되지 않을 경우 속형을 허

---

111 『唐六典』에 의하면, 晉의 贖刑은 死刑의 경우 金二斤, 五歲刑은 一斤十二兩, 四歲刑은 一斤八兩, 三歲刑은 一斤四兩, 二歲刑은 一斤으로 그 등차는 각각 四兩이었다. 『唐六典』 권6, 「尙書刑部」, 181쪽, "贖死, 金二斤; 贖五歲刑, 金一斤十二兩; 四歲·三歲·二歲各以四兩爲差."

락하되 [형의 등급에 따라] 각각 차등을 둔다.'라고 하였다."[112]

**【원문】** 罰金六.

**【역문】** 벌금 여섯 등급.[113]

**【세주 원문】** 按高柔傳, 自黃初數年之間, 擧吏民姦罪以萬數, 柔皆請懲虛實; 其餘小小挂法者, 不過罰金. 蓋罰金本漢制. 魏初已久行之. 通典一百六十三, 明帝改士庶罰金之令, 男聽以罰代金, 婦人加笞還從鞭督之例. 是中葉後更爲異制也.

**【세주 역문】** 『삼국지 위서』「고유전(高柔傳)」에, "[교사(校事) 유자(劉慈) 등이] 황초(黃初) 연간(220-226)부터 수년 동안 관리와 백성의 간죄(姦罪)를 적발하자, 고유가 모두 그 허실에 대해 징계할 것을 청하였다. 나머지 소소하게 법을 어긴 자들은 벌금형[으로 처벌하는 것에] 그쳤다."[114]고 하였다. 대체로 벌금은 한대의 제도이니, 위 초기에도 이미 시행된 지 오래된 것이다. 『통전』권163에 "위의 명제는 사서(士庶)의 벌금에 관한 영(令)을 개정하여 남자는 형벌을 벌금으로 대신할 수 있게 하고, 부인에게 태형을 가할 경우에는 [부인의 몸이 노출되는 것을 막기 위해] 편독(鞭督)[115]의 법례에 따르도록 하였다."[116]고 하였다. 이는 [위(魏)] 중엽 이후에 다시 제도가 바뀐 것이다.

**【원문】** 雜抵罪七.

---

112 『三國志 魏書』 권3, 「明帝紀」, 97쪽.

113 罰金: 罰金刑과 贖刑의 차이에 대하여 일찍이 沈家本은 죄의 輕重의 차이로 설명한다. 즉 죄가 가벼운 것을 罰金으로 하고 무거운 것을 贖刑으로 한다는 것이다. 또 贖刑은 본형이 있고 그 본형을 재물로 대신하는 것이라면 罰金刑은 다른 형벌을 대신하는 것이 아니라 그 자체가 독립형이라는 것이다. 즉 贖刑은 代替刑이고 罰金刑은 獨立刑이라는 것이다. 罰金은 경미한 범죄에 대해 부과하는 것으로 贖刑에 비해서 부과되는 금액이 훨씬 적다. 晉의 벌금에는 黃金十二兩 · 八兩 · 四兩 · 二兩 · 一兩으로 되어 있었다.

114 『三國志 魏書』 권24, 「高柔傳」, 685쪽.

115 鞭督: 鞭으로 벌을 가하는 것. 『漢書』, 「尹翁歸傳」, "不中程輒笞督. 集注: 督, 責也." 漢初에는 笞刑에 대나무를 사용하였는데, 受刑者는 옷을 벗어야 했다. 『後漢書』, 「劉寬傳」에는 "吏人有過, 但用薄鞭罰之, 示辱而已, 終不加笞"라 하여 鞭刑의 경우에는 의복을 벗지 않았음을 알 수 있다.

116 『通典』 권163, 「刑法」, 4201쪽.

【역문】 여러 종류의 저죄(抵罪) 일곱 등급.

【세주 원문】 按雜抵罪, 殆卽除名奪爵之類, 今不可考.

【세주 역문】 잡저죄는 아마도 제명·탈작 등의 종류인 것 같으나, 현재는 상고할 수 없다.

● 夷三族　삼족을 주멸함

【원문】 嘉平元年春正月, 有司奏收黃門張當付廷尉, 考實其辭, 爽與謀不軌. 又尙書丁謐、鄧颺、何晏、司隸校尉畢軌、荊州刺史李勝、大司農桓範皆與爽通姦謀, 夷三族.(魏志卷四)

【역문】 가평 원년(249) 정월, 담당 관리가 상주하기를, 황문 장당을 체포하여 정위에게 송치해 그 진술의 진위를 심문하니, [장당이] 조상과 함께 반란[불궤(不軌)]을 모의했다고 하였다. 또한 상서 정밀·등양·하안, 사예교위 필궤, 형주자사 이승, 대사농 환범이 모두 조상과 함께 간사한 계획을 내통하였으므로, [그들의] 삼족을 주멸하였다.[117](『삼국지 위서』 권4)

【원문】 大將軍司馬胡奮部兵逆擊, 斬誕, 傳首, 夷三族.(諸葛誕傳)

【역문】 대장군사마 호분이 병사를 이끌고 공격하여 제갈탄을 참수한 후 그 수급을 전송하고 삼족을 멸하였다.[118](『삼국지 위서』「제갈탄전」)

【원문】 夷儉三族.(毌丘儉傳)

【역문】 관구검의 삼족을 주멸하였다.[119](『삼국지 위서』「관구검전」)

---

117 『三國志 魏書』 권4, 「三少帝紀」, 123쪽.
118 『三國志 魏書』 권28, 「諸葛誕傳」, 773쪽.
119 『三國志 魏書』 권28, 「毌丘儉傳」, 767쪽.

【원문】 於是豊、玄、緝、敦、賢等皆夷三族.(夏侯尚傳)

【역문】 이때에 이풍(李豊)·하후현(夏侯玄)·장집(張緝)·악돈(樂敦)·유현(劉玄) 등은 모두 삼족을 주멸하였다.[120](『삼국지 위서』「하후상전」)


【원문】 諸相連者悉夷三族.(王淩傳)

【역문】 [죄에] 연루된 자는 모두 삼족을 주멸하였다.[121](『삼국지 위서』「왕릉전」)


【원문】 淮妻, 王淩之妹. 淩誅, 妹當從坐, 御史往收. 督將及羌、胡渠帥數千人叩頭請淮表留妻, 淮不從. 妻上道, 莫不流涕, 人人扼腕, 欲劫留之. 淮五子叩頭流血請淮, 淮不忍視, 乃命左右追妻. 於是追者數千騎, 數日而還. 淮以書白司馬宣王曰:「五子哀母, 不惜其身; 若無其母, 是無五子; 無五子, 亦無淮也. 今輒追還, 若於法未通, 當受罪於主者.」 書至, 宣王亦宥之.(郭淮傳注引世語)

【역문】 곽회(郭淮)의 처는 왕릉의 누이이다. 왕릉이 주살을 당하자 누이도 연좌되어 어사가 [그녀를] 체포하러 갔다. 독장(督將) 및 강족(羌族)·호족(胡族)의 우두머리 수천 명이 머리를 조아리며 곽회에게 부인을 석방해 달라는 상주문을 올리도록 청했으나 곽회는 따르지 않았다. 부인이 [압송되는] 길에 오르자 눈물을 흘리지 않는 자가 없었으며, 사람들마다 분하여 주먹을 쥐면서 [압송되는 것을] 막고자 하였다. 곽회의 다섯 아들이 머리를 찧어 피를 흘리면서 곽회에게 청하자, 곽회는 차마 볼 수 없어서 마침내 좌우에 명하여 그녀를 쫓아가도록 하였다. 이에 수천 명의 기병이 추격하여 며칠 만에 돌아오게 되었다. 곽회가 사마선왕(司馬宣王)에게 서신을 보내 "다섯 아들이 어미를 애처로이 여겨 자신의 목숨도 아끼지 않으니, 만일 그 어미가 죽는다면 다섯 아들도 죽는 것이요,

---

120 『三國志 魏書』 권9,「夏侯尚傳」, 299쪽.
121 『三國志 魏書』 권28,「王淩傳」, 758쪽.

다섯 아들이 죽는다면 저 역시도 죽는 것입니다. 지금 바로 뒤쫓아 데리고 온 것이 법에 합당하지 않은 것이니, [제가] 죄를 받는 것이 마땅합니다."라고 하였다. 서신이 도착하자 사마선왕이 그를 용서해 주었다.[122]

(『삼국지 위서』「곽회전」의 주에서 『세설신어』를 인용)

◉ **魏改定婦女從坐之律**  위에서 부녀의 연좌에 관한 율을 개정함

【원문】 及景帝輔政, 是時魏法, 犯大逆者誅及已出之女. 毌丘儉之誅, 其子甸妻荀氏應坐死, 其族兄顗與景帝姻, 通表魏帝, 以匄其命. 詔聽離婚. 荀氏所生女芝, 爲潁川太守劉子元妻, 亦坐死, 以懷妊繫獄. 荀氏辭詣司隷校尉何曾乞恩, 求沒爲官婢, 以贖芝命. 曾哀之, 使主簿程咸上議曰:「夫司寇作典, 建三等之制; 甫侯修刑, 通輕重之法. 叔世多變, 秦立重辟, 漢又修之. 大魏承秦漢之弊, 未及革制, 所以追戮已出之女, 誠欲殄醜類之族也. 然則法貴得中, 刑愼過制. 臣以爲女人有三從之義, 無自專之道, 出適他族, 還喪父母, 降其服紀, 所以明外成之節, 異在室之恩. 而父母有罪, 追刑已出之女; 夫黨見誅, 又有隨姓之戮. 一人之身, 內外受辟. 今女旣嫁, 則爲異姓之妻; 如或産育, 則爲他族之母, 此爲元惡之所忽, 戮無辜之所重. 於防則不足懲姦亂之源, 於情則傷孝子之心. 男不得罪於他族, 而女獨嬰戮於二門, 非所以哀矜女弱, 蠲明法制之本分也. 臣以爲在室之女, 從父母之誅; 旣醮之婦, 從夫家之罰. 宜改舊科, 以爲永制.」於是有詔改定律令.(晉書刑法志)

【역문】 진 경제[123]가 위의 국정을 보좌했을 당시 위의 법률은 대역을 범한 경우 이미 출가한 딸까지 주살하였다. 관구검[124]이 주살되었을 때, 그의

---

122 『三國志 魏書』권26,「郭淮傳」, 736쪽.

123 景帝: 즉 司馬師. 字는 子元. 司馬懿의 長子. 司馬懿와 함께 曹爽을 살해하고 司馬懿의 뒤를 이어 魏의 大將軍이 되었다. 國政을 左之右之하다가 魏帝 曹芳을 폐하고 晉朝를 건립하였다. 追封하여 景帝가 되었다.

124 毌丘儉: 字는 仲恭. 河東聞喜(지금의 山西省 聞喜縣)人. 부친 興의 爵位를 계승하여 荊州刺史, 幽州刺史, 鎭南將軍 등의 직책을 역임하였다. 正元 元年(AD 254년) 司馬師를 토벌하고 魏國을 부흥

아들 관구전의 처 순씨는 마땅히 사형을 받아야했지만, 그 족형 순의가 경제와 인척관계에 있었기 때문에 위제(魏帝)에게 상주하여 순씨의 구명을 탄원하였다. 위제는 조서를 내려 관구전과의 이혼을 허락하였다. 순씨의 딸인 관구지는 영천태수 유자원의 처였는데, 연좌되어 사형을 받아야 했으므로 임신한 채 옥에 갇히게 되었다. 순씨는 사례교위[125] 하증[126]에게 은혜를 베풀어 줄 것을 청하며 [자신을] 적몰하여 관비로 삼는 대신 딸[관구지]의 목숨을 살려달라고 애원하였다. 하증은 그것을 불쌍히 여겨 주부[127] 정함(程咸)을 통해 [다음과 같이] 상주하였다. "무릇 사구(司寇)는 삼전(三典)을 지어 [경(輕)·중(中)·중(重)] 삼등의 제도를 만들었으며,[128] 주조(周朝)의 보후(甫侯)는 형법을 정리하여[129] 형벌의 적용을 때로는 가볍게 때로는 무겁게 할 수 있도록 하였습니다. 혼란한 시대가 되자 [법제에] 많은 변화가 생겨 진(秦)에서는 중법(重法)을 만들었고, 한(漢)에서는 이를 다시 개정하였습니다. 대위(大魏)는 진·한의 폐단을 계승한 채 아직 바꾸지 못하였으니, 이미 출가한 딸까지 뒤쫓아 주살하는 까닭은 실로 악인의 족속을 진멸시키기 위한 것입니다. 그러나 법률은 중정(中正)을 얻는 것이 중요하고, 형벌은 그 정도가 지나친 것을 삼가야 합니다. 신이 생각하기에 여인에게는 삼종지의(三從之義)[130]가 있어서 스스로의 뜻대로 행동할 수 없습니다. 다른 가족에게 출가한 경우 돌아와 친정의 부모상을 치를 때, 상복(喪服)의 등급을 내리는 것은 부가(夫家)의 예절을 따름과 동시에 출가하기 전의 은정(恩情)과 다르다는 것을 표

하기 위해 군대를 일으켰다가 진압되어 멸족되었다.

125 司隷校尉: 武官名. 漢武帝 시 설치하여 京師와 그 부근의 순찰을 담당하였다. 魏·晉에서는 이러한 漢制를 계승하였다.

126 何曾: 西晉陽夏(지금의 河南省 太康縣)人. 字는 潁考. 司隷校尉, 尙書, 司徒 등의 직책을 역임하였다. 晉의 武帝 즉위 후에 太尉, 太保, 太傅, 太宰 등을 역임하였다.

127 主簿: 文書簿籍 혹은 印鑑을 管掌하는 職의 屬吏. 晉代와 南北朝의 三師, 三公, 九卿 등은 主簿, 丞, 功曹, 五官 등의 인원을 설치하였다.

128 『周禮』, 「秋官」, "大司寇之職, 掌建邦之三典, 以佐王刑邦國, 詰四方. 一曰: 刑新國用輕典. 二曰: 刑平國用中典. 三曰: 刑亂國用重典. 鄭玄注: 有虞氏曰師, 夏曰大理, 周曰大司寇, 天子·諸侯同."

129 『尙書』, 「呂刑」, "上刑適輕, 下服. 下刑適重, 上服, 輕重諸罰有權, 刑罰世輕世重."

130 三從之義: 『禮記』, 「郊特牲」, "婦人從人者也. 幼從父兄, 嫁從夫, 夫死從子."

명하기 위한 것입니다. 그런데도 부모가 죄를 범하면 출가한 딸까지 쫓
아서 연좌하여 형벌을 내리고, 부(夫)의 일족이 주살되면 또 부성(夫姓)
에 따라서 연좌되어 주살당합니다. 한사람의 몸으로 내외 양쪽의 관계
에서 형을 받게 되는 것입니다. 이제 여자가 이미 출가하였다면 이성(異
姓)의 처가 된 것이고, 만약 자식을 낳아 기른다면 다른 족속의 어머니가
된 것입니다. [따라서 출가한 딸까지 주살하는 것] 이는 원악(元惡)은 소
홀히 대하면서, 무고한 자를 중하게 처벌하는 것입니다. 범죄를 방지하
는 데 있어서는 간란(姦亂) 발생의 근원을 징계하기에 부족하고, 인정에
있어서는 효자의 마음을 상하게 하는 것입니다. 남자들은 다른 가족의
범죄로 인해 죄를 받지 않는데, 여자들만 두 가족에 의해 주륙을 당하니,
이는 연약한 여자를 불쌍히 여기고 법제를 명확하게 한다고 하는 본의도
아닙니다. 신이 생각하기에는 출가하기 전의 여자는 부모의 죄에 따라야
하고, 이미 출가한 여자는 부가(夫家)의 범죄에 따라 징계되어야 할 것입
니다. 마땅히 구법(舊法)을 개혁하시어 영구한 법제로 삼으셔야 합니다."
이에 조서를 내려 율령을 개정하도록 하였다.131(『진서』「형법지」)

【원문】 魏志何夔傳注引干寶晉紀曰: 曾字穎考. 正元中爲司隷校尉. 時母
丘儉孫女適劉氏, 以孕繫廷尉. 女母荀, 爲武衞將軍荀顗所表活, 旣免,
辭詣廷尉, 乞爲官婢以贖女命. 曾使主簿程咸爲議, 議曰:「大魏承奏·
漢之弊, 未及革制. 所以追戮已出之女, 誠欲殄醜類之族也. 若已産育,
則成他家之母. 於防則不足懲奸亂之源, 於情則傷孝子之思, 男不御罪
於他族, 而女獨嬰戮於二門, 非所以哀矜女弱, 均法制之大分也. 臣以
爲在室之女, 可從父母之刑, 旣醮之婦, 使從夫家之戮.」朝廷從之, 乃
定律令.

【역문】 『삼국지 위서』「하기전」에서 인용한 간보의 『진기(晉紀)』132에서

---

131 『晉書』 권30, 「刑法志」, 926쪽.
132 干寶(?-336)는 晉의 元帝 시기 佐著作郎 즉 史官의 職을 맡아 國史 편찬에 종사하였으며, 『晉記』
외에도 『周易注』·『五氣變化論』·『春秋序論』 등 다수의 저작을 저술하였다. 『晉記』는 20권으로

다음과 같이 말하였다. "하증의 자는 영고이다. 정원 연간(254-256)에 사예교위가 되었다. 그때 관구검의 손녀가 유씨에게 시집을 갔는데, [관구검이 주살되자] 임신한 채로 정위에게 송치되었다. 모친인 [관구검의 아들 관구전의 처] 순씨는 무위장군 순의가 구명을 위해 표문을 올려 이미 죄를 면하였는데, 정위에게 글을 올려 [자신이] 관비가 될 터이니 딸의 목숨을 대신 살려달라고 호소하였다. 하증이 주부 정함에게 의논하도록 하니, [정함이 다음과 같이] 말하였다. '대위가 진·한의 폐습을 이은 것 중 아직 혁신하지 못한 것이 있습니다. 이미 출가한 딸까지 [연좌시켜] 주살하는 것은 실로 흉악한 무리의 족속을 절멸시키고자 하는 것입니다. [그런데] 만약 [출가한 딸이] 자식을 낳아 기르고 있다면 다른 집안의 어미가 된 것이니, [그를 죽이는 것은] 범죄를 방비하는 측면에서는 간악함의 근원을 징계하기에 부족하고, 인정에 있어서는 효자의 마음을 상하게 하는 것입니다. 남자는 다른 가족으로 인해 죄를 받지 않는데, 여자만 유독 두 집안의 [죄로] 인해 주살을 당하니 이는 유약한 여성을 불쌍히 여기고 법제를 공평하게 한다는 명분에도 어긋납니다. 신이 생각하기에 출가하기 전의 여성은 부모의 형벌에 연좌되도록 하고 이미 혼례를 치른 여성은 부가(夫家)의 형벌에 따르도록 하십시오." 조정에서 그의 의견을 따라 곧 율령으로 제정하였다.[133](『삼국지 위서』「하기전」)

◉ **魏鞭杖之制**  위의 편장 제도

【원문】 太祖性嚴, 掾屬公事, 往往加杖; 夔常畜毒藥, 誓死無辱, 是以終不見及.(何夔傳)

【역문】 태조의 성품이 엄격하여 관리들이 공무를 [처리할 때] 왕왕 장형을 가하였다. 하기는 항상 독약을 품고 다니며, 차라리 죽을지언정 치욕을

당시 '良史'라고 칭해졌다고 한다.
133 『三國志 魏書』 권12, 「何夔傳」, 381쪽.

받지는 않겠다고 맹세하였다. 이 때문에 끝내 [장형을] 받지 않았다.[134]
(『삼국지 위서』「하기전」)


**【원문】** 明帝青龍二年春, 詔曰:「鞭作官刑, 所以糾慢怠也, 而頃多以無辜死. 其減鞭杖之制, 著于令.」(魏志卷三)

**【역문】** 명제 청룡 2년(234) 봄, 조를 내렸다. "편형으로 관형을 삼은 것은, [관리의] 태만함을 규찰하기 위한 것인데, 근래에 무고한 자들이 [편형으로 인해] 사망하는 경우가 많도다. 편장을 감형하도록 한 제도를 법령에 수록하도록 하라."[135](『삼국지 위서』 권3)


**【원문】** 韓宣字景然, 勃海人也. 黃初中, 爲尙書郎, 嘗以職事當受罰於殿前, 已縛, 束杖未行. 文帝輦過, 問:「此爲誰?」左右對曰:「尙書郎勃海韓宣也.」特原之, 遂解其縛. 時天大寒, 宣前以當受杖, 豫脫袴, 纏褌面縛; 及其原, 褌腰不下, 乃趨而去.(裴潛傳注引魏略)

**【역문】** 한선의 자는 경연으로, 발해인이다. 황초 연간(220-226)에 상서랑이 되었는데, 직무로 인해 전(殿) 앞에서 징벌을 받게 되었다. 이미 포박당한 상태였으나 아직 속장(束杖)을 받지는 않았는데, 문제가 승여를 타고 지나가다 [그 장면을 보고는] "이 자는 누구인가?"라고 물었다. 좌우에서 "상서랑 발해인 한선입니다."라고 하자, [문제가] 그를 특별히 용서해 주고 결박한 것을 풀어주었다. 당시 날씨가 매우 추웠는데, 한선은 장형을 받기 전에 미리 바지[과(袴)]를 벗어 잠방이[곤(褌)]에 엮어 얼굴을 가렸다. [한선은] 죄를 용서받게 되자 잠방이를 내리지도 않고 서둘러 떠났다.[136]
(『삼국지 위서』「배잠전」의 주에서 『위략』을 인용)


---

134 『三國志 魏書』 권12, 「何夔傳」, 379쪽.
135 『三國志 魏書』 권3, 「明帝紀」, 101쪽.
136 『三國志 魏書』 권23, 「裴潛傳」, 673쪽.

**【원문】** 壽春之役, 偉從文王至許, 以疾不進. 子從, 求還省疾, 事定乃從歸, 由此內見恨. 收長武考死杖下, 偉免爲庶人.(滿寵傳注引世語)

**【역문】** 수춘에서의 전쟁[137] 당시 만위가 문왕을 따라 허(許)에 이르렀는데, 병 때문에 [더 이상] 나아가지 못하였다. 아들인 [만장무가 아버지를] 따라 갔는데, 돌아가서 [아버지의] 병을 돌볼 것을 청하였으나, 전쟁이 끝난 다음에야 돌아갈 수 있었다. 이 때문에 [문왕은 이들에 대해] 마음에 원망을 품게 되었다. 만장무를 장형으로 고문하여 죽게 하였으며, 만위는 면관하고 서인으로 만들었다.[138](『삼국지 위서』「만총전」의 주에서 『세설신어』를 인용)

**【원문】** 司馬宣王在長安立軍市, 而軍中吏士多侵侮縣民, 斐以白宣王. 宣王乃發怒召軍市候, 便於斐前杖一百.(倉慈傳注引魏略)

**【역문】** 사마선왕이 장안에 군시(軍市)를 세우자 군중의 관리와 병사들이 현민(縣民)의 [이익을] 침해하는 경우가 많았다. 안비가 선왕에게 보고하자, 선왕이 진노하여 군시의 후인(候人)을 불러 곧장 안비 앞에서 장형 100대를 쳤다.[139](『삼국지 위서』「창자전」의 주에서 『위략』을 인용)

**【원문】** 阜又上疏欲省宮人諸不見幸者, 乃召御府吏問後宮人數. 吏守舊令, 對曰:「禁密, 不得宣露.」阜怒, 杖吏一百.(楊阜傳)

**【역문】** 양부가 상소를 올려 궁인 중 승은을 입지 못한 자를 조사하겠다고 하고는, 어부(御府)의 관리를 불러 후궁의 수를 물었다. 관리가 구령(舊令)을 지켜 대답하기를 "궁정의 비밀[금밀(禁密)]은 발설할 수 없다."고 하였다. 양부가 노하여 관리에게 장형 100대를 쳤다.[140](『삼국지 위서』「양부전」)

---

137 '壽春之役'은 三國 魏의 甘露2–3년(257–258)에 魏의 大將軍 司馬昭가 壽春에서 諸葛誕의 군대 및 吳軍 20만 명을 전멸시켰던 전쟁이다.

138 『三國志 魏書』 권26,「滿寵傳」, 725쪽.

139 『三國志 魏書』 권16「倉慈傳」, 513쪽.

140 『三國志 魏書』 권25「楊阜傳」, 706쪽.

【원문】 質之爲荊州也, 威自京都省之. 臨辭, 質賜絹一疋, 爲道路糧. 質帳下都督, 陰資裝百餘里要之, 每事佐助之. 威因取向所賜絹答謝而遣之. 具以白質. 質杖其都督一百.(胡質傳注引晉陽秋)

【역문】 호질이 형주자사로 있을 때에 [아들인] 호위가 경도(京都)로부터 부친을 뵈러 왔다. 떠날 때가 되자 호질이 견 1필을 주며, 여비로 쓰라고 하였다. [호위가 경도로 돌아가는데] 호질 휘하의 도독이 몰래 백 여리의 [여정에 필요한] 여비를 준비하여, 매사에 호위를 도와주었다. 호위는 [그가 아버지 휘하의 도독인 것을 알게 되자] 이전에 받았던 견을 답례로 주고 그를 보냈다. [후에 호위가 사정을 갖추어] 호질에게 보고하자, 호질은 그 도독을 장형 100대로 처벌하였다.[141](『삼국지 위서』 「호질전」의 주에서 『진양추』를 인용)


【원문】 中黃門前渡, 從吏求小船, 欲獨先渡. 吏呵不肯, 黃門與吏爭言. 沛問黃門:「有疏邪?」黃門云:「無疏.」沛怒曰:「何知汝不欲逃邪?」遂使人捽其頭, 與杖欲捶之.(賈逵傳注引魏略楊沛列傳)

【역문】 중황문(中黃門)[142]이 강을 건너려는데, [그의] 속리가 작은 배를 요구하며 홀로 먼저 건너고자 하였다. 관리가 꾸짖으며 허락하지 않자, 중황문이 그와 언쟁하였다. 양패가 중황문에게 묻기를 "도주한 일이 있는가?"라고 하자, 중황문이 말하기를 "도주하지 않았습니다."라고 하였다. 양패가 노하여 "네가 도망가려 하지 않았다는 것을 어찌 알 수 있는가?"라고 하고는, 사람을 시켜 그의 머리채를 잡게 하고 장형을 치고자 하였다.[143](『삼국지 위서』 「가규전」의 주에서 『위략』의 「양패열전」을 인용)

---

141 『三國志 魏書』 권27 「胡質傳」, 743쪽.
142 中黃門은 禁中에 거주하던 奄人이다.
143 『三國志 魏書』 권15 「賈逵傳」, 484쪽.

## ◉ 禁錮  금고[144]

【원문】 明帝禁浮華, 而人白勝堂有四窗八達, 各有主名. 用是被收, 以其
所連引者多, 故得原, 禁錮數歲.(曹爽傳注引魏略)

【역문】 명제가 화려하게 꾸미는 것[부화(浮華)]을 금하였는데, 어떤 자가 이
승의 당(堂)에는 네 개의 창과 여덟 개의 들창[사창팔달(四窗八達)]이 있으
며, 각각의 명칭까지 있다고 고발하였다. 이로 인해 [이승이] 체포되자,
그 사안에 연루된 자가 매우 많았다. 이 때문에 용서해주고 여러 해 금
고형에 처했다.[145](『삼국지 위서』「조상전」의 주에서 『위략』을 인용)

## ◉ 魏肉刑之議  위의 육형에 대한 의논

【원문】 太祖議行肉刑, 脩以爲時未可行, 太祖採其議.(王脩傳)

【역문】 태조가 육형을 행하는 것에 대해 의논하도록 하자, 왕수가 아직 행
할 때가 아니라고 하니 태조가 그의 견해를 채택하였다.[146](『삼국지 위서』
「왕수전」)

【원문】 時太祖議復肉刑, 令曰:「安得通理君子達於古今者, 使平斯事乎!
昔陳鴻臚以爲死刑有可加於仁恩者, 正謂此也. 御史中丞能申其父之
論乎?」 羣對曰:「臣父紀以爲漢除肉刑而增加笞, 本興仁惻而死者更
衆, 所謂名輕而實重者也. 名輕則易犯, 實重則傷民. 若用古刑, 使淫者
下蠶室, 盜者刖其足, 則永無淫放穿窬之姦矣.」 時鍾繇與羣議同, 王朗
及議者多以爲未可行. 太祖深善繇・羣言, 以軍事未罷, 顧衆議, 故且
寢.(陳羣傳)

---

144 禁錮: 죄인 본인 및 그의 자식이 관리가 되거나 사회정치활동에 참여하는 것을 금지하는 형벌.
145 『三國志 魏書』 권9, 「曹爽傳」, 288쪽.
146 『三國志 魏書』 권11, 「王脩傳」, 348쪽.

【역문】 그때 태조가 육형을 부활시키는 것에 대해 의논하도록 하며 명하기를 "이치에 통달한 군자로, 고금에 정통한 자가 이 사안을 평의하도록 하라! 예전에 홍려(鴻臚) 진기(陳紀)는 사형을 통해 인은(仁恩)을 베풀 수 있다고 하였으니, 바로 이것을 말한 것이다. 어사중승은 부친의 논리를 진술할 수 있겠는가?"라고 하였다. 진군이 [다음과 같이] 대답하였다. "신의 부친인 진기는 한에서 육형을 폐지하고 태형을 증가시킨 것이 본래는 측은한 마음에서 나온 것이나 [도리어 그로 인해] 죽는 자가 더욱 많아지게 되었으니, 이른바 [형벌의] 명칭은 가볍지만 실상은 무거운 것이라고 하였습니다. [형벌의] 명칭이 가벼우면 죄를 범하기 쉬어지고, 실상이 무거우면 백성을 해치게 됩니다. 고대의 형벌을 채용하시어 음란을 범한 자는 잠실에 가두고, 도둑질한 자는 발을 자른다면, 음란하고 도둑질 하는 간사함이 영원히 사라질 것입니다." 그때 종요는 진군과 의론을 같이하였지만, 왕랑 및 [다른] 논자들은 대부분 아직 [육형을] 시행할 때가 아니라고 하였다. 태조는 종요와 진군의 말을 매우 훌륭하다고 생각하였으나, 아직 전쟁이 끝나지 않았으므로, 중의를 고려하여 [육형의 부활에 대한 논의를] 잠시 멈추도록 하였다.[147](『삼국지 위서』「진군전」)

【원문】 初, 太祖下令, 使平議死刑可宮割者. 繇以爲「古之肉刑, 更歷聖人, 宜復施行, 以代死刑.」議者以爲非悅民之道, 遂寢. 及文帝臨饗羣臣, 詔謂「大理欲復肉刑, 此誠聖王之法. 公卿當善共議.」議未定, 會有軍事, 復寢. 太和中, 繇上疏曰:「陛下遠追二祖遺意, 惜斬趾可以禁惡, 恨入死之無辜, 使明習律令, 與羣臣共議. 出本當右趾而入大辟者, 復行此刑. 使如孝景之令, 其當棄市, 欲斬右趾者許之. 其黥·劓·左趾·宮刑者, 自如孝文, 易以髡·笞. 能有姦者, 率年二十至四五十, 雖斬其足, 猶任生育. 今天下人少于孝文之世, 下計所全, 歲三千人.」書奏, 詔曰:「公卿羣僚善共平議.」司徒王朗議, 以爲「繇欲輕減大辟之

---

147 『三國志 魏書』 권22,「陳羣傳」, 634쪽.

條, 以增益刖刑之數. 然臣之愚, 猶有未合微異之意. 前世仁者, 不忍肉
刑之慘酷, 是以廢而不用. 不用已來, 歷年數百. 今復行之, 恐所減之文
未彰于萬民之目, 而肉刑之問已宣于寇讎之耳. 今可按簶所欲輕之死
罪, 使減死之髡 · 刖. 嫌其輕者, 可倍其居作之歲數. 內有以生易死不
訾之恩, 外無以刖易釱駭耳之聲.」議者百餘人, 與朗同者多. 帝以吳 ·
蜀未平, 且寢.(鍾繇傳)

【역문】 이전에 태조가 명을 내려 사형[중 일부를] 궁형으로 [처벌할 수] 있
는지에 대해 논의하도록 하였다. 종요[148]는 "옛날의 육형은 성인들이 채
용하신 것이므로, 다시 시행하여 사형을 대신하도록 해야 합니다."라고
하였다. 논의하는 자들이 [육형의 부활에 대해] 백성을 사랑하는 방법이
아니라고 주장하였으므로, 마침내 [논의를] 그쳤다. 문제가 친히 군신들
에게 연회를 베풀며 조를 내려 말하기를 "대리시에서 육형을 부활시키
고자 하니 이는 실로 성왕의 법도이다. 공경들은 함께 열심히 논의하도
록 하라."고 하였다. 논의가 아직 정해지지 않았는데, 마침 전쟁이 발생
하자 다시 [논의를] 그쳤다. 태화 연간(227-233)에 종요가 [다음과 같이]
상주하였다. "폐하께서는 저 무제와 문제께서 남기신 뜻을 따르고자 하
시어, 발목을 잘라[참지(斬趾)] 악을 금할 수 있음을 애석히 여기시고, 무
고한 자들을 죽음에 처하도록 하는 것은 애통해 하셨습니다. [그리하여]
율령을 명확히 익혀 군신들이 함께 논의하도록 하셨습니다. 본래 참우
지(斬右趾)에 해당하는 [죄를] 사형으로 처벌하는 것은 이 형벌을 거듭
집행하는 것입니다. 가령 [한의] 효경제의 법령에서는 기시형에 해당하
는 자가 참우지로 처벌받기를 원할 경우 그것을 허락해 주었습니다. 경
(黥) · 의(劓) · 좌지(左趾) · 궁형은 효문제 때부터 곤형(髡刑) · 태형(笞刑)
으로 바뀐 것입니다. 간악함을 행하는 자들은 대체로 20세에서 45세 사

---

148 三國 魏의 穎川長沙(지금의 河南省 長葛縣)人으로, 字는 元常이다. 曹操 집권 시에 侍中 겸 司隷
校尉가 되고 후에 相國으로 승진하였다. 그는 陳羣의 肉刑復活論에 동조하여 고대의 육형은 여러
성인이 시행한 것이므로 死刑을 肉刑으로 대신해야 한다고 주장하였다. 그러나 司徒 王朗 등의 반
대에 부딪혀 그 뜻을 관철하는 데 실패하였다.

이이니, 그 발을 자른다고 하더라도 살아갈 수 있습니다. 현재 천하의 인구는 효문제의 시대에 비해 적으니, [육형을 부활시켜] 목숨을 보전하는 자들을 계산해 본다면 매해 3000명이 될 것입니다." 상소가 올라오자 조를 내려 "공경들은 함께 잘 논의하도록 하라."고 하였다. 사도 왕랑이 [다음과 같이] 논하였다. "종요는 사형의 조문을 경감시켜 월형(刖刑)의 수를 증가시키려 합니다. 그러나 신은 우매하나마 약간 다른 생각을 지니고 있습니다. 이전 시대의 인자(仁者)들은 육형의 참혹함을 차마 행할 수 없어 이 때문에 폐지하고 사용하지 않은 것입니다. [육형을] 사용하지 않은 지 이미 수백 년이 흘렀습니다. 지금 다시 그것을 부활시켜 행용한다면, [사형을] 감형시켜 준다는 조문이 백성들의 목전에 선포되기도 전에 육형의 [부활] 소식이 적들[구수(寇讎)]의 귀에 들리게 될 것입니다. 지금 종요가 사죄를 경감시키고자 하는 바를 살펴보면, 사형을 감하여 곤형·월형에 처하자는 것입니다. [만약 처벌이] 가벼운 것이 꺼려진다면, 노역[거작(居作)]의 기간을 늘리면 됩니다. [그렇게 한다면] 안으로는 생명으로 죽음을 바꾸어준 셀 수 없는 은혜가 있게 될 것이고, 밖으로는 월형으로 차꼬[체(釱)]를 대신했다는 [사람들을] 경악시키는 소리가 없게 될 것입니다." 의론하는 자 100여 명 중 왕랑에 동의하는 자가 많았다. 명제는 오·촉이 아직 평정되지 않았으므로 일단 [논의를] 중단시켰다.[149](『삼국지 위서』「종요전」)

【원문】 及魏國建, 陳紀子群時爲御史中丞, 魏武帝下令又欲復之, 使群申其父論. 群深陳其便. 時鍾繇爲相國, 亦贊成之, 而奉常王脩不同其議. 魏武帝亦難以藩國改漢朝之制, 遂寢不行. … 魏文帝受禪, 又議肉刑. 詳議未定, 會有軍事, 復寢. … 是時太傅鍾繇又上疏求復肉刑, 詔下其奏, 司徒王朗議又不同. 時議者百餘人, 與朗同者多. 帝以吳蜀未平, 又寢.(晉書刑法志)

---

149 『三國志 魏書』 권13, 「鍾繇傳」, 397-398쪽.

【역문】 위국(魏國)이 세워지고,[150] 진기의 아들 진군이 당시 어사중승이 되었다. 위무제가 영을 내려 다시 육형을 부활하고자 진군에게 그 부친의 '육형부활론'을 상신하도록 하였다. 진군은 육형의 장점을 충분히 설명하였다. 그때 종요가 상국[151]이었는데, 그 또한 진군의 의견에 찬동하였다. 그러나 봉상[152]인 왕수[153]는 그 의견에 동조하지 않았다. 위무제 또한 번국(藩國)으로서 한조(漢朝)의 법제를 고치는 것이 매우 어렵다고 생각하여 중단하고 시행하지 않았다. (중략) 위문제가 선양을 받은 후 다시 육형에 대해 의논하도록 하였다. 상세히 의논함에도 불구하고 결론을 내리지 못하고 있었는데, 마침 전쟁이 발생하여 다시 중단되었다. (중략) 이 때 태부 종요가 다시 상소하여 육형의 부활을 촉구하자 [명제는] 조를 내려 [육형부활에 대해] 상주하도록 하였는데, 사도 왕랑이 재차 반대하였다. 당시 의론하는 자 100여 명 중 왕랑에 동의하는 자가 많았다. 명제는 오·촉이 아직 평정되지 않았으므로 일단 [의논을] 중단시켰다.[154](『진서』「형법지」)

【원문】 夏侯玄嘗著本無肉刑論, 辭旨通遠, 咸傳于世.(夏侯尚傳)

【역문】 하후현이 『본무육형론(本無肉刑論)』을 저술하였는데, 말과 뜻이 통달하고 고원하여 모두 대대로 전해졌다.[155](『삼국지 위서』「하후상전」)

---

150 曹操가 受封한 藩國. 封國은 당시 魏郡에 있었다. 여기서는 魏가 왕조를 창설한 것을 말하는 것이 아니라 曹操가 漢의 建安 18년(213)에 藩國으로 封해져 魏國公이 되었을 때를 가리킨다. 曹操는 魏王으로 봉해지고 4년 후에 病死하였으며, 그 아들 曹丕가 漢을 대신하여 稱帝하면서 國號를 魏로 정하였다.

151 春秋時期 齊國에서 左·右相을 처음 설치하였으며, 戰國 시기에는 相國과 相邦이 있었다. 秦代 이후 황제를 보좌하는 임무를 맡아 丞相이라 칭하였다. 秦에는 左·右가 있었는데, 漢의 高帝가 즉위한 후 하나로 통합하고 이후 相國으로 명칭을 바꾸었다. 魏는 漢制를 계승하였다.

152 奉常은 秦代에 처음 설치된 官名이다. 九卿의 하나로 禮儀나 祭祀를 담당. 漢은 秦의 제도를 계승하여 처음에는 그대로 奉常이라 하였으나 景帝 때에 太常으로 개명하였다.

153 字는 叔治, 北海 營陵人이다. 漢獻帝 때에 孔融에 의해 主簿로 천거되었다. 曹操를 쫓아 魏郡太守가 되고 曹操가 魏國公이 되자 大司農·郞中令이 되었다. 肉刑復活에 반대하는 입장을 견지하였다.

154 『晉書』 권30, 「刑法志」, 922–923쪽.

155 『三國志 魏書』 권9, 「夏侯尚傳」, 299쪽.

**【원문】** 至齊王芳正始中, 征西將軍夏侯玄·河南尹李勝又議肉刑, 竟不能決. 夏侯太初著論 曰:「夫天地之性, 人物之道, 豈自然當有犯何? 荀·班論曰:『治則刑重, 亂則刑輕.』又曰:『殺人者死, 傷人者刑, 是百王之所同也.』夫死刑者, 殺妖逆也, 傷人者不改, 斯亦妖逆之類也, 如其可改, 此則無取於肉刑也. 如云『死刑過制, 生刑易犯』.『罪次於古當生, 今觸死者, 皆可募行肉刑. 及傷人與盜, 吏受賕枉法, 男女淫亂, 皆復古刑』. 斯罔之於死, 則陷之肉刑矣, 舍死折骸, 又何辜邪? 猶稱以『滿堂而聚飲, 有一人向隅而泣者, 則一堂爲之不樂』, 此亦願理其平, 而必以肉刑施之, 是仁於當殺而忍於斷割, 懼於易犯而安於爲虐. 哀泣奚由而息, 堂上焉得泰邪? 仲尼曰:『既富且教.』又曰:『苟子之不欲, 雖賞之不竊.』何用斷截乎! 下愚不移, 以惡自終, 所謂翦妖也. 若飢寒流溝壑, 雖大辟不能制也, 而況肉刑哉! 赭衣滿道, 有鼻者醜, 終無益矣.」李勝曰:「且肉刑之作, 乃自上古. 書載『五刑有服』, 又曰『天討有罪, 而五刑五用哉』. 割劓之屬也. 周官之制, 亦著五刑. 歷三代, 經至治, 周公行之, 孔子不議也. 今諸議者惟以斷截爲虐, 豈不輕於死亡邪? 云『妖逆是翦, 以除大災』, 此明治世之不能去就矣. 夫殺之與刑, 皆非天地自然之理, 不得已而用之也. 傷人者不改, 則刖劓何以改之? 何爲疾其不改, 便當陷之於死地乎? 妖逆者懲之而已, 豈必除之邪? 刑一人而戒千萬人, 何取一人之能改哉! 盜斷其足, 淫而宮之, 雖欲不改, 復安所施. 而全其命, 懲其心, 何傷於大德? 今有弱子, 罪當大辟, 問其慈父, 必請其肉刑代之矣. 慈父猶施之於弱子, 況君加之百姓哉! 且蝮蛇螫手, 則壯士斷其腕; 系蹄在足, 則猛獸絕其蹯: 夫一人哀泣, 一堂爲之不樂, 此言殺戮, 謂之不當也, 何事於肉刑之閒哉? 赭衣滿道, 有鼻者醜, 當此時也, 長城之役死者相繼, 六經之儒填谷滿坑, 何恤於鼻之好醜乎? 此吾子故猶哀刑而不悼死也.」夏侯答曰:「聖賢之治世也, 能使民遷善而自新, 故易曰『小懲而大戒』. 陷夫死者, 不戒者也. 能懲戒則無刻截, 刻截則不得反善矣.」李又曰:「易曰:『屨校滅趾, 無咎.』仲尼解曰:『小懲而

大戒, 此小人之福也.』減趾, 謂去足, 爲小懲明矣.」夏侯答曰:「暴之
取死, 此自然也. 傷人不改, 縱暴滋多, 殺之可也. 傷人而能改悔, 則豈
須肉刑而後止哉? 殺以除暴, 自然理也. 斷截之政, 末俗之所云耳. 孔
少府曰:『殺人無死, 斫人有小瘡, 故刖趾不可以報尸, 而髡不足以償
傷.』傷人一寸, 而斷其支體, 爲罰已重, 不厭衆心也.」李又曰:「暴之
取死, 亦有由來, 非自然也. 傷人不改, 亦治道未洽, 而刑輕不足以大
戒. 若刑之與殺, 俱非自然, 而刑輕於殺, 何云殘酷哉? 夫刖趾不可報
尸, 誠然; 髡輸固不足以償傷. 傷人一寸, 而斷其支體, 爲罪已重; 夷人
之面, 截其手足, 以髡輸償之, 不亦輕乎? 但慮其重, 不惟其輕, 不其偏
哉! 孔氏之議, 恐未足爲雅論師也.」(通典一百六十八)

【역문】 제왕 조방의 정시 연간(240-249)에 이르러, 정서장군 하후현과 하남
윤 이승이 다시 육형에 대해 의논하였지만, 끝내 결정되지 못하였다. 하
후현이 [다음과 같이] 논하였다. "대저 천지의 성(性)과 인물의 도(道)가
어찌 저절로 범하는 바가 있겠습니까. 순열과 반고가 논하기를 '치세에
는 형벌이 무겁고 난세에는 형벌이 가볍다.'고 하였으며, 또한 '살인한
자는 죽이고 상해를 입힌 자에게 형벌을 주는 것은 백왕(百王)이 동일하
게 한 바이다.'라고 하였습니다.[156] 대저 사형이라는 것은 요망한 역도를
죽이는 것으로 상해를 입힌 자도 [그 악행을] 고치지 않는다면, 이들 역
시 요망한 역도의 무리입니다. 만일 [악행을] 고칠 수 있다면, 이들에게
는 육형으로 처벌하지 않는 것입니다. '사형은 지나치게 처벌하는 것이
고, 생형(生刑)은 [죄를] 범하기 쉽게 만든다.'고 하였으며, '죄의 등급이
예전에는 살려주었던 것을 현재에는 사형으로 처벌하니, [이는] 모두 육
형의 행용(行用)을 요구하는 것이다. 타인을 상해하는 것과 도둑질, 관리
가 뇌물을 받고 법을 왜곡하는 것, 남녀가 음란한 것은 모두 옛 형벌을
부활시켜 [처벌해야] 한다.'고 합니다. 이처럼 사형을 없애는 것은 곧 육

---

156 『漢書』 권23, 「刑法志」, 1111쪽, "殺人者死, 傷人者刑, 是百王之所同也. 未有知其所由來者也. 故治
則刑重, 亂則刑輕, 犯治之罪固重, 犯亂之罪固輕也."

형에 빠뜨리는 것이니, 죽이지 않고 신체를 훼손하는 것은 또한 무슨 죄란 말입니까? '방안 가득 [사람들이] 모여 술을 마시는데, 한 사람이 구석에서 울고 있다면 한 방에 있는 자들이 그 때문에 즐겁지 않다.'고 하였으니, 이는 또한 그 균평(均平)을 바라는 이치입니다. 그런데도 반드시 육형을 시행해야 한다면, 이는 죽여야 할 자는 불쌍히 여기고 [육형을 받아 신체가] 훼손된 자에게는 잔인하게 하는 것이니, 쉽게 범할까 두려워하면서 잔학함을 편안히 여기는 것입니다. 슬피 우는 것이 어떤 이유에서든 그치지 않는다면, 당상(堂上)에서 어찌 편안할 수 있겠습니까? 공자께서는 '부유해진 다음에야 가르친다.'고 하셨으며, 또한 '만일 그대가 탐욕을 부리지 않는다면, 백성들은 상을 준다 해도 도둑질을 하지 않을 것입니다.'[157]라고 하셨거늘, 어찌 [육형을 시행하여 신체를] 절단한단 말입니까! 어리석고 못난 사람의 기질은 고치지 못한다고 하였으니, 악을 스스로 끝내는 것을 이른바 '요망함을 근절시킨다[전요(翦妖)]'고 합니다. 만약 춥고 배고픈 자들이 도랑과 골짜기[구학(溝壑)]에 넘친다면 비록 사형으로도 다스릴 수 없을 터인데, 하물며 육형이란 말입니까! 죄수복을 입은 자[자의(赭衣)]가 길에 가득하다면 코가 있는 자도 수치스러울 것이니 [육형을 시행하는 것은] 결국 유익함이 없습니다." 이승이 [다음과 같이] 말하였다. "또한 육형이 만들어진 것은 상고시대부터입니다. 『상서』에 '오형(五刑)으로 복종시킨다.'[158]고 하였으며, '하늘이 죄가 있는 이를 토벌하시거든 다섯 가지 형벌로 다섯 가지 등급을 써서 징계하소서.'[159]라고 하였으니, [이 오형은] 코를 베는 것 등입니다. 『주례』의 제도에도 또한 오형이 기록되어 있으니, 삼대(三代)를 지나며 치세에 이르러 주공께서도 행용하셨고, 공자께서도 [그에 대해] 의논하지 않으셨습니다. 지금 의논하는 자들이 오직 신체를 절단하는 것만 잔학하게 여기니 [육형이] 어찌 사형보다 가볍지 않단 말입니까? '요망한 역도를 근절시켜 큰 재앙

---

157 『論語』「顔淵」, "季康子患盜, 問於孔子. 孔子對曰, 苟子之不欲, 雖賞之不竊."
158 『尙書』「舜典」, "汝作士, 五刑有服, 五服三就, 五流有宅, 五宅三居, 惟明克允."
159 『尙書』「皐陶謨」, "天討有罪, 五刑五用哉. 政事, 懋哉懋哉."

을 제거한다.'는 것은 치세에는 취할 수 없는 것임이 자명합니다. 대저 죽이는 것과 형벌을 주는 것은 모두 천지자연의 이치가 아니니, 어쩔 수 없이 사용하는 것입니다. 타인에게 상해를 입힌 자가 [악행을] 고치지 않는데, 코를 베어 버린다고 해서 어찌 고친단 말입니까? 어찌 그가 [악행을] 고치지 않는 것을 미워하여 바로 사지로 몰아넣는단 말입니까? 요망한 역도는 징계하면 되는 것이지 어찌 반드시 제거해야 한단 말입니까? 한 사람에게 형벌을 주어 천만인(千萬人)을 경계시키는 것이지, 어찌 한 사람이 [악행을] 고치는 방법을 취한단 말입니까! 도둑질한 자는 다리를 자르고 음란을 행한 자는 궁형에 처한다면, 비록 [악행을] 고치려고 하지는 않을 것이나 형벌을 받은 것에 자족하며 살게 될 것입니다. 그 목숨을 보전시켜 주고 그 마음을 징계한 것이 어찌 대덕(大德)을 해치는 것이겠습니까! 지금 어린아이가 있는데 사형에 해당하는 죄를 지었다면, 그 부친에게 물을 경우 반드시 육형으로 [사형을] 대신해 달라고 청할 것입니다. 부친도 어린아이에게 [이와 같이] 하거늘, 하물며 군주가 백성에게 하는 것은 어떻겠습니까! 또한 독사[복사(蝮蛇)]가 손을 물었다면 장사(壯士)는 그 팔목을 잘라버리며, 발에 올무를 씌우면 맹수는 그 발을 잘라냅니다. 한 사람이 울면 온 방의 사람이 그 때문에 즐겁지 않다는 것은, 살육하는 것이 부당하다는 것을 말한 것이지, 어찌 육형을 막기 위한 것이겠습니까? 죄수복을 입은 자가 길에 가득하다면 코가 있는 자도 수치스럽다는 것에 [대해 말한다면], 당시에는 장성(長城)의 노역 때문에 사망하는 자가 이어지고, 육경(六經)의 유자(儒者)들이 골짜기와 구덩이에 가득 찼거늘 어찌 코의 아름답고 추함에 대해 긍휼히 여길 수 있단 말입니까? [하후현] 그대는 오히려 형벌[을 받은 자는] 불쌍히 여기면서 죽임[을 당한 자는] 가엾게 여기지 않는 것입니다." 하후현이 [다음과 같이] 대답하였다. "성현이 다스리는 시대에는 백성들로 하여금 선으로 옮겨가 스스로 새로워지도록 하니, 그러므로 『주역』에서 '작은 징계로 크게 경계시킨다.'160고 한 것입니다. [백성을] 죽음에 빠뜨리는 것은 경계시키지 않았기 때문입니다. 징계할 수 있다면 [신체를] 절단함도 없을 것이니, 절단해 버린다면 선으로 돌아갈 수 없게 됩니다." 이승이 또한 [다음과 같이] 말하였다. "『주역』에 '발에 차꼬를 채워 발꿈치를 상하게 하니, 허물이 없다'[161]고 하였는데, 이에 대해 공자께서 [계사전에서] 주해하기를 '작게 징계하여 크게 경계함은 소인의 복이다.'라고 하였습니다. '멸지(滅趾)'는 발을 자르는 것임에도, 명백히 '작은 징계'라고 한 것입니다." 하후현이 답하였다. "난폭한 행동을 하여 죽임을 당하는 것은 자연스러운 것입니다. 타인을 해쳤음에도 고치지 않는다면 함부로 폭력을 휘두르는 것이 더욱 많아질 것이니 죽이는 것이 옳습니다. 타인을 해치고 뉘우칠 수 있다면 어찌 육형을 받은 후에야 [악행을] 멈추겠습니까? 죽여서 폭력을 없애는 것은 자연스런 이치입니다. 신체를 절단하여 [죄를] 다스리는 것은 세속적인 자들이나 주장하는 것입니다. 공융(孔融)이 말하기를 '살인한 자를 죽이지 않고 신체를 훼손하는 것은 작은 상처를 내는 것일 뿐이니, 발을 자르는 것으로 살인한 죄를 보상할 수 없으며, 머리를 깎는 것으로 상해한 죄를 보상할 수 없다'고 하였으니 타인을 상해할 자에 대해 그 신체를 자르는 것은 벌이 이미 중하더라도 백성의 마음을 만족시킬 수 없는 것입니다." 이승이 다시 말하였다. "폭력을 행사한 자를 죽이는 것 역시 유래가 있으니 자연스러운 것은 아닙니다. 상해를 입힌 자가 뉘우치지 않는 것은 다스림의 도가 미치지 못해서이지 형벌이 가벼워 크게 경계시킬 수 없기 때문이 아닙니다. 만약 형벌을 주는 것과 죽이는 것이 모두 자연스러운 것이 아니라면, 형벌이 죽이는 것보다 가벼운 것이니 어찌 잔혹하다 하겠습니까? 대저 발을 자르는 것으로 죽인 것을 보상할 수 없다는 것이 실로 옳으며, 머리를 깎고 노역을 시킨다 해도 상해를 입힌 것을 보상할 수는 없습니다. 그러나 타인에게 약간의 상해를 입힌 자에 대해 신체를 자르는 것은 죄를 줌이 이미

---

160 『周易』「繫辭傳下」, "小人不恥不仁, 不畏不義, 不見利不勸, 不威不懲, 小懲而大戒, 此小人之福也."
161 『周易』「噬嗑卦」, "初九, 屨校滅趾, 无咎."

무거우나, [머리를 잘라] 오랑캐의 얼굴을 하고 그 수족을 잘라 곤형과
노역형으로 보상하는 것은 또한 가벼운 것 아니겠습니까? 다만 그 무거
운 형벌만 생각하고 가벼운 것은 생각하지 않으니 너무 편중된 것 아니
겠습니까! 공융의 견해는 훌륭한 논의라 하기에 부족합니다."162(『통전』
권168)

**【원문】** 魏傅幹肉刑議曰, 蓋禮樂所以導民, 刑罰所以威之, 是故君子忌禮,
而小人畏刑, 雖湯武之隆, 成康之盛, 不專用禮樂, 亦陳肉刑之法, 而康
哉之歌興, 清廟之頌作. 由此推之, 肉刑之法, 不當除一也. 經有墨劓荆
割之制, 至於鑿顚抽脅烹煮之刑, 衞鞅所述爲, 非咎陶所造, 呂侯所述.
據經按傳, 肉刑不當除, 有五驗, 請言其理, 荀卿論之備矣.(類聚五十四)

**【역문】** 위 부간의 육형의에서는 [다음과 같이] 말했다. "무릇 예악으로 백
성을 인도하고 형벌로 백성을 다스린다고 하였으니, 이 때문에 군자는
예를 공경하고 소인은 형벌을 두려워하는 것입니다. 비록 탕왕과 무왕
의 치세나 성왕과 강왕의 성세에도 예악만을 쓸 수는 없었으니, 육형의
법도 시행했던 것입니다. '강재의 가(歌)'163가 불리고, [『시경』 「주송편」
의] '청묘의 송(頌)'이 만들어진 [시대]에도, 이로써 추론해 본다면, 육형
의 법을 제거할 수는 없었습니다. 경에도 묵·의·비·할의 제도가 있
습니다. 착전(鑿顚)·추협(抽脅)·팽자(烹煮)의 형벌은 상앙(商鞅)이 언급
한 것으로,164 [이는] 고요가 만든 것도 아니고 여후가 언급한 것도 아닙
니다. 경전에 의거해 보았을 때, 육형을 제거할 수 없는 [근거로] 5가지
증거가 있으니, 그 이론에 대해 듣기를 청하신다면, 순자(荀子)가 상세히
논한 바가 있습니다."165(『예문유취』 권54)

---

162 『通典』 권168, 「刑法典」, 4335-4337쪽.
163 천하가 태평함을 칭송하는 노래로, 歌詞의 출처는 『尙書』 「益稷」의 "乃賡載歌曰: 元首明哉, 股肱
良哉, 庶事康哉."이다.
164 세 형벌 모두 商鞅이 시행한 혹형의 종류이다. 鑿顚은 철기를 이용해 정수리를 뚫는 형벌이며, 抽
脅은 늑골을 뽑아 죽이는 것, 烹煮는 삶아 죽이는 형벌이다. 『漢書』 권23, 「刑法志」, 1096쪽, "秦
用商鞅, 連相坐之法, 造參夷之誅; 增加肉刑, 大辟, 有鑿顚, 抽脅, 鑊亨之刑."

魏曹羲肉刑論曰, 夫言肉刑之濟治者, 荀卿所唱, 班固所述.隆其
趣, 則曰像天地爲之惟明, 察其用, 則曰死刑重而生刑輕, 其所馳騁, 極
於此矣.治則刑重, 亂則刑輕. 又曰, 殺人者死, 傷人者刑, 是百王之所
同, 固未達夫用刑之本矣.夫死刑者, 不唯殺人, 妖逆是除, 天地之道也.
傷人者不改, 斯亦妖逆之類也, 如其可改, 此則無取於肉刑也.且傷人
殺人, 皆非人性之自然也, 必有由然者也.夫有由而然者, 激之則淫, 敦
之則一. 激之也者, 動其利路, 敦之也者, 篤其質樸.故在上者議茲本要,
不營奇思, 行之以簡, 守之以靜, 大則其隆足以侔天地, 中則其理可以
厚民萌, 下則刑罰可以無殘虐. 民靜理則其化, 爲惡之尤者, 衆之所棄,
衆之所棄, 則無改之驗著矣.夫死之可以有生, 而欲增淫刑以利暴刑,
暴刑所加, 雖云懲慢之由興, 有使之然, 謂之宜生, 生之可也, 舍死析
骸, 又何辜耶.猶稱以滿堂而飮, 有向隅哀泣, 則一堂爲之不樂.在上者
洗濯其心, 靜而民足, 各得其性, 何懼乎姦之不勝, 乃欲斷截防轉而入
死乎.(同上)

【역문】 위 조희의 육형론에서는 [다음과 같이] 말했다. "대저 육형으로 [범
죄를] 다스려야 한다는 주장은 순자[荀子]가 주창하고, 반고가 서술하였
습니다. 그 뜻을 살펴보면 '천지를 본 따 분명하게 한 것'이라 하였고, 그
쓰임[의 측면]을 고찰해 보면 '사형은 무겁고 생형(生刑)은 가볍다.'고 하
였으니, 그 [논리의] 분방함이 심지어 이와 같습니다. 치세에는 형벌이
무겁고 난세에는 형벌이 가볍다고 하였으며, 살인한 자는 죽이고 상해
를 입힌 자에게 형벌을 주는 것은 백왕이 동일하게 시행한 것이라고 하
였으니, [육형을 주장하는 것은] 실로 형벌을 사용하는 본의를 깨닫지 못
한 것입니다. 대저 사형이라는 것은 단지 사람을 죽이는 것이 아니고 요
망 무도한 자들을 제거하는 것이니 천지의 도입니다. 상해를 입힌 자가
뉘우치지 않는다면 이들도 역시 요망 무도한 무리인 것이며, 만일 뉘우
친다면 이런 경우 육형을 가해서는 안 됩니다. 또한 상해를 입히는 것과

---

165 『藝文類聚』 권54 「刑法部」, 972쪽.

살인은 모두 인성의 자연스러움이 아니니, [그러한 행동을 한 데에는] 반드시 이유가 있는 것입니다. 대저 원인이 있어서 그런 경우, 과격해지면 사악하지만, 힘써 노력하면 순일해지니, 과격한 것은 그 이익을 발동한 것이요, 힘써 노력하는 것은 그 질박함을 돈독히 한 것입니다. 그러므로 윗자리에 있는 자들은 이 근본 요체를 의논해야지, 편벽된 생각을 궁리해서는 안 되니, 간결하게 행동하고 고요하게 지킨다면 크게는 그 융성함이 천지에 비견될 것이요, 중간이라면 그 이치가 백성을 두텁게 해줄 것이며, 적게는 형벌에 잔학함이 없어질 것입니다. 백성이 평안히 그 교화를 본받는다면, 악행이 심한 자의 경우 백성들이 [알아서] 버릴 것이니, 백성들이 버렸다면 그가 뉘우치지 않은 것이 분명한 것입니다. 대저 사형을 가한다면 살릴 수 있는 것이 있으나, 사악한 형벌을 증가시켜 난폭한 형벌을 이롭게 하고자 한다면, 난폭한 형벌이 더욱 늘어날 것입니다. 비록 징계가 느슨해져서 그렇게 된 것이므로 마땅히 살려야 한다고 하더라도, 살리기는 하나 죽이는 대신 신체를 훼손하니 또한 그것은 무슨 죄란 말입니까? 방 안에 가득히 모여 먹고 마시는데 구석에서 한 사람이 울고 있다면, 온 방 전체가 즐겁지 못할 것이라고 하였습니다. 윗자리에 있는 자가 그 마음을 청결히 하여 백성을 풍족하게 해준다면 [백성들은] 각각 그 본성을 획득할 것이니, 어찌 간악함을 이기지 못할까 두려워해서 신체를 절단하는 것으로 사형을 방지한단 말입니까."[166](위와 동일)

● 八議 팔의

【원문】 明帝時爲尙書選曹郎, 與陳國袁侃對, 同坐職事, 皆收送獄, 詔旨嚴切, 當有死者, 正直者爲重. 允謂侃曰:「卿, 功臣之子, 法應八議, 不憂死也.」(夏侯尙傳注引魏略)

---

166 『藝文類聚』 권54, 「刑法部」, 981쪽.

【역문】 명제 시기 [허윤(許允)은] 상서선조랑이 되었는데, 진국인 원간과 어울리다 동직 연좌되어 모두 체포된 후 옥에 송치되었다. 조령이 엄격하여 사형에 해당되었는데, 정직한 자들은 [그 처벌이] 무겁다고 여겼다. 허윤이 원간에게 말하기를 "경은 공신의 아들이니, 팔의에 해당됩니다. 죽음을 걱정하지 않으셔도 됩니다."라고 하였다.[167](『삼국지 위서』 「하후상전」에서 『위략』을 인용)

【원문】 初, 衮來朝, 犯京都禁. 青龍元年, 有司奏衮. 詔曰:「王素敬愼, 邂逅至此, 其以議親之典議之.」有司固執. 詔削縣二, 戶七百五十.(中山恭王衮傳)

【역문】 처음 곤이 입조했을 때에 경도의 금령을 범했다. 청룡 원년(233) 유사가 곤[의 사건을] 상주하였다. 조를 내려 "왕은 평소에 공경하고 삼가는데, 뜻하지 않게 이러한 일을 저질렀으니 의친에 대한 법령으로 [그에 대한 처벌을] 의논하라."고 하였다. 유사가 [처벌해야 한다고] 고집했으므로, 조를 내려 2개 현, 750호를 박탈하였다.[168](『삼국지 위서』 「중산공왕곤전」)

【원문】 下廷尉, 當死. 以父畿勤事水死, 免爲庶人, 徙章武郡, 是歲嘉平元年.(杜畿傳)

【역문】 [두서(杜恕)가] 정위에게 송치되었는데, [죄가] 사형에 해당하였다. 그의 아버지 두기가 [어선을 만드는] 일에 힘쓰다 사망했으므로, 면관하여 서인으로 삼은 후 장무군에 천사시켰다. 이 해는 가평 원년(249)이었다.[169](『삼국지 위서』 「두기전」)

---

167 『三國志 魏書』 권9, 「夏侯尙傳」, 303쪽.
168 『三國志 魏書』 권20, 「中山恭王衮傳」, 583쪽.
169 『三國志 魏書』 권16, 「杜畿傳」, 505-506쪽.

【세주 원문】 按唐六典, 八議也. 自魏·晉·宋·齊·梁·陳·後魏·北齊·後周及隋 皆載於律.

【세주 역문】 『당육전』에 "팔의에 대해서는 위로부터 진·송·제·양·진·후위·북 제·후주 및 수에서 모두 율에 규정하였다."[170]고 했으므로, 팔의가 율에 들어간 것 은 위에서 시작된 것이다.

## ◉ 魏除妖訪償告之法

위에서 '[황제를] 妖言으로 비방한 자를 신고할 경우 포상하는 법'을 폐지함

【원문】 民閒數有誹謗妖言, 帝疾之, 有妖言輒殺, 而賞告者. 柔上疏曰:「今 妖言者必殺, 告之者輒賞. 既使過誤無反善之路, 又將開凶狡之輩相誣 罔之漸, 誠非所以息奸省訟, 緝熙治道也. 臣愚以爲宜除妖謗賞告之 法, 以隆天父養物之仁.」帝不即從, 而相誣告者滋甚. 帝乃下詔:「敢以 誹謗相告者, 以所告者罪罪之.」於是遂絶.(高柔傳)

【역문】 민간에서 자주 [황제를] 비방하는 요언이 발생하니, 황제가 그것을 싫어하여 요언이 있을 때마다 바로 죽였고, 신고한 자에게는 포상하였 다. 고유가 상소하였다. "지금 요언하는 자를 반드시 죽이고, 신고하는 자에게 번번이 상을 내리시는 것은, 과오가 있는 자가 선으로 돌아오는 길을 없애며, 흉악한 무리가 서로 무고하는 단서를 열어 놓는 것입니 다. 실로 간사함을 종식하고 송사를 줄이는 방법이 아니니, [그것을] 멈 추시어 다스림의 도를 밝히소서. 신이 삼가 생각건대, '요언으로 비방한 자를 신고할 경우 포상하는 법'을 폐지하시어 천부(天父)가 만물을 기르 는 인(仁)을 융성케 하소서." 이에 마침내 [그 법이] 폐지되었다.[171](『삼국 지 위서』「고유전」)

---

170 『唐六典』 권6, 「尙書刑部」, 187쪽.
171 『三國志 魏書』 권24, 「高柔傳」, 684–685쪽.

【원문】 黃初五年正月, 初令謀反大逆乃得相告, 其餘皆勿聽治; 敢妄相告, 以其罪罪之.(魏志卷二)

【역문】 황초 5년(224) 정월, 처음으로 영을 내려 "모반·대역의 경우 서로 고발할 수 있도록 하고, 그 외에는 모두 허락하지 말라. 감히 거짓으로 고발하는 경우 그 [고발한] 죄로 [반좌하여] 죄주도록 하라."고 하였다.[172] (『삼국지 위서』권2)

【세주 원문】 按夏侯惇傳, 明帝西征, 楙在西時, 多畜伎妾. 其後群弟不遵禮度, 楙數切責, 弟懼見治, 乃共搆楙以誹謗. 是新律中尙有誹謗之條也.

【세주 역문】 『삼국지 위서』「하후돈전」에, "명제가 서쪽을 정벌하는데, 하후무도 서쪽에 있으면서 기녀들을 많이 두었다. 그 후 아우들이 예절을 지키지 않자 하후무가 자주 질책하였는데, 아우들이 견책받는 것을 두려워하여 함께 하후무를 비방죄로 무고하였다."[173]고 하였다. 이를 통해 볼 때, 신율에도 여전히 비방죄에 관한 조문이 있었다.

## ⦿ 魏重士亡法罪及妻子

위에서 '남자가 도망간 경우 [처벌하는] 법'을 무겁게 하여 죄가 처자에게까지 미치도록 함

【원문】 時天下草創, 多逋逃, 故重士亡法, 罪及妻子. 亡士妻白等, 始適夫家數日, 未與夫相見, 大理奏棄市. 毓駁之曰:「夫女子之情, 以接見而恩生, 成婦而義重. 故詩云『未見君子, 我心傷悲; 亦既見止, 我心則夷』. 又禮『未廟見之婦而死, 歸葬女氏之黨, 以未成婦也』. 今白等生有未見之悲, 死有非婦之痛, 而吏議欲肆之大辟, 則若同牢合巹之後, 罪何所加? 且記曰『附從輕』, 言附人之罪, 以輕者爲比也. 又書云『與其殺

---

172 『三國志 魏書』권2, 「文帝紀」, 84쪽.
173 『三國志魏書』권9, 「夏侯惇傳」, 269쪽.

不辜, 寧失不經』, 恐過重也. 苟以白等皆受禮聘, 已入門庭, 刑之爲可,
殺之爲重.」太祖曰:「毓執之是也」(盧毓傳)

【역문】 당시는 왕조가 개창된 시기이므로 도망하는 자들이 많아 남자가 도
망간 경우 [처벌하는] 법을 무겁게 하여, 죄가 처자에게까지 미치도록 하
였다. 도망간 남자의 부인 백씨 등은 처음 남편의 집에 시집간 지 며칠밖
에 안 되어 아직 남편을 보지도 못했는데, [남편이 도망갔으므로] 대리시
에서 기시형에 처해야 한다고 상주하였다. 노육이 그것을 반박하였다.
"대저 여자의 정이란, [남편을] 만나야 은혜가 생기는 것이고, 성혼해서
부인이 되어야 의가 중해지는 것입니다. 그렇기에 『시경』[초충(草蟲)]에
서는 '군자(君子)를 만나보지 못한지라 마음에 근심하는도다. 또한 이미
그를 본다면 내 마음 편안해지리.'[174]라고 하였습니다. 또한 『예기』에서
는 '아직 가묘에 참배하지 않은 여성이 죽은 경우 여자의 가족에게 돌려
보내 장례지내도록 한다. 아직 며느리가 된 것이 아니기 때문이다.'[175]라
고 하였습니다. 지금 백씨 등은 살아서는 [남편을] 만나보지 못한 슬픔
이 있거늘, 죽어서는 부인이 아닌 고통까지 있게 되었습니다. 대리시에
서 사형에 처해야 한다고 의논하였으니, 성혼한 후라고 어찌 죄를 가중
한단 말입니까? 또한 '[처벌이] 가벼운 쪽을 따라 비부한다.'고 하였으니,
사람의 죄를 비부할 때에는 [처벌이] 가벼운 조문에 비견하다는 뜻입니
다. 또한 『상서』에 이르기를 '사람을 죽이기보다는 차라리 떳떳한 법대
로 하지 않은 실수를 범하겠다'[176]고 하였으니, [처벌이] 과중할까 두려워
한 것입니다. 만일 백씨 등이 모두 빙재를 받고 이미 문정에 들어갔다면
형을 주는 것이 옳을 것이나, 죽이는 것은 과중합니다." 태조가 "노육의
말이 옳다."고 하였다.[177](『삼국지 위서』「노육전」)

---

174 『詩經』, 「國風」, '草蟲', "陟彼南山, 言采其薇. 未見君子, 我心傷悲. 亦旣見止, 亦旣覯止, 我心則夷."
175 『禮記』, 「曾子問第七」, "曾子問曰:「女未廟見而死, 則如之何?」, 孔子曰:「不遷於祖, 不祔於皇姑,
壻不杖, 不菲, 不次, 歸葬于女氏之黨, 示未成婦也.」"
176 『尙書』, 「大禹謨」, "罪疑惟輕, 功疑惟重, 與其殺不辜, 寧失不經, 好生之德, 洽于民心."
177 『三國志 魏書』 권24, 「高柔傳」, 689~690쪽.

**【원문】** 護軍營士竇禮近出不還. 營以爲亡, 表言逐捕, 沒其妻盈及男女爲官奴婢. 盈連至州府, 稱寃自訟, 莫有省者. 乃辭詣廷尉. 柔問曰:「汝何以知夫不亡?」盈垂泣對曰:「夫少單特, 養一老嫗爲母, 事甚恭謹, 又哀兒女, 撫視不離, 非是輕狡不顧室家者也.」柔重問曰:「汝夫不與人有怨讎乎?」對曰:「夫良善, 與人無讎.」又曰:「汝夫不與人交錢財乎?」對曰:「嘗出錢與同營士焦子文, 求不得.」時子文適坐小事繫獄, 柔乃見子文, 問所坐. 言次, 曰:「汝頗曾擧人錢不?」子文曰:「自以單貧, 初不敢擧人錢物也.」柔察子文色動, 遂曰:「汝昔擧竇禮錢, 何言不邪?」子文怪知事露, 應對不次. 柔曰:「汝已殺禮, 便宜早服.」子文於是叩頭, 具首殺禮本末, 埋藏處所. 柔便遣吏卒, 承子文辭往掘禮, 即 得其屍. 詔書復盈母子爲平民. 班下天下.(高柔傳)

**【역문】** 호군영사 두예가 근처에 나갔다 돌아오지 않으니, 군영에서는 그가 도망갔다고 생각하여 체포하라고 명령한 후, 그의 처 영(盈)과 아들·딸을 몰관하여 관노비로 삼았다. 영이 주부에 와서 억울함을 직접 호소하였는데, [그 사정을] 살피는 자가 아무도 없었다. [영의] 호소가 정위[고유(高柔)]에게까지 들리게 되었다. 고유가 묻기를 "너는 남편이 도망가지 않았다는 것을 어떻게 아는가?"라고 하자, 영이 눈물을 흘리며 대답하였다. "남편은 어렸을 때 고아가 되었는데, 한 노파를 봉양하여 어머니로 삼으며 매우 공손하게 섬겼습니다. 또한 아이들을 애처롭게 생각하여 버리지 않고 돌보았으니, 경솔하고 교활하게 집안을 돌보지 않을 사람이 아닙니다." 고유가 거듭 묻기를 "너의 남편은 타인과 원수진 일이 있는가?"라고 하자, 대답하기를 "남편은 선량하여 원수진 자가 없습니다."라고 하였다. 또 묻기를 "너의 남편은 타인과 금전 문제로 얽힌 것이 없는가?"라고 하자, 대답하기를 "예전에 같은 군영의 병사 초자문(焦子文)에게 돈을 빌려준 적이 있는데, 달라고 했지만 받지 못했습니다."라고 하였다. 당시 자문은 마침 사소한 죄로 인해 감옥에 구금되어 있었다. 고유가 자문을 보고 무슨 죄를 지었냐고 물었다. [대답을 듣기 전에] 곧

이어 묻기를 "너는 남의 돈을 빌린 적이 많지 않은가?"라고 하였다. 자문이 말하기를 "저는 고아이며 가난하기 때문에 감히 남의 돈을 빌린 적이 없습니다."라고 하였다. 고유가 자문의 안색과 행동을 살핀 후 말하기를 "너는 이전에 두예의 돈을 빌린 적이 있는데, 어찌 말하지 않은 것인가?"라고 하자. 자문은 그 사실을 알고 있다는 것에 놀라 주저하며 대답하지 못했다. 고유가 "너는 이미 두예를 죽였으니, 어서 자복하도록 하라."고 하였다. 자문이 이에 머리를 조아리며 두예를 죽인 정황과, 매장한 장소를 모두 진술하였다. 고유가 이졸을 보내 자문이 두예를 파묻었다고 말한 장소에서 그 시신을 발견하였다. 조서를 내려 영의 모자를 다시 평민으로 삼고, [이 사안을] 천하에 반포하였다.[178](『삼국지 위서』「고유전」)

◉ **魏禁非祠之祭**  위에서 제사의 대상의 아닌 것에 제사하는 것을 금지함

**【원문】** 黃初五年十二月, 詔曰:「叔世衰亂, 崇信巫史, 至乃宮殿之內, 戶牖之閒, 無不沃酹, 甚矣其惑也. 自今, 其敢設非祀之祭, 巫祝之言, 皆以執左道論, 著于令典.」(魏志卷二)

**【역문】** 황초 5년(224) 12월 조를 내렸다. "말세라 혼란하여 무사(巫史)를 숭배함에 심지어 궁전 내의 들창 사이까지도 강신하지 않는 곳이 없으니, 그 미혹됨이 심하도다. 지금부터 감히 제사 지낼 대상이 아닌 것에 제사를 지내거나 무축(巫祝)의 말을 따를 경우 모두 좌도(左道)[179]로 논죄하여 처벌할 것이니, 법전에 기록하도록 하라."[180](『삼국지 위서』 권2)

---

178 『三國志 魏書』 권22, 「盧毓傳」, 650쪽.
179 正道를 벗어난 巫蠱·方術 등을 가리킨다. 『禮記』, 「王制」, "執左道以亂政, 殺。鄭玄注: 左道, 若巫蠱及俗禁."
180 『三國志 魏書』 권2, 「文帝紀」, 84쪽.

## ◉ 魏復讐之禁　위에서 복수를 금지함

【원문】 黃初四年, 詔曰:「喪亂以來, 兵革未戢, 天下之人, 互相殘殺. 今海
內初定, 敢有私 復讎者皆族之.」(魏志卷二)

【역문】 황초 4년(223) 조를 내렸다. "상란 이래 전쟁이 끝나지 않아 천하의
사람들이 서로 잔인하게 살육하였다. 이제 천하가 비로소 안정되었으
니, 감히 사사로이 복수하는 자들은 모두 멸족시키도록 하라."181(『삼국
지 위서』권2)

## ◉ 魏重諸王交通賓客之禁
위에서 여러 왕들이 빈객과 교류하는 것을 엄격히 금함

【원문】 靑龍二年, 私通賓客, 爲有司所奏, 賜幹璽書誡誨之, 曰:「自太祖
受命創業, 深覩治亂之源, 鑒存亡之機, 初封諸侯, 重諸侯賓客交通之
禁, 乃使與犯妖惡同. 夫豈以此薄骨肉哉? 徒欲使子弟無過失之愆.」(趙
王幹傳)

【역문】 청룡 2년(234) [조왕 간(幹)이] 빈객과 사사로이 교통한다고 유사가
상주하자, 명제가 간에게 조서[새서(璽書)]를 하사하며 훈계하였다. "태조
께서 천명을 받아 창업하신 이후, 치란(治亂)의 근원을 항살 살피셔서, 존
망의 징조를 감찰하셨으니, 처음 제후를 봉하실 때, 제후가 빈객과 교통
하는 것을 엄하게 금하신 것은 [그것을] 간악한 행동과 동일하다고 여기
셨기 때문이다. 어찌 골육을 박하게 대하신 것이겠는가? 다만 자제들에
게 과실의 허물을 없게 하고자 하신 것이다."182(『삼국지 위서』「조왕간전」)

【원문】 會諸王來朝, 與京都人交通, 坐免.(司馬芝傳)

---

181 『三國志 魏書』 권2, 「文帝紀」, 82쪽.
182 『三國志 魏書』 권20, 「趙王幹傳」, 585쪽.

【역문】 마침 여러 왕들이 내조하여 경도 사람들과 [사사로이] 교통하니, 죄를 주어 면관하였다.[183](『삼국지 위서』 「사마지전」)

【원문】 有司奏, 王乃者來朝, 犯交通京師之禁.(中山恭王袞傳注引魏書)

【역문】 [중산왕에게 다음과 같이 조를 내렸다.] 유사가 상주하기를 중산왕이 내조하여 경사와 교통해서는 [안 되는] 금령을 범했다고 하였다.[184] (『삼국지 위서』 「중산공왕곤전」의 주에서 『위서』를 인용)

【원문】 魏法禁錮諸王, 親戚隔絶, 不祥莫大焉.(晉書段灼傳)

【역문】 위나라 법에 왕들을 금고형에 처할 경우 친척들의 [왕래도] 단절시켰으니, 선하지 못함이 너무 심합니다.[185](『진서』 「단작전」)

◉ 不孝  불효

【원문】 甘露五年, 太后詔曰: 夫五刑之罪, 莫大於不孝. 夫人有子不孝, 尚告治之.(魏志卷四)

【역문】 감로 5년(260) 태후가 조를 내려 말하였다. "대저 오형[에 해당하는] 죄 중 불효보다 더 큰 것은 없다. 뭇사람[夫人] 중 불효한 자식이 있는 자는 고소하여 처벌하도록 하라."[186](『삼국지 위서』 권4)

【원문】 初, 康與東平呂昭子巽及巽弟安親善. 會巽淫安妻徐氏, 而誣安不孝, 囚之. 安引康爲證, 康義不負心, 保明其事.(王粲傳注引魏氏春秋 文選向子期思舊賦注引同)

---

183 『三國志 魏書』 권12, 「司馬芝傳」, 383쪽.
184 『三國志 魏書』 권20, 「中山恭王袞傳」, 583쪽.
185 『晉書』 권48, 「段灼傳」, 1339쪽.
186 『三國志 魏書』 권4, 「三少帝紀」, 147쪽.

【역문】 이전에 혜강은 동평인 여소의 아들 여손 및 여손의 아우 여안과 친
밀하였다. 마침 여손은 여안의 처 서씨와 음행을 범하고, 여안이 불효했
다고 무고하여 여안은 [옥에] 갇히게 되었다. 여안이 혜강을 증인으로
삼았는데, 혜강은 의리상 배신할 수 없어 그 사건을 증언하였다.[187](『삼
국지 위서』「왕찬전」의 주에서 『위씨춘추』를 인용. 『문선』「향자기사구부」에서도
『위씨춘추』를 인용[188])

◉ 誣告人反  타인이 모반했다고 무고한 죄

【원문】 宣王乃忿然曰:「誣人以反, 於法何應?」主者曰:「科律, 反受其罪.」
乃收範於闕下.(曹爽傳注引魏書)

【역문】 선왕이 이에 분노하며 말하기를 "타인이 모반했다고 무고한 죄는
법에 따라 어떻게 처벌하는가?"라고 하자, 담당 관리가 "형률에 따르면,
그 죄를 [그대로] 돌려준다고 합니다."라고 대답하였다. 이에 환범을 궐
아래에서 체포하였다.[189](『삼국지 위서』「조상전」의 주에서 『위서』를 인용)

【원문】 囚徒誣告人反, 罪及親屬.(晉書刑法志)

【역문】 죄수가 타인이 모반하였다고 무고하면, 죄를 친속에게까지 준다.[190]
(『진서』「형법지」)

◉ 自首  자수

【원문】 士盧顯爲人所殺, 質曰:「此士無讎而有少妻, 所以死乎!」悉見其
比居年少, 書吏李若見問而色動, 遂窮詰情狀. 若即自首, 罪人斯得.(胡

---

187 『三國志 魏書』 권21 「王粲傳」, 606쪽.
188 『文選』 권16, 「哀傷」, '向子期思舊賦', 229쪽.
189 『三國志』 권9 「魏書」, '曹爽傳', 288쪽.
190 『晉書』 권30, 「刑法志」, 925쪽.

質傳)

【역문】 선비 노현이 살해당하자, 호질이 말하기를 "이 선비는 원수는 없으나 첩이 있었으니, 이 때문에 죽은 것이다!"라고 하였다. 그의 주변에 사는 나이 어린 자들을 모두 조사하였는데, 서리 이약이 신문을 받자 얼굴색이 변하였다. [사건의] 정상을 끝까지 추궁하니 이약이 자수하여, 죄인을 체포할 수 있었다.[191](『삼국지 위서』「호질전」)

【원문】 宣王遂至壽春. 張式等皆自首, 乃窮治其事.(王淩傳)

【역문】 선왕이 마침내 수춘에 도착하자, 장식 등이 모두 자수하여 이에 그 사건을 철저히 조사하였다.[192](『삼국지 위서』「왕릉전」)

【원문】 台後坐法當死, 禮私導令踰獄自首.(孫禮傳)

【역문】 마태(馬台)가 이후 죄를 범해 사형으로 처벌받게 되자, 손예가 몰래 [마태를] 탈옥시키고는 자수하였다.[193](『삼국지 위서』「손예전」)

◉ **首事** 범행에 앞장선 자

【원문】 毌丘儉之誅, 黨與七百餘人, 傳侍御史杜友治獄, 惟擧首事十人, 餘皆奏散.(毌丘儉傳注引世語)

【역문】 무구검이 주살될 때에 동당(同黨) 700여 인은 시어사 두우에게 넘겨져 심리를 받았다. 범행에 앞장선 10명만 처벌하고 나머지는 모두 상주하여 풀어주었다.[194](『삼국지 위서』「무구검전」에서 『세설신어』를 인용)

---

191 『三國志 魏書』 권27, 「胡質傳」, 742쪽.
192 『三國志 魏書』 권28, 「王淩傳」, 758쪽.
193 『三國志 魏書』 권24, 「孫禮傳」, 691쪽.
194 『三國志 魏書』 권28, 「毌丘儉傳」, 766쪽.

【원문】 其淮南將吏士民諸爲誕所脅略者, 惟誅其首逆, 餘皆赦之.(諸葛誕傳)

【역문】 회남의 장리와 사민(士民)으로 제갈탄에게 협조한 자들 중, 오직 앞 장서서 반역한 자만 주살하고 나머지는 모두 사면해 주었다.[195](『삼국지 위서』「제갈탄전」)

◉ **知情** [범행의] 정상을 앎

【원문】 彪乃自殺. 彪之官屬以下及監國謁者, 坐知情, 皆伏誅.(楚王彪傳)

【역문】 초왕 표는 자살하였다. 표의 관속 이하 및 감국(監國)의 알자들은 [사건의] 정상을 안 죄로 처벌받아 모두 주살되었다.[196](『삼국지 위서』「초 왕표전」)

◉ **減死一等** 사형에서 1등을 감함

【원문】 夫五刑之屬, 著在科律, 自有減死一等之法, 不死即爲減.(鍾繇傳)

【역문】 무릇 오형의 종류는 모두 형률에 규정되어 있지만, 가령 '사형에서 1등을 감해주는 법'은 [형률에는 규정되어 있지 않으니] 사형을 집행하 지 않으면 곧 감형해 주는 것이다.[197](『삼국지 위서』「종요전」)

【원문】 長水校尉戴陵諫不宜數行弋獵, 帝大怒; 陵減死罪一等.(魏志卷二)

【역문】 장수교위 대릉이 자주 사냥을 해서는 안 된다고 간언하자, 황제가 크게 노하였다. 대릉에게 사죄에서 1등을 감해 주었다.[198](『삼국지 위서』 권2)

---

195 『三國志 魏書』 권28, 「諸葛誕傳」, 774쪽.
196 『三國志 魏書』 권20, 「楚王彪傳」, 587쪽.
197 『三國志 魏書』 권13, 「鍾繇傳」, 397쪽.
198 『三國志 魏書』 권2, 「文帝紀」, 76쪽.

【원문】 乃當帝前叩頭, 流血竟面, 請俊減死一等.(楊俊傳注引魏略)

【역문】 이에 황제 앞에서 머리를 찧으며, 피가 흘러 얼굴을 덮을 지경인 채로 양준의 사죄를 1등 감해달라고 청하였다.[199](『삼국지 위서』「양준전」의 주에서『위략』을 인용)


【원문】 具白太祖, 各減死一等.(孫禮傳)

【역문】 [사건의 정상을] 갖추어 태조에게 보고하니, 각각 사형에서 1등을 감해주었다.[200](『삼국지 위서』「손예전」)


◉ **考竟** 고문


【원문】 特進曹洪乳母當, 與臨汾公主侍者共事無澗神繫獄. 卞太后遣黃門詣府傳令, 芝不通, 輒敕洛陽獄考竟.(司馬芝傳)

【역문】 특진 조홍의 유모 당씨와 임분공주의 시자(侍者)가 함께 무간산의 신[무간신(無澗神)][201]을 섬겨 옥에 감금되었다. 태후가 황문을 부(府)에 보내 명령을 전달하였으나, 사마지는 듣지 않고 곧장 낙양의 옥에서 고문하도록 하였다.[202](『삼국지 위서』「사마지전」)


【원문】 考竟其二千石以下阿縱不如法者, 皆擧奏免之.(賈逵傳)

【역문】 이천 석 이하를 고문하면서 아부하여 법대로 하지 않는 경우, 모두 적발하여 상주하고 면직시키도록 하라.[203](『삼국지 위서』「가규전」)

---

199 『三國志 魏書』 권23,「楊俊傳」, 664쪽.
200 『三國志 魏書』 권24,「孫禮傳」, 691쪽.
201 본문의 裴松之 주에 따르면, 無澗은 낙양 동북쪽에 위치한 山의 명칭이다("臣松之案: 無澗, 山名, 在洛陽東北.").
202 『三國志 魏書』 권12,「司馬芝傳」, 388쪽.
203 『三國志 魏書』 권15,「賈逵傳」, 482쪽.

**【원문】** 時制, 吏遭大喪者, 百日後皆給役. 有司徒吏解弘遭父喪, 後有軍事, 受敕當行, 以疾病爲辭. 詔怒曰:「汝非曾、閔, 何言毁邪?」促收考竟.(高柔傳)

**【역문】** 당시의 제도에 관리들이 대상(大喪)을 당한 경우 100일 후에는 모두 일을 해야 했다. 사도의 속리 해홍이란 자가 부친상을 당했는데, 이후 전쟁이 발생하여 명령을 받고 바로 출동해야 했음에도 병을 핑계로 [출동을] 거부하였다. 노하여 명령하기를 "너는 증참과 민자건이 아니거늘 어찌 애훼(哀毁)[204]를 말하는가?"라고 하였다. 체포하여 고문하였다.[205](『삼국지 위서』「고유전」)

◉ **取禁地物** 금지물품을 소지함

**【원문】** 是時, 殺禁地鹿者身死, 財産没官, 有能覺告者厚加賞賜.(高柔傳)

**【역문】** 이때에 [사냥이] 금지된 사슴을 죽인 자는 재산을 몰관하였으며, 발각하여 고발한 자에게는 후하게 보상금을 지급하였다.[206](『삼국지 위서』「고유전」)

**【원문】** 時獵法甚峻. 劉龜竊於禁內射兔, 其功曹張京詣校事言之. 帝匿京名, 收龜付獄.(高柔傳)

**【역문】** 당시 수렵에 관한 법이 매우 엄하였다. 류구가 금중에서 몰래 토끼를 사냥하니, 공조 장경이 교사에게 가서 고발하였다. 황제가 장경의 이름은 숨기고, 류구를 체포하여 옥에 송치하였다.[207](『삼국지 위서』「고유전」)

---

204 거상 시기에 애통함이 과도하여 건강을 훼손시키는 것.
205 『三國志 魏書』권24, 「高柔傳」, 687쪽.
206 『三國志 魏書』권24, 「高柔傳」, 688쪽.
207 『三國志 魏書』권24, 「高柔傳」, 686쪽.

◉ 放散官物  관물을 멋대로 내어 사용하거나 판매함

**【원문】** 徙允爲鎭北將軍, 假節督河北諸軍事. 未發, 以放散官物, 收付廷
尉, 徙樂浪, 道死.(夏侯尙傳 注引魏略曰: 會有司奏允前擅以廚錢穀乞諸俳及其
官屬, 故遂收送廷尉, 考問竟, 故減死徙邊.)

**【역문】** 허윤을 옮겨 진북장군으로 삼고, 부절을 주어 하북의 군사들을 관
장하도록 하였다. 출발하기 전 관물을 멋대로 내어 사용한 죄로 체포되
어 정위에게 송치되었다. 낙랑으로 천사되다가 길에서 죽었다.[208](『삼국
지 위서』「하후상전」. 주에서는 『위략』을 인용하여 [다음과 같이] 말했다. 마침 유
사가 허윤이 이전에 주방의 전곡을 멋대로 가져다 배우들과 관속들에게 주었다고
상주했으므로, 체포되어 정위에게 송치되었던 것이다. 고문을 심하게 받았으므로
사형에서 감형되어 변방으로 천사되었다.)

**【세주 원문】** 按唐律放散官物坐贓論, 在廐庫.

**【세주 역문】** 당률에서 "방산관물죄에 대해 좌장으로 논죄한다."는 조문은 '구고율'에
있다.[209]


◉ 款縫  [관문서를] 봉인하고 [그 위에] 서명함

**【원문】** 今官曹文案, 於紙縫上署記, 謂之款縫者, 何也? 答曰: 此語言元出
魏晉律令.(匡謬正俗)

**【역문】** 오늘날 관부의 문서는 종이를 봉인하고 그 위에 서명하니, 이를 일
러 '관봉'이라고 한다. 왜 그런가? 답하기를 "이 용어는 원래 위와 진의
율령에서 나온 것이다."라고 하였다.[210](『광류정속』)

---

208 『三國志 魏書』 권9, 「夏侯尙傳」, 303쪽.
209 『唐律疏議』 권15, 第216條, 廐庫21, '放散官物', 292쪽, "諸放散官物者, 坐贓論〈謂出用官物, 有所市
作及供祠祀・宴會, 剩多之類.〉物在, 還官. 已散用者, 勿徵〈謂營造剩多, 爲物在, 祀畢食訖, 爲散
用.〉"

## ● 魏刑獄諮訪三公   위에서 형옥에 대해 삼공에게 자문함

【원문】 魏初, 三公無事, 又希與朝政. 柔上疏曰:「古者刑政有疑, 輒議於
槐棘之下. 自今之後, 朝有疑議及刑獄大事, 宜數以咨訪三公. 三公朝
朔望之日, 又可特延入, 講論得失, 博盡事情.」帝嘉納焉.(高柔傳)

【역문】 위 초에는 삼공에게 직무가 없었으며, 또한 조정에 오는 일도 드물
었다. 고유가 상소하였다. "옛날에는 형정에 의심나는 부분이 있으면,
바로 삼공·구경과 의논하였습니다. 이제부터 조정에 결정하지 못한 의
논이 있거나 형옥의 대사가 있을 경우 삼공에게 자주 자문하도록 하십
시오. [또한] 삼공을 매월 1일과 15일에 조정에 특별히 초빙하여 [사안
의] 득실을 강론하게 한다면 사안의 정상을 두루 알 수 있을 것입니다."
황제가 가납하였다.[211](『삼국지 위서』「고유전」)

## ● 魏法制苛碎   위의 법제는 가혹하고 번쇄하였음

【원문】 明帝即位, 加揚烈將軍, 賜爵關內侯. 昶雖在外任, 心存朝廷, 以爲
魏承秦、漢之弊, 法制苛碎, 不大釐改國典以準先王之風, 而望治化復
興, 不可得也. 乃著治論, 略依古制而合於時務者二十餘篇.(王昶傳)

【역문】 명제가 즉위한 후 양렬장군을 더해주고 관내후의 작을 내려주었다.
왕창은 비록 외임(外任)을 맡고 있었으나, 마음은 항상 조정에 있었는데,
위가 진·한의 폐단을 이어 법제가 가혹하고 번쇄하다고 생각하였다.
[또한] 국법을 대대적으로 정비하여 선왕의 기풍을 본받지 않으면 다스
림과 교화가 다시 일어나길 바라더라도 실현될 수 없을 것이라고 생각
하였다. 이에 『치론(治論)』을 저술하였는데, 대략 고제(古制)에 의거하여
시무(時務)에 부합하는 것을 모으니 모두 20여 편이었다.[212](『삼국지 위서』

---

210 『匡謬正俗』권6.
211 『三國志 魏書』권24,「高柔傳」, 685쪽.

「왕창전」)

【원문】 時軍國多事, 用刑嚴重.(高堂隆傳)

【역문】 당시 군국에 사건이 많아 법을 집행하는 것이 엄중하였다.[213](『삼국
지 위서』「고당륭전」)

【원문】 今事多而民少, 上下相弊以文法, 百姓無所措其手足.(魏志卷二注引
魏書)

【역문】 [조를 내려 말하였다.] 지금 일은 많고 백성은 적은데 위아래에서 서
로 법규를 이용해 폐단을 만드니, 백성들이 손발을 둘 곳이 없도다.[214](『삼
국지 위서』권2에서『위서』를 인용)

【원문】 郡國斃獄, 一歲之中尙過數百, 將苛法猶存, 爲之陷穽乎? 有司其
議獄緩死, 務從寬簡.(魏志卷三)

【역문】 군국에서 옥사로 인해 사망하는 자가 한 해에 수백 명을 넘으니, [짐
이 어찌] 가혹한 법을 그대로 두어 [백성을] 곤경에 빠뜨리겠는가? 유사
는 옥사를 의논함에 사형을 완화시켜 [법의 집행을] 관대하고 간략하게
하도록 힘쓰라.[215](『삼국지 위서』권3)

【원문】 陳群、劉邵雖經改革, 而科網本密.(晉書刑法志)

【역문】 진군과 류소가 비록 개혁을 행하였지만, 법망이 근본적으로 엄밀하
였다.[216](『진서』「형법지」)

---

212 『三國志 魏書』권27, 「王昶傳」, 744쪽.
213 『三國志 魏書』권25, 「高堂隆傳」, 712쪽.
214 『三國志 魏書』권2, 「文帝紀」, 84쪽.
215 『三國志 魏書』권3, 「明帝紀」, 107쪽.
216 『晉書』권30, 「刑法志」, 927쪽.

◉ **魏科** 위과

【원문】 魏武帝乃定甲子科. 又嫌漢律太重, 故令依律論者聽得科半, 使從
半減也.(晉書刑法志)

【역문】 위무제가 이에 갑자과[217]의 법규를 정하였다. 또한 한의 율이 지나
치게 무거운 것을 싫어하여 율에 따라서 죄를 논할 경우 과(科)의 반을
적용할 수 있도록 하고, [형을] 반감하여 처벌하도록 하였다.[218](『진서』
「형법지」)

【원문】 魏武爲相, 造甲子科條.(唐六典注)

【역문】 위무제가 승상이 되었을 때 갑자과의 조문을 만들었다.[219](『당육전』
의 주)

【원문】 是時太祖始制新科下州郡, 又收租稅綿絹. 夔以郡初立, 近以師旅
之後, 不可卒繩以法, 乃上言曰: 「自喪亂已來, 民人失所, 今雖小安, 然
服教日淺. 所下新科, 皆以明罰敕法, 齊一大化也. 所領六縣, 疆域初
定, 加以饑饉, 若一切齊以科禁, 恐或有不從教者. 有不從教者不得不
誅,則非觀民設教隨時之意也.」太祖從其言.(何夔傳)

【역문】 이때 태조가 처음으로 신과(新科)를 제정하여 주군에 하달하였으며,
또한 조세로 면과 견을 거뒀다. 하기는 군이 처음 설치되었고, 전쟁이
끝난 지 얼마 되지 않았으므로, [백성들을] 법으로 통제해서는 안 된다고
생각하였다. 이에 상언하였다. "상란 이래 백성들이 살 곳을 잃었었는
데, 이제 조금 평안해졌습니다. 하지만 교화에 복종한 지는 얼마 되지
않았습니다. 반포하신 신과는 모두 형벌을 분명히 하고 법령을 정비한

---

217 曹操가 魏王으로 受封된 후 제정한 법규. 甲子는 干支의 首位로 처음 만들어졌다는 의미이다. 一
説로는 甲子日에 반포된 법령으로 보기도 한다.
218 『晉書』 권30, 「刑法志」, 922쪽.
219 『唐六典』 권6, 「尙書刑部」, 181쪽.

것으로, 위대한 교화에 일치시킨 것입니다. [하지만 제가] 통솔하는 여섯 현은 강역이 처음 정해졌으며, 기근까지 더해져 만약 일률적으로 금령을 통해 통제할 경우 혹 교화를 따르지 않는 자가 생길까 두렵습니다. 교화를 따르지 않는 자가 있을 경우 주살하지 않을 수 없으니, [그렇게 된다면] 때에 맞게 백성을 권면하고 가르침을 펴는 뜻에 어긋나게 될 것입니다."[220](『삼국지 위서』「하기전」)

【원문】 魏國初建, 時科禁酒, 而邈私飮至於沈醉. 校事趙達白之太祖, 太祖甚怒. 竟坐得免刑.(徐邈傳)

【역문】 위나라가 처음 건국되었을 당시, 주금(酒禁)을 제정하였다. 그런데 서막이 사사로이 술을 먹고 심지어 매우 취하기까지 하였다. 교사 조달이 태조에게 보고하니 태조가 매우 노하였다. 결국 죄를 받았으나 형벌은 면제되었다.[221](『삼국지 위서』「서막전」)

【원문】 先是科禁內學及兵書, 而茂皆有, 匿不送官. 及其被收, 不知當坐本等.(常林傳注引魏略)

【역문】 이에 앞서 참위[내학(內學)]에 대한 서적 및 병서의 [소장에 대한] 금령을 제정하였는데, 길무는 모두 가지고 있으면서 숨기고 관에 보내지 않았다. [관에서 서적을] 압수하는데, 해당하는 책이 [어디 있는지] 알 수 없었다.[222](『삼국지 위서』「상림전」에서 『위략』을 인용)

【원문】 是時科禁長吏擅去官, 而黃聞司徒趙溫薨, 自以爲故吏, 違科奔喪, 爲司隸鍾繇所收, 遂伏法.(同上)

【역문】 이때 장리가 함부로 관직을 떠나는 것에 대해 금령을 제정하였는

---

220 『三國志 魏書』 권12, 「何夔傳」, 380쪽.
221 『三國志 魏書』 권27, 「徐邈傳」, 739쪽.
222 『三國志 魏書』 권23, 「常林傳」, 660쪽.

데, 길황이 사도 조온이 사망했다는 소식을 듣고는 자신이 [그의] 옛 속
관이었으므로, 과(科)를 어기고 분상(奔喪)[223]하였다. 사예 종요에게 체포
되어 처벌을 받았다.[224](위와 동일)

**【원문】** 仁少時不脩行檢, 及長爲將, 嚴整奉法令, 常置科於左右, 案以從
事.(曹仁傳)

**【역문】** 조인이 어린 시절에는 품행을 닦지 않았으나, 자성하여 장군이 되
고 나서는 엄정하게 법령을 준수하여 항상 좌우에 과(科)를 두고 정무를
집행하는 데 참고하였다.[225](『삼국지 위서』「조인전」)

**【원문】** 楊沛馮翊萬年人也. 累遷九江、東平、樂安太守, 並有治迹. 坐與
督軍爭鬪, 髡刑五歲. 輸作未竟, 會太祖出征在譙, 聞鄴下頗不奉科禁.
沛從徒中起爲鄴令. 已拜, 太祖見之, 問曰:「以何治鄴?」沛曰:「竭盡
心力, 奉宣科法.」太祖曰:「善.」(賈逵傳注引魏略)

**【역문】** 양패는 풍익 만년인이다. 구강·동평·낙안태수를 역임하였는데,
모두 치적이 있었다. 독군(督軍)과 다툰 것에 의해 죄를 받아 곤형오세형
에 처해졌다. 노역을 아직 마치지 않았을 때, 마침 태조가 출정하여 초
(譙)에 있으면서 업(鄴)에 금령을 준수하지 않는 자가 많다는 것을 듣게
되었다. 양패는 노역을 하던 중 발탁되어 업령(鄴令)을 맡게 되었다. 절
을 하고 나자 태조가 바라보면서 "무엇으로 업을 다스리겠는가?"라고 물
었다. 양패가 대답하기를 "마음과 힘을 다해 법[을 받들어 실행하겠습니
다."라고 하니, 태조가 "훌륭하구나."라고 하였다.[226](『삼국지 위서』「가규
전」에서 『위략』을 인용)

---

223 君·親·尊長의 喪이 있음을 듣고 외지로부터 조문하러 가거나 喪事를 처리하는 것을 奔喪이라
　　고 한다. 『禮記』, 「奔喪」, "(孔穎達疏) 案鄭《目錄》云, 名曰奔喪者, 以其居他國, 聞喪奔歸之禮."
224 『三國志 魏書』권23, 「常林傳」, 660쪽.
225 『三國志 魏書』권9, 「曹仁傳」, 276쪽.
226 『三國志 魏書』권15, 「賈逵傳」, 484쪽.

**【원문】** 黃初中, 入爲河南尹. 明帝即位, 賜爵關內侯. 芝居官十一年, 數議科條所不便者. (司馬芝傳)

**【역문】** 황초 연간(220-226)에 하남윤이 되었다. 명제가 즉위하자 관내후의 작을 하사하였다. 사마지가 관직에 있었던 11년 동안 합당하지 못한 과조(科條)에 대해 자주 의논하였다.[227](『삼국지 위서』「사마지전」)

**【원문】** 正元二年, 詔其力戰死事者, 皆如舊科, 勿有所漏. (魏志卷四)

**【역문】** 정원 2년(255) 조를 내려 사력을 다해 전쟁을 하다 죽은 경우 모두 구과(舊科)에 따르도록 하되, [한 사람도] 빠뜨리지 말라고 하였다.[228](『삼국지 위서』권4)

**【원문】** 古者諸侯君臨其國, 臣諸父兄. 今之諸侯不同於古, 其尊未全, 不宜便從絶周之制, 而令旁親服斬縗服之重也. 諸侯既然, 則公孤之爵亦宜如舊. 昔魏武帝建安中, 已曾表上, 漢朝依古爲制, 事與古異, 不皆施行. 施行者著在魏科, 大晉採以著令. (通典九十三)

**【역문】** 옛날에 제후가 그 나라에 군림할 때에는 부형(父兄)도 신하로 삼는다고 하였다. 오늘날의 제후는 옛날과 같지 않아 그 존귀함이 온전하지 못하니, 먼 주(周)의 제도를 따르는 것은 합당하지 않다. 방계 친속의 상복을 참최복으로 해야 한다. 제후를 그렇게 한다면 삼공의 작도 또한 예전처럼 해야 한다. 옛날 위문제가 건안연간(196-220)에 이미 표문을 올려 한조가 고제(古制)를 따라 제정한 것이나, 상황이 옛날과 다르니 모두 시행할 수 있었던 것은 아니다. 시행한 것은 위과(魏科)에 규정해 두었으며, 우리 진나라에서는 선별하여 영문에 규정해 두었다.[229](『통전』권93)

---

227 『三國志 魏書』권12, 「司馬芝傳」, 388쪽.
228 『三國志 魏書』권4, 「三少帝紀」, 134쪽.
229 『通典』권93, 「禮典」, 2529쪽.

## ◉ 魏令  위령

**【세주 원문】** 按晉志, 稱魏有州郡令四十五篇. 尙書官令·軍中令, 合百八十餘篇. 其書今不傳. 然通典初學記北堂書鈔藝文類聚太平御覽諸書, 時引魏武諸令, 其辭或屬訓戒, 有不盡關於律令者, 因錄而存之.

**【세주 역문】** 『진서』「형법지」에서는 "주군령 45편,[230] 상서관령[231] 및 군중령[232] 등 모두 합하여 180여 편을 제정하였다."[233]고 하였는데, 그 영문들이 지금은 모두 전해지지 않는다. 그러나 『통전』·『초학기』·『북당서초』·『예문유취』·『태평어람』 등의 서적에서는 위무제의 여러 영들을 인용하고 있으니, 그 내용이 혹 훈계에 해당하는 것으로, 율령에 그다지 관계되지 않은 것들까지도 그대로 기록해 두었다.

**【원문】** 州郡令(見晉志, 唐六典注)

**【역문】** 주군령[234](『진서』「형법지」와 『당육전』 주문에 보인다.)

**【원문】** 尙書官令(同上)

**【역문】** 상서관령[235](위와 동일)

**【원문】** 官長卒官者, 吏皆齊縗, 葬訖而除之.(通典九十九引晉令)

**【역문】** 관장이 관사에서 죽으면, 속리들은 모두 자최복을 입으며 장례가 끝나면 상복을 벗는다.[236](『통전』 권99에서 진령을 인용)

**【세주 원문】** 按通典此條, 未知屬於何令, 姑附於尙書官令之下.

---

230 州郡 등의 지방 행정에 관한 법령.
231 상서의 직책에 관한 행정법규.
232 군사나 군대에 관한 법령.
233 『晉書』 권30, 「刑法志」, 923쪽.
234 『晉書』 권30, 「刑法志」, 923쪽; 『唐六典』 권6, 「尙書刑部」, 184쪽.
235 『晉書』 권30, 「刑法志」, 923쪽; 『唐六典』 권6, 「尙書刑部」, 184쪽.
236 『通典』 권99, 「禮典」, 2646쪽.

【세주 역문】 『통전』의 이 조문은 어느 영에 속한 것인지 알 수 없으므로, 일단 상서관령의 아래에 부기해 두었다.

【원문】 軍中令(同上)

【역문】 군중령[237](위와 동일)

【세주 원문】 按諸書所引, 有魏軍武令、魏武軍策令、魏武船戰令, 疑皆屬軍中令. 玆分別彙錄於下, 以備參考.

【세주 역문】 여러 책에서 인용한 것에, 위군무령·위무군책령·위무선전령이 있는데 아마도 군중령에 속하는 것 같다. 분별하여 모아 아래에 기록해 두었으니, 참고하도록 하라.

【원문】 魏武軍令

【역문】 위무군령

【원문】 吾將士無張弓弩於軍中. 其隨大軍行, 其欲試調弓弩者得張之, 不得著箭. 犯者鞭二百, 沒入吏. 不得於營中屠殺賣之, 犯令沒所賣皮. 都督不糾白, 杖五十. 始出營, 豎矛戟, 舒幡旗, 鳴鼓; 行三里, 辟矛戟, 結幡旗, 止鼓; 將至營, 舒幡旗, 鳴鼓; 至營訖, 復結幡旗, 止鼓. 違令者, 髡翦以徇. 軍行, 不得斫伐田中五果·桑·柘·棘·棗.(通典一百四十九引魏武軍令)

【역문】 우리의 군사는 군중에 장궁과 쇠뇌를 두지 않는다. 대행군을 할 때, 장궁과 쇠뇌를 시험해 보고자 할 경우 사용할 수 있으나 화살은 장착하지 않는다. 범한 자는 편형 200대를 치고 몰관하여 속리로 삼는다. 군영에서는 [가축을] 도살하여 팔아서는 안 되며, 금령을 어긴 경우 판매한

237 『晉書』 권30, 「刑法志」, 923쪽; 『唐六典』 권6, 「尙書刑部」, 184쪽.

가죽을 몰수한다. 도독이 규찰하여 보고하지 않은 경우 장형 50대를 친다. 처음 군영에서 출정할 때에는 창을 세우고 깃발을 드날리며 북을 친다. 3리를 지나면 창과 깃발을 거두고 북을 치지 않는다. 군영에 이를 즈음 [다시] 깃발을 펴고 북을 친다. 군영에 도착하면 다시 깃발을 거두고 북 치는 것을 그친다. 군령을 어긴 자는 곤형을 가한 후 조리돌린다. 군대가 행군할 때에는 밭의 과실수·뽕나무·산뽕나무·가시나무·대추나무를 베어서는 안 된다.[238](『통전』 권149에서 위의 무군령을 인용)

**【원문】** 兵欲作陣對敵營, 先白表, 乃引兵就表而陣. 皆無讙譁, 明聽鼓音, 旗幡麾前則前, 麾後則後, 麾左則左, 麾右則右. 不聞令而擅前後左右者斬. 伍中有不進者, 伍長殺之; 伍長不進, 什長殺之; 什長不進, 都伯殺之. 督戰部曲, 將拔刃在後, 察違令不進者斬之. 一部受敵, 餘部有不進救者斬之.(御覽二百九十六引魏武軍令 御覽三百四十一引軍令同)

**【역문】** 군대가 적진에 대적하여 진을 치고자 할 경우, 먼저 경계를 표시하고 이후 군대를 이끌고 경계까지 나아가 진을 친다. 소란하게 해서는 안 되며 북소리가 분명하게 들리도록 한다. 깃발을 앞으로 휘두르면 전진하고, 뒤로 휘두르면 후퇴한다. 왼쪽으로 휘두르면 왼쪽으로 가고 오른쪽으로 휘두르면 오른쪽으로 간다. 명령을 듣지 않고 멋대로 전·후·좌·우로 움직인 자는 참수한다. 오(伍)에 전진하지 않는 자가 있으면 오장이 주살한다. 오장이 나가지 않으면 십장이 주살하고, 십장이 나가지 않으면 도백이 주살한다. 작전을 통솔하는 부곡은 칼을 빼들고 뒤에 서며, 군령을 어기고 나가지 않는 자를 발각하여 참수한다. 한 부대가 적을 맞아 싸우는데, 남은 부대가 구하러 가지 않은 경우 그들을 참수한다.[239](『태평어람』 권296에서 위의 무군령을 인용, 『태평어람』 권341에서 위의 군령을 인용)

---

238 『通典』 권149, 「兵典」, 3810쪽; 『太平御覽』 권341, 「兵部」, 1027쪽.
239 『太平御覽』 권296, 「兵部」, 683-684쪽.

【원문】 聞雷鼓音, 擧白幢絳旗, 大小船皆進戰, 不進者斬. 聞金音, 擧靑旗, 舡皆止, 不止者斬.(御覽三百四十引軍令)

【역문】 북소리가 울리면 백당강기를 들며 모든 배가 출전한다. 출전하지 않는 자는 참수한다. 징소리가 들리면 청기를 들며 모든 배가 정지한다. 정지하지 않은 자는 참수한다.[240](『태평어람』 권340에서 위의 군령을 인용)

【원문】 五聞鼓音, 擧黃帛兩半幡合旗, 爲三面負陣.(御覽三百四十一引軍令)

【역문】 다섯 번 북소리가 울리면 황백양반번합기를 들고 삼면을 등진 채 진을 친다.[241](『태평어람』 권341에서 위의 군령을 인용)

【원문】 金鼓幢麾隆衡, 皆以立秋日祠. 先時一日, 主者請祠, 其主者奉祠. 若出征, 有所剋獲, 還亦祠, 向敵祠血于鍾鼓. 秋祠及有所尅獲還, 但祠不血鍾鼓. 祝文某官使主者某, 敢告隆衡金鼓幢麾, 夫軍武之器者, 所以正不義, 爲民除害也. 謹以立秋之日, 潔牲黍稷旨酒, 而敬薦之.(御覽五百二十六引軍令)

【역문】 징·북·깃발은 모두 입추에 제사를 지낸다. 하루 앞서 주관하는 자가 제사를 청하고 그 자가 제사를 받든다. 출정해서 승리했다면 돌아와서 또한 제사를 지낸다. 적을 향해 징과 북에 피를 묻히고 제사한다. 가을 제사 및 전승 후 돌아와서 드리는 제사는 단지 제사만 드리고 북과 징에 피를 묻히지는 않는다. 축문에서 '모관'은 주관하는 자가 '모관'이 되고, "융성한 징·북·깃발을 삼가 고합니다. 군대의 무기는 불의를 바로잡고 백성들을 위해 잔악함을 제거하는 것입니다. 삼가 입추에 청결한 희생과 기장, 술을 공경스럽게 바칩니다."라고 [축문에] 쓴다.[242](『태평어람』 권526에서 위의 군령을 인용)

---

240 『太平御覽』 권340, 「兵部」, 1017쪽.
241 『太平御覽』 권341, 「兵部」, 1024쪽.
242 『太平御覽』 권526, 「禮儀部」, 174쪽.

【원문】 常以己丑日祠牛馬, 先祝文曰, 某月己丑, 某甲敢告馬牛先, 馬者兵之道, 牛者軍農之用, 謹潔牲黍稷旨酒敬而薦之.(同上)

【역문】 항상 기축일에 소와 말을 제사지내는데 축문에는 [다음과 같이] 쓴다. "모월 기축일 모갑이 삼가 앞에 있는 소와 말을 고합니다. 말은 군대의 이동을 [담당하고], 소는 군대에서 농사지을 때 사용하니, 삼가 정결한 희생과 기장, 술을 공경스럽게 바칩니다."243(위와 동일)

【원문】 軍行濟河, 主者常先白沈璧. 文曰: 某王使者某甲, 敢告于河. 賤臣某甲作亂, 天子使某帥衆濟河征討醜類, 故以沈璧, 唯爾有神裁之.(同上)

【역문】 군대가 행군하다 강을 건널 때에는 주관하는 자가 먼저 [강물에] 벽옥을 던지고 아뢴다. 그 내용은 다음과 같다. "모왕의 사자 모갑이 감히 강물에 고합니다. 잔악한 신하 모갑이 난을 일으켜 천자가 모군사들로 강을 건너 흉악한 무리들을 토벌하도록 하였습니다. 그리하여 벽옥을 빠뜨린 것이오니, 오직 신께서 주재해 주십시오."244(위와 동일)

【원문】 戰時, 皆取舡上布幔布衣漬水中積聚之. 賊有炬火火箭以掩滅之.
(御覽六百九十九引軍令)

【역문】 전시에는 배 위에 물을 적신 천막과 옷을 모두 모아 펼쳐 둔다. 적이 횃불과 불화살로 공격하면 [젖은 천막 등으로] 그것을 막아 [불을] 꺼뜨린다.245(『태평어람』 권699에서 위의 군령을 인용)

【세주 원문】 按魏志卷四注引魏略云, 魏法, 被攻過百日而救不至者, 雖降, 家不坐也. 疑逆魏武軍令佚文.

【세주 역문】 『삼국지 위서』 권4의 주에서는 『위략』을 인용하여 "위나라 법에 공격을

---

243 『太平御覽』 권526, 「禮儀部」, 174쪽.
244 『太平御覽』 권526, 「禮儀部」, 174쪽.
245 『太平御覽』 권699, 「服用部」, 482쪽.

받은 지 백일이 지나도록 구원병이 도착하지 않은 경우, 비록 항복했더라도 그 [군사의] 집안은 연좌시키지 않는다."[246]고 하였는데, 아마도 위무제 시기 군령의 일문인 것 같다.

【원문】魏武軍策令

【역문】위 무제의 군책령

【원문】夏侯淵今月賊燒都鹿角, 鹿角去本營十五里, 淵將四百兵行鹿角, 因使士補之. 賊山上望見, 從谷中卒出, 淵使兵與鬪, 賊遂繞出其後, 兵退而淵未至, 甚可傷. 淵本非能用兵也, 軍中呼爲白地將軍. 爲督帥尚不當親戰, 況補鹿角乎?(御覽三百三十七引魏武軍策令. 書鈔一百二十六引魏武帝策令云, 夏侯淵令燒却鹿角, 去本營十五里, 文少異, 又落軍字.)

【역문】이번 달에 적이 군영의 방어물[녹각(鹿角)]을 모두 불태웠다. 방어물은 본 진영에서 15리 떨어져 있었는데, 하후연은 병사 400명을 데리고 방어물로 가서 그것을 보수하였다. 적이 산 위에서 [그 모습을] 살펴보다 계곡을 따라 군대를 출동시키니, 하후연이 병사들로 하여금 전투하도록 하였다. 적이 그 배후를 포위하였으므로 병사들이 퇴각하는데, 하후연은 도착하지 못하고 심한 상처를 입었다. 하후연은 본래부터 군대를 잘 다루지 못하였으니, 군중에서는 그를 '백지장군'이라고 불렀다. 군대를 통솔하여 직접 전투에 나아가지는 못할망정 심지어 방어물을 보수하는 데 [피해를 입었단 말인가!][247][『태평어람』 권337에서 위 무제의 군책령을 인용. 『북당서초』 권126에서는 위 무제의 책령을 인용하여 "하후연이 군대로 하여금 [적군의] 방어물을 소각하도록 했으니, 본 진영에서 15리 떨어져 있었다."라고 하였다. 문장이 약간 다르며, 또한 '군(軍)'자가 빠져 있다.]

---

246 『三國志 魏書』 권4, 「三少帝紀」, 125쪽.
247 『太平御覽』 권337, 「兵部」, 995-996쪽.

【원문】 孤先在襄邑, 有起兵意, 與工師共作卑手刀. 時北海孫賓碩來候孤,
譏孤曰: 當慕其大者, 乃與工師共作刀耶? 孤答曰: 能小復能大, 何害?
(御覽三百四十六引魏武軍策令. 又見書鈔一百二十三)

【역문】 고가 앞서 양읍에 있으면서, 군사를 일으키고자 하는 뜻이 있었는
데, [어느 날] 공장(工匠)과 함께 작은 수도(手刀)를 만들었다. 당시 북해
의 손빈석이 와서 고를 보고는, 조롱하며 말하기를 "큰 일을 기대해야
할 자가 공장과 함께 수도나 만들고 있단 말인가?"라고 하자, 고가 "작은
것을 굴복시킬 수 있어야 큰 것도 할 수 있으니, 무슨 해가 되겠는가?"라
고 대답하였다.[248](『태평어람』 권346에서 위 무제의 군책령을 인용. 『북당서초』
권123에도 보인다.)

【원문】 袁本初鎧萬領, 吾大鎧二十領, 本初馬鎧三百具, 吾不能有十具.
見其少, 遂不施也, 吾遂出奇破之. 是時士卒精練, 不與今時等也.(御覽
三百五十六引魏武軍策令)

【역문】 원본초는 갑옷이 만 개 있지만, 나는 많아 봤자 20개이고, 원본초는
마갑[馬鎧]을 300개나 갖고 있지만 나는 10개도 되지 않는다. [갑옷 숫자
의] 열세만 보았다면, 결코 [전투를] 행하지 못했겠지만, 나는 결국 출병
하여 그들을 전멸시켰다. 당시의 군사들이 숙련되어 오늘날의 [군사들
과] 같지 않았기 때문이다.[249](『태평어람』 권356에서 위 무제의 군책령을 인용)

【원문】 魏武船戰令

【역문】 위 무제의 선전령

【원문】 雷鼓一通, 吏士皆嚴; 再通, 什(御覽作士)伍皆就舡, 整持橹棹, 戰士
各持兵器就船, 各當其所, 幢幡旗鼓(御覽無幢旗二字)各隨將所載船; 鼓

---

248 『太平御覽』 권346, 「兵部」, 1071쪽.
249 『太平御覽』 권356, 「兵部」, 1150쪽.

三通鳴(御覽無鳴字), 大小戰船以次發, 左不得至右, 右不得至左, 前後
不得易處. 違令者, 斬.(通典一百四十九引魏武船戰令. 御覽三百三十四引作
魏武軍令船戰令)

【역문】 북을 1번 울려 알리면, 병사들은 모두 정비하고, 다시 울리면 십[『태
평어람』에는 사(士)로 되어 있다]오가 모두 배에 올라 노를 잡는다. 전사는
각각 병기를 지니고 배에 오르며 각각의 위치에 자리 잡는다. 깃발[『태평
어람』에는 당(幢), 기(旗) 두 글자가 없다]과 북은 각각 병사들과 함께 배에 싣
는다. 북을 세 번 울려 알리면[『태평어람』에는 명(鳴)자가 없다], 크고 작은
전선들이 모두 차례대로 출발한다. 왼쪽에 있는 것이 오른쪽으로 가서
는 안 되며, 오른쪽에 있는 것이 왼쪽으로 가서도 안 된다. 전·후도 위
치를 바꿀 수 없다. 군령을 어긴 자는 참수한다.[250](『통전』 권149에서 위무
제의 선전령을 인용. 『태평어람』 권334에서 위 무제의 군령 중 선전령을 인용)

【원문】 魏武步戰令

【역문】 위 무제의 보전령

【원문】 嚴鼓一通, 步騎悉裝; 再通, 騎(御覽騎下有士字)上馬, 步結屯; 三通,
以次出之, 隨幡(御覽幡下有所指二字)住者, 結屯住(御覽無住字)幡後. 聞
急鼓音, 整陣, 斥候者視地形廣狹, 從四角面立表, 制戰(御覽無戰字)陣
之宜. 諸部曲者, 各自安(御覽安作按)部. 陣兵疏數, 兵(御覽無疏數兵三字)
曹擧白(御覽白作事)不如令者, 斬. 兵若欲作陣對敵, 營先白表, 乃引兵
就表而陣. 臨陣皆無諠譁, 明聽鼓音, 旗幡麾前則前, 麾後則後, 麾左則
左, 麾右則右. 不聞令而擅前後左右者, 斬. 伍中有不進者, 伍長殺之;
伍長有不進者, 什長殺之; 什長有不進者, 都伯殺之. 督戰部曲將, 拔刃
在後察, 違令不進者, 斬之. 一部受敵, 餘部不進救者, 斬. 臨戰, 兵弩
不可離陣, 離陣, 伍長·什長不擧發與同罪. 無將軍令, 有妄行陣閒者,

250 『通典』 권149, 「兵典」, 3811쪽; 『太平御覽』 권334, 「兵部」, '戰船', 973쪽.

斬. 臨戰陣騎皆當在軍兩頭, 前陷陣騎次之, 遊騎在後. 違令, 髡鞭二
百. 兵進退入陣閒者, 斬. 若步騎與賊對陣, 臨時見地勢便, 欲使騎獨進
討賊者, 聞三鼓音, 騎特從兩頭進戰, 視麾所指; 聞三金音, 還. 此但謂
獨進戰時也. 其步騎大戰, 進退自如法. 吏士向陣騎馳馬者, 斬. 吏士
有妄呼大聲者, 斬. 追賊, 不得獨在前在後. 犯令者罰金四兩. 士將戰,
皆不得取牛馬衣物. 犯令者斬. 進戰, 士各隨其號, 不隨號者, 雖有功不
賞. 進戰, 後兵出前, 前兵在後, 雖有功不賞. 臨陣, 牙門將‧騎督明受
都令. 諸部曲都督將吏士各戰時, 校督部曲督住陣後, 察凡違令畏懦
者. 有急, 聞雷鼓音絕後, 六音嚴畢, 白辨便出. 卒逃歸, 斬之. 一日家
人弗捕執, 及不言於吏, 盡與同罪.(通典一百四十九引魏武步戰令. 御覽三百
引無兵若欲作陣以下)

【역문】 북을 한 번 쳐서 알리면, 보병과 기병 모두 무장한다. 두 번 쳐서 알
리면 기[『태평어람』에는 기(騎) 아래에 사(士)자가 있다]병은 말에 오르고, 보
병은 진영을 정돈한다. 세 번 울리면 차례로 출정하는데, 깃발[『태평어람』
에는 번(幡) 아래에 소(所)와 지(指) 두 글자가 있다]이 멈추면 진영[『태평어람』
에는 주(住)자가 없다]도 깃발 뒤에서 멈춘다. 다급하게 북소리가 울리면
진영을 정비하고, 척후병이 지형의 형태를 살핀 후 사면에 표지를 세워
진영[『태평어람』에는 전(戰)자가 없다]을 만들기 적당한 곳을 [표시한다.] 무
릇 부곡은 각각 부대를 담당한다[『태평어람』에는 안(安)자가 안(按)으로 되어
있다]. 진영의 병사 수가 적을 경우 병조가 파악하여 보고하고[『태평어람』
에는 백(白)자가 사(事)자로 되어 있다], 군령대로 하지 않은 자는 참수한다.
병사들이 적을 마주하고 진영을 만들고자 할 경우 먼저 보고한 후 표시
하고, 그 후에 병사들을 이끌고 표시한 곳으로 가서 진영을 만든다. 진
영에 임해서는 모두 소란스럽게 해서는 안 되며, 북소리를 분명하게 듣
고, 깃발을 앞으로 휘두르면 전진하고, 뒤로 휘두르면 뒤로 가며, 왼쪽
으로 휘두르면 왼쪽으로, 오른쪽으로 휘두르면 오른쪽으로 간다. 명령
을 듣지 않고 함부로 전‧후‧좌‧우로 이동한 자는 참수한다. 오(伍)에

전진하지 않는 자가 있으면 오장이 주살한다. 오장이 나가지 않으면 십장이 주살하고, 십장이 나가지 않으면 도백이 주살한다. 작전을 통솔하는 부곡은 칼을 빼들고 뒤에 서며, 군령을 어기고 나가지 않는 자를 발각하여 참수한다. 한 부대가 적을 맞아 싸우는데, 남은 부대가 구하러 가지 않은 경우 그들을 참수한다. 전쟁에 임해서는 병사와 쇠뇌가 진영과 떨어져 있어서는 안 되며, 떨어져 있는데, 오장과 십장이 적발하지 못했다면 동일한 죄를 부과한다. 장군의 명령이 없는데도 함부로 진영을 빠져나간 자는 참수한다. 전쟁에 임하면 진기가 군대의 양쪽 선두에 서야 하며 함진기가 그 뒤를 따르고, 유기가 뒤에 선다. 군령을 어길 경우 곤형에 처하고 편형 200대를 부과한다. 병사가 전진하고 퇴각하는데 진영에서 빠져나간 자는 참수한다. 보병과 기병이 적과 대진할 경우, 시의에 따라 지세의 편리함을 살펴, 기병이 단독으로 나가 적을 공격할 때에는 북을 세 번 쳐서 알린다. 기병은 양쪽 선두에서 전투에 임하며 깃발의 지시를 따른다. 세 번 징이 울리면 퇴각한다. 다만 이것은 기병이 단독으로 전쟁할 때에 한정된 것이다. 보병과 기병이 [모두 출동하는] 큰 전투의 경우 전진과 퇴각은 법대로 한다. 군사 중 우리의 진영을 향해 말을 달려 왔다면 참수한다. 군사 중 함부로 크게 소리 지른 자가 있다면 참수한다. 적을 추격할 때에는 홀로 앞에 있거나 뒤에 있으면 안 되며, 범한 경우 벌금 4냥을 징수한다. 군사가 전쟁에 나갈 때에는 소와 말, 의복을 휴대할 수 없다. 어긴 자는 참형에 처한다. 전쟁에 나갈 때, 군사들은 각각 그 군호에 따라야 하며, 군호를 따르지 않은 경우 비록 전공이 있더라도 포상하지 않는다. 전쟁에 나갔을 때 후병이 앞서 출정하고, 전병에 뒤에 있었다면, 비록 전공이 있더라도 포상하지 않는다. 적진에 임할 때, 아문장과 기독은 분명히 도독의 명령을 받는다. 무릇 부곡은 전시에 장리와 군사를 통솔하는데, 진영의 뒤에 머물며 명령을 어기거나 두려워 떠는 자들을 발각한다. 위급한 상황이 발생한 경우, 북소리를 중단하여 알린 후, 육음(六音)을 다하고, 다시 나갈 것을 보고한다. 병사들이 도망갈 경우 참수한다. 하루 동안 집안사람이 체포하지 않고, 관리에게 신고하지도 않은 경우 모두 같은 죄를 준다.[251](『통전』권 149에서 위 무제의 보전령을 인용.『태평어람』권300의 인용 부분에는 "兵若欲作陣" 이하 부분이 없다.)

【세주 원문】 按此條「兵若欲進至不進救者斬」一段, 御覽兵部引作魏武軍令, 蓋船戰令步戰令均軍令中之一篇, 兩頭進戰三句, 晉令文略同, 亦見御覽兵部, 知晉令多採魏令也.

【세주 역문】 이 조문의 "군사가 전진하고자 하는 데"에서부터 "구하러가지 않은 자는 참수한다"는 한 단락의 경우,『태평어람』의 병부에서는 "위 무제의 군령"이라고 인용해 두었으니, 대개 선전령과 보전령은 모두 군령 중의 한 편이었던 것 같다. "양쪽 선두에서 전쟁에 나아간다"는 세 번째 구절은 진령과 문장이 대략 동일하며, 역시『태평어람』병부에 보인다. 진령이 대부분 위령에서 채록한 것임을 알 수 있다.

【원문】 郵驛令(見晉志)
【역문】 우역령[252](『진서』「형법지」에 보인다)

【원문】 變事令(同上)
【역문】 변사령[253](위와 동일)

【원문】 甲辰令
【역문】 갑진령

【원문】 輔國將軍第三品.(唐六典卷五注引魏甲辰令)

---

251 『通典』권149,「兵典」, 3811쪽;『太平御覽』권300,「兵部」, '卒', 706쪽.
252 『晉書』권30,「刑法志」, 925쪽.
253 『晉書』권30,「刑法志」, 925쪽.

【역문】 보국장군은 3품이다.[254](『당육전』 권5에서 위의 갑진령을 인용)


【원문】 游騎將軍第四品.(同上)

【역문】 유기장군은 4품이다.[255](위와 동일)


【원문】 魏武設官令

【역문】 위무제의 설관령


【원문】 魏諸官印, 以官爲名印如漢法, 斷千名者章.(書鈔一百三十一引魏武
設官令) ·

【역문】 위의 모든 관인은 한의 법에 따라 관으로 명인을 삼으며, 천 개의
명을 기준으로 해서 제작한다.[256](『북당서초』 권131에서 위무제의 설관령을
인용)


【원문】 魏武襃賞令

【역문】 위무제의 포상령


【원문】 別部司馬付其曹, 請立齊桓公神堂令, 使室阮瑀議之.(書鈔六十九引
魏武襃賞令)

【역문】 별부사마를 관아로 보내 제환공의 신당을 세우게 해달라고 청하였
다. 완우에게 그에 대해 의논하도록 하였다.[257](『북당서초』 권69에서 위무
제의 포상령을 인용)

---

254 『唐六典』 권5, 「尙書兵部」, 152쪽.
255 『唐六典』 권5, 「尙書兵部」, 152쪽.
256 『北堂書鈔』 권131, 「儀式部」, '璽'.
257 『北堂書鈔』 권69, 「設官部」, '記室參軍'.

【원문】 魏武選擧令

【역문】 위무제의 선거령

【원문】 夫遣人使于四方, 古人所愼擇也. 故仲尼曰: 使乎使乎. 言其難也.
(初學記二十引魏武選擧令)

【역문】 대저 사방에 사자를 보낼 경우 고인들은 신중하게 선택하였다. 그
러므로 공자께서 "훌륭한 사자로다! 훌륭한 사자로다!"[258]라고 했던 것이
니, [사자를 선택하는 것이] 어렵다는 것을 말한 것이다.[259](『초학기』 권20
에서 위무제의 선거령을 인용)

【원문】 郡縣甚大, 一鄕萬數千戶, 兼人之吏, 未易得也.(書鈔七十七引魏武選
擧令)

【역문】 군현이 매우 커지니, 하나의 향에 만 수천 호가 있어 뛰어난 관리를
쉽게 구할 수 없었다.[260](『북당서초』 권77에서 위무제의 선거령을 인용)

【원문】 令, 詔書省司隷官, 鍾校尉材智決洞, 通敏先覺, 可上請參軍事.(書
鈔七十七引魏武選擧令. 御覽二百四十九引作魏武選令, 軍事下有「以輔闇政」四
字.)

【역문】 선거령에 따르면, 성사(省司)의 속관에 조서를 내려, 교위 중 재능이
있고 지혜로우며 판결에 능하고, 민첩하며 통찰력 있는 자를 모아 참군
사로 삼을 것을 상청하도록 하였다.[261](『북당서초』 권77에서 위무제의 선거령
을 인용. 『태평어람』 권249에서 인용한 위무제의 선거령에는 군사 아래에 "이보암
정(以輔闇政)" 네 글자가 기록되어 있다.]

---

258 『論語』, 「憲問」, "孔子與之坐而問焉曰, 夫子何爲, 對曰, 夫子欲寡其過而未能也. 使者出, 子曰, 使
乎使乎."
259 『初學記』 권20, 「政理部」, '奉使', 479쪽.
260 『北堂書鈔』 권77, 「設官部」, '郡丞'.
261 『北堂書鈔』 권77, 「設官部」, '郡丞';『太平御覽』 권249, 「職官部」, 359쪽.

**【원문】** 嶺南太守傅方, 到郡以來, 時酒云云, 之樹念存事國用心纖微出意憂事, 莫能方於此也.(書鈔三十九引魏武選擧令)

**【역문】** 영남태수 부방은 군에 [임직한] 이래 때때로 술을 마시며 "항상 나라를 섬기는 데 마음을 다할 뿐 세세한 걱정거리들은 염두에 두지 않으니, 누구도 이것을 부방처럼 할 수는 없도다."라고 하였다.[262](『북당서초』권39에서 위무제의 선거령을 인용)

**【세주 원문】** 按以上二條, 據書鈔引, 係出魏武集. 考唐書藝文志有魏武集三十卷, 疑諸書所引魏武令文, 均出其中. 今魏武集久佚, 而書鈔所引諸令文, 多訛誤, 不可句讀, 亦無從校勘矣.

**【세주 역문】** 이상의 두 조문을 살펴보면, 『북당서초』에서 인용한 것으로 출전은 『위무집(魏武集)』[263]이다. 『신당서』 「예문지」에 "『위무집』 30권"이라고 기록되어 있으므로, 아마도 여러 서적에서 위무제 시기의 영문을 인용한 것은 모두 그 책에서 나온 것일 것이다. 지금 『위무집』은 산일된 지 오래되었는데, 『북당서초』에서 인용한 여러 영문들은 잘못된 것이 많아 구독(句讀)하기 어려우니, 교감을 하지는 못하였다.

**【원문】** 國家舊法, 選尙書郎, 取年未五十者, 使文筆眞草, 有才能謹愼, 典曹治事, 起草立義. 又以草呈示令僕訖, 乃付令史書之耳, 書訖共省讀. 內之事, 本來臺郎統之, 令史不行知也. 書之不好, 令史坐之, 至於謬誤, 讀省者之責. 若郎不能爲文書當御令史, 是爲牽牛不可以服箱, 而當取辯於繭角也.(御覽二百十五引魏武選擧令)

**【역문】** 국가의 옛 법에서는 상서령을 선발할 때, 나이 50 미만인 자를 뽑아 진서와 초서를 써보도록 하고, 재능에 신중함이 있는지 살피며, 관사의 정사에 대해 문서를 작성하여 뜻을 서술하도록 하였다. 또한 그 초안을

---

262 『北堂書鈔』권39, 「政術部」, '方略'.
263 『魏武帝集』은 曹操의 別集으로, 『隋書』 「經籍志」의 기록에 따르면, 『魏武帝集』은 26권, 『魏武帝新撰』은 10권이라고 한다.

상정한 후 상서령과 복야에게 보이며, 영사와 영사에게 보내 함께 검토하도록 한다. 내부의 일은 본래 대랑이 통령하니, 영사는 알지 못한다. 작성한 것이 좋지 못할 경우 영사가 견책을 받으며, 오류가 있다면 함께 읽고 살핀 자들도 견책을 받는다. 만약 대랑이 문서를 작성할 수 없는 경우라면 영사에게 하도록 하니, 이는 소를 끌어다 억지로 멍에를 맬 수 없기 때문이다. 마땅히 좋은 것을 취해 분별한다.[264](『태평어람』 권215에서 위무제의 선거령을 인용)

【원문】諺曰: 失晨之雞, 思補更鳴. 昔季闓在白馬, 有受金取婢之罪, 棄而弗問, 後以爲濟北相, 以其能故.(御覽四百九十六引魏武選擧令)

【역문】속언에 "새벽을 놓친 닭은 다시 울 것을 생각한다."라고 하였다. 예전에 계천이 백마에 있으면서 돈을 받고 비(婢)를 취한 죄가 있었으나, 폐기하고 문죄하지 않았으니, 후에 그가 제북의 재상이 되었던 것은 그의 능력 때문이다.[265](『태평어람』 권496에서 위무제의 선거령을 인용)

【원문】魏武帝明罰令

【역문】위무제의 명벌령

【원문】聞太原上黨西河鴈門, 冬至後百五日, 皆絶火寒食, 云爲介子推(御覽八百六十九, 引魏武帝明罰令下有「子胥沈江, 吳人未有絶水之事, 至於子推獨爲寒食, 豈不偏乎?」). 且北方沍寒之地, 老少羸弱, 將有不堪之患. 令到, 人不得寒食, 若犯者, 家長半歲刑, 主吏百日刑, 令長奪一月俸.(類聚四引魏武帝明罰令. 又見御覽二十八、御覽三十)

【역문】들으니, 태원·상당·서하·안문에서는 동지 이후 105일 간 모두 불을 사용하지 않고 차가운 음식[한식]을 먹는다고 하는데, 개자추 때문

---

264 『太平御覽』 권215, 「職官部」, '總敍尙書郞' 89쪽.
265 『太平御覽』 권496, 「人事部」, '諺', 1083쪽.

이라고 한다.(『태평어람』 권869에는 위무제의 명벌령 아래에 "오자서가 강에 빠진 후, 오나라 사람에게는 물이 끊어지는 일이 없었으니, 개자추만 유독 차가운 음식을 먹는다면 잘못된 것이 아니겠는가?"라는 내용이 있다.)[266] 또한 북방은 몹시 추운 지역이므로, 노약자들은 그 추위를 감당할 수 없다. 영을 하달하였다. "사람은 차가운 음식을 먹어서는 안 된다. 만약 범하는 자가 있다면 가장은 반세형에 처하고 주리는 백일형에 처하며, 영장은 1개월의 봉록을 삭감한다."[267](『예문유취』 권4에서 위무제의 명벌령을 인용. 또한 『태평어람』 권28과 권30에도 보인다.)

**【원문】** 魏武帝內誡令

**【역문】** 위무제의 내계령

**【원문】** 往歲作百辟刀五枚, 吾聞百鍊利器以辟不祥, 攝服姦宄者也.(書鈔一百二十三, 引魏武帝內誡令)

**【역문】** 지난해 백벽도 5자루를 만들었는데, 내가 들으니 충분히 단련된 무기[百鍊利器]는 상서롭지 못한 것을 없애준다고 하므로, [백련도를 만든 것은] 간악한 자들을 굴복시키기 위한 것이다.[268](『북당서초』 권123에서 위무제의 내계령을 인용)

**【원문】** 貴人位爲貴人金印藍紱, 女人爵位之極, 此也.(書鈔一百三十一引魏武帝內誡令 御覽六百九十一引無「此也」二字.)

**【역문】** 귀인의 작위는 귀인으로, 금으로 된 인장과 남색 인장을 차니, 여성의 작위 중 가장 높은 것이 바로 이것이다.[269](『북당서초』 권131에서 위무제의 내계령을 인용. 『태평어람』 권691에는 "此也" 두 글자가 없음)

---

266 『太平御覽』 권869, 「火部」, '火', 998쪽.
267 『藝文類聚』 권4, 「歲時部」, 62쪽.
268 『北堂書鈔』 권123, 「武功部」, '刀'.
269 『太平御覽』 권691, 「服章部」, '器皿', 94쪽.

【원문】 平參王作問大人語元盈言卒. 位上設青布帳, 教撤去, 爲大人自可施帳, 當令君臣上下悉共見.(書鈔一百三十二, 引魏武帝內誠令)

【역문】 평참왕이 '문대인어원영언졸'을 지었다. 자리 위에 푸른색의 포로 만든 장막을 치고 가르침이 끝나면 거두었는데, 대인이 직접 장막을 친 것으로 군신 상하가 모두 함께 모였다.[270](『북당서초』권132에서 위무제의 내계령을 인용)

【원문】 孤不好鮮飾, 嚴具所用雜新皮韋笥, 以黃韋緣中. 遇亂, 無韋笥, 乃作方竹嚴具, 以帛衣䵓布作裏, 此孤之平常所用也.(書鈔一百三十六引魏武帝內誠令 御覽七百十七引魏武內嚴器誠令云, 孤不好鮮飾, 嚴具用新皮韋笥, 以黃韋緣中. 遇亂世, 無韋笥, 乃更作方竹嚴具, 以皁韋衣之. 麁布裹, 此孤平常之用者也. 內中婦曾置嚴具, 于時爲之推壞, 今方竹嚴具緣漆, 甚華好.)

【역문】 나는 화려한 장식을 좋아하지 않아서, 화장대도 가죽상자에 누런 가죽을 덧대 사용했다. 난이 발생하자 가죽 상자도 없어, 대나무로 화장 대를 만들었으며, 명주와 거친 베[䵓布]로 덮개를 만들었으니, 이것이 내가 평상시에 사용하던 것이었다.(『북당서초』권136에서 위무제의 내계령을 인용. 『태평어람』권717에는 위무제의 내엄기계령을 인용하여 [다음과 같이] 기록 하였다. "나는 화려한 장식을 좋아하지 않아서, 화장대도 가죽상자에 누런 가죽을 덧대 사용했다. 난이 발생하자 가죽 상자도 없어, 대나무로 화장대를 만들었으며, 거친 가죽으로 옷을 해 입고, 거친 베[䵓布]로 덮개를 만들었으니, 이것이 내가 평상 시에 사용하던 것이었다. 궁중의 여성들은 일찍이 화장대를 두었는데, 이때에 그것 이 폐지되었으니, 지금은 대나무 화장대에 가장자리를 옻칠한 것도 매우 화려한 것 이 되었다."[271])

【원문】 吏民多製文繡之服, 履絲不得過絳紫金黃絲織履. 前于江陵得雜綵

---

270 『北堂書鈔』권132, 「儀飾部」, '帳'.
271 『北堂書鈔』권136, 「儀飾部」, '嚴器'; 『太平御覽』권717, 「服用部」, '嚴器', 589쪽.

絲履, 以與家約, 蓋著盡此履, 不得效作也.(御覽六百九十七引魏武內誡令)

【역문】 관리와 백성들이 수놓은 비단옷을 만들어 입는 경우가 많았다. 신발[에 사용하는] 비단은 진홍색·자주색·황금색의 비단을 넘지 않도록 했다. 전에 강릉에서는 여러 채색비단으로 신발을 만들어 가약(家約)할 때 주었는데, 모두 이러한 신발을 신었으니, 본받아서는 안 된다.[272](『태평어람』 권697에서 위무제의 내계령을 인용)


【원문】 孤有逆氣病, 常儲水臥頭, 以銅器盛臭惡. 前銀作小方器, 人不解, 謂孤喜銀物. 今以木作.(御覽七百五十六引魏武內誡令)

【역문】 나에게는 기가 역행하는 병[逆氣病]이 있어, 항상 물을 담아 침상 위에 두었는데, 동기에 담아서 냄새가 고약하였다. 이전에는 은으로 작고 네모난 그릇을 만들었는데, 사람들이 이해하지 못하여 내가 은을 좋아하기 때문이라고 하였다. 지금은 나무로 만든다.[273](『태평어람』 권756에서 위무제의 내계령을 인용)


【세주 원문】 按書鈔(九十七)類聚(二十二 四十 六十)御覽(一百八十一 二百四十一 二百四十八 四百二十四 四百三十一 五百六十七 七百三十九 七百四十三 七百六十一 八百十七 九百八十一 九百八十二) 尙引魏武帝令, 以其與律無涉, 略之.

【세주 역문】 『북당서초』(권97), 『예문유취』(권22, 40, 60), 『태평어람』(권181, 241, 248, 424, 431, 567, 739, 743, 761, 817, 981, 982)에도 위무제의 영을 인용하였지만, 그 내용이 율과는 관계가 없으므로 생략하였다.


◉ **魏金策著令之制** 위에서 금책[을 만들고] 영문에 기록했던 제도

【원문】 延康元年, 其宦人爲官者不得過諸署令; 爲金策著令, 藏之石室.

---

272 『太平御覽』 권697, 「服章部」, '履', 463쪽.
273 『太平御覽』 권756, 「器物部」.

(魏志卷二)

【역문】 연강 원년(220) 환관이 관직을 맡을 경우 [그 관위는] 관서의 영(令)을 넘지 못하도록 했다. 금책으로 만들어 영문에 기록한 뒤 석실에 보관하였다.274(『삼국지 위서』권2)

【원문】 太和三年七月, 詔曰:「禮, 王后無嗣, 擇建支子以繼大宗, 則當纂正統而奉公義, 何得復顧私親哉! 後嗣萬一有由諸侯入奉大統, 則當明爲人後之義; 敢爲佞邪導諛時君, 妄建非正之號以干正統, 謂考爲皇, 稱妣爲后, 則股肱大臣, 誅之無赦. 其書之金策, 藏之宗廟, 著於令典.」
(魏志卷三)

【역문】 태화 3년(229) 7월에 조를 내렸다. "예에 왕후에게 후사가 없으면 지자(支子)를 선택해서 대종을 잇도록 한다고 했으니, 정통을 잇고 공의를 받드는 데에 어찌 사친(私親)을 돌아본단 말인가! 이후에 [황위를 계승한] 후사가 만일 제후로서 입조하여 대통을 이은 것이라면, 후사를 계승한 뜻이 명백한 것이다. 감히 간사하게 당시의 군주를 회유하고, 함부로 바르지 못한 호칭을 만들어 정통을 훼손하여 생부를 황(皇)이라 부르고, 생모를 후(后)라고 칭하는 것은 중요한 대신들조차 주륙을 면치 못하는 죄이다.275(『삼국지 위서』권3)

【원문】 景初元年夏, 有司議定七廟. 冬, 又奏曰:「文昭廟宜世世享祀奏樂, 與祖廟同, 永著不毀之典, 以播聖善之風.」於是與七廟議並勒金策, 藏之金匱.(魏志卷五)

【역문】 경초 원년(237) 여름, 유사가 칠묘를 의논하여 정하였다. 겨울에 다시 상주하였다. "[위 문제의 처] 문소황후의 묘는 대대로 제사를 향수하고 음악이 연주되어야 하니, 조묘와 동일하게 하시고, [그 내용을] 영원

---

274 『三國志 魏書』권2, 「文帝紀」, 58쪽.
275 『三國志 魏書』권3, 「明帝紀」, 96쪽.

히 훼손되지 않는 전장에 기록하시어 성선의 풍화를 널리 알리소서."[276]
(『삼국지 위서』권5)

## ◉ 魏六條察吏  위에서 여섯 가지 항목으로 관리를 감찰함

【원문】 州本以御史出監諸郡, 以六條詔書察長吏二千石已下.(賈逵傳)

【역문】 주에서는 본래 어사를 보내 여러 군을 감독하는데, 여섯 가지 항목 [을 제정한] 조서로 장리 이천석 이하를 감찰한다.[277](『삼국지 위서』「가규 전」)

【세주 원문】 按文選沈休文齊故安陸昭王碑文注引漢書音義曰: 舊刺史所察有六條: 察民疾苦冤失職者, 察墨綬長吏以上居官政狀, 察盜賊爲民之害及大奸猾者, 察犯田律四時禁者, 察民有孝悌廉潔行脩正茂才異等者, 察吏不簿入錢穀放散者, 所察不得過此. 魏蓋沿漢制也.

【세주 역문】 『문선』 심휴문의 '제고안륙소왕비문'의 주에서는 『한서음의』를 인용하여 [다음과 같이] 말하였다. "옛날에 자사가 감찰하는 것으로 여섯 항목이 있었다. 백성의 질고와 억울하게 직업을 잃은 자에 대해 살피고, 검은색 인수를 찬 장리 이상의 [관리가] 관직에 있으면서 정사를 행하는 정황을 살핀다. 도적이 백성에게 피해를 주는지 간사한 짓을 하는지 살피고, 전율(田律)에 규정된 사시의 금령을 범하는지 살핀다. 백성 중 효성스럽고 우애 있고, 겸손하고 청렴하며 바르게 행동하고 재주가 뛰어난 자가 있는지 살핀다. 관리가 장부에 전곡을 기록하지 않고 함부로 사용하는지 살핀다. 감찰하는 내용은 이 [여섯 항목을] 넘어서는 안 된다."[278] 위는 대개 한의 제도를 계승하였다.

---

276 『三國志 魏書』권5, 「文昭甄皇后傳」, 162쪽.
277 『三國志 魏書』권15, 「賈逵傳」, 482쪽.
278 『文選』권59, 「碑文下」, '沈休文齊故安陸昭王碑文', 819쪽.

● **魏以春秋決獄**  위에서 춘추의 [의(義)로] 옥사를 판결함

【원문】 常出軍, 行經麥中, 令「士卒無敗麥, 犯者死」. 騎士皆下馬, 付麥
以相持, 於是太祖馬騰入麥中, 勑主簿議罪; 主簿對以春秋之義, 罰不
加於尊. 太祖曰:「制法而自犯之, 何以帥下? 然孤爲軍帥, 不可自殺,
請自刑.」(魏志卷一注引曹瞞傳)

【역문】 평상시에 군이 출행할 때, 보리밭을 지나게 되면 "사졸은 보리를 망
치지 않도록 하라. 범하면 죽일 것이다."라고 명령하였다. 기병은 모두
말에서 내려 보리를 보호하며 [말이 뛰어들지 않도록] 잡고 있었는데, 이
때 태조의 말이 보리밭 속으로 뛰어드니, 주부로 하여금 죄를 의정하도
록 하였다. 주부는 춘추의 의에 따라 존엄한 이에게는 벌을 가할 수 없
다고 하였다. 태조가 말하였다. "법을 정하고 스스로 범한다면 어찌 부
하를 통솔할 수 있겠는가? 그러나 나는 군대의 수장이므로 자살할 수는
없으니, 스스로 형벌을 받도록 하겠다."[279](『삼국지 위서』 권1의 주에서 「조
만전」을 인용)

【원문】 於是收晏等下獄. 會公卿朝臣廷議, 以爲「春秋之義, 『君親無將,
將而必誅』. 爽以支屬, 世蒙殊寵, 親受先帝握手遺詔, 託以天下, 而包
藏禍心, 蔑棄顧命, 乃與晏·颺及當等謀圖神器, 範黨同罪人, 皆爲大
逆不道」. 於是收爽·義·訓·晏·颺·謐·軌·勝·範·當等, 皆伏
誅, 夷三族.(曹爽傳)

【역문】 이에 하안 등을 옥에 가두고, 공경 조신을 모아 조정에서 의논하였
다. "춘추의 의에 '군주와 부모에 대해서는 장차 반역하겠다는 마음도
품어서는 안 되니, 그린 마음을 갖기만 해도 반드시 주살한다.'[280]고 하
였습니다. 조상은 황제의 친속으로 대대로 특별한 은혜를 입어, 친히 선

---

279 『三國志 魏書』 권1, 「武帝紀」, 53쪽.
280 『春秋公羊傳注疏』 권9 「莊公三十二年」, 187쪽. "君親無將, 將而誅焉".

제의 손을 잡고 유조를 받아 천하를 부탁받았는데, 사악한 마음을 품고 고명(顧命)을 폐기해 버렸습니다. 하안과 등양, 장당 등과 황위[의 찬탈을] 도모했으니, 환범의 도당과 같은 죄인으로 모두 대역부도를 행한 것입니다." 이에 조상, 조희, 조훈, 하안, 등양, 정밀, 필궤, 이승, 환범, 장당 등을 모두 주살하고 삼족을 멸하였다.[281](『삼국지 위서』「조상전」)

**【원문】** 會兄毓以四年冬薨, 會竟未知問. 會兄子邕, 隨會與俱死, 會所養兄子毅及峻·迅等下獄, 當伏誅. 司馬文王表天子下詔曰:「峻等祖父繇, 三祖之世, 極位台司, 佐命立勳, 饗食廟庭. 父毓, 歷職內外, 幹事有績. 昔楚思子文之治, 不滅鬪氏之祀. 晉錄成宣之忠, 用存趙氏之後. 以會·邕之罪, 而絶繇·毓之類, 吾有愍然! 峻·迅兄弟特原, 有官爵者如故. 惟毅及邕息伏法.」(鍾會傳)

**【역문】** 종회의 형 종육이 경원 4년(263)에 죽었으나, 종회는 결국 [그 소식을] 알지 못했다. 종회의 조카 종옹은 종회와 함께 모두 죽었으며, 종회가 양육하던 조카 종의와 종준, 종천 등은 옥에 갇혀 사형 판결을 받았다. 사마문왕이 [그들의 구명을 위해] 표문을 올리자 황제가 조를 내렸다. "종준 등의 조부는 종요로, 삼조(三祖)의 치세 동안 대신의 지위에 있었으며, 황제의 창업을 도와 공을 세웠으니, 종묘에서 [배향되어] 제향을 받는 자이다. 아버지 종육은 내외의 관직을 역임하며 정사를 행함에 공적이 있었다. 옛날 초나라에서는 자문의 정치를 추념하여 투씨의 제사를 멸하지 않았고, 진나라에서는 성계와 맹선의 충의를 기억하여 조씨의 후손을 보존해 주었다. 종회와 종옹의 죄 때문에, 종요와 종육의 후손을 끊어버리는 것을 나는 애석하게 생각하노라! 종준과 종천 형제를 특별히 사면해주고 관작을 모두 회복시켜 주도록 하라. 오직 종의와 종옹의 자식만 사형에 처하라."[282](『삼국지 위서』「종회전」)

---

281 『三國志 魏書』 권9, 「曹爽傳」, 288쪽.
282 『三國志 魏書』 권28, 「鍾會傳」, 739쪽.

**【원문】** 朝議咸以爲春秋之義, 齊崔杼・鄭歸生皆加追戮, 陳屍斲棺, 載在
方策. 淩・愚罪宜如舊典. 乃發淩・愚冢, 剖棺, 暴屍於所近市三日, 燒
其印綬・朝服, 親土埋之.(王淩傳)

**【역문】** 조정의 의논이 모두 춘추의 의에 근거하여 이루어져, 제나라의 최
저와 정나라의 귀생은 모두 추륙(追戮)의 형이 가해져 부관참시 되었으
니, [그 내용이] 전적에 기록되어 있다. 왕릉과 영호우의 죄는 마땅히 옛
전적[의 기록]에 따라야 한다. 이에 왕릉과 영호우의 무덤을 파헤쳐 부
관하고 인근 시에 3일 동안 시체를 늘어놓았으며, 그 인수와 조복은 소
각하였다. [그들의 시체는] 인근 지역에 매장하였다.[283](『삼국지 위서』「왕
릉전」)

**【원문】** 逵嘗坐人爲罪, 王曰:「叔向猶十世宥之, 況逵功德親在其身乎?」
(賈逵傳)

**【역문】** 가규는 일찍이 타인의 죄에 연루된 적이 있었다. 왕이 말하기를 "숙
향은 10대의 자손까지도 용서해 주었거늘, 하물며 가규는 공로와 덕행이
친히 그 자신에게 있지 않은가?"라고 하였다.[284](『삼국지 위서』「가규전」)

---

283 『三國志 魏書』 권28, 「王淩傳」, 758쪽.
284 『三國志 魏書』 권15, 「賈逵傳」, 482쪽.

魏律家 一
위율가

◉ **劉劭 庾嶷 荀詵**

류소 유억 순선

【원문】劉劭字孔才, 廣平邯鄲人也. 明帝卽位, 與議郎庾嶷·荀詵等定科
令, 作新律十八篇, 著律略論.(劉劭傳)

【역문】류소의 자는 공재이며, 광평 감단인이다. 명제가 즉위하고 의랑 유
억·순선 등과 함께 법령을 제정하여『신율』18편을 만들었으며,『율약
론』을 저술하였다.[285](『삼국지 위서』「류소전」)

【원문】劉劭律略論五卷(隋書經籍志)

【역문】류소의『율약론』5권[286](『수서』「경적지」)

【원문】劉劭律略曰: 刪舊科, 採漢律爲魏律, 懸之象魏.(御覽六百三十八)

---

285『三國志 魏書』권21,「劉劭傳」, 617쪽.
286『隋書』권33,「經籍志」, 973쪽.

【역문】 류소의 『율략』에서 "옛 법령을 산정하고 한율을 채록하여 위율을 만든 후 상위(象魏)에 걸어 두었다."고 하였다.[287](『태평어람』 권638)

◉ 陳羣  진군

【원문】 命陳群等採漢律, 爲魏律十八篇.(唐六典注)

【역문】 진군 등에게 명하여 한율을 채록하여 위율 18편을 만들었다.[288](『당육전』의 주)

◉ 盧毓  노육

【원문】 先是, 散騎常侍劉劭受詔定律, 未就. 毓上論古今科律之意, 以爲法宜一正, 不宜有兩端, 使姦吏得容情.(盧毓傳)

【역문】 이에 앞서, 산기상시 류소가 조를 받고 율을 제정하였는데, 아직 상정하지 않고 있었다. 노육이 상론하기를 "고금의 형률이 지닌 뜻은 법의 마땅함을 통일시키는 것입니다. 양단이 있어서는 안 되니, [양단을 둔다면] 간사한 관리들이 용납받게 될 것입니다."라고 하였다.[289](『삼국지 위서』 「노육전」)

◉ 高柔  고유

【원문】 高柔字文惠, 陳留圉人也. 太祖以爲刺奸令史; 處法允當, 獄無留滯. 文帝踐阼, 以柔爲治書侍御史. 四年, 遷爲廷尉.(高柔傳)

【역문】 고유의 자는 문혜이며, 진류 어인이다. 태조가 자간령사로 임명하

---

287 『太平御覽』 권638, 「刑法部」, '律令', 27쪽.
288 『唐六典』 권6, 「尙書刑部」, 181쪽.
289 『三國志 魏書』 권21, 「盧毓傳」, 651쪽.

였는데, 법을 공평 타당하게 집행하여 옥에 [판결되지 못하고] 지체된 것이 없었다. 문제가 황위에 오르고 고유를 치서시어사로 삼았다. 황초 4년(223) 정위가 되었다.[290](『삼국지 위서』「고유전」)

### ◉ 鍾繇 鍾毓 鍾會
종요 종육 종회

**【원문】** 鍾皓博學詩律, 教授門生千有餘人, 爲郡功曹. 皓二子迪·敷, 並以黨錮不仕. 繇則迪之孫.(鍾繇傳注引先賢行狀)

**【역문】** 종호는 시와 율에 박학하여 교수하는 문생이 천여 명에 이르렀다. 군의 공조로 임명되었다. 종호의 두 아들 종적과 종부는 모두 당고(黨錮)로 인해 관직에 나아가지 못했다. 종요는 종적의 손자이다.[291](『삼국지 위서』「종요전」의 주에서 『선현행장』을 인용)

**【원문】** 毓字稚叔, 爲廷尉. 聽君父已沒, 臣子得爲理謗, 及士爲侯, 其妻不復配嫁, 毓所創也.(鍾繇傳)

**【역문】** 종육의 자는 치숙이며, 정위에 임명되었다. 군주와 부친이 사망하고 난 후 신하와 아들이 훼방당할 수 있다는 것을 듣고는, 사(士)가 후(侯)로 봉해진 경우 그 부인은 개가할 수 없도록 하였으니, [이는] 종육이 처음 만든 것이다.[292](『삼국지 위서』「종요전」)

**【원문】** 鍾會字士季, 太傅繇小子也. 及會死後, 于會家得書二十篇, 名曰道論, 而實刑名家也.(鍾會傳)

**【역문】** 종회의 자는 사계이며, 태부 종요의 작은 아들이다. 종회가 사망한

---

290 『三國志 魏書』 권24 「高柔傳」, 682쪽.
291 『三國志 魏書』 권13, 「鍾繇傳」, 391쪽.
292 『三國志 魏書』 권13, 「鍾繇傳」, 399쪽.

후, 종회의 집에서 서적 20편을 발견해『도론』이라고 명명하였으니, 실로 형률의 명문가였다.[293](『삼국지 위서』「종회전」)

◉ 王朗　왕랑

【원문】魏國初建, 以軍祭酒領魏郡太守, 遷少府·奉常·大理. 務在寬恕, 罪疑從輕. 鍾繇明察當法, 俱以治獄見稱.(王朗傳)

【역문】위나라가 처음 건국되고, 군의 좨주로 위군태수를 겸하였으며, 소부·봉상·대리를 역임했다. [처벌을] 관대하고 너그럽게 하는 데 힘써, 죄를 확정하기 어려운 경우 가벼운 죄에 따라 처벌했다. 종요는 [죄상에] 합당한 법을 잘 살폈으므로, [두 사람] 모두 옥사를 다스리는데 칭송을 받았다.[294](『삼국지 위서』「왕랑전」)

【원문】是時太傅鍾繇又上疏求復肉刑, 詔下其奏, 司徒王朗議又不同. 時議者百餘人, 與朗同者多.(晉書刑法志)

【역문】이때 태부 종요가 다시 상주하여 육형을 부활시킬 것을 요구하였다. 명제는 그의 상주를 논의하도록 명령하였다. 그러나 사도 왕랑은 또한 종요의 견해에 동의하지 않았다. 이때 토론에 참여한 자가 100여 인이었는데 왕랑과 의견을 같이하는 자가 많았다.[295](『진서』「형법지」)

◉ 衛凱　위개

【원문】衛凱請置律博士, 轉相敎授.(晉書刑法志)

【역문】위개는 율박사를 설치하여 [율에 대해] 지속적으로 교수할 것을 청

---

293 『三國志 魏書』권28,「鍾會傳」, 784쪽.
294 『三國志 魏書』권13,「王朗傳」, 407쪽.
295 『晉書』권30,「刑法志」, 923쪽.

하였다.(『진서』「형법지」)

## ◉ 劉廙 丁儀
류이 정의

**【원문】** 廙著書數十篇, 及與丁儀共論刑禮, 皆傳於世.(劉廙傳)

**【역문】** 류이의 저서는 수십 편이며, 정의와 함께 형체(刑禮)를 논한 것도 모두 세상에 전해진다.[296](『삼국지 위서』「류이전」)

**【세주 원문】** 按類聚五十四引魏丁儀刑禮論一篇, 以文繁不錄.

**【세주 역문】** 『예문유취』 권54에 인용된 '위 정의의 『형체론』'[297] 한 편을 살펴보면, 관리에 대한 법[文繁]은 기록되어 있지 않다.

## ◉ 阮武 완무

**【원문】** 武字文業, 闊達博通, 淵雅之士. 位止清河太守.(杜畿傳注引杜氏新書)

**【역문】** 완무의 자는 문업으로, 활달하고 박학하며 심원하고 고아한 사인이었다. 관위는 청하태수에 그쳤다.[298](『삼국지 위서』「두기전」의 주에서 『두씨신서』를 인용)

**【원문】** 阮子正論五卷, 魏清河太守阮武撰. 亡.(隋書經籍志 唐志作政論五卷)

**【역문】** 『완자정론』 5권. 위 청하태수 완무가 찬함. 망실됨.[299](『수서』「경적

---

296 『三國志 魏書』 권21,「劉廙傳」, 616쪽.
297 『藝文類聚』 권54,「刑法部」, 980쪽.
298 『三國志 魏書』 권16,「杜畿傳」, 507쪽.
299 『隋書』 권34,「經籍志」, 1004쪽;『新唐書』 권59,「藝文志」, 1531쪽.

지」.『신당서』「예문지」에는 "『완자정론(阮子政論)』5권"이라고 되어 있음)

**【원문】** 阮子四卷.(意林)

**【역문】** 『완자』4권.(『의림』)

**【세주 원문】** 按玉函山房輯佚書有阮子政論一卷.

**【세주 역문】** 『옥함산방집일서』[300]에는 "『완자정론』1권"이라고 기록되어 있다.

---

300 玉函山房輯佚書는 淸末의 학자 馬國翰이 1870년에 編輯하여 완성한 것으로, 輯佚書 594종을 經·史·子의 3編으로 분류하였으며 총 700여 권에 이른다.

晉律考

【원문】 晉自泰始四年, 頒定新律, 劉宋因之, 蕭齊代興, 王植撰定律章, 事
未施行, 蓋斷自梁武改律, 承用已經三代, 凡二百三十七年, 六朝諸律
中, 行世無如是之久者, 是亦有故焉. 晉自文帝秉政, 卽議改定律令, 事
在魏咸熙之初, 從容坐論, 凡歷六載. 其時議律諸人, 如羊祜杜預, 又皆
一時之俊, 史稱新律班於天下, 百姓便之, 是在當日卽已衆議翕然. 又
有張斐杜預爲之注解, 故江左相承, 皆用晉世張杜律. 晉志亦云, 魏時
叔孫郭馬杜諸儒章句, 但取鄭氏, 又爲偏黨, 未可承用, 故議改定律令,
是其注解必兼採漢世律家諸說之長, 期於折衷至當. 唐志張斐律解杜
預本二書均存, 御覽猶時引晉律, 則北宋尙有此本. 金元之亂, 中原淪
陷, 遂至散佚, 是可惜也. 晉律就漢九章, 躅其苛穢, 存其淸約, 其衛宮
違制, 本之越宮朝律; 又鑒曹氏孤立之弊, 別爲諸侯律一篇, 因時立法,
較之唐律, 殆無遜色. 過江以後, 中宗任刑法, 以韓子賜太子(書鈔引晉中
興書), 是當時人主, 亦尙知修明律學. 然卒之女寵興戎, 八王肇釁, 不旋
踵而亂亡者, 是又何也? 蓋自惠帝繼業, 政出羣下, 每有疑獄, 各立私
情, 執法者藉口權宜, 意爲出入, 律令已等具文. 劉頌熊遠先後疏諫, 皆
不能從, 晉書載之詳矣. 加之仕途以門第爲升進, 搢紳以淸談爲廟略,
論經禮者謂之俗生, 說法理者名之俗吏, (文選干寶晉紀總論注引王隱晉書)
明帝時, 王導侍坐, 陳高貴鄕公事. 帝以面覆牀, 曰: 若如公言, 晉祚復
安得長? 是則祖宗貽謀不善, 未可爲創制諸人咎也. 世或疑充本小人,
其定律必無足觀, 而不知當時司其事者, 凡十有四人, 下意決於鄭沖(世
說), 刪定秉於杜預(隋志), 評議由於裴楷(御覽引裴楷別傳), 典守本於荀煇

(賈充傳), 不盡出於充一人之手也. 是不可以不辨.

一九二0年庚申六月 閩縣 程樹德 序

【역문】 진 태시 4년(268)에 반포된 신율은 [이후] 유송에서 계승하였으며,
소제가 건국된 후 왕식이 율을 찬정하였으나 시행되지 못하였으므로,
대략 양 무제가 율을 개정할 때까지 삼대에 걸쳐 237년 동안 사용되었
다. 육조의 여러 율 중 이처럼 오랫동안 행용된 것이 없으니, 이는 그럴
만한 이유가 있는 것이다. 진은 문제가 정권을 장악한 후 율령을 개정하
였는데, 이는 위 함희 연간(264-265) 초의 일로, 서서히 논의되며 6년을
경과하였다. 당시 율을 의논한 자들로는 양호와 두예를 들 수 있는데,
이들은 모두 한 시대의 준걸이었다. 사서에서는 "신율이 천하에 반포되
자 백성들이 편하게 여겼다"[1]고 하였는데, 이는 당시 중론이 이미 호의
적이었음을 보여주는 것이다. 또한 장비와 두예가 그 주해를 만들어 두
었기에 강동에서는 대대로 모두 진나라 때의 장비·두예율을 연용하였
다. 『진서』 「형법지」에서는 또한 위나라 때 "숙손선(叔孫宣)·곽령경(郭
令卿)·마융(馬融)·두림(杜林) 등 많은 학자의 장구가 있었는데도 정현
의 장구만을 채용하니 편향된 것이어서 계속 사용할 수 없었으므로"[2] 율
령의 개정을 의논하였다고 하였다. 이를 통해 그 주해가 한대 여러 율학
파의 이론 중 장점들을 채택하고 절충하여 타당함을 추구한 것임을 알
수 있다. 『신당서』 「예문지」에는 장비의 『율해』와 두예의 것 두 책이
모두 기재되어 있으며, 『태평어람』에도 여전히 진율이 인용되고 있으
니, 북송 시기까지는 이 책들이 존재하고 있었음을 알 수 있다. 금·원
시기의 혼란으로 인해 중원이 함락되자 마침내 책이 산일되었으니 애석
한 일이다. 진율은 한의 구장률에 비해 가혹하고 번잡한 것은 삭제하고,
분명하고 간략한 것은 보존하였으니, '위궁위제(衛宮違制)'는 본래 '월궁

---

1 『晉書』 권40, 「賈充傳」, 1167쪽.
2 『晉書』 권30, 「刑法志」, 927쪽.

조율(越宮朝律)'이다. 또한 조씨의 고립무원을 감계로 삼아 따로 제후율 1편을 만들었으니, 시의에 따른 입법이라 당률과 비교해도 거의 손색이 없다. 강동으로 이주한 이후, "중종은 형법에 의지하여 태자에게 『한비자』를 내렸으니(『북당서초』에서 『진중흥서』를 인용)", 당시 군주가 또한 율학을 익히는 데 힘썼음을 알 수 있다. 그런데 돌연 여성이 총애를 받아 병란이 일어나고, 팔왕의 난이 발생해 얼마 후 패망하였으니, 이것은 또한 무엇이란 말인가? 대체로 혜제가 왕위를 계승한 이후 정사가 신하들에게서 비롯되었기 때문에, 의옥이 있을 때마다 각각 사정을 내세웠으며, 법을 집행하는 자는 편의를 내세워 법의 본뜻을 훼손하니 율령은 이미 구문이 되어 버렸다. 유송·응원이 상소를 올려 간언하였으나 이를 따르지 못했던 정황이 『진서』「형법지」에 상세히 기록되어 있다. 더욱이 "벼슬길에서는 문벌이 승진을 좌우하였고, 진신은 청담을 조정의 책략으로 삼아 경전의 예를 논하는 자를 속된 서생이라 부르고 법리를 설명하는 자를 속된 벼슬아치라 하였다(『문선』 간보의 『진기총론』 주에서 인용한 왕은의 『진서』)"[3]라고 하였다. "명제 때 왕도가 시좌하며, 고귀향공의 사건을 진언하였다. 명제가 평상으로 얼굴을 돌리며 '만약 공의 말대로라면 진의 국운이 어찌 길겠소?'라고 하였다."[4] [국란은] 조종의 모략이 선하지 못하기 때문에 [발생한 것이지] 여러 사람의 허물로 인해 초래된 것이 아니다. 세간에서는 혹 사마충이 본래 소인이라 그가 정한 율도 필시 볼 만한 점이 없는 것이라고 하나, [이는] 당시 그 일을 담당한 자들을 모르고 하는 소리이다. 총 14명 중 법의 뜻을 결정한 것은 정충이었고(『세설신어』), 산정의 권한은 두예에게 있었으며(『수서』), 평의한 자는 배해였고(『태평어람』이 인용한 『배해별전』) 보관한 자는 순휘였다(『진서』「가충전」). 사마충 혼자 한 일이 아니었던 것이다. 이를 명확히 해두지 않으면 안 된다.

1920년 경신 6월 민현에서 정수덕 서

---

3 『文選』 권49, 「史論上」, 692쪽.
4 『晉書』 권20, 「宣帝紀」, 21쪽.

◉ **晉班定新律始末** 진이 신율을 제정·반포한 일의 전말

【원문】 文帝爲晉王, 患前代律令本注煩雜, 陳群·劉邵雖經改革, 而科網
本密, 又叔孫·郭·馬·杜諸儒章句, 但取鄭氏, 又爲偏黨, 未可承用.
於是令賈充定法律,　令與太傅鄭沖·司徒荀顗·中書監荀勖·中軍將
軍羊祜·中護軍王業·廷尉杜友·守河南尹杜預·散騎侍郎裴楷·潁
川太守周雄·齊相郭頎·騎都尉成公綏·尙書郎柳軌及吏部令史榮邵
等十四人典其事, 就漢九章增十一篇, 仍其族類, 正其體號, 改舊(當作
具)律爲刑名·法例,　辨囚律爲告劾·繫訊·斷獄,　分盜律爲請賕·詐
僞·水火·毁亡, 因事類爲衛宮·違制, 撰周官爲諸侯律, 合二十篇,
六百二十條, 二萬七千六百五十七言. 蠲其苛穢, 存其淸約, 事從中典,
歸於益時. 其餘未宜除者, 若軍事·田農·酤酒, 未得皆從人心, 權設
其法, 太平當除, 故不入律, 悉以爲令. 施行制度, 以此設敎, 違令有罪

則入律. 其常事品式章程, 各還其府, 爲故事. 減梟斬族誅從坐之條, 除
謀反適養母出女嫁皆不復還坐父母棄市, 省禁固相告之條, 去捕亡·
亡沒爲官奴婢之制. 輕過誤老少女人, 當罰金杖罰者, 皆令半之. 重姦
伯叔母之令, 棄市. 淫寡女, 三歲刑. 崇嫁娶之要, 一以下娉爲正, 不理
私約. 峻禮敎之防, 準五服以制罪也. 凡律令合二千九百二十六條, 十
二萬六千三百言, 六十卷, 故事三十卷. 泰始三年, 事畢, 表上. 武帝詔
曰:「昔蕭何以定律令受封, 叔孫通制儀爲奉常, 賜金五百斤, 弟子百人
皆爲郎. 夫立功立事, 古今之所重, 宜加祿賞, 其詳考差敍. 輒如詔簡異
弟子百人, 隨才品用, 賞帛萬餘匹.」武帝親自臨講, 使裴楷執讀. 四年
正月, 大赦天下, 乃班新律.(刑法志)

【역문】 문제<sup>5</sup>가 진왕이 되었을 때, 전조(前朝)의 율령이 조문과 주소(注疏)
가 번잡하고, 진군이나 유소가 비록 개혁을 하였지만 과조(科條)가 본래
번밀하며, 게다가 숙손선·곽령경·마융·두림 등 많은 학자의 장구(章
句)가 있는데도 정현의 장구만을 채용하고 있는 것 역시 편향된 것이어
서 그대로 사용할 수 없었다. 이 때문에 가충에게 법률을 수정하도록 명
령하여 태부 정충,<sup>6</sup> 사도 순기,<sup>7</sup> 중서감<sup>8</sup> 순욱,<sup>9</sup> 중군장군<sup>10</sup> 양호,<sup>11</sup> 중호

---

5 文帝 즉 司馬昭는 司馬懿의 次子로. 景元 四年(263년)에 蜀을 멸망시킨 공으로 魏元帝 咸熙 元年
(264년) 晉王에 封해졌으나 얼마 후 사망하였다. 그 아들 司馬炎이 晉朝를 건립하자 文帝로 追尊
하였다.

6 鄭沖의 字는 文和. 滎陽郡開封(지금의 河南省 開封市)人. 魏王朝에서 司徒, 司空. 太保 등의 직책을
역임하였고, 晉武帝 시에는 太傅가 되었다. 荀顗, 荀勖 등과 함께 『論語集解』를 저술하였다. 『晉
書』에 傳이 있다.

7 荀顗의 顗은 顗의 잘못. 荀顗는 荀顗로 해야 한다. 潁川人. 魏太尉 荀彧의 아들. 曹魏 시에 侍中, 僕
邪, 司空을 역임하였다. 尙書令 賈充과 中書監 荀勖과 교류하였다. 일찍이 晉王 司馬昭의 명령으
로 禮儀를 편찬하였다.

8 中書監: 中書令과 함께 詔勅의 작성을 비롯하여 정치의 기밀을 담당하는 관리.

9 荀勖은 潁川(지금의 河南省 許昌縣)人으로 字는 公曾이다. 曹魏 시에 曹爽의 掾史가 되었다가 中書
通事郎을 지냈다. 후에 司馬昭의 大將軍軍事가 되어 점차 기밀을 관장하다가 侍中으로 승진하였
다. 晉王朝에 入仕하여 中書監, 秘書監 등의 직책을 역임하였다. 晉文帝와 賈充의 신임을 받았다.
賈充과 함께 律令을 編定하였다. 『晉書』 卷三十九에 傳이 전해짐.

10 中軍將軍: 晉武帝 때 羊祜를 中軍將軍으로 한 때에 그 직무를 領軍將軍과 같은 것으로 고쳐 禁中
守備를 담당하도록 하였다. 이 中軍將軍은 泰始三年(267)에 폐지되었다.

11 羊祜는 泰山南城(지금의 山東省 費縣 西南)人으로 字는 叔子이다. 魏王朝에서 秘書監을 역임하였

군[12] 왕업,[13] 정위 두우,[14] 수하남윤 두예,[15] 산기시랑 배해,[16] 영천태수 주
웅, 제상 곽기, 기도위 성공수,[17] 상서랑 유궤 및 이부영사[18] 영소[19] 등 14
인과 함께 법률 개정 작업을 전담하도록 하였다. 이에 한의 구장률에 11
편을 더하고,[20] 그 종류에 따라 분류하여 그 체례와 명칭을 바르게 하였
다. 구율(舊律)[21]을 고쳐서 형명·법례[22]로 하고, 수율을 분리하여 고

다. 曹魏末年 司馬昭에 依附하였다. 晉王朝에서는 尙書右僕射, 都督荊州諸軍事가 되고 南城侯로
　 封해졌다.

12 中護軍: 武官의 선발을 담당하는 官으로 營兵을 이끌었다.

13 王業은 武陵人으로, 高貴鄕公이 司馬昭(文帝)를 살해하고자 했을 때, 散騎常侍였던 王業이 司馬昭
　 에게 急告하였다.

14 『三國志 魏書』「毌丘傳」의 注에 나오는 「世語」에는 字는 季子이며 東郡人으로, 魏에서는 侍御史,
　 晉에서는 冀州刺史, 河南尹을 역임한 것으로 기록되어 있다.

15 杜預는 晉杜陵(지금의 섬서성 西安市 東南)人으로 字는 元凱이다. 晉朝에서 守河南尹, 安西軍司,
　 秦州刺史, 度支尙書, 鎭南大將軍, 都督荊州諸軍事 등의 직책을 역임하였고 司隸校尉가 되었다. 晉
　 武帝는 太康元年(280년)에 군사를 이끌고 吳를 멸망시켰는데 杜預에 크게 의존하였다. 吳를 멸망
　 시킨 후에는 晉의 西南 統治를 강화하는 데 크게 공헌을 하였다. 명문 출신으로 晉文帝의 妹를 娶
　 하고 賈充 등과 함께 律令을 修正하고 그 『晉律』에 注釋를 가하였다. 『雜律』 七卷, 『刑法律本』
　 二十一卷이 있다. 晚年에는 經籍을 애독하여 『春秋左氏經傳集解』, 『春秋長歷』, 『春秋釋例』, 『盟
　 會圖』 등을 남겼다.

16 裴楷는 魏河東聞喜(지금의 山西省 聞喜縣)人으로 字는 叔則이다. 魏朝에서는 尙書郎을 역임하였
　 고, 賈充과 함께 律令을 개정할 때에는 定科郎이 되었다. 晉朝에서는 散騎常侍, 河內太守, 右將軍,
　 侍中 등의 직책을 역임하였다.

17 成公綏는 東郡白馬(지금의 河南省 滑縣 東)人으로, 字는 子安이다. 집안이 가난하였으나 어려서부
　 터 총명하였고 학문에 힘써 『天地賦』, 『嘯賦』, 『錢神論』 등을 저술하였다. 현재 『錢神論』이 전해
　 진다.

18 吏部令史: 吏部는 官吏의 任免이나 賞罰 등을 관장하였고, 令史는 吏部의 屬官이다.

19 榮邵의 字는 茂世이고 北平人으로 淸河太守를 역임하였다. 그에 대해서는 『文選』의 劉琨의 勸進
　 表의 李注에 보인다.

20 內田智雄은 九章律(具律·盜律·賊律·囚律·捕律·雜律·興律·廐律·戶律) 가운데서 具律이
　 刑名·法例의 二篇으로 개편되어 一篇이 늘어나고, 거기에 告劾 이하 十篇을 더하여 합계 二十篇
　 으로 되었다는 의미일 것으로 보고 있다. 『唐六典』, 권6에는 晉律의 篇名을 刑名·法例·盜·
　 賊·詐僞·請賕·告劾·捕·繫訊·斷獄·雜·戶·擅興·毁亡·衛宮·水火·廐·關市·違
　 制·諸侯의 二十篇으로하여 漢律 九章에서 囚律을 빼고 關市律 一篇을 더하고 있다.

21 舊律: 沈家本은 舊律을 具律의 잘못이라 하면서 舊具律로 해야 한다고 하였다. 程樹德 역시 舊律
　 을 具律의 잘못으로 보고 있다.

22 刑名·法例: 刑名·法例는 모두 刑罰의 總則 規定이다. 즉 刑名은 형벌의 명칭이나 종류에 관한
　 규정이고 法例는 형벌의 적용에 관한 규정이다. 秦漢에서는 具律, 三國魏에서는 刑名律이라 하여
　 律書의 首篇에 두었다. 晉에서는 다시 刑名·法例 二篇으로 분리했다가 北齊에서는 다시 名例律
　 로 합쳤다. 北周에서는 다시 刑名·法例로 분리하였다. 隋文帝는 北齊律을 계승하여 名例律로 하
　 였고 唐 이후 明, 淸 시대에 이르기까지 名例律로 하였다. 『唐律疏議』 名例에서 "名者, 五刑之罪

핵·계신·단옥으로 하고, 도율을 분리하여 청구·사위·수화[23]·훼망으로 하고, 사안의 유사함에 따라서 위궁[24]·위제[25]를 제정했으며, 주관을 찬(撰)하여 제후율을 만들었는데,[26] 모두 합하면 20편, 620조, 27,657자이다. [진·한율의] 가혹함과 번잡함을 삭제하고, 청명하고 간략한 부분을 보존하였으며, 안건의 처리는 중전(中典)에 따르는데, [그 모든 것은] 현재의 시세(時世)를 보충하고 도움을 주는 것을 목적으로 하였다. 또 당장 없애기 곤란한 것, 예를 들면 군사(軍事),[27] 전농(田農),[28] 고주(酤酒)[29] 등에 관한 규정은 아직 모두 인심에 따를 수는 없지만, 편의상 잠시 설치한다. 다만 태평한 시대가 되면 다시 없애야 하므로 율에는 삽입하지 말고 모두 영으로 정한다. 제도를 시행함에 영을 표준으로 하며, 만약 영을 위반하고 죄를 범한 경우 율의 규정에 따른다. 그 통상의 품식(品式)이나 장정(章程)은 각각의 관부에 돌려보내 고사(故事)[30]로 삼는다. 효수·요참·족주(族誅)·종좌(從坐)의 조항을 줄이며, 모반을 제외하고 적모(嫡母)·양모(養母)가 쫓겨난 경우, 딸이 출가한 경우는 모두 다시 부모의 죄에 연좌되어 기시형에 처하지 않는다. 또 금고나 상고(相

---

名. 例者, 五刑之體例. 名訓爲命, 例訓爲比, 命諸篇之刑名, 比諸篇之法例."라고 하였다.

23 水火: 불이나 물을 잘못 취급하거나 혹은 불이나 물에 의해서 인명이나 재물 등에 손상을 입은 경우의 형벌이나 배상에 관한 규정. 『唐律』에서는 모두 雜律에 규정되어 있다.

24 衛宮: 宮城의 守備 등에 관한 규정. 秦漢에는 없었던 편명으로 晉에서 만들었다. 北齊에 이르러서는 禁衛律로 바뀌었다가 隋開皇 연간 衛禁律로 개정되었다.

25 違制: 百官의 職務上의 違反을 단속하는 규정으로 晉以後 北齊에 이르기까지는 違制律이라 일컬어졌으며, 隋唐 이후는 職制律로 바뀌었다.

26 周의 제도를 모방하여 諸侯律을 만들었다는 의미이다.

27 軍事: 兵役이나 徵發 등에 관한 규정 및 『唐六典』에 열거한 晉令四十篇 중 軍戰·軍水戰·軍法 등 직접 전쟁과 관련 있는 것 등을 말한다.

28 田農: 그 명칭으로 판단할 때 農耕에 관한 令으로 『唐六典』에 열거한 晉令四十篇 중에 田令과 같은 것도 그 내용의 일부인 것으로 보인다.

29 酤酒: 內田智雄은 釀造나 술의 판매를 규제하는 것과 관련된 令일 것으로 보고 있다.

30 故事: 前代의 행정상의 조치 등에서 각각의 先例로서 지켜야 할 것을 말한다. 이 또한 律의 補充 혹은 變通의 依據와 規定에 해당한다. 『唐六典』, 「尙書刑部」에 의하면 賈充 등은 律令을 撰定함과 동시에 당시의 諸詔를 刪定해서 『故事三十卷』을 만들고 律令과 병행하여 사용하였다고 한다. 『新唐書』 「藝文志」에는 "『漢武帝故事』二卷, 『建武故事』三卷, 『永平故事』二卷"이 실려 있다. 晉代의 故事에 대해서는 『隋書』 「經籍志」, 『新唐書』 「藝文志」를 통해 많은 사례를 확인할 수 있다.

告)의 조항31을 삭제하고, 포망률의 규정 중 도망한 범죄자를 잡았을 때 그 가족을 몰수하여 관노비로 삼는 조항을 없앤다. 가벼운 과오를 범한 노소32와 부녀로, 벌금이나 장형의 처벌을 받게 된 경우 모두 반감하여 처벌한다. 또 백모·숙모를 간(姦)하는 자에 대해서의 처벌을 무겁게 해서 기시로 하고,33 과부34를 간음한 경우 대해서는 삼년형에 처한다. 혼인을 약정하는 것을 존중하여 오로지 결납(結納)을 교환하는 것을 정식으로 삼고, [예를 거치지 않은] 사사로운 약정은 인정하지 않는다. 예교를 엄격하게 행하여 [범죄를] 방지하며, 오복의 등급에 준해서 죄의 경중을 정한다.35 무릇 율령은 모두 합쳐 2,926조, 126,300자, 60권, 고사는 30권이었다. 태시 3년(267) 율령 개정 작업이 끝나자 상헌하였다. 진무제가 조서를 내려 말하기를, "과거에 소하는 율령을 개정하여 봉작을 받았고, 숙손통은 예의를 제정해서 봉상이 되어 금 500근을 하사받았으며, 제자 백인(百人)은 모두 낭중이 되었다. 대저 나라를 위해 공업을 세우는 것은 옛날이나 지금이나 중히 여기는 바이니, 마땅히 봉록을 늘리고 포상을 내려야 한다. [각각의 공적을] 자세히 검토하여 차등에 따라 포상하도록 하라. 즉시 조서에 따라 우수한 제자 백인을 선발하여 재능에 따라 임용하고, 백(帛) 10,000여필을 하사하도록 하라." 무제는 친히 신율의 강석(講席)에 임하여 배해로 하여금 집독(執讀)하도록 하였다. 태시 4년

---

31 禁錮: 禁錮. 죄를 범한 관리나 그 親屬에 대해 관리가 되거나 각종 사회활동에 참여하는 것을 허용하지 않는 처벌. 禁錮制度는 春秋 시기에 이미 출현하였으며 秦·漢以後 더욱 엄격해졌다. 禁錮에 해당하는 범위는 三族, 五族에서 知交, 門生, 故吏에 이른다.
　禁錮相告: 禁錮나 相告로 분리하여 해석할 수도 있고 禁錮된 사람들이 서로 告奸한다는 의미로 붙여서 해석할 수도 있다. 어느 쪽이 정확한지는 명확하지 않다.

32 老少: 『晉書』「食貨志」에 의하면 각각 "十二歲以下", "六十六歲以上"을 말한다. 이와 관련하여 '大女', '大男', '中女', '中男', '使男', '使女', '未使男', '未使女'라는 용어가 한대에는 제도적으로 사용되고 있으며, 『居延漢簡』에는 大男 15세 이상, 使男 7~14세, 未使男 1~6세, 大女 15세 이상, 使女 7~14세, 未使男 1~6세 등으로 성별과 연령에 따라서 다른 호칭이 사용되고 있다.

33 棄市: 사형을 집행한 후 시체를 저자에 진열하여 군중들에게 보이게 하는 형벌. 『晉律』에는 사형에 梟, 斬, 棄市 3종류가 있었고 이 가운데 棄市가 가장 가벼운 것이었다.

34 寡女: 寡婦를 말하며 女道士, 尼姑 등을 포괄한다.

35 법률에 유가사상이 깊이 개입되는 것을 보여주는 구체적인 사례이다. 儒家가 제정한 五等 喪服制度에 따라서 범죄의 輕重大小를 결정하는 것으로, 『晉律』에서 처음 규정되었다.

(268) 정월에 천하에 대사를 행하고 신율을 공포하였다.[36](『진서』「형법지」)

**【원문】** 咸熙元年秋七月, 帝奏司空荀顗定禮儀, 中護軍賈充正法律, 尙書僕射裴秀議官制, 太保鄭沖總而裁焉.(文帝紀)

**【역문】** 함희 원년(264) 가을 7월, 문제가 사공 순기는 예의를 정하고, 중호군 가충은 법률을 바로하며, 상서복야 배수는 관제를 의논하고, 태보 정충은 [그 모두를] 총괄하도록 [위나라 황제에게] 상주하였다.[37](『진서』「문제기」)

**【원문】** 泰始四年春正月丙戌, 律令成, 封爵賜帛各有差.(武帝紀)

**【역문】** 태시 4년(268) 봄 정월 병술일, 율령이 완성되자 각각 차등을 두어 봉작을 주고 백(帛)을 하사하였다.[38](『진서』「무제기」)

**【원문】** 充所定新律既班于天下, 百姓便之. 詔曰:「漢氏以來, 法令嚴峻. 故自元成之世, 及建安、嘉平之間, 咸欲辯章舊典, 删革刑書. 述作體大, 歷年無成. 先帝愍元元之命陷於密網, 親發德音, 釐正名實. 車騎將軍賈充, 獎明聖意, 諮詢善道. 太傅鄭沖, 又與司空荀顗、中書監荀勖·中軍將軍羊祜·中護軍王業, 及廷尉杜友·守河南尹杜預、散騎侍郎裴楷·穎川太守周雄·齊相郭頎·騎都尉成公綏·荀煇·尙書郎柳軌等, 典正其事. 朕每鑒其用心, 常愾然嘉之. 今法律既成, 始班天下, 刑寬禁簡, 足以克當先旨. 昔蕭何以定律受封, 叔孫通以制儀爲奉常, 賜金五百斤, 弟子皆爲郎. 夫立功立事, 古之所重. 自太傅·車騎以下, 皆加祿賞, 其詳依故典.」於是賜充子弟一人關內侯, 絹五百匹.(賈充傳)

---

36 『晉書』 권30, 「刑法志」, 927-928쪽.
37 『晉書』 권2, 「文帝紀」, 44쪽.
38 『晉書』 권3, 「武帝紀」, 56쪽.

【역문】 가충이 제정한 신율이 천하에 반포되자 백성들이 그것을 편리하게
여겼다. [다음과 같이] 조를 내렸다. "한대 이래 법령이 엄준하였으므로,
[한의] 원제와 성제 시대로부터 건안(196-220), 가평(249-254) 연간에 이르
기까지 모두 옛 법전을 분별하고 형서를 개혁하고자 하였다. [이로 인
해] 저작의 규모는 방대해졌으나 여러 해를 지나도 성공하지는 못하였
다. 선제께서 백성들의 생명이 엄밀한 법망에 빠지는 것을 애처로이 여
기셔서 친히 덕음을 내시어 [형법의] 명과 실을 바르게 하셨다. 거기장
군 가충은 성의를 도와 밝히고자 선도(善道)를 자문하였다. 태부 정충은
또한 사공 순의, 중서감 순욱, 중군장군 양호, 중호군 왕업 및 정위 두우,
수하남윤 두예, 산기시랑 배해, 영천태수 주웅, 제상 곽기, 기도위 성공
수 · 순휘, 상서랑 유궤 등과 함께 그 일을 담당하였다. 짐은 매번 그들
이 전심으로 일하는 것을 생각할 때마다 늘 감개하여 가상히 여겼다. 이
제 법률이 이미 완성되어 비로소 천하에 반포되었으니 형벌이 관대해지
고 금령이 간단해져 선왕의 뜻에 부합할 수 있게 되었다. 옛날에 소하는
율을 제정하여 봉작을 받았고, 숙손통은 의례를 제정해서 봉상이 되고
금 오백 근을 하사받았으며 제자들은 모두 낭중이 되었다. 대저 공업을
세우는 것은 옛 [사람들이] 중히 여기던 바였다. 태부 및 거기장군 이하
는 모두 봉록을 늘리고 포상을 내리도록 하라. 옛 전장에 상세히 의거하
여 [처리하라]" 이에 가충의 자제 1인에게 관내후와 견 오백 필이 하사되
었다.[39](『진서』「가충전」)

【원문】 晉武帝以魏制峻密, 又詔車騎賈充集諸儒學, 刪定名例, 爲二十卷,
并合二千九百餘條.(魏書刑罰志)

【역문】 진의 무제는 위의 법제가 엄준하고 조밀하므로, 거기장군 가충에게
조를 내려 여러 유학자를 모아 법례를 개정하도록 하였는데, [율의 편목
은] 20권이었으며 총 2천9백여 조문이었다.[40](『위서』「형벌지」)

39 『晉書』 권40, 「賈充傳」, 1167쪽.

【원문】 賈充等上所刊脩律令, 侍中盧珽、中書侍郎范陽張華請抄新律死罪條目, 抄, 楚交翻, 謄寫也. 懸之亭傳以示民; 從之.(通鑑七十九)

【역문】 가충 등이 제정한 율령을 진상하자, 시중 노정과 중서시랑 범양인 장화가 신율 중 사죄의 조목을 써서 정전(亭傳)에 걸어두어 백성들에게 고시하자고 청하였다. 그렇게 하였다.[41](『자치통감』권79)

【원문】 賈充初定律令, 與羊祜共咨太傅鄭沖. 沖曰:「皋陶嚴明之旨, 非僕闇懦所探.」 羊曰:「上意欲令小加弘潤.」 沖乃粗下意.(世說)

【역문】 가충이 처음 율령을 제정할 때, 양호와 함께 태부 정충에게 자문하였다. 정충이 말하길 "고요의 엄격하고 명확한 뜻은 나 같은 우매한 자가 알 수 있는 것이 아니다"라고 하였다. 양호가 말하길 "황제의 뜻은 조금이나마 [기존의 율령을] 관대하게 보충하고자 하시는 것입니다."라고 하였다. 정충이 이에 [황제의] 뜻에 따르기로 하였다.[42](『세설신어』)

【원문】 充有才識, 明達治體, 加善刑法, 由此與散騎常侍裴楷共定科令, 蠲除密網, 以爲晉律.(世說注引晉諸公贊)

【역문】 가충은 재능과 식견이 있어 정치·법도[치체(治體)]에 통달하고, 형법에 능통했으므로, 산기상시 배해와 함께 법령을 산정하여 엄밀한 법망을 폐지하고 진율을 제정하였다.[43](『세설신어』 주에서 『진제공찬』을 인용)

【원문】 荀勖與賈充共定律令, 班下施用, 各加祿賜子.(藝文類聚五十四引王隱晉書)

【역문】 순욱과 가충이 함께 율령을 제정하고 반포하여 시행하니, [그들에

---

40 『魏書』 권111, 「刑罰志」, 2872쪽.
41 『資治通鑑』 권79, 「晉紀」, 2505쪽.
42 『世說新語箋疏』 卷上之下, 「政事」, 169쪽.
43 『世說新語箋疏』 卷上之下, 「政事」, 169쪽.

게] 각각 녹봉을 더해주고 아들에게는 [작위를] 하사하였다.[44](『예문유취』 권54에서 왕은의 『진서』를 인용)

【원문】 秦始四年歲在戊子正月二十日, 晉律成.(御覽六百三十七引晉朝雜事)

【역문】 태시 4년 무자년 정월 20일, 진율이 완성되었다.[45](『태평어람』 권637 에서 『진율잡사』를 인용)

## ◉ 晉律篇目　진율편목

【원문】 命賈充等十四人增損漢、魏律, 爲二十篇, 一刑名, 二法例, 三盜律, 四賊律, 五詐僞, 六請賕, 七告劾, 八捕律, 九繫訊, 十斷獄, 十一雜律, 十二戶律, 十三擅興律, 十四毀亡, 十五衛宮, 十六水火, 十七廐律, 十八關市, 十九違制, 二十諸侯, 凡千五百三十條.(唐六典注)

【역문】 가충 등 14인에게 명하여 한·위의 율(律)을 증손(增損)해서 20편으로 하였는데, 1 형명(刑名), 2 법례(法例), 3 도율(盜律), 4 적율(賊律), 5 사위(詐僞), 6 청구(請賕), 7 고핵(告劾), 8 포율(捕律), 9 계신(繫訊), 10 단옥(斷獄), 11 잡률(雜律), 12 호율(戶律), 13 천흥률(擅興律), 14 훼망(毀亡), 15 위궁(衛宮), 16 수화(水火), 17 구율(廐律), 18 관시(關市), 19 위제(違制), 20 제후(諸侯)로서, 모두 1530조[46]였다.[47](『당육전』 주문)

【세주 원문】 按晉志云六百二十條, 此疑誤.

【세주 역문】 『진서』「형법지」에는 620조라고 되어 있으니, 이것은 착오인 것 같다.

【원문】 晉命賈充等, 增損漢魏律爲二十篇, 於魏刑名律中分爲法例律.(唐

---

44 『藝文類聚』 권54, 「刑法部」, 970쪽.
45 『太平御覽』 권637, 「刑法部」, '律令', 20쪽.
46 『晉書』 권30, 「刑法志」에는 620條로 되어 있다.
47 『唐六典』 권6, 「尙書刑部」, 181쪽.

律疏議)

【역문】 진은 가충 등에게 명하여 한·위의 율을 증손해서 20편으로 하였으며, 위의 형명률(刑名律) 가운데에서 나누어 법례율(法例律)을 만들었다.[48](『당률소의』)

**【세주 원문】** 按寄穋文存云, 晉律就漢九章增定, 故與魏律不同, 無魏律之劫略·警事·償贓·免坐四篇, 而增法例·衛宮·水火·關市·違制·諸侯六篇; 復漢之廏律一篇, 而無囚律, 此增損之數也.

【세주 역문】 『기이문존』에서는 [다음과 같이] 말하였다. "진율은 한의 구장률을 늘려서 제정한 것이므로 위율과는 같지 않으니, 위율의 겁략·경사·상장·면좌의 4편이 없으며, 법례·위궁·수화·관시·위제·제후의 6편이 추가되었다. 한의 구율한 편을 부활시키고, 수율은 없앴으니 이것이 증손된 수이다."

◉ **晉律注解** 진율주해

【원문】 漢晉律序注一卷, 晉張斐撰.[49] 雜二十一卷, 張斐撰.(隋書經籍志)

【역문】 『한진율서주』는 1권이며 진의 장비가 편찬하였다. 『잡률해』는 21권이며 장비가 편찬하였다.[50](『수서』「경적지」)

【원문】 張斐律解二十卷.(新唐書藝文志)

【역문】 장비의 『율해』 20권.[51](『신당서』「예문지」)

【원문】 明法掾張裴(隋志唐志均作裴, 此疑誤)又注律, 表上之, 其要曰: 律始

---

48 『唐律疏議』 권1, 名例, 2쪽.
49 『隋書』 권33, 「經籍志」에는 "晉僮長張斐撰"이라고 되어 있으며 주문으로 기록되어 있다. 이어지는 문장의 "張斐撰"도 역시 주문이다.
50 『隋書』 권33, 「經籍志」, 972쪽.
51 『新唐書』 권58, 「藝文志」, 1494쪽.

於刑名者, 所以定罪制也; 終於諸侯者, 所以畢其政也. 王政布於上, 諸侯奉於下, 禮樂撫於中, 故有三才之義焉, 其相須而成, 若一體焉. 刑名所以經略罪法之輕重, 正加減之等差, 明發衆篇之多義, 補其章條之不足, 較擧上下綱領. 其犯盜賊、詐僞、請賕者, 則求罪於此, 作役、水火、畜養、守備之細事, 皆求之作本名. 告訊爲之心舌, 捕繫爲之手足, 斷獄爲之定罪, 名例齊其制. 自始及終, 往而不窮, 變動無常, 周流四極, 上下無方, 不離于法律之中也. 其知而犯之謂之故, 意以爲然謂之失, 違忠欺上謂之謾, 背信藏巧謂之詐, 虧禮廢節謂之不敬, 兩訟相趣謂之鬪, 兩和相害謂之戲, 無變斬擊謂之賊, 不意誤犯謂之過失, 逆節絶理謂之不道, 陵上僭貴謂之惡逆, 將害未發謂之戕, 唱首先言謂之造意, 二人對議謂之謀, 制衆建計謂之率, 不和謂之强, 攻惡謂之略, 三人謂之群, 取非其物謂之盜, 貨財之利謂之贓: 凡二十者, 律義之較名也. 夫律者, 當愼其變, 審其理. 若不承用詔書, 無故失之刑, 當從贖. 謀反之同伍, 實不知情, 當從刑. 此故失之變也. 卑與尊鬪, 皆爲賊. 鬪之加兵刃水火中, 不得爲戲, 戲之重也. 向人室廬道徑射, 不得爲過, 失之禁也. 都城人衆中走馬殺人, 當爲賊, 賊之似也. 過失似賊, 戲似鬪, 鬪而殺傷傍人, 又似誤, 盜傷縛守似强盜, 呵人取財似受賕, 因辭所連似告劫, 諸勿聽理似故縱, 持質似恐猲. 如此之比, 皆爲無常之格也. 五刑不簡, 正于五罰, 五罰不服, 正于五過, 意善功惡, 以金贖之. 故律制, 生罪不過十四等, 死刑不過三, 徒加不過六, 囚加不過五, 累作不過十一歲, 累笞不過千二百, 刑等不過一歲, 金等不過四兩. 月贖不計日, 日作不拘月, 歲數不疑閏. 不以加至死, 幷死不復加. 不可累者, 故有幷數; 不可幷數, 乃累其加. 以加論者, 但得其加; 與加同者, 連得其本. 不在次者, 不以通論. 以人得罪與人同, 以法得罪與法同. 侵生害死, 不可齊其防; 親疏公私, 不可常其敎. 禮樂崇於上, 故降其刑; 刑法閑於下, 故全其法. 是故尊卑敍, 仁義明, 九族親, 王道平也. 律有事狀相似而罪名相涉者, 若加威勢下手取財爲强盜, 不自知亡爲縛守, 將中有惡

言爲恐猲, 不以罪名呵爲呵人, 以罪名呵爲受賕, 劫召其財爲持質. 此六者, 以威勢得財而名殊者也. 卽不求自與爲受求, 所監求而後取爲盜贓, 輸入呵受爲留難, 斂人財物積藏於官爲擅賦, 加歐擊之爲戮辱. 諸如此類, 皆爲以威勢得財而罪相似者也. 夫刑者, 司理之官; 理者, 求情之機; 情者, 心神之使. 心感則情動於中, 而形於言, 暢於四支, 發於事業. 是故姦人心愧而面赤, 內怖而色奪. 論罪者務本其心, 審其情, 精其事, 近取諸身, 遠取諸物, 然後乃可以正刑. 仰手似乞, 俯手似奪, 捧手似謝, 擬手似訴, 拱臂似自首, 攘臂似格鬥, 矜莊似威, 怡悅似福, 喜怒憂歡, 貌在聲色. 姦眞猛弱, 候在視息. 出口有言當爲告, 下手有禁當爲賊, 喜子殺怒子當爲戲, 怒子殺喜子當爲賊. 諸如此類, 自非至精不能極其理也. 律之名例, 非正文而分明也. 若八十, 非殺傷人, 他皆勿論, 卽誣告謀反者反坐. 十歲, 不得告言人; 卽奴婢捍主, 主得謁殺之. 賊燔人廬舍積聚, 盜贓五匹以上, 棄市; 卽燔官府積聚盜, 亦當與同. 歐人教令者與同罪, 卽令人歐其父母, 不可與行者同得重也. 若得遺物强取强乞之類, 無還贓法隨例界之文. 法律中諸不敬, 違儀失式, 及犯罪爲公爲私, 贓入身不入身, 皆隨事輕重取法, 以例求其名也. 夫理者, 精玄之妙, 不可以一方行也; 律者, 幽理之奧, 不可以一體守也. 或計過以配罪, 或化略以循常, 或隨事以盡情, 或趣舍以從時, 或推重以立防, 或引輕而就下. 公私廢避之宜, 除削重輕之變, 皆所以臨時觀釁, 使用法執詮者幽於未制之中, 采其根牙之微, 致之於機格之上, 稱輕重於豪銖, 考輩類於參伍, 然後乃可以理直刑正. 夫奉聖典者若操刀執繩, 刀妄加則傷物, 繩妄彈則侵直. 梟首者惡之長, 斬刑者罪之大, 棄市者死之下, 髡作者刑之威, 贖罰者誤之誠. 王者立此五刑, 所以寶君子而逼小人, 故爲救愼之經, 皆擬周易有變通之體焉. 欲令提綱而大道淸, 舉略而王法齊, 其旨遠, 其辭文, 其言曲而中, 其事肆而隱. 通天下之志唯忠也, 斷天下之疑唯文也, 切天下之情唯遠也, 彌天下之務唯大也, 變無常體唯理也, 非天下之賢聖, 孰能與於斯! 形而上者謂之道, 形而下者謂之

器, 化而財之謂之格. 刑殺者是冬震曜之象, 髠罪者似秋彫落之變, 贖
失者是春陽悔吝之疵也. 五刑成章, 輒相依準, 法律之義焉.(刑法志)

**【역문】** 명법연[52] 장배(『수서』「경적지」와『신당서』「예문지」에는 모두 비(斐)로
되어 있으므로, 이것은 착오인 것 같다.)[53]가 율에다가 주석을 더하여 상서(上
書)하여 이를 보고하였는데, 그 대요는 다음과 같다. "율이 형명에서 시
작하는 것은 죄명과 형벌을 확정하기 위해서입니다. 제후로 끝나는 것
은 그것으로 정치(政治)를 마무리하기 위해서입니다. 왕은 위에서 정령
을 반포하고, 제후는 아래에서 이를 받들어 행하며, 예악(禮樂)이 중간에
서 안무(按撫)하기 때문에 삼재(三才)[54]의 의(義)가 갖추어지고, 그것들이
서로 보충하고 서로 합쳐져 일체를 이루는 것입니다. 형명은 죄명의 경
중을 규정하고, 형의 가감의 등차를 확정하며, 율의 각 편에 규정된 여
러 의미와 내용을 밝히고, 또 각 장, 각 조에서 서술하지 않은 것을 보충
하여 통일되게 하고, 존비·경중 등의 상하 강령의 요점을 개괄적으로
열거합니다. 도적·사위·청구를 범한 경우 그들의 죄를 이 율에서 구
하고, 노역·수화·축양·수비와 같은 사소한 사안은 모두 각각 해당하
는 죄명을 정합니다. 고핵과 계신은 율에 있어서 심(心)과 설(舌)이고,[55]
포율과 계수는 율에 있어서 수(手)와 족(足)입니다.[56] 단옥은 율에 있어
서 죄명을 확정하는 것이고, 명례는 법제를 통일시키는 것입니다.[57] [법

---

52 明法掾: 官名으로 廷尉의 屬官(당시에는 大理寺가 설치되지 않았다)이다. 廷尉를 도와서 案件을 처
  리하고 法律을 해석한다.
53 張裴는『晉書斠注』에 "裴爲斐之誤"로 되어 있고『隋書』「經籍志」,『新唐書』「藝文志」,『太平御
  覽』 등에서 모두 斐로 되어 있다. 張斐와 杜預는 같은 시기에 晉代의 저명한 律學家로『晉律』에
  注를 달았다. 그 후 南朝의 각 왕조에서는 그들이 注한 晉律을 사용하여 張杜律이라 일컬었다. 張
  斐는『漢晉律書注』,『雜律解』 등을 저술하였다.
54 三才: 古代에는 天地人을 三才라 일컬었다.『周易』,「繫辭傳」, "易之爲書也, 廣大悉備, 有天道
  焉, 有人道焉, 有地道焉, 兼三才而兩之." 이 뜻은『易』의 내용이 광대하여 森羅萬象을 포괄하므
  로『易』의 내용은 天文·地理·人事 등의 방면에 미치고 있다는 것이다.『晉律』의 체제가 완비
  되어 내용이 광범위함을 비유한 말이다.
55 告發과 審問은 刑名의 기본 근거라는 의미이다. 心舌: 인체 중에서 사유하고 사유한 것을 전달하는
  중요 기관이므로 그 중요성을 비유적으로 표현한 것이다.
56 捕와 繫: 捕律과 繫訊律의 繫囚를 의미한다. 逮捕와 繫囚는 刑名을 돕는 보조 수단이라는 의미이
  다.

의 기능이라는 것은 처음부터 끝까지 왕복해도 끝이 없고 항상 변하며, 사방 끝까지 두루 미치고 상하 자재로 움직이지만 법률의 테두리를 벗어나지 않습니다. 알면서 죄를 범하는 것을 '고(故)'라 하고, 자기는 올바르다고 생각하였지만, [결과적으로는 자신의 의사에 반해서 죄를 짓는 결과가 발생한 것을] '실(失)'이라 합니다. 충(忠)을 어기고 윗사람을 속이는 것을 '만(謾)'이라 합니다. 신의를 어기고 간교함을 감추는 것을 '사(詐)'라 합니다.[58] 예의를 어지럽히고 절의를 잃는 것을 '불경(不敬)'이라 합니다.[59] 쟁송 중인 쌍방이 서로 공격하는 것을 '투(鬪)'라 합니다.[60] 쌍방이 합의하에 서로 상해를 입힌 것을 '희(戲)'라 합니다.[61] 특별한 이유도 없이 상해를 입히거나 살해하는 것을 '적(賊)'이라 합니다.[62] 뜻하지 않게 죄를 범하는 것을 '과실(過失)'이라 합니다. 절의를 거스르고 예절을 폐하는 것을 '부도(不道)'라 합니다.[63] 장상(長上)을 능멸하고 본분을 벗어나는 것을 '악역(惡逆)'이라 합니다.[64] 타인을 해하고자 하는 음모를

---

57 名例는 刑名과 法例을 의미한다. 名例로 律條의 부족을 보충하여 法制를 더욱 완비되고 통일되게 한다.

58 詐: 詐欺. 이에 해당하는 형벌로는 晉代에는 "僞造官印", "詐僞將吏"가 있고 唐代에는 "僞寫官文書印", "詐假官, 假與人官" 등이 있는데 모두 詐僞律에 해당한다.

59 不敬: 漢代에는 天子의 부름에 응하지 않거나, 궁문 가까이에서 天子의 近臣을 살해하거나, 天子의 使者에 반항하거나, 天子의 諫言의 내용을 世間에 알리거나, 使者로서 타국에 가서 天子의 권위를 더럽히거나, 宮殿宗廟 등에서 禮를 결한 행위를 한 경우 大不敬·不敬으로 처벌되었다. 大不敬은 본인은 腰斬刑에 가족은 棄市에 처해졌고, 不敬은 본인이 棄市에 처해졌다. 唐律에서는 十惡의 하나로 종묘나 천자의 물건을 절도한 행위, 천자의 印을 僞造한 행위, 천자가 먹는 약을 잘못 조제한 행위, 천자가 타는 배를 튼튼하지 못하게 제작한 행위, 천자를 비판한 행위, 勅使에 반항한 행위의 죄로 규정하고 있다.

60 鬪: 鬪毆. 唐律에는 鬪訟律이 있는데 鬪毆에 대한 정의를, "謂以手足擊人者", "以他物毆人者", "兵刃斫射人", "鬪故殺用兵刃" 등의 조목으로 분류하고 있다.

61 兩和: 쌍방이 서로 和同하는 것. 그러나 兵刃나 水火로 해를 입힌 경우에는 '戲'의 범주에 속하지 않는다.

62 李悝의『法經』에도 賊律이 있었으며, 秦漢에는 '賊死', '賊傷' 등의 죄명이 있었다.『雲夢秦簡』封診式에는 '賊死爰書'가 나온다.

63 不道: 사람으로서 해서는 안 될 행위를 하는 것. 漢律에는 大逆不道·罔上不道·大不敬不道 등처럼 천자에 대한 죄를 필두로 그 외의 극악무도한 행위를 不道라고 하였지만, 어떠한 행위가 不道에 해당하는지에 대해서는 정확한 규정이 보이지 않는다.『唐律』의 名例에는 十惡의 하나로서 死罪의 죄인이 아닌 자를 一家 三人 以上 살해하는 것, 사람을 살해한 후 사체를 분해하는 것, 呪術에 의해서 타인을 害하는 것 등의 죄로 규정하고 있다.

꾸몄지만 아직 실행에 옮기지 않은 것을 '장(戕)'이라 합니다. 먼저 앞장
서서 안(案)을 만들어 다른 사람으로 하여금 죄를 범하도록 하는 것을
'조의(造意)'라 합니다.[65] 2인 이상이 상의해서 일을 꾸미는 것을 '모(謀)'
라 합니다. 여러 사람을 지도해서 계획을 세우는 것을 '솔(率)'이라 합니
다. [서로] 동의하지 않은 것을 '강(强)'이라 합니다.[66] 흉악한 범죄행위를
'약(略)'이라 합니다.[67] 3인 이상을 '군(群)'이라 합니다. 자기 물건이 아닌
것을 취하는 것을 '도(盜)'라 합니다. 부정하게 재화를 취득하는 것을 '장
(贓)'이라 합니다. 이상 20조는 율조(律條)의 의미가 명확한 명칭입니다.
대저 율이라는 것은 마땅히 신중하게 사태의 변화를 주의해야 하고 그
도리를 잘 살펴야 합니다. 예를 들어 [관리가] 조서의 내용을 준행하지
않은 경우, 고죄(故罪)와 과죄(過罪)의 형을 구별하지 않고 속(贖)을 적용
해야 합니다. 모반죄를 범한 동오는 실로 그 정상을 몰랐다 하더라도 형
벌에 처해야 합니다. 이것은 고죄와 실죄의 변칙적인 [적용인] 것입니
다. 비천한 사람과 존귀한 사람이 다투면 모두 '적'으로 간주합니다.[68] 이
것은 투죄(鬪罪) 이상이라고 생각하기 때문입니다. 무기나 인(刃)을 사용
하거나 사람을 수화(水火)에 방치하면 '희'로 간주하지 않습니다.[69] 이것

---

64 惡逆: 惡逆은 東漢시기부터 하나의 죄명으로 성립하였다. 惡逆은 "窮惡盡逆, 絶棄人理"(『後漢書』
「梁統附梁竦傳」)에서 나온 말로 北齊에서는 十惡 重罪 가운데 5번째에 위치한다. 北周에서는 "凡
惡逆, 肆之三日"이라 하여 자손이 祖父母, 父母 등의 尊長者에게 毆殺의 죄를 범한 경우로 규정하
였다. 『唐律』 名例에는 十惡의 4번째에 해당하는 형벌로 되어 있다. 祖父母・父母를 毆打하거나
혹은 살해하고자 음모를 꾸미는 것과 伯叔父母・姑・兄・妹・外祖父母・夫・夫의 祖父母・母
를 살해하는 죄로 규정되어 있다. 그러나 晉律에서 惡逆이 구체적으로 어떠한 내용인가는 분명하
지 않다.
65 造意: 張斐는 이를 "唱首先言"으로 해석한다. 즉 이것은 먼저 앞장서서 案을 만들어 다른 사람으로
하여금 죄를 범하도록 하는 것을 말한다. 漢代에는 造意한 謀主를 엄하게 징벌하였다.
66 "不和謂之强"의 하단에 張斐는 "加威勢下手取爲强盜"라 설명하고 있다. 즉 "不和"와 "加威勢下手"
는 같은 의미인 것이다. '强盜', '强姦' 등의 '强'字도 모두 "加威勢下手"의 의미를 내포하고 있다.
67 略: 掠과 동일. 劫掠, 掠奪을 의미이다. 『春秋左傳』 襄公四年, "杜預注: 不以道取爲略"『唐律疏議』
名例, "略人者, 不和爲略: 年十歲以下, 雖和亦同略法."
68 卑賤한 사람과 尊貴한 사람이 다툰 경우에는 鬪로 인정하지 않고 賊으로 본다는 뜻이다.
69 다투지 않고 和解한 쌍방이 서로 傷害를 입은 것을 '戲'라 한다. 서로 싸우는 데 兵刃을 사용하거나
사람을 水火에 방치할 경우 戲로 간주하지 않는다는 것은 마땅히 故意殺傷罪로 논해야지 '戲'로
가볍게 처벌할 수 없다는 것을 의미한다.

은 '희' 중에서도 엄중한 죄이기 때문입니다. 사람이 사는 가옥이나 통로를 향해서 활을 쏘는 것은 '과'로 인정되지 않습니다.[70] 그것은 '실' 행위에서 특히 금하는 것이기 때문입니다. 도성이나 사람이 많은 곳에서 말을 달려 사람을 살해한 경우 '적'으로 간주합니다.[71] 그것은 '적'에 가깝기 때문입니다. '과실'에는 적에 가까운 것이 있고,[72] 희에는 투에 가까운 것이 있으며[73] '투'를 할 때 주변에 있는 사람을 살상하는 것은 '오(誤)'에 가깝습니다. '도적'이 사람을 상해하거나 묶는 것은 '강도(強盜)'와 유사합니다. 관리가 타인을 책망해서 재물을 취득하는 것은 '수구(受賕)'에 가까우며 범인이 취조를 받다가 관련된 타인의 범죄를 언급하는 것은 '고핵(告劾)'과 유사합니다. 고소를 수리하지 않는 것은 '고종(故縱)'과 유사하며 [인질로 잡아 재물을 강요하는] '지질(持質)'은 '공갈(恐喝)'과 유사합니다. 이러한 것은 모두 일정한 원칙이 없는 것입니다. '그 범죄의 내용이 오형에 맞아 확실하게 죄를 결정하기 곤란한 경우는 오벌의 규정에 따라 처벌하고, 그것에 이의가 있는 경우는 오과에 따라 처리한다'[74]고 합니다. 또 동기는 좋은데 결과가 좋지 않으면 속금으로 죄를 속합니다. 때문에 율에서 생죄(生罪)는 14등을 초과하지 못하고,[75] 사형은 3종

---

70 살상사고와 같은 엄중한 결과가 사전에 충분히 예상되기 때문에 과실상해죄에 따라 논할 수 없다는 의미이다.

71 사람이 많이 운집한 성시에서 말을 달리면 사람을 해치기 쉽다. 이것도 충분히 사전에 예상될 수 있는 결과이기 때문에 마땅히 고의상해죄로 논해야 한다는 의미이다.

72 이것은 過失이지만도 어느 특정한 경우에는 過失로 인정되지 않는 것을 말한다. 『唐律』 鬪訟律에 의하면, 故意가 아닌 실수로 사람을 살해한 경우에는 범죄자에게 實刑을 가하지 않고 贖銅을 징수하여 피해자의 집에 지급하는 것으로 되어 있지만, 노비가 주인을 過失로 살해하면 絞刑에 처하고, 자손이 祖父母·父母를 過失로 살해한 경우 流二千里에 처하게 되어 있다. 卑者의 尊者에 대한 過失殺傷은 일반의 過失殺傷과는 구별되는 것이다.

73 '戱殺傷'도 경우에 따라서는 '鬪殺傷'으로 취급된다. 『唐律』 鬪訟律에 의하면 '戱殺傷'은 '鬪殺傷'의 죄에서 二等 減해지는 것으로 되어 있다. 그러나 期親의 尊長, 外祖父母, 夫, 夫의 祖父母를 '戱殺傷'한 경우에는 '戱殺傷'이 인정되지 않고 '鬪殺傷'의 법이 적용되는 것으로 되어 있다.

74 『尙書』, 「呂刑」, "兩造具備, 師聽五辭, 五辭簡孚, 正于五刑, 五刑不簡, 正于五罰, 五罰不服, 正于五過."

75 生罪에는 耐罪와 贖罪, 雜抵罪 등이 포함된다. 耐罪는 곧 髡刑으로 四等으로 나뉘어진다. 髡刑四等에는 髡鉗五歲刑+笞二百, 四歲刑, 三歲刑, 二歲刑이 있다. 贖罪는 五等으로 되어 있다. 贖罪 五等에는 贖死 金二斤, 贖五歲刑 金一斤十二兩, 贖四歲刑 金一斤八兩, 贖三歲刑 金一斤四兩, 贖二

류를 넘지 않으며,[76] 도형에 대한 형의 누가(累加)는 6년을 넘지 않고, 수
인에 대한 형의 누가는 5년을 넘지 않습니다. 노작은 누계해서 11년을
넘지 않습니다.[77] 태형의 누계는 1200을 넘지 않습니다.[78] 형의 등급의
차이는 일세(一歲)를 넘지 않고 속금의 등급의 차이는 4량을 넘지 않습
니다.[79] 속형으로 월(月)에 따라 속금을 계산할 때에는 윤월(閏月)을 계산
하지 않습니다. 도형에 대해 날자(日)에 따라 노역을 계산할 경우 월을
채웠는가 아닌가를 논하지 않습니다.[80] 연(年)에 따라 형기를 계산할 때
에는 윤년의 유무를 묻지 않습니다. 도형은 가중되어도 사죄(死罪)에 이
르지 않습니다. 여러 종류의 똑같은 사죄를 범하였다 하더라도 가중 처
벌되지 않습니다.[81] 누가해서 처벌할 수 없는 경우에는 합해서 죄를 논
하고,[82] 합해서 죄를 논할 수 없으면 누가해서 죄를 논합니다. 가중처벌
로 죄를 논할 경우에는 단지 가죄(加罪) 부분의 형만을 받습니다. 본죄와
가죄가 같은 경우에는 합쳐서 본죄의 형으로 처벌합니다. 본죄와 가죄
가 같은 종류의 형벌의 계열 중에 있지 않는 경우에는 그것을 통괄해서
처리할 수 없습니다. 타인의 범죄에 연루되어 죄를 받는 경우에는 그 범
죄자와 똑같은 죄로 처리합니다. [자신이] 법에 저촉되어 죄를 받는 경
우에는 법률규정대로 처벌합니다. 타인을 침범하여 상해를 입히거나 죽

---

歲刑 金 一斤이 있다. 雜抵罪로 罰金은 五等이 있다. 이 五等에는 十二兩, 八兩, 四兩, 二兩, 一兩이
있다. 이렇게 해서 모두 합쳐 十四等이 된다.

76 晉律에서 사형은 '梟', '斬', '棄市'의 3종류이다.

77 張斐의 『律序』注, "五歲徒犯一等加六歲, 加爲十一歲作."

78 張斐의 『律序』注, "五歲徒加六等, 笞一千二百."

79 『唐六典』에 의하면, 晉의 贖은, 死刑은 金二斤, 五歲刑은 一斤十二兩, 四歲刑은 一斤八兩, 三歲刑
은 一斤四兩, 二歲刑은 一斤이어서 그 등차는 각각 四兩이다. 또 贖에 絹을 사용하는 경우도 있다.

80 居貲刑에 처해진 자가 勞役으로 대신할 경우 그것을 日數로 계산하는 것에 대해서는 秦律에 나온
다. 그 경우 1일 8錢으로 계산하는 것으로 되어 있다(官府에서 의식을 지급할 경우 1일 6전으로 계
산한다). 『二年律令』에는 1日 12錢으로 되어 있다.

81 徒刑의 加刑은 刑期의 歲數를 늘릴 수는 있지만, 死刑에 이를 수는 없다. 여러 死罪를 범해도 가중
처벌할 수 없다. 예컨대, 絞刑이라면 斬刑으로 加重 處罰할 수 없는 것이다. 『唐律疏議』, 名例, "加
者數滿乃坐, 又不得加至于死. 本條加入死者依本條, 加入絞者, 不加至斬"

82 두 가지의 죄 이상이 발각되면, 가벼운 죄를 무거운 죄에 흡수하여, 단지 무거운 죄만으로 처벌한
다는 의미이다.

음에 이르게 한 행위에 대해서는 법률적으로 그 처벌을 똑같이 규정할
수는 없으니, 친소나 공사의 차이가 있으므로 처벌을 획일적으로 적용
할 수 없습니다. 예악은 사인귀족들에게 존숭되는 것이므로 그들에게는
형벌을 감면하고,[83] 형법은 일반 서민의 범죄를 막기 위한 것이므로 이
들에 대해서는 법률규정 그대로 집행합니다. 이와 같이 하여 존비장유
의 질서를 확립하고 인의도덕을 밝힌다면, 구족[84]이 서로 친해지고 군주
의 통치가 안정될 것입니다. 법률규정 가운데는 사안이 서로 유사하고
죄명이 서로 관련된 경우가 있습니다. 예를 들어 위협을 가해서 재물을
수취하는 것은 '강도'이고, 상대방이 도망가지 못하도록 묶고 재물을 훔
치는 것은 '박수(縛守)'이며, 상대방을 위협하면서 악언(惡言)을 토로하는
것은 '공갈'입니다.[85] 죄명에 관계없이 큰소리로 꾸짖는 것을 '아인(阿人)'
이라 하고 죄명으로써 큰소리로 책망하는 것은 '수구'입니다. 타인을 유

---

83 『二年律令』 82簡에는 "上造・上造妻以上, 及內公孫・外公孫・內公耳玄孫有罪, 其當刑及當爲城
旦舂者, 耐以爲鬼薪白粲."이라 하여 '上造나 上造의 妻以上, 및 內公孫・外公孫・內公耳玄孫이 죄
를 범하였을 때, 肉刑에 해당하거나 및 城旦舂에 해당하면, 耐해서 鬼薪白粲으로 한다'라고 되어
있다. 똑같은 내용이 『漢書』 「惠帝紀」에 보이며 『雲夢秦簡』・『奏讞書』에도 유사한 규정이 있다.
『奏讞書』 案例18, 157~159쪽, "上造以上及內外公孫耳孫有罪當刑及當爲城旦舂者, 皆耐爲鬼薪白
粲";『漢書』 권2, 惠帝紀 "篡遂縱囚, 死罪囚, 黥爲城旦, 上造以上耐爲鬼薪";『雲夢秦簡』 秦律雜抄,
"有爲故秦人出, 削籍, 上造以上爲鬼薪, 公士以下刑爲城旦.";『二年律令』 83簡, "公士・公士妻及□
□行年十七十以上, 若年不盈十七以上, 有罪當刑者, 皆完之."라 하여 公士나 公士의 妻, 및 □□연
령이 70세 이상, 혹은 연령이 17세 미만인 자가 죄를 범해서 肉刑에 해당하면, 모두 完으로 한다고
되어 있다. 『奏讞書』 案例21, 180~183쪽, "… 當刑公士・公士妻以上, 完之. …"() "□□行年十七
十以上, 若年不盈十七以上, 有罪當刑者, 皆完之; "民年七十以上若不滿十歲有罪當刑者, 皆完之."
(『漢書』惠帝紀) 爵에 따른 減免은 女性에게도 적용된다. 『二年律令』 84簡에는 "□□殺傷其夫, 不
得以夫爵論."이라 하여 여성에게는 그 夫의 爵에 따라서 여러 가지 優免 特權이 주어졌던 것이 확
인된다.

84 九族; 漢儒에는 2가지 설이 있다. 금문가는 異姓의 친족을 인정하여 父族四, 母族三, 親族二로, 고
문가들은 동족의 친족만을 인정하여 高祖에서 玄孫까지를 각각 九族으로 보고 있다.

85 『二年律令』에는 「强盗」, 「縛守」, 「恐猲」에 관한 특별한 규정은 나오지 않지만 이와 관련된 내용이
도처에 나오고 있다. 예를 들어, 65~66간에는 "群盜 및 流亡해서 群盜를 따라간 자가 타인의 사지
를 꺾거나 脫臼하거나, 혹은 보행을 障害하거나, 사람을 縛守하고 연행해서 强盜하거나, 투서하거
나, 懸書하거나, 타인을 恐喝해서 錢財를 요구하거나, 도둑질 혹은 더욱 사람을 살상하거나, 묘를
도굴하거나, 사람을 유괴해서 팔거나 이미 유괴했지만 팔지 않거나, 거짓 관리 행세를 하거나, 吏
를 자칭해서 도둑질한다면 모두 磔한다."라는 내용이 나온다. 연결된 2개의 조문에 「强盜」, 「縛守」,
「恐猲」이 모두 포함되어 있어 흥미롭다.

괴하여 재물을 요구하는 것을 '지질'이라 합니다.[86] 이 여섯 가지는 모두 위력으로 재물을 취득하는 것으로 [사안은 유사하지만], 죄명은 다릅니다. 요구하지 않은 상대에게 스스로 주는 것을 '수구(受求)'라 합니다. 감독권을 이용하여 타인에게 요구하여 재물을 취득하는 것을 '도장(盜贓)'이라 합니다. 조세 등의 납입 시 협박하여 재물을 취득하는 것을 '유난(留難)'이라 합니다. 타인의 재물을 거두어 관부에 쌓아 두는 것을 '천부(擅賦)'라 하고, 여기에 더하여 이유 없이 구타를 가하는 것을 '육욕(戮辱)'이라 합니다. 이러한 것들은 모두 유사한 상황하에서 위협을 가하여 재물을 취득하는 것으로 죄상이 서로 비슷한 것입니다. 대저 형은 치옥(治獄)을 주관하고, 치옥은 [범인의] 정의 소재를 찾는 것이며, 정은 마음에 의해서 움직이게 되는 것입니다. 마음이 느끼면 정이 내면에서 움직여서 언어로 나타나고, 사지로 전달되며 구체적인 행동으로 나타납니다. 그 때문에 나쁜 일을 한 사람은 내심 부끄러운 바가 있어서 얼굴이 붉어지게 되고, 마음에 두려워하는 바가 있어서 안색이 창백하게 됩니다. 죄를 판정하는 자는 범인의 마음을 잘 읽고, 그 정서를 잘 살피고, 그 사정을 잘 가려서 가까이는 범인의 몸에서 증거를 취하고, 멀리는 객관적인 사물에서 증거를 취해야 합니다. 이와 같이 해야 비로소 정확하게 '정죄양형(定罪量刑)'할 수 있는 것입니다. 손을 모아서 위로 향하는 것은 애걸하는 것과 유사하고, 손을 모아서 아래로 향하는 것은 빼앗는 것과 유사합니다. 양손을 받드는 것은 감사하는 것과 유사하고, 손을 상대방에게

---

86 유괴에 관해서는 『二年律令』 68~69간에 "劫人, 謀劫人求錢財, 雖未得若未劫, 皆磔之. 罪其妻子, 以爲城旦舂, 其妻子當坐者偏捕, 若告吏捕得之, 皆除坐者罪."로 나와 있다. 이 내용은, 타인을 유괴해서 錢財를 구하거나 그러한 것을 꾀하고자 했다면, 아직 입수하지 못했거나 혹은 아직 유괴하지 못했다하더라도 모두 磔에 처하고, 그 처자를 처벌하는 것, 城旦舂으로 하고, 그 처자의 죄에 묻게 된 자가 상당한 수를 체포하거나 혹은 吏에게 告해서 吏가 체포할 수 있었다면, 모두 죄를 면제한다고 하는 내용이다. 즉 몸값이 미입수되거나 혹은 유괴 자체에 착수하지 않았어도 모의의 단계에서 이미 범죄를 구성하고, '略賣人'과 똑같이 磔刑이 부과되고 있다. 유괴죄에는 범인의 처자도 연좌된다. 『宋書』 「何尙之傳」에는 "義熙五年, 吳興武康縣民王延祖爲劫, 父睦以告官, 新制, 凡劫身斬刑, 家人棄市."이 나온다. 東晉末의 「新制」에는 犯人의 家人은 棄市로 되는 것을 알 수 있다. 『宋書』 「何承天傳」에는 元嘉七年頃의 것으로써 "吳興餘杭民薄道擧爲劫, 制同籍期親補兵"이라는 기사가 보인다. 『隋書』 「刑法志」에는 梁律로써 "劫身皆斬, 妻子補兵."이 나온다.

향하는 것은 호소하는 것과 유사합니다. 팔짱을 끼고 몸을 웅크리는 것은 흡사 자수하는 것과 같고, 소매를 걷어 올리는 것은 격투하는 것과 유사합니다. 근엄하고 장중한 표정을 짓고 있는 것은 위엄을 보이는 것과 비슷하고, 기쁜 표정을 취하고 있는 것은 행복한 것과 유사합니다. 기쁨과 성냄과 우려와 환락은 그 모양이 소리와 얼굴에 나타나고, 간사함과 참됨, 사나움과 나약함은 징후가 눈이나 호흡에 나타납니다. 입을 열어 타인의 죄를 언급하는 것을 '고(告)'라 하고 금지한 것을 범하는 것은 '적(賊)'이며, 기분이 좋은 사람이 분노한 사람을 살해하면, 마땅히 '희'에 해당하고, 분노한 사람이 기분이 좋은 사람을 살해하면 '적'이 됩니다. 물론 이와 같은 것은 지극히 자세히 판단하지 않는 한, 철저하게 그중의 도리를 밝힐 수 없습니다. 율령 중의 명례는 비록 율의 정문(正文)은 아니지만, 죄명에 대한 처벌의 원칙이 매우 분명합니다. 예를 들면, 나이가 80세[이상]의 노인[87]은 타인을 살상한 경우를 제외하고, 그 외는 모두 죄가 되지 않지만, 만약 모반을 무고한 경우에는 반좌(反坐)[88] 합니다. 10세의 아동[89]은 타인의 죄행을 기소하거나 고발하는 주체가 될

---

[87] 나이에 따른 특권규정으로. 年七十以上을 특권으로 하는 규정은. "公土, 公土妻及□□行年七十以上, 若年不盈十七歲, 有罪當刑者, 皆完之(『二年律令』, 83簡)"이 있다. 『雲夢秦簡』에는 七十歲 이상의 특권규정이 보이지 않으며, 『二年律令』에는 爵에 의해서 사여되는 年齡이 다르고 免老 규정도 작에 따라 다르다. 그 외에 "壹赦曰幼弱, 再赦曰老旄, 三赦曰蠢愚.(注. 鄭司農云, 幼弱老旄, 若今律令年未滿八歲八十以上, 非手殺人, 他皆不坐.)"(『周禮』秋官司寇 · 司刺)라 하여 80세 免老가 나오고 있다. 『唐律疏議』賊盜1의 謀反大逆條에서는, "무릇 謀反하거나 大逆한 자는 모두 참수형에 처한다. 父나 16세 이상의 子는 모두 교수형에 처한다. 15세 이하의 子나 母 · 女 · 妻 · 妾 · 祖 · 孫 · 형제 · 자매 혹은 部曲 · 資財 · 田宅은 모두 관에 몰수한다. 남자 나이가 80세 이상이거나 篤疾인 경우나, 女子 나이가 60세 이상이거나 廢疾인 경우에는 모두 緣坐를 면제한다. 伯叔父 · 兄弟의 子는 모두 류형3천리에 처한다. 호적이 같은가 다른가를 구분하지 않는다."(諸謀反及大逆者, 皆斬. 父子年十六以上皆絞. 十五以下及母女妻妾祖孫兄弟姉妹若部曲, 資財田宅並沒官, 男夫年八十及篤疾婦人年六十及廢疾者並免 伯叔父兄弟之子皆流三千里, 不限籍之同異.)라 하여 남자 나이 80세 이상의 경우 모반대역의 연좌에서 면제되고 있다.

[88] 反坐: 타인을 무고하면. 무고했던 죄의 경중에 따라서 같은 죄명의 형을 무고자에게 부과하는 것이다.

[89] 여기서는 10세 미만을 의미한다. 10세 미만의 형벌면제 규정은 『二年律令』, 86簡에 "吏民有罪當笞, 謁罰金一兩以當笞者, 許之. 有罪年不盈十歲, 除. 其殺人, 完爲城旦舂."으로 나오고 있다. 죄를 범했던 자의 연령이 10세 미만이면 罰을 면제하지만, 타인을 살해하면 完하여 城旦舂으로 한다는 것이다.

수 없지만, 만약 노비가 주인에게 반항하면 주인은(10세 이하라도) 관부에 요청하여 사형에 처할 수 있습니다. 도적이 타인의 가옥과 재물을 불태우고 도둑질하여 숨긴 물건이 견(絹) 5필이상이면 기시의 형에 처한다. 또 만약, 관부나 그 저장물을 태우고 도둑질을 했다면, 역시 기시형에 처합니다. 타인을 구타한 경우, 교사자는 구타자와 마찬가지의 죄에 해당하지만, 만약 타인을 교사해서 그 부모를 구타하도록 한 경우에는 교사자에게 실행한 자와 마찬가지의 중죄를 부과할 수 없습니다. 분실물을 습득하거나 무리하게 타인의 재물을 받아서 취하거나 무리하게 졸라서 취득하는 것과 같은 것은 그 장물을 원래 소유자에게 돌려주는 규정은 없지만, 일반적인 사례에 따라 원주인에게 돌려주도록 합니다.[90] 법률 규정 가운데 여러 종류의 불경행위, 예의법식의 위반 및 범죄가 공적인가 사적인가? 장물을 손에 넣었는가? 손에 넣지 못했는가?에 대해서는 모두 사정의 경중에 따라 기준을 적용하고 선례에 따라 죄명을 확정합니다. 대저 치옥은 정교하고 현묘한 것 가운데 가장 현묘한 것으로 한 가지 방식만으로는 처리할 수 없는 것입니다. 율은 이처럼 현묘한 이(理) 가운데 가장 심오한 것으로 한 가지 체제만으로는 지킬 수 없는 것입니다. 어떤 경우에는 잘못의 대소에 따라 적당한 죄를 판정하고, 어떤 경우에는 경감 생략해서 상규에 따르고, 어떤 경우에는 사실에 따라 그 실제 정황을 추구하고, 어느 경우에는 시세에 따라 취하고 버릴 것을 결정합니다. 어떤 경우에는 중히 처벌해서 범죄를 방지하고, 어떤 경우에는 가벼운 판결로 가볍게 처벌합니다. 공죄(公罪)와 사죄(私罪)를 구분하거나 법의 적용을 폐(廢)하거나 피(避)하는 편의적인 조치, 죄를 면제하거나 삭감하고, 형벌을 무겁게 하거나 가볍게 하는 변화 등은 모두 때에 따라서 상황을 관찰한 바에 근거해야 하고, 법을 주관하고 집행하는 자는 아직 정해지지 않은 단계에서 그 뿌리나 싹의 미세한 부분을 채집하

---

90 똑같은 사례는 아니지만, 부정하게 얻은 재물을 반환하는 규정은 『二年律令』 59간에 "盜盜人, 臧(贓)見存者皆以畀其主"라 하는 내용이 나온다. 이 내용은 盜人에게서 도둑질을 하여 부정하게 얻은 장물로 현존하는 것은 모두 원래 소유자에게 반환한다는 것이다.

여 그것을 기요(機要)한 법령 위에 두고, 그 경중을 매우 세밀하게 저울질하고, 동일한 종류별로 다양한 사례를 고찰해야 합니다. 이와 같이 해야 비로소 형옥(刑獄)을 공평하게 할 수 있는 것입니다. 대저 황제의 법전을 받들어 행하는 자는 칼과 먹줄을 쥐고 있는 것과 같으니, 칼을 멋대로 사용하면 다른 물체에 손상을 가하고, 먹줄을 멋대로 당기면 직선을 그을 수 없습니다. 효수는 흉악에 대한 최고의 형이고, 참형은 범죄에 대한 중형이며, 기시는 사형 가운데 가벼운 형벌입니다. 곤형과 작형은 형의 위엄을 보여주기 위한 것이고, 속형이나 벌금은 과오를 경계하기 위한 것입니다. 군주가 이 오형을 설치한 것은, 군자를 아끼고 소인을 압박하기 위해서입니다. 때문에 이처럼 엄정하고 신중하게 제정된 법전은 모두 『주역』의 기본정신에 따라 변통의 심원한 철리로 형벌을 처리하는 것입니다. 그 대강만을 제출하여도 선왕의 도가 분명해지고 그 대요만을 열거하여도 왕법이 완비되도록 하고자 의도한 것입니다. 그 의도는 심원하고, 그 사구(辭句)는 아름답고, 그 언어는 비록 경우에 따라서 굴곡(屈曲)되기도 하지만, 이(理)에 합당하고, 그 서사는 분방하지만 도리는 미묘합니다. 천하인의 뜻에 통하는 바는 오직 '충(忠)'이고, 천하인의 의혹을 끊는 방법은 오직 '문(文)'입니다. 천하인의 정에 꼭 맞는 것은 단지 '원(遠)'이며 천하인의 사무를 안정하게 하는 것은, 오직 '대(大)'입니다. 변화에 고정된 형식이 없는 것이 오직 '이(理)'이니, 천하의 성현이 아닌 한 누가 능히 이와 함께할 수 있겠는가? 대저 형체로 나타나지 않는 것을 '도(道)'라 부르고 실체로 나타나는 것을 '기(器)'라 하며,[91] 변화하면서도 제재하는 바가 있는 것을 '격(格)'이라 합니다. 사형은 곧 겨울의 천둥, 번개를 상징하는 것이고, 곤형은 가을에 초목이 시드는 것과 같으며, 과실을 속하는 것은 따뜻한 봄날에 빛이 비추어 범인으로 하여금 자기의 잘못을 회개하도록 하는 것과 같습니다. 오형이 완정한 체례를 이루고, 서로 관련을 가지면서 상부상조하니 이것이 곧 법

---

91 『周易』, 「繫辭傳」, "是故形而上者謂之道, 形而下者謂之器"

률의 대의인 것입니다.[92](『진서』「형법지」)

**【세주 원문】** 按一切經音義引張斐解晉律, 有小曰鐘, 大曰鍠二語, 此律解佚文之可考者. 史記平準書索隱引漢晉律序云, 狀如跟衣, 著足下, 重六斤, 以代刖, 至魏武改以減代鈦. 書鈔四十五引張斐律序云, 鄭鑄刑書, 晉作執秩, 申韓之徒, 各自立制. 又云, 律令者, 政事之經, 萬機之緯也. 御覽六百三十八, 引張斐律序云, 張湯制越官, 趙禹作朝會正見律. 此律序佚文之可考者. 御覽六百四十二引律序, 徒加不過六, 囚加不過五, 下注云, 罪已定爲徒, 未定爲囚. 累作不過十一歲, 下注云, 五歲徒犯一等加六歲, 犯六等加爲十一歲作. 累笞不過千二百, 下注云, 五歲徒加六等笞一千二百. 此律序注文之可考者.

**【세주 역문】** 『일체경음의』에서 인용한 장비의 진율 주해에서는, "작은 것은 종이고, 큰 것은 굉"이라는 두 어구가 있는데, 이것을 『율해』의 일문으로 생각할 수 있을 것이다. 『사기색은』「평준서」에서 인용한 『한진율서』에서 "모양은 버선[근의(跟衣)]과 같고 발에 착용하며, 무게는 6근으로 월형을 대신한 것이다. 위무제 때에 이르러 [그 제도를] 변경하여 폐지하고 차꼬[체(鈦)]로 대신하였다."[93]라고 하였다. 『북당서초』 권45에서 인용한 장비의 『율서』에서는 "정나라에서 율서를 만들었고, 진에서는 집질(執秩)을 만들었으니 신불해·한비의 무리가 각각 스스로 제도를 수립한 것이다." 라고 하였다. 또 말하기를 "율령은 정사의 경(經)이며, 천하 정치[만기(萬機)]의 위(緯) 이다"라고 하였다. 『태평어람』 권638에도 장비의 『율서』를 인용하여 "장탕이 월관율을 제정하였으며, 조우가 조회정견율을 만들었다"고 하였다. 이것을 『율서』의 일문으로 생각할 수 있을 것이다. 『태평어람』 권642에서는 『율서』를 인용하여 다음과 같이 말했다. "도(徒)에 대한 형의 가중은 6년을 넘지 않고, 수(囚)에 대한 가중은 5년을 넘지 않는다. 주석에서는 다음과 같이 말했다. 죄가 이미 정해진 자를 '도'라고 하고 아직 정해지지 않은 자를 '수'라고 한다. 노작은 누계해도 11년을 넘지 않는다. 주석에서는 다음과 같이 말했다. 5세형의 형도가 1등을 범했으면 가중하여 6세형으로

---

92 『晉書』 권30, 「刑法志」, 928–930쪽.
93 『史記』 권30, 「平準書」, 1429쪽.

하고, 6등을 범했으면 가중하여 11세형으로 한다. 태형은 누계해도 1200대를 넘지 않는다. 주석에서는 다음과 같이 말했다. 5세형의 형도에게 6등을 가중할 경우 태형 1200대에 처한다." 이것을 『율서』의 주문으로 생각할 수 있을 것이다.

【원문】 律本二十一卷, 杜預撰. 梁有杜預雜律七卷, 亡.(隋書經籍志)

【역문】 『율본』 21권 두예가 편찬하였다. 양에는 두예의 『잡률』 7권이 있었지만 망실되었다.[94](『수서』 「경적지」)

【원문】 賈充杜預刑法律本二十一卷.(新唐書藝文志)

杜預字元凱, 與車騎將軍賈充等定律令, 既成, 預爲之注解, 乃奏之曰: 「法者, 蓋繩墨之斷例, 非窮理盡性之書也. 故文約而例直, 聽省而禁簡. 例直易見, 禁簡難犯. 易見則人知所避, 難犯則幾於刑厝. 刑之本在於簡直, 故必審名分. 審名分者, 必忍小理. 古之刑書, 銘之鍾鼎, 鑄之金石, 所以遠塞異端, 使無淫巧也. 今所注皆網羅法意, 格之以名分. 使用之者執名例以審趣舍, 繩墨之直, 去析薪之理也.」詔班于天下.(杜預傳)

【역문】 가충 · 두예의 『형법률본』 21권.[95](『신당서』 「예문지」)

두예의 자는 원개이며, 거기장군 가충 등과 함께 율령을 제정하였는데, [율령이] 완성된 후 두예가 그것에 주해를 하고 [다음과 같이] 상주하였다. "법은 대개 법도의 판단 준칙[단례(斷例)]이지, 이(理)와 성(性)을 궁구하는 서적이 아닙니다. 그렇기에 문장이 간략하고 체계가 간명하며, 판결은 명백하고 금령은 간결한 것입니다. 체계가 간명해야 보기 쉽고, 금령은 간결해야 범하기 어려우니, 보기 쉬우면 사람이 [죄를] 피하는 법을 알게 되고, 범하기 어려우면 형벌을 사용하지 않게 될 것입니다. 형법의 근본은 간결하고 간명한 데에 있으므로, 반드시 명분을 살펴야 합니다.

---

94 『隋書』 권33, 「經籍志」, 972쪽.
95 『新唐書』 권58, 「藝文志」, 1493쪽.

명분을 살피는 것은 반드시 작은 도리[소리(小理)]를 억제하는 것입니다. 고대에 형서를 종정(鍾鼎)에 새기고, 금석으로 주조한 것은 이를 통해 이단을 막아 [형법을] 함부로 교란하지 못하게 하고자 한 것입니다. 지금 주해한 것은 모두 법의를 망라하여 명분으로서 궁구한 것입니다. [형법을] 사용하는 자들이 명례에 의거하여 취사를 살핀다면, 법률의 공정함은 신장되고, 사소한 도리[석신지리(析薪之理)]는 제거될 것입니다." 조를 내려 천하에 반포하였다.[96](『진서』「두예전」)

【세주 원문】 按書鈔四十四, 引晉律注云, 謂其贖五歲以下一等減半, 四歲以下一等減半也. 四十五引晉律注云, 梟斬棄之於市者, 斬頭也, 令上不及天, 下不及地也. 御覽六百五十一引晉律注云, 免官謂不聽應收治者也. 御覽六百三十八, 引杜預律序云,律以正罪名, 令以存事制. 是杜預注晉律, 尙有序文也.

【세주 역문】 『북당서초』 권44에서 인용한 『진율주』를 살펴보면 "오세형 이하를 속면할 경우 1등마다 반을 감하고 사세형 이하도 1등마다 반을 감경한다."[97]라고 하였다. 『북당서초』 권45에서 인용한 『진율주』에서는 "시에서 효수·참수·기시할 경우 목을 자르니, 위로는 하늘에 미치지 못하고 아래로는 땅에 미치지 못하게 하는 것이다."[98]라고 하였다. 『태평어람』 권651에서 인용한 『진율주』에서 "면관은 체포하여 추국하는 것을 허락하지 않는 것이다"[99]라고 하였다. 『태평어람』 권638에서는 두예의 『율서』를 인용하여 "율은 죄명을 바르게 하는 것이고, 영은 정사의 제도를 보존하는 것이다."[100]라고 하였다. 이것이 두예가 진율에 주해한 것으로 아직 문장이 남아 있는 것이다.

【원문】 齊武帝令刪定郞王植之集注張·杜舊律, 合爲一書, 凡千五百三十

---

96 『晉書』 권34, 「杜預傳」, 1026쪽.
97 『北堂書鈔』 권44, 「刑法部」, '贖刑'.
98 『北堂書鈔』 권45, 「刑法部」, '死刑'.
99 『太平御覽』 권651, 「刑法部」, '免官', 117쪽.
100 『太平御覽』 권638, 「刑法部」, '律令', 26쪽.

條. 事未施行, 其文殆滅.(通典一百六十四)

【역문】 제의 무제가 산정랑 왕식지에게 명하여 장비와 두예가 구율에 주해
한 것을 모아 한 권의 책으로 만들도록 하니, 모두 1530조였다. 아직 시
행되기 전에 그 율문은 대부분 사라졌다.[101](『통전』 권164)

【원문】 江左相承用晉世張杜律二十卷, 世祖留心法令, 數訊囚徒, 詔獄官
詳正舊注. 先是七年, 尙書刪定郎王植撰定律章表奏之, 曰:「臣尋晉
律, 文簡辭約, 旨通大綱, 事之所質, 取斷難釋. 張斐杜預同注一章, 而
生殺永殊. 自晉泰始以來, 唯斟酌參用. 陛下紹興, 光開帝業. 下車之
痛, 每惻上仁, 滿堂之悲, 有矜聖思. 爰發德音, 刪正刑律, 敕臣集定張
杜二注. 謹礪愚蒙, 盡思詳撰, 削其煩害, 錄其允衷. 取張注七百三十
一條, 杜注七百九十一條. 或二家兩釋, 於義乃備者, 又取一百七條. 其
注相同者, 取一百三條. 集爲一書. 凡一千五百三十二條, 爲二十卷.
請付外詳校, 摘其違謬.」從之. 於是公卿八座參議, 考正舊注. 有輕重
處, 竟陵王子良下意, 多使從輕. 其中朝議不能斷者, 制旨平決. 至九
年, 稚珪上表曰: 敕臣與公卿八座共刪注律. 謹奉聖旨, 諮審司徒臣子
良, 稟受成規, 創立條緒. 使兼監臣宋躬、兼平臣王植等抄撰同異, 定
其去取. 詳議八座, 裁正大司馬臣嶷. 其中洪疑大議, 衆論相背者, 聖照
玄覽, 斷自天筆. 始就成立律文二十卷, 錄敍一卷, 凡二十一卷. 今以奏
聞, 請付外施用, 宣下四海.(南齊書孔稚珪傳)

【역문】 강동에서는 진대 장비 · 두예가 [주해한] 율 20권을 계승하여 사용
하였다. [제의] 세조는 법령에 관심이 있어 [친히] 죄수를 신문하였는데,
옥관에게 조를 내려 옛 주해를 상세히 살피고 수정하도록 하였다. 앞서
영명 7년(489)에 상서산정랑 왕직이 율문을 찬정하고자 표를 올려 [다음
과 같이] 상주하였다. "신이 진율을 살펴보니 문장이 간략하여 뜻은 대
강에 통하지만 [지나치게] 질박하여 판결할 때 해석하기 어렵습니다. [또

---

101 『通典』 권164, 「刑法典」, 4221쪽.

한] 장비와 두예가 한 장을 똑같이 주해했어도 취사선택한 것이 매우 다르니, 진 태시 연간 이래 [조문의 뜻을] 헤아리고 참작하여 사용해 왔습니다. [이제] 폐하께서는 선업을 계승하시어 제업(帝業)을 밝히 개창하셨습니다. 직접 죄수를 신문하신 후 애통해 하신 것은, 측은지심의 지극한 인함이니, 비통해 하는 많은 자들이 폐하의 긍휼을 바라고 있습니다. 이에 [폐하께서] 덕음을 반포하시어 형률을 산정하시니, 신에게 칙명을 내리시어서 장비와 두예의 율주를 모아 찬정하도록 하셨습니다. 신은 우매함을 삼가 연마하여 최선을 다해 [형률을] 상세히 살펴 편찬하였으니, 번잡한 것을 삭제하고, 공정하고 합당한 것을 수록하였습니다. 장비의 주해 731조와 두예의 주해 791조를 취하고, 혹 두 사람의 해석이 다른 것도 107조를 취했으며, 주해가 서로 같은 것은 103조를 취했습니다. 모아서 한 권의 책으로 만드니 총1532조로 20권이 되었습니다. 청컨대 [이것을] 외정(外廷)에 보내어 상세히 교정하고 오류를 가려내도록 하십시오." 이를 따랐다. 이에 공경 팔좌가 의론에 참여하여 구주(舊注)를 고정(考正)하였다. [동일한 죄명에 대해 처벌의] 경중이 다른 부분은 경릉왕 자량이 주장한 대로 대부분 가볍게 처벌하였다. 그중 조정의 의론을 통해서도 판결할 수 없는 것은 황제의 명령으로 결정하였다. 영명 9년(491)에 공치규가 표문을 올려 [다음과 같이] 상주하였다. "신과 공경 팔좌에게 함께 율문을 산정하고 주해하도록 하시니, 삼가 성지를 받들어 사도 소자량에게 자문하여 성규(成規)를 받고 조문의 체계를 창설하였습니다. 감신(監臣) 송궁 및 평신(平臣) 왕식 등에게 [율문의] 차이를 가려 뽑아 그 버릴 것과 취할 것을 확정하도록 하였으며, 팔좌의 상세한 의론을 거쳐 대사마 소억이 확정하였습니다. 그중 크게 의심이 가는 것으로 중대하게 의논해야 할 것인데, 중론이 서로 배치될 경우, 폐하께서 깊이 살피셔서 직접 판결하셨습니다. [이를 통해] 비로소 율문 20권, 녹서(錄敍) 1권, 총 21권이 완성되었습니다. 지금 [이를] 상주하오니, 외정에 교부하시어 시행하도록 하시고 천하에 선포하소서."[102](『남제서』「공치규전」)

【세주 원문】 按新唐書藝文志宗躬齊永明律八卷, 殆卽此議而未行之本.(宗躬南齊書作宋躬, 字訛, 必有一誤.)

【세주 역문】 『신당서』「예문지」의 "종궁의 『제영명률』 8권"[103][이라는 기록]을 볼 때, 대략 이 책은 의론이 행해지기 이전의 서적인 것 같다.(종궁을 『남제서』에서는 송궁이라고 하였는데, 글자가 잘못된 것으로 반드시 [둘 중] 하나가 오류이다.)

## ◉ 晉禮律竝重　진은 예와 율을 모두 중시함

【원문】 異姓相養, 禮律所不許.(殷仲堪傳)

【역문】 이성을 양자로 삼는 것은 예·율에서 허락하지 않은 바이다.[104](『진서』「은중감전」)

【원문】　先王以道德之不行, 故以仁義化之, 行仁義之不篤, 故以禮律檢之.(李充傳)

【역문】 선왕은 도덕이 행해지지 않으니 인의로 [백성을] 교화하셨으며, 인의를 행함이 돈독하지 않자 예·율로 그들을 단속하셨다.[105](『진서』「이충전」)

【원문】 詭易禮律, 不顧憲度.(華廙傳)

【역문】 예·율을 위배하고 법도를 살피지 않은 것이다.[106](『진서』「화이전」)

【원문】　夜使淸河王遐收瓘. 左右疑遐矯詔, 咸諫曰:「禮律刑名, 台輔大臣, 未有此比, 且請距之. 須自表得報, 就戮未晚也.」瓘不從.(衛瓘傳)

---

102 『南齊書』 권48, 「孔稚珪傳」, 835–836쪽.
103 『新唐書』 권5.8 「藝文志」, 1493쪽.
104 『晉書』 권84, 「殷仲堪傳」, 2195쪽.
105 『晉書』 권92, 「李充傳」, 2389쪽, "仁義之不篤"이 "行仁義之不篤"으로 되어 있다.
106 『晉書』 권44, 「華廙傳」, 1261쪽.

【역문】 [사마위가] 밤에 청하왕 사마하를 보내 위관을 체포하도록 하였다. [위관의] 수하들이 사마위가 조서를 위조한 것이라 의심하여 모두 간언하여 말하기를 "예·율의 형명에 따르면 대보의 대신에게 이와 같이 하는 법은 없습니다. 일단 거절하십시오. 직접 표문을 올려 회답을 받은 후에 형벌을 받으셔도 늦지 않습니다"라고 하였다.[107] 위관은 이에 따르지 않았다.(『진서』「위관전」)

【원문】 及純行酒, 充不時飮. 純曰:「長者爲壽, 何敢爾乎!」 充曰:「父老不歸供養, 將何言也!」 純曰:「高貴鄕公何在?」 充慚怒, 上表解職. 純懼自劾, 詔免官. 又以純父老不求供養, 使據禮典正其臧否. 太傅何曾·太尉荀顗·驃騎將軍齊王攸議曰:「凡斷正臧否, 宜先稽之禮·律. 八十者, 一子不從政; 九十者, 其家不從政. 新令亦如之. 按純父年八十一, 兄弟六人, 三人在家, 不廢侍養. 純不求供養, 其於禮·律未有違也.(庾純傳)

【역문】 유순이 술을 권하는데, 가충이 그때에 즉시 술을 마시지 않았다. 유순이 "연장자가 헌수하였건만 어찌 감히 이처럼 무례하단 말인가!"라고 하자, 가충이 "부친이 연로하신데도 공양하러 가지 않으면서 무슨 말을 한단 말인가!"라고 하였다. 유순이 "고귀향공은 어디에 있는가?"라고 하자, 가충이 수치스러워 하고 분노하여, 표문을 올려 해직을 청하였다. 유순이 두려워하여 스스로 [본인을] 탄핵하니, 조를 내려 면관시켰다. 또한 유순의 부친이 연로하였는데 공양하러 가기를 청하지 않자, 예전에 근거하여 그 시비를 [가리도록] 하였다. 태부 하증, 태위 순의, 표기장군·제왕 사마유가 [다음과 같이] 의논하였다. "무릇 시비를 판단할 때에는 마땅히 우선 예와 율을 살펴야 합니다. [부친이] 80세라면 아들 한 명은 정사에 나아갈 수 없고, 90세라면 일가 전체가 정사에 종사할 수 없습니다. 신령 역시 그러합니다. 살피건데, 유순의 부친은 81세이며, 형제는

107 『晉書』 권36, 「衛瓘傳」, 1059쪽.

6명으로, 3명이 집에 있으니 봉양을 폐한 것이 아닙니다. 유순이 공양하러 가기를 청하지 않았다고 해도 예와 율을 어긴 것이 아닙니다."[108](『진서』「유순전」)

【세주 원문】 按文選潘元茂冊魏公九錫文, 經緯禮律, 爲民軌儀, 是魏初已有此言. 南史傅亮傳, 隆議曰: 禮律之興, 本之自然. 張率傳, 卿言宰相是何人, 不從天下, 不由地出. 卿名家奇才, 若復以禮律爲意, 便是其人. 蔡興宗傳, 有解士先者告申坦昔與丞相義宣同謀. 時坦已死, 子令孫自繫廷尉. 興宗議曰: 「若坦昔爲戎首, 身今尚存, 累經肆眚, 猶應蒙宥. 令孫天屬, 理相爲隱. 況人亡事遠, 追相誣訐, 斷以禮律, 義不合關.」 是六朝時猶常用此語也.

【세주 역문】 『문선』 '반원무책위공구석문'에서 "[군주의] 예·율을 다스려 백성의 법도로 삼는다"[109]라고 하였으니, 이미 위나라 초기에 이러한 말이 있었던 것이다. 『남사』「부량전」에서 "부량이 '예·율의 흥기는 본디 자연스러운 것입니다.'라고 의논하였다"[110]라고 하였다. 『남사』「장솔전」에서는 "경이 말하기를 '재상은 어떤 인물이어야 하는가? 하늘로부터 내려온 자도 아니고 땅으로부터 난 자도 아니다'라고 하였다. 경은 명문가의 자제이며 비상한 재능을 지녔으니, 만약 또한 예·율을 뜻으로 삼는다면 [경이] 바로 재상에 적합한 자인 것이다"[111]라고 하였다. 『남사』「채흥종전」에는 [다음과 같은 내용이] 있다. "해사선이라는 자가 신탄이 예전에 승상 류의선과 함께 모반하였다고 고발하였다. 그때에 이미 신탄이 사망했으므로, 아들인 영손이 스스로 정위에게 와서 죄를 청하였다. 채흥종이 말하기를 '만약 신탄이 모반의 주모자로 현재 생존해 있다고 하더라도, 수차례 사면을 받아 오히려 죄를 용서받았을 것이다. 영손은 [신탄과] 부자관계이니 이치상 서로 [죄를] 숨겨주어야 한다.[112] 심지어

---

108 『晉書』 권50, 「衞瓘傳」, 1397쪽.
109 『文選』 권35, 「冊」, '潘元茂冊魏公九錫文', 502쪽.
110 『南史』 권15, 「傅亮傳」, 444쪽.
111 『南史』 권31, 「張率傳」, 815쪽.
112 당률에 의하면(『唐律疏議』, 名例46, '同居相爲隱'), "무릇 同居者 또는 大功 이상의 친족 및 外祖父母·外孫, 또는 그 孫婦·남편의 형제 및 형제의 아내에게 죄가 있어 서로 숨겨준 경우와, 部曲·奴婢가 주인을 위하여 숨겨준 경우에도, 모두 논죄하지 않는다."라고 하였다.

당사자도 죽었고 사건도 오래되었는데, 죄명을 날조하기까지 하였으니 예·율을 근거로 판단한다면 [영손을] 연루시켜서는 안 되는 것이다.'라고 하였다."[113] 이는 육조시대에도 이미 [예·율이라는] 말이 상용되었다는 것이다.

## ◉ 晉律目 진율목

【원문】 不孝.(唐律入十惡.)

【역문】 불효.(『당률』에서는 십악에 포함된다.[114])

【원문】 謀殺其國王侯伯子男官長.(唐律謀殺府主等官在賊盜.)

【역문】 국왕·후·백·자·남·관장(官長)을 모살한 죄.(당률에는 부주 등의 관인을 모살한 죄에 대한 조문이 적도율에 있다.[115])

【원문】 誣偸.(未詳.)

【역문】 무투.(미상.)

【원문】 受財枉法.(唐律監主受財枉法, 在職制.)

【역문】 재물을 받고 법을 왜곡하여 적용한 죄.[당률에는 감림(監臨)·주사(主司)가 재물을 받고 법을 왜곡하여 적용한 죄에 대한 조문이 직제율에 있다.[116]]

【원문】 掠人和賣.(漢律有和賣買人, 唐律略人略賣人, 在賊盜.)

【역문】 사람을 약취(掠取)하여 화매(和賣)한 죄.[한율(漢律)에는 '화매매인(和賣買人)'조가 있으며, 당률에는 사람을 약취(略取)하거나 약매(略賣)한 죄에 대한 조

---

113 『南史』 권29, 「蔡興宗傳」, 778쪽.
114 『唐律疏議』 권1, 名例 6, '十惡', 12쪽.
115 『唐律疏議』 권17, 第252條, 賊盜5, '謀殺制使府主', 326쪽.
116 『唐律疏議』 권11, 第138條, 職制48, '監主受財枉法', 220쪽.

문이 적도율에 있다.[117]

【원문】 誘藏亡奴婢.(唐律略和誘奴婢, 在賊盜.)

【역문】 도망한 노비를 유인하여 숨긴 죄.[당률에는 (타인의) 노비를 약취하거나 화유(和誘)한 죄에 대한 조문이 적도율에 있다.[118]

【원문】 以上六條, 見御覽引晉律.(詳晉律佚文條.)

【역문】 이상의 여섯 개 조는 『태평어람』에서 인용한 진율에 보인다.[119](진율 일문조에 상세하다.)

【원문】 詐僞將吏.(唐律詐假官, 在詐僞.)

【역문】 허위 · 거짓 수단으로 장리(將吏)가 된 죄.(당률에는 허위 · 거짓 수단으로 관직을 취득한 죄에 대한 조문이 사위율에 있다.[120])

【원문】 越武庫垣.

【역문】 무고(武庫)의 담을 넘은 죄.[121]

【원문】 兵守逃歸家.(唐律征人巧詐避役, 在擅興.)

【역문】 병수(兵守)[122]하다가 도망하여 집으로 돌아간 죄.[당률에는 정인(征人)이 교묘하게 속이는 수법으로 정역(征役)을 회피한 죄에 대한 조문이 천흥률에 있다.[123]

---

117 『唐律疏議』 권20, 第292條, 賊盜45, '略人略賣人', 369쪽.
118 『唐律疏議』 권20, 第293條, 賊盜46, '略和誘奴婢', 371쪽.
119 『太平御覽』 권651, 「刑法部」, '除名', 116쪽.
120 『唐律疏議』 권25, 第370條, 詐僞9, '詐假官假與人官', 461쪽.
121 당률의 관련 조문은 위금률(『唐律疏議』 권8, 第81條, 衛禁24, '越州鎭戍等垣城')에 규정되어 있다.
122 兵力을 이용하여 防守하는 것을 의미한다. 『周禮』, 「春官宗伯」, '典瑞'의 鄭玄 注 참조.
123 『唐律疏議』 권16, 第236條, 擅興13, '征人巧詐避役', 310쪽.

【원문】 兄弟保人.(未詳)

【역문】 형제보인.(미상)


【원문】 闌利宮殿門.(唐律闌入宮門, 在衛禁.)

【역문】 궁전문에 난입한 죄.(당률에는 궁문에 난입한 죄에 대한 조문이 위금률에
있다.[124])


【원문】 上變事.(漢律有上言變事.)

【역문】 변사(變事)를 고발하는 것.[125](한율에는 변사를 고발하는 것에 대한 조문
이 있다.)


【원문】 露泄選擧.

【역문】 선거(選擧)에 대한 사안을 누설한 죄.


【원문】 謀發密事.(唐律漏泄大事, 在職制.)

【역문】 비밀로 해야 할 일을 누설하고자 모의한 죄.[당률에는 대사(大事)를 누
설한 죄에 대한 조문이 직제율에 있다.[126]]


【원문】 毆兄姊.(魏律毆兄姊加至五歲刑, 晉止四歲刑, 蓋仍漢律之舊.)

【역문】 형·누이를 구타한 죄.[127](위율에서는 형·누이를 구타한 죄에 대해 오세
형까지 가중하였는데, 진에서는 사세형에 그쳤으니, 대개 한율의 옛 규정을 따른 것
이다.)

---

124 『唐律疏議』 권7, 第59條, 衛禁2, '闌入宮殿門', 150쪽.
125 '上變事'는 모반 등과 같은 非常한 사건을 朝廷에 고발하는 것을 말한다. 『漢書』 권67, 「梅福傳」의
　　顔師古 注 참조.
126 『唐律疏議』 권9, 第109條, 職制19, '漏泄大事', 195쪽.
127 당률의 관련 조문은 투송률(『唐律疏議』 권22, 第328條, 鬪訟27, '毆兄姊', 413쪽)에 규정되어 있다.

【원문】傷人.(唐律兵刃斫傷人征, 在鬪訟.)

【역문】 사람을 상해한 죄.(당률에는 병장기의 날로 사람을 베어 상해를 입힌 죄에 대한 조문이 투송률에 있다.[128])


【원문】僞造官印.(唐律僞寫官文書印, 在詐僞.)

【역문】 관인(官印)을 위조한 죄.(당률에는 관문서용 도장을 위조한 죄에 대한 조문이 사위율에 있다.[129])


【원문】不憂軍事.

【역문】 군사 장비를 갖추지 않은 죄.[130]


【원문】戱殺人.(唐律戱殺傷人, 在鬪訟.)

【역문】 놀이 삼아 함께 힘을 겨루다 사람을 죽인 죄.(당률에는 놀이 삼아 함께 힘을 겨루다 사람을 살상한 죄에 대한 조문이 투송률에 있다.[131])


【원문】越戍.(李悝雜律有越城. 唐律越州鎭戍等垣城, 在衛禁.)

【역문】 수(戍)의 [성을] 넘은 죄.[이회의 잡률에는 성을 넘는 죄에 대한 조문이 있었다. 당률에는 주(州)·진(鎭)·수의 담 및 성을 넘은 죄에 대한 조문이 위금률에 있다.[132]]


【원문】作穽.(唐律施機槍作坑穽, 在雜律.)

【역문】 함정을 만든 죄.(당률에는 덫을 놓거나 함정을 만든 죄에 대한 조문이 잡률에 있다.[133])

---

128 『唐律疏議』 권21, 第304條, 鬪訟3, '兵刃斫射人', 385쪽).
129 『唐律疏議』 권25, 第363條, 詐僞2, '僞寫官文書印', 453쪽.
130 당률의 관련 조문은 천흥률(『唐律疏議』 권18, 第230條, 擅興7, '乏軍興', 305쪽)에 규정되어 있다.
131 『唐律疏議』 권23, 第338條, 鬪訟37, '戱殺傷人', 425쪽.
132 『唐律疏議』 권8, 第81條, 衛禁24, '越州鎭戍等垣城', 170쪽.

【원문】 走馬衆中.(唐律城內街巷走車馬, 在雜律.)

【역문】 사람이 많은 곳에서 말을 달리게 한 죄.(당률에는 성 안의 거리나 골목에서 수레나 말을 달리게 한 죄에 대한 조문이 잡률에 있다.[134])

【원문】 挾天文圖讖.(晉書載記咸康二年, 禁郡國不得私學星讖, 有犯者誅. 蓋晉律止二歲刑, 故特嚴其制.)

【역문】 천문서(天文書)·도서(圖書)·참서(讖書)를 소지한 죄.(『진서』「재기」함강 2년(336) 기사에서는 군국이 천문과 예언을 사사로이 학습하는 것에 대해 금지하여, [그것을] 범할 경우 주살하였다.[135] 대개 진율에서는 최고형이 이세형이었으니, 그 제재를 특히 엄하게 한 것이다.[136])

【원문】 以上十七條, 見御覽引晉律注.(詳晉律佚文條.)

【역문】 이상의 열일곱 개 조는 『태평어람』에서 인용한 진율주에 보인다.[137](진율 일문조에 상세하다.)

【원문】 不敬.(唐律入十惡.)

【역문】 [대(大)]불경.[138](당률에서는 십악에 포함된다.[139])

---

133 『唐律疏議』 권26, 第394條, 雜律6, '施機槍作坑穽', 482쪽.
134 당률에서는 본 죄목을 "無故"의 상황으로 한정하고 있다. 즉 "공적이나 사적으로 긴급한 일이 있어 달린 자는 처벌하지 않는다"고 규정하였다. 『唐律疏議』 권26, 第392條, 雜律4, '無故於城內街巷走車馬', 480쪽.
135 『晉書』 권106, 「載記」, '石季龍上', 2765쪽.
136 당률의 관련 조문은 직제율(『唐律疏議』 권9, 第110條, 職制20, '玄象器物')에 규정되어 있다. 본 조문의 소의에서는 천문 등에 대해 "천문이란 ≪史記≫ 天官書에 '천문은 日月·五星·二十八宿(星座) 등이다'고 하였다. … 도서란 '黃河에서 圖가 나왔고, 洛水에서 書가 나왔다'라 한 것이 이것이다. '참서'란 선대의 성현이 기록한 미래의 길흉을 예언한 책이다."라고 설명하였다.
137 『太平御覽』 권642, 「刑法部」8.
138 당률에 따르면, 大不敬은 大祀에 사용할 神御의 물품과 乘輿의 服御物 및 御寶를 훔치거나 僞造한 행위, 御藥을 조제하다가 잘못하여 본래의 처방대로 하지 않은 행위 등을 의미한다.
139 『唐律疏議』 권1, 名例6, '十惡'.

**【원문】** 不道.(同上.)

**【역문】** 부도.140(위와 동일)


**【원문】** 惡逆.(同上.)

**【역문】** 악역.141(위와 동일)


**【원문】** 向人室廬道徑射.(唐律向城官私宅射, 在雜律.)

**【역문】** 인가나 도로를 향해 화살을 쏜 죄.(당률에는 [사람이 거주하고 있는] 성 및 관사(官舍)나 사가(私家)를 화살을 쏜 죄에 대한 조문이 잡률에 있다.142)


**【원문】** 盜傷縛守.

**【역문】** 절도하다 상해를 입히거나 포박한 죄.143


**【원문】** 呵人取財.

**【역문】** [관리가] 타인을 책망해서 재물을 취득하는 죄.


**【원문】** 鬪殺傷傍人.

**【역문】** 싸우다가 옆에 있는 사람을 살상한 죄.144

---

140 唐律에 따르면, 不道는 死罪를 짓지 않은 한 집안의 세 사람을 살해하거나, 사람을 살해하여 절단한 행위, 蠱毒를 제조하거나 厭魅한 행위 등을 의미한다.

141 唐律에 따르면, 惡逆은 조부모. 부모를 구타하거나 죽일 것을 꾀하거나, 伯叔父母・姑母・兄・누나・외조부모・남편・남편의 조부모와 부모를 살해한 것 등을 의미한다.

142 『唐律疏議』 권26, 第393條, 雜律5, '向城官私宅射', 481쪽.

143 『晉書』 권30, 「刑法志」에서 "'盜傷縛守'는 強盜와 유사하며, '呵人取財'는 受賕와, '囚辭所連'은 告劾과, '諸勿聽理'는 故縱, '持質'은 恐喝과 유사하다(盜傷縛守似強盜, 呵人取財似受賕, 囚辭所連似告劾, 諸勿聽理似故縱, 持質似恐猲)."고 하였다. 당률에서 強盜는 "위협이나 폭력으로 재물을 탈취한 것"이라 정의하였으며, 관련 조문은 적도율(『唐律疏議』 권19, 第281條, 賊盜34, '強盜')에 규정되어 있다.

144 당률의 관련 조문은 투송률(『唐律疏議』 권23, 第336條, 鬪訟35, '鬪毆誤殺傷傍人', 422쪽)에 규정되어 있다.

**【원문】** 囚辭所連.(唐律囚引人爲徒侶, 在斷獄.)

**【역문】** 죄수가 [허위로 타인을] 연루시킨 죄.(당률에는 죄수가 타인을 [허위로] 끌어들여 공범으로 삼은 죄에 대한 조문이 단옥률에 있다.[145])

**【원문】** 諸物聽理.

**【역문】** 고소를 수리하지 않은 죄.[146]

**【원문】** 持質.(漢科有持疾, 唐律入賊盜.)

**【역문】** [사람을] 잡아 인질로 삼은 죄.(한의 형률에는 '잡아 인질로 삼은 죄'[에 대한 조문]이 있었으며, 당률에는 적도율에 규정되어 있다.[147])

**【원문】** 恐喝.(唐律恐喝取人財物, 在賊盜.)

**【역문】** 공갈.(당률에는 공갈로 타인의 재물을 취득한 죄에 대한 조문이 적도율에 있다.[148])

**【원문】** 强盜.

**【역문】** 강도.[149]

**【원문】** 受求所監.(漢律目有受所監受財枉法.)

---

145 당률에서는 '囚引人妄爲徒侶'라고 하여, '죄수가 타인을 허위로 끌어들여 공범으로 삼은 경우' 처벌한다고 규정되어 있다. 의미상 처벌의 대상이 되는 행위는 단순히 타인을 연루시킨 경우가 아닌 그 자백이 허위인 경우일 것이므로, 본문에서도 '妄'자를 추가하여 번역하였다. 『唐律疏議』 권29, 第475條, 斷獄7, '囚妄引人爲徒侶', 551쪽.

146 당률의 관련 조문은 투송률(『唐律疏議』 권24, 第359條, 鬪訟58, '越訴', 447쪽)에 규정되어 있다.

147 『唐律疏議』 권17, 第258條, 賊盜11, '有所規避執人質', 331쪽.

148 소의에서는 '공갈'에 대해 "공갈이라는 것은 남의 범행을 알면서 고소한다고 하여 공갈로 재물을 취하는 것을 말한다(恐喝者, 謂知人有犯, 欲相告訴, 恐喝以取財物者)."라고 하였다. 『唐律疏議』 권19, 第285條, 賊盜38, '恐喝取人財物', 360쪽.

149 당률의 관련 조문은 적도율(『唐律疏議』 권19, 第281條, 賊盜34, '强盜', 356쪽)에 규정되어 있다.

【역문】 관할하는 지역에서 [뇌물을] 요구하여 받은 죄.(한율의 조목에는 관할 지역에서 재물을 받은 죄·재물을 받고 법을 왜곡하여 적용한 죄가 규정되어 있다.150)

【원문】 擅賦.

【역문】 [법대로 하지 않고] 함부로 거두는 것.151

【원문】 得遺物.(唐律得闌遺物, 在雜律.)

【역문】 유실물을 습득한 [후 관에 보내지 않은] 죄.(당률에는 유실물을 습득하고도 관에 보내지 않은 죄에 대한 조문이 잡률에 있다.152)

【원문】 以上十五條, 見晉志引張斐律表.

【역문】 이상의 열다섯 개 조는 『진서』「형법지」에서 인용한 장비의 율표에 보인다.153

【원문】 乏軍興.(漢律唐律均有乏軍興.)

【역문】 군사동원의 준비를 갖추지 못한 죄.(한율과 당률에는 모두 '군사동원의 준비를 갖추지 못한 죄'에 대한 조문이 있다.154)

【원문】 以上一條, 見晉書劉隗傳.(以乏軍興論, 於理爲枉)

---

150 당률의 관련 조문은 직제율(『唐律疏議』 권11, 第138條, 職制48, '監主受財枉法', 220쪽; 第140條, 職制50, '受所監臨財物', 221쪽)에 규정되어 있다.

151 『晉書』 권30, 「刑法志」에서는, "타인의 재물을 거두어 관에 쌓아두는 것(斂人財物積藏於官爲擅賦)"을 "擅賦"라고 하였는데, 당률의 관련 조문(『唐律疏議』 권13, 第173條, 戶婚24, '差科賦役違法')에 따르면 이는 '賦稅의 수납을 법대로 하지 않고 함부로 거둔 경우'에 해당하므로 번역문에도 그 내용을 반영하였다.

152 『唐律疏議』 권40, 第448條, 雜律60, '得闌遺物不送官', 521쪽.

153 『晉書』 권30 「刑法志」.

154 당률의 관련 조문은 천흥률(『唐律疏議』 권16, 第230條, 擅興7, '乏軍興', 305쪽)에 규정되어 있다.

【역문】 이상의 한 개 조는 『진서』 「유외전」에 보인다.([수비하는 군(戍軍)이 지 정벌하는 군(征軍)이 아니므로] '핍군흥'의 죄로 논죄하는 것은 이치에 맞지 않습 니다.[155])

【원문】 詐列父母死.(唐律十惡不孝. 注、詐稱祖父母父母死.)

【역문】 부모가 사망했다고 사칭한 죄.(당률의 십악 중 불효에 해당한다. 주에서 "조부모·부모가 죽었다고 사칭한 것"이라고 하였다.[156])

【원문】 誣罔父母.

【역문】 부모를 기만한 죄.

【원문】 淫亂破義.

【역문】 음란한 행위로 의(義)를 훼손한 죄.

【원문】 反逆.(世說注引謝鯤元化論序曰, 每見國家赦書, 謀反逆皆赦. 唐律謀反大 逆, 在賊盜.)

【역문】 반역.(『세설신어』 주에 인용된 사곤[157]의 원화론 서문에서는 "매번 국가의 사 서(赦書)를 보면, 모반과 대역은 모두 사면해 주었습니다."라고 하였다.[158] 당률에 서 모반과 대역은 적도율에 규정되어 있다.[159])

---

155 建興 연간 督運令史 淳于伯이 참형을 당하자, 이를 비판하며 劉隗가 상주한 내용의 일부이다. 『진 서』 권69, 「劉隗傳」, 1837쪽. "建興中, 丞相府斬督運令史淳于伯而血逆流, 隗又奏曰 … 軍是戍軍, 非爲征軍, 以乏軍興論, 於理爲枉."

156 『唐律疏議』 권1, 名例6조, '十惡'. 사위율에도 관련 조문이 존재한다. 第383條, 詐僞22, '父母死詐言 餘喪', 472쪽.

157 謝鯤(281~323)의 字는 幼輿이며 陳郡 陽夏人이다. 兩晉 시기 '謝氏士族'으로 아버지는 謝衡, 동생 은 謝裒, 아들은 鎭西將軍 謝尙이다. 豫章太守를 역임했으므로, "謝豫章"이라 칭해졌다. 사후에 太 常으로 추증되었으며, 시호는 康이다.

158 『世說新語箋疏』 卷中之下, 「賞譽」, 441쪽.

159 『唐律疏議』 권17, 第248條, 賊盜1, '謀反大逆', 321쪽.

【원문】 以上四條, 見宋書王韶之傳.(臣尋舊制, 以罪補士, 凡有十餘條, 雖同異不紊, 而輕重實殊. 至於詐列父母死·誣罔父母淫亂·破義·反逆, 此四條, 實窮亂抵逆, 人理必盡, 雖復殊刑過制, 猶不足以塞莫大之罪. 既獲全首領, 大造已隆, 寧可復逡拔徒隸, 緩帶當年, 自同編戶, 列齒齊民乎? 臣懼此制永行, 所虧實大.)

【역문】 이상 네 개의 조문은 『송서』「왕소지열전」에 보인다.(유사가 상주하기를, 동야(東冶)의 사(士)인 주도민이 반역한 사 셋을 체포한 후 법례에 따라 석방하였다고 하였다. 왕소지가 다음과 같이 아뢰었다. "신이 옛 제도를 살펴보니, 보임된 사를 죄주는 것에 대해서는 모두 십여 개의 조문이 있는데, 비록 [범죄 내용]의 차이는 정연하지만 [범죄의] 경중은 실로 다릅니다. '부모가 사망했다고 사칭한 죄', '부모를 기만한 죄', '음란한 행위로 의를 훼손한 죄', '반역' 이 네 가지 조문의 경우 실로 지극히 무도하여 [인리(人理)를] 배반한 것이니, 인리가 반드시 소멸할 것인즉, 비록 다시 중형을 부과하여 법도를 초월하더라도 오히려 막대한 범죄를 막기에 부족할 것입니다. 이미 반란의 수괴를 체포하였으니 공로가 매우 큰 것이거늘 어찌 다시 도예(徒隸)로 삼아 해당 연도만 지나면 저절로 편호와 동일하게 되어 제민이 될 수 있단 말입니까. 신은 이 법도가 길이 행해진다면 실로 그 폐해가 막대할까 두렵습니다.[160])

【원문】 竊執官仗, 拒戰邏司.

【역문】 관의 무기를 절도하여 소지하고 나사(邏司)[161]에 항거한 죄.

【원문】 以上一條, 見宋書明帝紀.(泰始四年, 詔曰: 自今竊執官仗, 拒戰邏司, 或攻剽亭寺及害吏民者, 凡此諸條, 悉依舊制. 按陳書南康王方泰傳又率人仗抗拒,

---

160 '네 개의 조문'과 관련하여 본문에서는 앞의 율문(詐列父母死, 誣罔父母, 淫亂破義, 反逆)과 달리 "詐列父母死、誣罔父母淫亂、破義、反逆"으로 표점하였다. 즉 '誣罔父母와 淫亂破義'를 '誣罔父母淫亂과 破義'로 서술한 것인데, 일단 역문에서는 율문의 표점을 따라 번역하였다. 한편 『宋書』에서는 "誣罔父母淫亂, 破義反逆"이라고 하였는데, 이 경우 총 3개의 조문이 되므로 反逆을 하나의 조문으로 독립시키는 것이 타당하다고 생각된다. 『宋書』 권60, 「王韶之列傳」, 1625쪽, "至於詐列父母死, 誣罔父母淫亂, 破義反逆, 此四條"
161 순찰·수사 업무를 주관했던 관부.

傷禁司, 爲有司所奏. 上大怒, 下方泰獄.)

【역문】 이상의 한 개 조문은 『송서』 「명제본기」에 보인다.(태시 4년(268) 다음과 같이 조를 내렸다. "지금부터 관의 무기를 절도하여 소지하고 나사(邏司)에 대항하거나 역참을 공격하고 관리와 백성에게 피해를 입힌 경우, 이들 조문에 대해서는 모두 옛 법제를 따라 [처벌하도록] 하라."[162] 『진서』 「남강왕방태열전」을 살펴보면 "[방태가] 무장한 자들을 이끌고 항거하여 금사(禁司)[163]를 해치자 [이에 대해] 유사가 상주하였다. 황제가 [그 사실을 듣고] 크게 노하여 방태를 옥에 가두었다."[164] 고 하였다. 이는 진율(陳律)에도 또한 본 조문이 있었다는 것이다. 아마도 진율(晉律)의 옛 조문을 따른 것 같다.)

【원문】 八議.(見羊曼傳. 唐律八議, 在名例.)

【역문】 팔의.(『진서』 「양만열전」에 보인다.[165] 당률의 팔의는 명례율에 규정되어 있다.[166])

---

162 『宋書』 권8, 「明帝本紀」, '泰始四年', 163쪽, "(九月)戊辰, 詔曰: … 自今凡竊執官仗, 拒戰邏司, 或攻剽亭寺, 及害吏民者, 凡此諸條, 悉依舊制."
163 防禁을 주관하던 관부 혹은 관리.
164 『陳書』 권14, 「南康王方泰傳」, 212쪽.
165 관련 내용은 羊曼의 아우인 羊聃에 관한 기록에서 보인다. 『晉書』 권49, 「羊曼列傳」, 1383쪽, "有司奏聃罪當死, 以景獻皇后是其祖姑, 應八議. 成帝詔曰: 「此事古今所無, 何八議之有! 猶未忍肆之市朝, 其賜命獄所.」"
166 『唐律疏議』 권1, 名例 7조, '八議'. 본 율문에 규정된 八議의 종류는 다음 표와 같다.

| 종류 | 대상 | 종류 | 대상 |
|---|---|---|---|
| 議親 | 皇帝의 袒免以上, 太皇太后・皇太后의 緦麻以上, 皇后의 小功以上 親族 | 議功 | 大功勳이 있는 자—敵將을 베고 敵旗를 빼앗거나, 원정을 통해 적의 기세를 꺾은 경우, 무리를 이끌고 귀화하였거나 나라의 위기를 안정시켜 나라를 구함으로써 '太常'에 공이 기록된 자 |
| 議故 | 故舊—皇帝를 오랫동안 가까이서 모셨거나 황제로부터 오랫동안 특별 대우를 받은 자 | 議貴 | 職事官 三品以上, 散官 二品以上, 爵一品인 자 |
| 議賢 | 大德行이 있는 자—賢人・君子로 言行을 법칙으로 삼을만한 자 | 議勤 | 大勤勞가 있는 자—성심껏 직무에 임하여 이른 새벽부터 늦은 밤까지 공무를 수행하였거나 먼 지역에 사신으로 나가 어려움을 겪은 자 |

【원문】 自首.(見庾純傳. 唐律犯罪未發自首, 在名例.)

【역문】 자수.(『진서』「유순열전」에 보인다.[167] 당률에서 죄를 범했지만 발각되기 전에 자수한 경우에 대한 조문은 명례율에 있다.[168])


【원문】 詐冒復除.(見高揚王睦傳. 漢令丙有詐自復除, 魏入詐僞律, 唐律詐自復除, 在詐僞.)

【역문】 속여서 [요역 등을] 면제받은 죄.(『진서』「고양왕목열전」에 보인다.[169] 한의 '영병'에는 '사자복제'조가 있으며, (위)에서는 사위율에, 당률에서도 '사자복제'조는 사위율에 있다.[170])


【원문】 犯陵上草木.(見刑法志. 唐律盜園陵內草木, 在賊盜.)

【역문】 능의 초목을 범한 죄.(『진서』「형법지」에 보인다.[171] 당률에서 능원의 초목을 훔친 죄에 대한 조문은 적도율에 있다.[172])


【원문】 盜發冢.(見宋書沈約自序. 唐律發冢, 在賊盜.)

【역문】 몰래 무덤을 파헤친 죄.(『송서』심약의 「자서」에 보인다.[173] 당률에서 무덤을 파헤친 죄에 대한 조문은 적도율에 있다.[174])

| 議能 | 大才藝가 있는 자―군대를 잘 다스리고 政事에 임하여 皇帝를 잘 보필하며 人倫에 모범이 되는 자 | 議賓 | 先代의 후사로 國賓이 된 자―介公으로 봉한 北周의 후손, 鄭公으로 봉한 隋의 후손 등 |
|---|---|---|---|

---

167 『晉書』 권50, 「庾純列傳」, 1403쪽, "勗父純詣廷尉自首:「勗以議草見示, 愚淺聽之.」 詔免純罪. … 但勗及家人並 自首, 大信不可奪."

168 『唐律疏議』 권5, 名例 37조, '犯罪未發自首', 101쪽.

169 『晉書』 권37, 「高陽王睦列傳」, 1113쪽, "咸寧三年, 睦遣使募徙國內八縣受逋逃 · 私占及變易姓名 · 詐冒復除者七百餘戶, 冀州刺史杜友奏睦招誘逋亡, 不宜君國."

170 『唐律疏議』 권25, 第380條, 詐僞 19, '詐自復除', 471쪽.

171 『晉書』 권30, 「刑法志」, 936쪽, "臣愚以爲犯陵上草木, 不應乃用同産異刑之制."

172 『唐律疏議』 권19, 第278條, 賊盜31, '盜園陵內草木', 355쪽.

173 『宋書』 권100, 「自序」, 2450쪽, "民有盜發冢者, 罪所近村民, 與符伍遭劫不赴救同坐. 亮議曰: … 尋 發冢之情, 事止竊盜, 徒以侵亡犯死, 故同之嚴科."

【원문】 以上五條, 疑皆晉律目之所有, 姑附於末.

【역문】 이상의 다섯 개 조는 모두 진율의 조문 중에 있었던 것으로 보이므로, 일단 끝에 부기해 두었다.

● **晉律佚文** 진율일문

【원문】 詐取父母卒棄市.(殷仲堪傳引律)

桂陽人黃欽生父沒已久, 詐服衰麻, 言迎父喪. 府曹先依律詐取父母卒棄市, 仲堪乃曰:「律詐取父母寧依毆詈法棄市. 原此之旨, 當以二親生存而橫言死沒, 情事悖逆, 忍所不當, 故同之毆詈之科, 正以大辟之刑. 今欽生父實終沒, 墓在舊邦, 積年久遠, 方詐服迎喪, 以此爲大妄耳. 比之於父存言亡, 相殊遠矣.」遂活之.

【역문】 부모가 죽었다고 속인 자는 기시형에 처한다.[175](『진서』「은중감열전」에서 율을 인용)

계양인 황흠생이 아버지가 사망한 지 이미 오래되었는데도, 거짓으로 최마복을 입고 부친상을 당했다고 말하였다. 관부에서 먼저 "부모가 죽었다고 속인 자는 기시형에 처한다"라는 율문에 따라 [판결하자], 은중감이 다음과 같이 말했다. "율에서 '부모가 죽어 상중에 있다고 속인 죄'는 '부모를 구타하거나 욕한 경우 [처벌하는] 법(毆詈法)'[176]에 따라 기시형에 처하였다. 이 조문의 뜻을 고찰해보면, 부모가 생존해 있는데도 죽었다고 함부로 말한 경우에 해당되는 것으로, [범죄의] 정상이 패역하여 용서해 주는 것이 타당하지 않으므로 '부모를 구타하거나 욕한 죄'와 동일하게 과죄하여 사형으로 바로잡은 것이다. 지금 황흠생은 아버지가 실제로 사망하여 고향에 장사지낸 지 매우 오래되었는데 거짓으로 상복을 입고 상

---

174 『唐律疏議』 권19, 第277條, 賊盜30, '發冢', 354쪽.

175 『晉書』 권84, 「殷仲堪傳」, 2194쪽.

176 당률에서는 '조부모나 부모에게 욕하였다면 絞首刑, 구타하였다면 斬首刑에 처한다.'고 하였다. 『唐律疏議』 권22, 第329條, 鬪訟28, '毆詈祖父母父母', 415쪽.

을 당했다고 속인 것이니, 이것은 '크게 속인 것[大妄]'에 해당될 뿐이다. 부모가 살아 있는데도 죽었다고 말한 것과 비교해 [죄의 정상]이 매우 다른 것이다."[황흠생이 기시형을 당하지 않고] 목숨을 건지게 되었다.

【세주 원문】按唐律疏議, 其詐稱祖父母父母死, 謂祖父母父母見在, 詐稱死者; 若先死而詐稱始死者非. 觀此知疏議注釋各條, 均有所本.

【세주 역문】『당률소의』를 살펴보면, '조부모·부모가 죽었다고 거짓으로 말한 경우'는 조부모·부모가 현재 살아 있는데도 죽었다고 속인 경우를 말한다[고 소의에서 설명하고 있다].[177] [따라서]예전에 죽었는데 지금 막 죽었다고 거짓으로 말한 경우는 [그 조문에] 해당되지 않는 것이다. 이를 보면 각 조문에 대한 소의의 주석이 모두 근거가 있음을 알 수 있다.


【원문】受敎殺人, 不得免死.(衞瓘傳引律)
初瓘爲司空, 時帳下督榮晦有罪, 瓘斥遣之. 及難作, 隨兵討瓘, 故子孫皆及于禍. (劉)繇等執黃旛, 撾登聞鼓, 上言曰: 律受敎殺人, 不得免死, 況乎手害功臣, 賊殺忠良, 雖云非謀, (按據此晉律有謀殺、故殺之分) 理所不赦. 害公子孫, 實由於晦, 及將人劫盜府庫, 皆晦所爲. 考晦一人, 衆姦皆出, 乞驗盡情僞, 加以族誅. 詔從之.

【역문】[타인에게] 살인을 교사받은 자도 사형을 면할 수 없다.[178](『진서』「위관열전」에서 율을 인용)
예전에 위관이 사공이 되었을 때,[179] 당시 군관[장하독(帳下督)]이던 영회가 죄를 범하자, 위관이 그를 내쫓았다. 난이 발발하자[180] [영회가 사마하의] 병사들을 따라[181] 위관을 토벌하니 [위관의] 자손들도 모두 화를 입

---

177 『唐律疏議』권25, 第383條, 詐僞22, '父母死詐言餘喪', 472쪽.
178 『晉書』권36, 「殷仲堪傳」, 1060쪽.
179 위관이 사공이 된 시점은 太康三年(282)이다. 『晉書』권3, 「世祖武帝紀」, '太康三年', "冬十二月甲申, … 尙書令衞瓘爲司空"
180 西晉시기 16년간(291-306) 지속되었던 이른바 '八王之亂' 중 永平元年(291) 楚王 司馬瑋의 반란을 의미한다.

게 되었다. 유요 등이 황번(黃旛)을 들고 등문고를 치며 다음과 같이 상언하였다. "율에 '타인의 지시를 받아 살인한 자는 사형을 면할 수 없다'고 하였는데, 하물며 공신을 직접 해치고 충성스럽고 선량한 이를 살해한 자는 어떻겠습니까. 모살이 아니라 하더라도(이 부분에 근거해 보았을 때, 진율에도 모살과 고살의 구분이 있었다.) 이치상 사면해 줄 수 없는 것입니다. 공의 자손들을 해친 것도 실로 영회로 인한 것이며, 사람들을 이끌고 관부의 창고를 약탈한 것도 모두 영회가 한 짓입니다. 영회 한 사람에게서 여러 간악한 행동이 나온 것이니, 진위를 낱낱이 밝히시어 [영회에게] 멸족[족주(族誅)]의 처벌을 내리소서." 조를 내려 그것을 따랐다.[182]

【원문】 淫寡女, 三歲刑.(刑法志)

【역문】 과부[183]를 간음한 자는 삼세형에 처한다.[184](『진서』「형법지」)


【원문】 奸伯叔母, 棄市.(同上)

【역문】 백숙모를 간음한 자는 기시형에 처한다.(위와 동일)


【원문】 八十非殺傷人, 他皆勿論.(同上)

【역문】 80세 [이상]은 타인을 살상한 경우 외에 다른 죄는 모두 논죄하지 않는다.[185](위와 동일)

---

181 『資治通鑑』에는 영회가 司馬遐를 따라 가서 위관과 그의 자손 9명을 살해했다고 기록되어 있다. 『資治通鑑』 권82,「晉紀」4, 孝惠皇帝上之上, 元康元年, "初, 瓘爲司空,〈武帝太康三年, 瓘爲司空, 永熙元年免.〉帳下督榮晦有罪,〈姓譜: 榮姓, 周榮公之後. 莊子有榮啟期.〉斥遣之.至是, 晦從遐收瓘, 輒殺瓘及子孫共九人, 遐不能禁.

182 본문은 『晉書』 권36,「衛瓘列傳」에 기록되어 있는 劉繇 등의 상언 중 일부를 발췌한 것이다.

183 寡女는 寡婦를 말하며 결혼하지 않은 女道士, 尼姑 등을 포괄한다.

184 『晉書』 권30,「刑法志」, 927쪽.

185 단 모반을 무고한 경우는 반좌한다. 『晉書』 권30「刑法志」, 930쪽, "若八十, 非殺傷人, 他皆勿論, 卽誣告謀反者反坐."

【원문】 十歲不得告言人.(同上)

【역문】 10세 [이하]는 타인을 고소할 수 없다.[186](위와 동일)


【원문】 賊燔人盧舍, 積聚盜賊贓五匹以上, 棄市.(同上)

【역문】 도적이 타인의 가옥과 재물을 불태우고, 훔친 장물이 견(絹) 5필 이상이면 기시형에 처한다.(위와 동일)


【원문】 歐人敎令者與同罪.(同上)

【역문】 타인을 구타한 경우, 교사자는 [직접 구타한 자와] 죄가 같다.[187](위와 동일)


【원문】 傷死人四歲刑, 妻傷夫五歲刑, 子不孝父母, 棄市.(宋書顧覬之傳引律. 又見通典一百六十七)

沛郡相縣唐賜往比(通典作北)村朱起母彭家飲酒, 還, 因得病吐蠱蟲十餘枚. 臨死語妻張死後剖腹出病. 後張手自剖視, 五藏悉糜碎. 郡縣以張忍行剖剖, 賜子副又不禁駐, 事起赦前, 法不能決. 律傷死人四歲刑, (宋書及南史均無傷死人四歲刑六字, 今據通典補), 妻傷夫五歲刑, 子不孝父母, 棄市, 並非科例. 三公郎劉思議, 賜妻痛遵往言, 兒識謝及理, 考事原心, 非存忍害, 謂宜哀矜. 覬之議曰, 法移路尸, 猶爲不道, 況在妻子, 而忍行凡人所不行? 不宜曲通小情, 當以大理爲斷, 謂副爲不孝, 張同不道. 詔如覬之議.

【역문】 타인을 살상한 경우 사세형에 처하고, 처가 남편에게 상해를 입혔다면 오세형, 자식이 부모에게 불효를 저질렀다면 기시형에 처한다.[188]

---

186 단 노비가 주인을 거역한 경우에는 10세 이하라도 주인으로서 관부에 노비를 고소하여 사형에 처하게 할 수 있다. 『晉書』 권30, 「刑法志」, 930쪽. "十歲, 不得告言人; 卽奴婢捍主, 主得謁殺之."
187 다만 부모를 구타하도록 교사한 경우. 교사자에게는 범인과 동일한 중죄를 부과하지 않는다고 하였다. 『晉書』 권30 「刑法志」, 930쪽. "歐人敎令者與同罪, 卽令人歐其父母, 不可與行者同得重也."
188 『宋書』 권81, 「顧覬之傳」, 2080쪽.

(『송서』「고개지열전」에서 율을 인용. 또한 『통전』권167[189]에도 보인다.)

패군 상현 [사람] 당사가 비촌(比村. 통전에는 비(比)가 북(北)으로 되어 있다.) [사람] 주기의 모친인 팽씨 집에 가서 술을 마시고 돌아온 후, 병에 걸려 고충(蠱蟲) 10여 개를 토해냈다. [당사는] 죽음을 앞두고 처 장(張)씨에게 [자신이] 죽은 후 배를 갈라 병의 [원인을] 밝혀달라고 부탁하였다. [남편이 죽은] 후 장씨가 직접 [남편의 배를] 갈라서 보자 오장이 모두 부서져 있었다. 군현에서는 장씨가 잔인하게 [남편의 배를] 갈랐고, 당사의 아들인 부는 또한 [그 행위를] 제지하지 못했으나, 은사령[이 내리기] 전에 발생한 사건이므로 법으로는 처결할 수 없다고 하였다. 율에 따르면, 타인을 살상한 경우 사세형에 처하고(『송서』[190] 및 『남사』에는 모두 "상사인사세형(傷死人四歲刑)"의 여섯 글자가 없는데, 지금 『통전』에 의거해 보충한다), 처가 남편에게 상해를 입혔다면 오세형, 자식이 부모에게 불효를 저질렀다면 기시형에 처하는데, 모두 부과할 수 있는 법례가 아니었다. 삼공랑 유협이 의논하기를 "당사의 처는 [남편의] 유언을 고통스럽게 따른 것이고 자식은 사양하여 이치에 맞게 한 것이니, 사안을 살피고[처와 아들의] 본심을 고찰했을 때, [그들의 행위는] 잔인하게 해를 입힌 것이 아니라 애처로운 것이라고 해야 합니다."라고 하였다. 고개지가 의논하기를, "법에 길가의 시신을 옮기는 것조차도 부도(不道)에 해당된다고 하였는데, 하물며 처자가 보통 사람이 행하지 않는 짓을 잔인하게 행했다면 어떻겠습니까? 작은 정리를 왜곡되게 행해서는 안 되며 마땅히 큰 이치로서 판결해야 하니 [아들인] 부는 불효로 처벌하고, [처인] 장씨는 부도와 동일하게 처벌해야 합니다."라고 하였다. 조를 내려 고개지의 견해대로 하였다.

【원문】 子賊殺傷毆父母, 梟首; 罵詈, 棄市; 婦謀殺夫之父母, 亦棄市.(南史孔靖傳引律. 又見通典一百六十七)

---

189 『通典』, 권167, 「刑法」, 4315쪽.
190 현 중화서국 교점본 『宋書』(권81, 「顧覬之列傳」)에는 "傷死人四歲刑"이 기재되어 있다.

安陸應城縣人張江陵與妻吳共罵母黃令死, 黃忿恨自經死, 已值赦. 案律, 子賊殺傷毆父母, 梟首; 罵詈, 棄市. 婦(南史無婦字, 據通典補)謀殺夫之父母, 亦棄市, 會赦免刑補冶. 江陵罵母, 母以自裁, 重於傷毆, 若同殺科, 則疑重; 用傷毆及詈科, 則疑輕, 制唯有打母遇赦猶梟首, 無詈母致死會赦之科. (孔)深之議曰: 夫題里逆心, 而仁者不入, 名且惡之, 況乃人事? 故毆傷呪詛, 法所不原, 詈之致盡, 則理無可宥. 罰有從輕, 蓋疑失善, 求之文旨, 非此之謂. 江陵雖遇赦恩, 故合梟首. 婦本以義, 愛非天屬, 黃之所恨, 情不在吳, 原死補冶, 有允正法. 詔如深之議, 吳免棄市.

**【역문】** 자식이 부모를 살상하거나 구타한 경우 효수한다. 욕하였다면 기시형에 처한다. 부인이 남편의 부모를 모살하였다면 역시 기시형에 처한다.[191](『남사』「공정열전」에서 율을 인용 또한 『통전』 권167[192]에도 보인다.)

안륙 응성현 사람 장강릉이 처 오씨와 함께 어머니 황씨에게 죽으라고 욕설을 퍼붓자, 황씨는 분하고 원망스러워 스스로 목을 매어 죽었으나, [장강릉 부부는] 얼마 후 은사령을 만나 [사면을 받게 되었다.] 율에 따르면, 자식이 부모를 살상하거나 구타한 경우 효수하고, 욕하였다면 기시형에 처한다. 부인(『남사』에는 "부(婦)"자가 없으나, 『통전』에 의거해 보충한다) 이 남편의 부모를 모살하였다면 역시 기시형에 처하고, 은사령을 만날 경우 형은 면제하되 보치(補冶)[193]하도록 한다. 장강릉이 어머니에게 욕설을 하여 어머니가 자결하였으니, [그 죄가 부모를] 해하고 구타한 것보다 무거우나 만약 살해한 것과 동일하게 과죄한다면 [형벌이 죄보다] 무거운 것이 되고, [부모를] 해하고 구타한 죄 및 욕설한 죄로 과죄한다면 가벼운 것이 된다. 법제에는 오직 "어머니를 구타한 죄는 은사령을 만나더라도 효수한다"라는 조문만 있고, 어머니를 욕하여 죽음에 이르게 한 경우 은사령이 내렸을 때 어떻게 처리해야 할지에 대해서는 명시하지

---

191 『南史』 권27, 「孔靖傳」, 727쪽.
192 『通典』, 권167, 「刑法」, 4315쪽.
193 광산에서 제련 등의 작업에 충당되던 刑徒.

않았다. 공심지가 다음과 같이 의논하였다. "대저 마을 이름에 역심(逆心)이 있으면 인자(仁者)는 [그곳에] 들어가지 않으니[194] 이름조차 [이토록] 미워하는데 하물며 사람의 일은 어떻겠습니까. 그러므로 [부모를] 구타하여 해를 입히고 욕설을 한 죄에 대해 법에서는 용서하지 않는 것이니, 욕설을 퍼부어 죽음에 이르게 했다면 이치상 용서해줄 수 없는 것입니다. 가볍게 처벌한다면 선(善)을 잃게 될 것이니, 조문의 뜻을 구하는 것이 [가볍게 처벌하는 것을] 의미하는 것은 아닙니다. 그러므로 장강릉은 비록 은사를 만났지만 효수해야 합니다. 부인은 의(義)를 근본으로 하며 애정은 하늘에 속한 것이 아니니, 황씨의 원한은 오씨에게 있는 것이 아닙니다. 오씨는 사형을 면하여 보야(補冶)[195]하는 것이 정법(正法)에 합당할 것입니다." 조를 내려 공심지의 뜻대로 하니, 오씨는 기시형을 면하게 되었다.

【원문】 捕虎一, 購錢三千, 其狗半之.(爾雅釋獸郭璞引律.)

【역문】 호랑이를 포획한 경우 3천전을 주고 구입하며, 그 새끼는 반값을 준다.[196](『이아』「석수」에서 곽박이 율을 인용)

【원문】 公侯有罪, 得以金帛贖.(通鑑晉紀三十三燕主盛引法例律.)

【역문】 공후에게 죄가 있을 경우 금(金)과 백(帛)으로 속면할 수 있다.[197](『자치통감』「진기」33에서 연나라 군주 모용성이 법례율을 인용)

【세주 원문】 按史不言慕容盛定律, 其所引律, 卽晉律也.)

---

194 『折獄龜鑑譯注』권4, 「議罪」, '孔深之辨讞', "「題里逆心, 仁者不入」二句, 謂里巷의 題名違心則仁者不進入, 典出漢鄒陽獄中上梁王書."
195 礦山에서 冶煉 · 鑄造 노역에 종사하는 刑徒.
196 『爾雅』「釋獸」, "熊虎醜其子狗絶有力麕.〈律曰捕虎一 購錢三千其狗半之〉[疏] … 郭云律曰, 捕虎一, 購錢三千, 其狗半之. 此當時之律也, 引之以證虎子名狗之義也."
197 『資治通鑑』권111, 「晉紀33」, 3492쪽.

【세주 역문】 사적에는 모용성이 율을 제정했다는 기록이 없으므로, 그가 인용한 율은 바로 진율일 것이다.

【원문】 凡諸侯上書言及諸侯不敬, 皆贖論.(書鈔四十四引晉律.)

【역문】 무릇 제후가 상서를 올리거나 상언할 때 불경(不敬)을 범했을 경우, 모두 속법(贖法)으로 논죄한다.(『북당서초』권44에서 진율을 인용[198])

【원문】 諸侯應八議以上, 請得減收留贖, 勿髡鉗笞.(同上引晉律.)

【역문】 무릇 제후로 팔의(八議) 이상에 해당되거나 청장(請章)·감장(減章)을 적용받을 수 있는 경우 관직을 유지하고 속면하며, 곤겸(髡鉗)이나 태형을 가해서는 안 된다.(위와 동일, 진율을 인용[199])

【세주 원문】 按以上二條, 疑諸侯律佚文.

【세주 역문】 이상의 두 조문은 제후율의 일문인 것 같다.

【원문】 過誤傷人, 三歲刑.(御覽六百四十晉書引律. 又見南史何承天傳及通典一百六十六.)
安帝義熙中, 劉毅鎭姑熟, 常出行. 南陵縣吏陳滿, 射鳥箭誤中直師, 雖不傷人, 據法棄市. 何承天議曰: 獄貴情斷, 疑則從輕. 昔有驚漢文帝乘輿馬者, 張釋之以犯蹕, 罪止罰金. 何者? 明其無心於驚馬也. 故不以乘輿之重, 而加異制. 今滿意在射鳥, 非有心於中人, 按律, 過誤傷人三歲刑, 況不傷乎?(湯球晉書輯本, 以此條爲臧榮緖晉書據錄.)

【역문】 과오로 [타인에게] 상해를 입힌 자는 삼세형에 처한다.[200](『태평어람』

---

198 『北堂書鈔』권44(『刑法部』, '贖刑')에는 "諸侯不敬, 皆贖論" 외에, "凡諸侯上書言及"은 기록되어 있지 않다. 단 『御定淵鑑類函』권15 注文에서 본문과 동일한 내용이 확인된다.
199 『北堂書鈔』권44(『刑法部』, '贖刑')에는 본문이 기록되어 있지 않으며, 『御定淵鑑類函』권15 注文에서만 확인된다.
200 『太平御覽』권640, 「刑法部」, '決獄', 39쪽;『南史』권33, 「何承天列傳」, 868쪽;『通典』권166, 「刑

권640에 [인용된] 『진서』에서 율을 인용. 또한 『남사』 「하승천열전」과 『통전』 권 166에도 보인다.)

안제 의희 연간(405-418)에 [무군장군] 유의가 고숙에 주둔하며 늘 사냥을 나갔다. 남릉현의 관리 진만이 활로 새를 맞히려다 잘못하여 화살이 군사들을 맞혔다. 비록 다친 사람은 없었지만 법에 의거해 기시형에 처해지게 되었다. 하승천이 다음과 같이 논의하였다. "옥사는 정상을 판단하는 것이 중요하니, 의심스러운 점이 있다면 가볍게 처벌합니다. 옛날에 한문제가 타고 있는 말을 놀라게 한 자가 있었는데 장석지는 [그를] 벽제(辟除)를 범한 죄[범필(犯蹕)]로 하고 벌금형을 주었을 뿐입니다.[201] 그 이유는 무심결에 말을 놀라게 한 것이 명백했기 때문입니다. 그래서 '황제[202] [와 관련된 범죄]를 엄중하게 하는 법'으로 특별히 가중 처벌하지 않았던 것입니다. 지금 진만의 의도는 새를 맞히는 것에 있었지 사람을 맞히려고 한 것이 아닙니다. 율에 따르면, 과실로 타인에게 상해를 입힌 겨우 삼세형에 처한다고 하였으니, 하물며 상해를 입히지 않았다면 어떻겠습니까?"(탕구의 『진서집본』에서는 이 조문을 장영서의 진서에 의거해 기록한 것이라 하였다.)

**【원문】** 髡鉗五歲刑, 笞二百(若諸王亡詐僞、將吏越武庫垣、兵守逃歸家兄弟保人之屬, 幷五歲刑也). 四歲刑(若復上闌入宮殿門上變事漏露泄選舉、謀發密事、毆兄姊之屬, 幷四歲刑). 三歲刑(若傷人上而誘、僞造官印、不憂軍事戲殺人之屬, 幷三歲刑也). 二歲刑(二歲刑減一等入罰金, 三歲以至五歲刑耐罪、皆越戍作弇走馬衆中、有挾天文圖讖之屬, 幷爲二歲刑.) (御覽六百四十二引晉律並

法」, 4299쪽.

201 『史記』「張釋之傳」에 나온다. 文帝가 中渭橋를 건너고자 하였을 때, 다리 아래에서 한 사람의 남자가 튀어나와 황제의 말을 놀라게 하였다. 황제는 이것은 중죄라고 하였지만, 廷尉인 張釋之는 법령에 따르면 벌금형이라고 하여, 文帝는 결국 張釋之의 견해를 따랐다. 張釋之 傳의 注釋에 如淳은 令乙을 인용하여 "蹕先至而犯者, 罰金四兩"이라 하고 있다.

202 당률에 따르면 '乘輿'는 곧 황제를 지칭하는 것이다. 『唐律疏議』 권1, 名例 6, '十惡', 10쪽, "[疏]議曰: … 人主以天下爲家, 乘輿巡幸, 不敢指斥尊號, 故託乘輿以言之."

注. 此條文多訛誤. 又御覽六百四十九引晉律有「髡鉗五歲刑」五字.)

【역문】 곤겸오세형과 태형 200대[여러 왕의 사위 죄, 장리가 무고(武庫)의 담을 넘은 죄. 병수(兵守)하다가 도망하여 집으로 돌아간 죄, 형제보인(兄弟保人)과 같은 것들은 모두 오세형에 속한다]. 사세형[궁전문에 올라 난입한 죄, 변사(變事)를 고발하는 것, 선거(選擧)에 대한 사안을 누설한 죄, 비밀로 해야 할 일을 누설하고자 모의한 죄, 형·누이를 구타한 죄 등은 모두 사세형에 속한다]. 삼세형(사람을 상해한 죄. 비방한 죄, 관인을 위조한 죄, 군사 장비를 갖추지 않은 죄, 놀이 삼아 함께 힘을 겨루다 사람을 죽인 죄 등은 모두 삼세형에 속한다). 이세형(이세형에서 일등을 감하면 벌금형이 된다. 삼세형에서 오세형까지는 내죄(耐罪)로 수(戍)의 [성(城)을] 넘은 죄, 함정을 만든 죄, 사람이 많은 곳에서 말을 달리게 한 죄, 천문서(天文書)·도서(圖書)·참서(讖書)를 소지한 죄 등이 모두 이세형에 속한다).203 (『태평어람』 권642에서 인용한 진율과 [그에 따른] 주문이다. 이 조문에는 착오가 많다. 또한 『태평어람』 권649에 인용된 진율에도 "곤겸오세형(髡鉗五歲刑)"의 다섯 글자가 기록되어 있다.)204

【원문】 鉗重二斤, 翹長一尺五寸.(御覽六百四十四引晉律. 廣韻引同.)

【역문】 겸의 무게는 2근이며, 교(翹)의 길이는 1척 5촌이다.205(『태평어람』 권644에서 진율을 인용.『광운』에서도 동일한 율을 인용하였다.)

【원문】 諸有所督罰, 五十以下鞭, 如令, 平心無私, 而以辜死者, 二歲刑. (御覽六百五十引晉律.)

【역문】 무릇 벌할 사안이 있을 경우, 나이가 50세 이하라면 편(鞭)을 사용하여 영(令)과 같이 [처벌]하며, 평소 마음에 사사로움이 없는데 사죄를 저지른 경우 이세형으로 처벌한다.206(『태평어람』 권650에서 진율을 인용)

---

203 『太平御覽』 권642, 「刑法部」, '徒作年數', 57쪽.
204 『太平御覽』 권649, 「刑法部」, '髡', 103쪽.
205 『太平御覽』 권644, 「刑法部」, '鉗', 72쪽.
206 『太平御覽』 권650, 「刑法部」, '督', 114쪽.

【원문】 贖死金二斤也.(御覽六百五十一引晉律. 書鈔四十四引同.)

【역문】 사형을 속면하는 [금액은] 금 2근이다.[207](『태평어람』 권651에서 진율을 인용. 『북당서초』 권44에서도 동일한 율을 인용하였다.)

【원문】 失(書鈔引無失字)贖罪囚罰金四兩也.(同上引晉律.)

【역문】 죄수의 벌을 속면하는 [금액은] 금 4냥이다.[208](『북당서초』의 인용문에 는 "실(失)"자가 없다.[209])(위와 동일한 책들에서 진율을 인용)

【원문】 其年老小篤疾病及女徒, 皆收贖.(同上引晉律.)

【역문】 나이가 노(老)와 소(小)에 해당하거나 독질 및 여자 형도인 경우 모 두 속금을 걷는다.[210](위와 동일한 책들에서 진율을 인용)

【원문】 諸應收贖者, 皆月入中絹一疋, 老小女人半之.(同上引晉律.)

【역문】 무릇 속금을 수납할 경우 모두 한 달 안에 중견[211] 1필을 납부하는 데, 노(老)와 소(小)에 해당하거나 여자는 그것의 반만 납부한다.[212](위와 동일한 책들에서 진율을 인용)

【원문】 以金罰相代者, 率金一兩, 以當罰十也.(同上引晉律.)

【역문】 속금으로 벌을 대신할 경우 대략 금 1냥을 벌 10에 상당하는 것으로 한다.[213](위와 동일한 책들에서 진율을 인용)

---

207 『太平御覽』 권651, 「刑法部」, '收贖', 119쪽.
208 『太平御覽』 권651, 「刑法部」, '收贖', 120쪽.
209 『太平御覽』 권651, 「刑法部」, '收贖', 119쪽; 『북당서초』(권44, "贖囚金四兩")와 같이 "失"자가 없는 쪽이 의미상 타당하므로 번역문에서는 "失"자를 번역하지 않았다.
210 『太平御覽』 권651, 「刑法部」, '收贖', 119쪽.
211 『唐六典』 권6, 「尙書刑部」, "贖罪舊以金, 皆代以中絹."
212 『太平御覽』 권651, 「刑法部」, '收贖', 119쪽.
213 『太平御覽』 권651, 「刑法部」, '收贖', 120쪽.

**【원문】** 除名比三歲刑.(同上引晉律.)

**【역문】** 제명은 삼세형에 비정한다.[214](위와 동일한 책들에서 진율을 인용)

**【세주 원문】** 按唐律除名比徒三年, 在名例, 蓋沿晉制.

**【세주 역문】** 당률에서 "제명은 도형 3년에 비정한다"[215]는 조문이 명례율에 있는데, 아마도 진의 법제를 따른 것 같다.

**【원문】** 其當除名, 而所取飮食所用之物非以爲財利者, 應罰金四兩以下勿除名.(同上引晉律.)

**【역문】** 제명에 해당하지만, 취득하여 먹고 마시는 데 사용한 물품을 재리(財利)로 삼지 않은 경우, [납부해야 할] 벌금이 4냥 이하라면 제명하지 않는다.[216](위와 동일한 책들에서 진율을 인용)

**【원문】** 吏犯不孝·謀殺其國王侯伯子男官長·誣倫受財枉法·及掠人和賣·誘藏亡奴婢, 雖遇赦, 皆除名爲民.(同上引晉律.)

**【역문】** 관리가 불효를 범했거나 국왕·후·백·자·남·관장(官長)을 모살하였거나, 무투(誣倫) 및 재물을 받고 법을 왜곡하여 적용한 경우, 사람을 약취(掠取)하여 화매(和賣)하였거나 도망한 노비를 유인하여 숨겼다면 비록 은사령을 만나더라도 모두 제명하여 평민으로 삼는다.[217](위와 동일한 책들에서 진율을 인용)

**【원문】** 免官比三歲刑, 其無眞官而應免者, 正刑召還也.(同上引晉律.)

**【역문】** 면관은 삼세형에 비정하는데, 진관(眞官)이 없는데도 면관해야 할

---

214 『太平御覽』 권651, 「刑法部」, '除名', 116쪽.
215 『唐律疏議』 권3, 「名例」23, 65쪽, "除名比徒三年".
216 『太平御覽』 권651 「刑法部」, '除名', 117쪽.
217 『太平御覽』 권651 「刑法部」, '除名', 116쪽.

경우 정형(正刑)으로 소환한다.²¹⁸(위와 동일한 책들에서 진율을 인용)

**【원문】** 有罪應免官, 而有文武加官者, 皆免所居職官.(同上引晉律.)

**【역문】** 죄가 있어 면관해야 하는데 문무관을 가관(加官)한 경우라면 모두 현재 직관을 면한다.²¹⁹(위와 동일한 책들에서 진율을 인용)

**【원문】** 其犯免官之罪, 不得減也.(同上引晉律.)

**【역문】** 면관의 죄를 범했다면 감형될 수 없다.²²⁰(위와 동일한 책들에서 진율을 인용)

**【원문】** 其當免官者先上.(同上引晉律.)

**【역문】** 면관에 해당하는 자를 먼저 보고한다.²²¹(위와 동일한 책들에서 진율을 인용)

## ⊙ 晉刑名  진형명

**【원문】** 死刑三.(唐六典注, 大辟之刑有三, 一曰梟, 二曰斬, 三曰棄市.)

**【역문】** 사형 세 [등급].(『당육전』 주(注)에서 "대벽[사죄]의 형(刑)은 셋이니, 첫째가 효(梟), 둘째가 참(斬), 셋째가 기시(棄市)이다"²²²라고 하였다.)

**【원문】** 梟(晉書齊王冏傳, 骨肉遭梟夷之刑. 蘇峻傳, 張健等遂降, 幷梟其首. 南史元凶劭傳, 劭濬及其子幷梟首大航. 世說王孝伯死, 縣其首於大桁.)

**【역문】** 효(『진서』 「제왕경(齊王冏)전」에서 "골육(骨肉)이 주륙의 형을 받았다"²²³고

---

218 『太平御覽』 권651 「刑法部」, '免官', 117쪽.
219 『太平御覽』 권651 「刑法部」, '免官', 117쪽.
220 『太平御覽』 권651 「刑法部」, '免官', 117쪽.
221 『太平御覽』 권651 「刑法部」, '免官', 117쪽.
222 『唐六典』 권6, 「尙書刑部」, 181쪽.

하였다. 「소준(蘇峻)전」에서는 "장건(張健) 등이 항복하자 모두 효수하였다"[224]고 하였다. 『남사』「원흉소(元凶劭)[225]전」에서는 "유소(劉劭)와 유준(劉濬) 및 그 아들들이 모두 대항(大航)[226]에서 효수되었다"고 하였다. 『세설신어』에서는 "왕효백(王孝伯)이 죽자 그 목을 대항(大桁)에 걸어두었다"[227]고 하였다.)

【원문】 斬(御覽引晉書, 楚王瑋矯詔解嚴斬刑. 又引三十國春秋曰, 丞相斬督運令史淳于伯于建康, 於是以刀拭柱, 血逆流二丈三尺, 下四尺五寸, 其直絃. 世說注引司馬晞傳, 有司奏晞等斬刑.)

【역문】 참(『태평어람』에서는 『진서』를 인용하여 "초왕 위(瑋)가 조서를 가탁하여[교조(矯詔)] 해엄(解嚴)을 참형에 처하였다"[228]고 하였다. 또한 『삼십국춘추』를 인용하여 "승상이 건강(健康)에서 독운령사(督運令史) 순우백(于伯于)을 참형에 처하였는데, 이때 칼을 기둥에 문지르니 피가 역류하여 위로는 2장 3척, 아래로는 4척 5촌이었으며 줄처럼 곧았다"[229]고 하였다. 『세설신어』의 주(注)에서는 [『진서』]「사마희(司馬晞)전」을 인용하여 "유사가 사마희 등을 참형에 처할 것이라고 상주하였다"[230]고 하였다.)

【원문】 棄市(晉志張斐律表曰, 棄市者, 死之下. 御覽引晉書, 咸和三年勾容令孔恢罪棄市. 詔曰, 恢自陷刑網, 罪當大辟.)

【역문】 기시(『진서』「형법지」 장비(張斐)의 율표(律表)에서는 "기시는 사형 중에 가벼운 형벌이다"라고 하였다. 『태평어람』에서는 『진서』를 인용하여 다음과 같이 말

---

223 『晉書』 권59, 「齊王冏傳」, 1607쪽.
224 『晉書』 권100, 「蘇峻傳」, 2631쪽.
225 宋文帝의 太子인 劉劭를 가리킨다.
226 大桁. 朱雀航. 朱雀桁. 朱雀橋라고도 한다. 六朝 시기 都城인 建康의 南城門(朱雀門) 밖에 있던 浮橋이다.
227 『世說新語箋疏』 卷下之下, 「仇」, 930쪽.
228 『太平御覽』 권646 「刑法部」1 2, '斬', 84쪽.
229 『太平御覽』 권646 「刑法部」 12, '斬', 84쪽.
230 그러나 곧 조를 내려 용서해주고 新安으로 遷徙했다고 기록되어 있다. 『世說新語箋疏』 卷下之下, 「黜免」, 869쪽.

했다. "함화 2년(327) 구용령(句容令) 공회(孔恢)가 기시형에 처해지게 되었다. 조를 내려 '공회가 스스로 [죄를 지어] 형벌을 받게 되었으니 그 죄는 대벽에 해당된다.'고 하였다."[231]

【원문】 以上爲死罪.(唐六典注, 棄市以上爲死罪, 二歲刑以上爲耐罪, 罰金一兩以上爲贖罪.)

【역문】 이상은 사죄이다.(『당육전』주문에서 "기시 이상을 사죄로 하고, 이세형 이상을 내죄로 하며, 벌금 1냥 이상을 속죄로 한다."[232]고 하였다.)

【세주 원문】 按周禮鄭注, 斬以鈇鉞, 若今要斬; 殺以刀刃, 若今棄市. 是斬爲腰斬, 棄市爲斬首, 漢制如此, 義極明顯. 史記索隱以棄市爲絞罪, 恐不足信. 沈氏刑法分考, 據晉志周顗等議肉刑云, 截頭絞頸, 尙不能禁, 以爲晉律議自魏代, 斷爲魏之棄市, 已爲絞刑, 晉宋梁陳, 相沿不改. 考左傳哀二年, 若其有罪, 絞縊以戮, 杜注, 絞所以縊人物. 杜預晉人, 若晉已用絞, 不容僅以縊人物爲釋, 是晉無絞刑明矣. 梁陳二代, 其刑名有棄市而無斬刑, 所謂無斬刑者, 無腰斬之刑也. 若謂死刑棄斬首而專用絞, 恐無是理. 今考魏志晉書南史, 實無處腰斬之刑者, 疑魏晉以來, 律雖存腰斬之條, (魏晉死刑, 均依漢制), 而習用止爲斬首, 至梁始廢之耳, 不必强釋晉之棄市爲絞刑也. 其以絞爲刑名, 蓋自北魏始.

【세주 역문】 『주례』정현 주에서 "부월(鈇鉞)로 참(斬)하는 것이니 오늘날의 요참(腰斬)과 같으며, 도인(刀刃)으로 살(殺)하는 것이니 오늘날의 기시(棄市)와 같다"고 하였다. 여기에서 참(斬)은 요참이며, 기시는 참수(斬首)이니, 한의 법제는 이처럼 뜻이 매우 명확했다. 『사기색은』에서는 기시를 교형[교죄(絞罪)]이라고 하였는데, 믿을 만하지 못한 것 같다. 심가본은 『역대형법고』「형법분고」에서 『진서』「형법지」에 기록된 주의(周顗) 등의 육형(肉刑)에 대한 의논 중 "참형과 교형으로도 아직 범죄는 근절하는 못하는데"라는 구절을 근거로, 진율은 위대(魏代)로부터 의논한 것으로 위

---

231 『太平御覽』권646, 「刑法部」, '棄市', 87쪽.
232 『唐六典』권6, 「尙書刑部」, 181쪽.

(魏)의 기시는 이미 교형이었으며, 진(晉)·송(宋)·양(梁)·진(陳)에서 [그것을] 계승하여 고치지 않은 것이라고 판단하였다. 『춘추좌전』의 '애공(哀公) 2년 조'를 보면 "죄가 있으면 목을 졸라[교액(絞縊)] 죽인다"에 대해 두예(杜預)가 "교(絞)는 사람을 목 조르는 것이다"라고 주석하였다. 두예는 진(晉)나라 사람인데, 만약 진에서 교형을 이미 사용하였다면, [교형에 대해] 단지 "사람을 목 조르는 것이다"라고 주석하지는 않았을 것이다. [따라서] 진에 교형이 없었음은 분명하다. 양(梁)·진(陳)의 두 조대에는 형명에 기시는 있고 참형은 없었는데, 이른바 참형이 없었다는 것은 요참형이 없었다는 것을 의미한다. 사형의 [방법으로] 참수는 폐기하고 오로지 교형만 사용했다는 것은 이치에 맞지 않는 것 같다. 지금 『위서』, 『진서』, 『남사』를 고찰해 보니, 실로 요참형에 처해진 사례가 없는데, [이것은] 아마도 위(魏)·진(晉) 이래 율에는 비록 요참형 조문이 있었지만[위(魏)·진(晉)의 사형은 한(漢)의 제도를 따른 것이다], 단지 참수만을 상용하다[習用] 양(梁)에 이르러 비소로 [요참형이] 폐지된 것이지, 진(晉)의 기시형이 교형이라고 억지로 해석할 필요는 없는 것이다. '교'가 형명이 된 것은 대략 북위(北魏) 때부터 시작된 것 같다.

【원문】髡鉗五歲刑, 笞二百.(晉書武帝紀, 咸寧二年赦五歲刑以下.)

四歲刑.

三歲刑.

二歲刑.

以上爲耐罪.

【역문】 곤겸오세형, 태형 200대.(『진서』「무제(武帝)기」에 "함녕 2년(276)에 오세형 이하를 사면하였다"[233]고 하였다.)

사세형.

삼세형.

이세형.

이상이 내죄(耐罪)이다.

---

233 『晉書』 권3, 「武帝紀」, 65쪽.

**【원문】** 贖.(唐六典注, 贖死金二斤, 贖五歲刑金一斤十二兩, 四歲三歲二歲各以四兩
爲差. 晉書魏舒傳, 以公事當免官, 詔以贖論. 南史王僧祐傳, 在直屬疾, 不待對人
輒去. 中丞沈約彈之, 坐贖論. 到撝傳, 爲左丞庾杲之所糾, 以贖論. 文獻通考一百
七十一, 晉新律, 意善功惡, 以金贖之, 金等不過四兩.)

贖死, 金二斤.

贖五歲刑, 金一斤十二兩.

贖四歲刑, 金一斤八兩.

贖三歲刑, 金一斤四兩.

贖二歲刑, 金一斤.

**【역문】** 속.(『당육전』 주문에 "사죄의 속금은 금 2근, 오세형의 속금은 금 1근 12냥,
사세형·삼세형·이세형[의 속금]은 각각 금 4냥씩 차등을 둔다"[234]고 하였다. 『진
서』 「위서(魏舒)전」에 "공적인 일(公事)로 면관을 당한 경우 속금으로 논죄하라고
조를 내렸다"[235]고 하였다. 『남사』 「왕승우(王僧祐)전」에 "[王僧祐가] 재직 [기간]
중이면서 병을 구실로 후임자[對人]를 기다리지 않고 함부로 [임지를] 떠났다. 중승
(中丞) 심약(沈約)이 그를 탄핵하자 속으로 논죄하였다."[236]고 하였다. 「도휘(到撝)
전」에서는 "좌승(左丞) 유고(庾杲)의 규탄을 받아 속으로 논죄되었다"[237]고 하였다.
『문헌통고』 권171에 "진(晉)의 신율(新律)에 의도는 선한데 결과가 악한 경우 금으
로 속면하며 속금은 4냥을 넘지 않는다"[238]고 하였다.)

사죄의 속금 금 2근.

오세형의 속금 금 1근 12냥.

사세형의 속금 금 1근 8냥.

삼세형의 속금 금 1근 4냥.

이세형의 속금 금 1근.

---

234 『唐六典』 권6, 「尙書刑部」, 181쪽.
235 『晉書』 권41, 「魏舒傳」, 1186쪽.
236 『南史』 권21, 「王僧祐傳」, 580쪽.
237 『南史』 권25, 「到撝傳」, 677쪽.
238 『文獻通考』 권171 上, 「刑考」.

【세주 원문】 按唐六典注云, 晉贖罪, 得兼用絹. 世說劉道眞嘗爲徒, 扶風王駿以五百 疋布贖之, 是又得用布贖罪也.

【세주 역문】 『당육전』 주문에 "진(晉)은 죄를 속면할 때, [금과] 견을 겸용하였다"[239] 고 하였다. 『세설신어』에서는 "유도진(劉道眞)이 도형으로 처벌받게 되었는데, 부풍 왕(扶風王) 사마준(司馬駿)이 포(布) 500필로 속면해 주었다"[240]고 하였으니, 이는 또 한 포를 사용하여 죄를 속면할 수 있었음을 [보여주는] 것이다.

【원문】 雜抵罪.(唐六典注, 又有雜抵罪罰金十二兩、八兩、四兩、二兩、一兩之 差.)

【역문】 잡저죄(雜抵罪).[241](『당육전』 주문에 "또한 잡저죄의 벌금에는 12냥, 8냥, 4 냥, 2냥, 1냥의 차등이 있다"[242]고 하였다.)

【세주 원문】 按雜抵罪, 蓋卽奪爵免官除名之類. 魏律雜抵罪凡七, 晉無考.

【세주 역문】 잡저죄에 대해 살펴보면, 대개 탈작(奪爵), 면관(免官), 제명(除名) 등과 같은 것이다. 위율(魏律)에 잡저죄는 총 7개인데, 진(晉)은 [몇 개의 조문이 있었는지] 고찰할 수 없다.

【원문】 罰金.

十二兩.

八兩.(書鈔引臧榮緒晉書, 凡民私釀酒酤, 其有婚姻及疾病者聽之, 餘有犯, 罰金 八兩.)

四兩.

---

239 『唐六典』 권6, 「尙書刑部」, 181쪽.
240 『世說新語箋疏』 卷上之上, 「德行」, 23쪽.
241 雜抵罪는 雜多한 抵罪로 抵罪라 함은 罪에 해당되어 처벌받는 것을 말한다. 일반적으로 除名이나 爵位剝奪 등을 가리키는 것인데, 여기에서는 五刑에 포함되지 않는 雜多한 處罰을 가리키는 것이 다.
242 『唐六典』 권6, 「尙書刑部」, 181쪽.

二兩.(南史徐孝嗣傳, 泰始中, 以登殿不著韤, 爲書侍御史蔡準所奏, 罰金二兩.)

一兩.

【역문】 벌금.

12냥.

8냥.(『북당서초』에서는 장영서의『진서』를 인용하여 "무릇 민간에서 사사로이 술을 만드는 것은, 혼인 및 질병에 걸린 자가 있는 경우만 허락하고 그 외 [금령을] 범한 경우 벌금 8냥을 부과한다"[243]고 하였다.)

4냥.

2냥.(『남사』「서효사전」에 "태시 연간(265-274)에 [서효사가] 전(殿)에 오르면서 버선을 신지 않으니 서시어사 채준이 [그것을] 상주하여 벌금 2냥을 부과하였다"[244]고 하였다.)

1냥.

【원문】 以上爲贖罪.

【역문】 이상은 속죄이다.

● **夷三族** 이삼족

【원문】 益州牙門張弘, 誣其刺史皇甫晏反, 殺之, 傳首京師. 弘坐伏誅, 夷三族.(武帝紀)

【역문】 익주(益州) 아문(牙門) 장홍(張弘)은 익주 자사(刺史) 황보안(皇甫晏)이 모반하였다고 무고하여 그를 죽인 후 [황보안의] 머리를 경사로 보냈다. 장홍은 사형을 당하고 [그의] 삼족(三族)은 주멸되었다.[245](『진서』「무제기」)

---

243 『北堂書鈔』권148, 「酒食部」, '酒'.
244 『南史』권15, 「徐孝嗣傳」, 451쪽.
245 『晉書』권3, 「武帝紀」, 63쪽.

【원문】 永嘉元年正月, 除三族刑.(懷帝紀)

以(諸葛)玫、(周)穆世家, 罪止其身, 因此表除三族之法.(東海王越傳)

【역문】 영가(永嘉) 원년(307) 정월, 삼족의 형을 폐지하였다.[246](『진서』「회제기」)

제갈매(諸葛玫)와 주목(周穆)은 세가(世家)이므로 [이삼족(夷三族)을 당하지 않고 본인만 죄를 받았으니, 이로 인해 삼족의 법이 폐지되었다.[247]
(『진서』「동해왕월전」)


【원문】 建興三年, 敕雍州掩骼埋胔, 修復陵墓, 有犯者誅及三族.(愍帝紀)

【역문】 건흥(建興) 3년(225) 칙을 내려 [무덤이 파헤쳐져 드러난] 해골과 뼈를 묻어주고 능묘를 복구하였으며, 어긴 자는 삼족을 주멸하도록 하였다.[248](『진서』「민제기」)


【원문】 太寧三年二月, 復三族刑, 惟不及婦人.(明帝紀)

時孫秀亂關中, 解結在都, 坐議秀罪應誅, 秀由是致憾. 及(解)系被害, 結亦同戮. 女適裴氏, 明日當嫁, 而禍起, 裴氏欲認活之. 女曰: 「家既若此, 我何活爲!」 亦坐死. 朝廷逐議革舊制, 女不從坐, 由結女始也.(解結傳)

【역문】 태녕(太寧) 3년(323) 2월 삼족형을 부활시켰는데, 부인(婦人)만은 처벌 대상에서 제외시켰다.[249](『진서』「명제기」)

손수가 관중(關中)에서 난을 일으켰을 때, 해결은 도읍에 있으면서 손수의 죄는 마땅히 사형으로 처벌해야 한다고 의론하였다. 이 때문에 손수

---

246 『晉書』권5,「懷帝紀」, 116쪽.

247 『晉書』권59,「東海王越傳」, 1623쪽.

248 이러한 조치는 칙이 내리기 며칠 전 발생했던 漢의 霸陵·杜陵·薄太后陵의 도굴사건으로 인해 촉발된 것이다. 『晉書』권5,「愍帝紀」, 129쪽, "(建興三年)六月, 盜發漢霸、杜二陵及薄太后陵, 太后面如生, 得金玉綵帛不可勝記. 時以朝廷草創, 服章多闕, 敕收其餘, 以實內府. 丁卯, 地震."

249 『晉書』권6,「明帝紀」, 163쪽.

는 [해결에게] 원한을 품게 되었다. [해결의 형인] 해계(解系)가 해를 입게 되자 해결도 함께 죽임을 당했다. [해결의] 딸은 배씨(裵氏)에게 시집가 기로 되어 있어 곧 있으면 혼인날이었는데, 재앙이 발생하니 배씨는 그 녀를 살리고자 노력하였다. [해결의] 딸이 말하기를 "집안이 이미 이렇 게 되었는데 내가 살아 무엇 하겠습니까!"라고 하였다. 그녀도 죽임을 당했다. 조정에서 마침내 옛 제도를 혁파하고자 의논하니, 여자가 연좌 되지 않은 것은 해결의 딸로부터 유래된 것이다.[250](『진서』 「해결전」)

【원문】 自晉興已來, 用法太嚴, 遲速之間, 輒加誅斬. 一身伏法, 猶可強 爲, 今世之誅, 動輒滅門.(閻纘傳)

【역문】 진이 흥기한 이래 법을 사용하는 것이 매우 엄하니, 늦든 빠르든 간 에 함부로 사형을 집행하였다. [죄인] 한 사람만을 사형에 처하는 법이 오히려 강화되어 오늘날의 사형은 멸문(滅門)을 자행한다.[251](『진서』 「염 찬전」)

【원문】 公孫宏、岐盛, 幷夷三族.(楚隱王瑋傳)

【역문】 공손굉과 기성은 모두 삼족이 주멸되었다.[252](『진서』 「초은왕위전」)

【원문】 諸黨屬, 皆夷三族.(齊王冏傳)

【역문】 모든 당속(黨屬)은 모두 삼족이 주멸되었다.[253](『진서』 「제왕경전」)

◉ 徙邊 변방으로 추방시킴

【원문】 遂收機等九人付廷尉, 賴成都王穎、吳王晏幷救理之, 得減死徙

---

250 『晉書』 권60, 「解結傳」, 1633쪽.
251 『晉書』 권48, 「閻纘傳」, 1353쪽.
252 『晉書』 권59, 「楚隱王瑋傳」, 1597쪽.
253 『晉書』 권59, 「齊王冏傳」, 1610쪽.

邊.(陸機傳)

【역문】 마침내 육기 등 9명을 잡아 정위에게 넘겨주었다. 성도왕 영과 오왕 안에게 그들을 구제해 줄 것을 의뢰하니, 사형에서 감형되어 사변으로 처벌받게 되었다.[254](『진서』「육기전」)

【원문】 與二兄俱被害, 妻子徙邊.(解系傳)

【역문】 [해육(解育)은] 두 형과 함께 죽임을 당했으며 처자는 변방에 천사되었다.[255](『진서』「해계전」)

【원문】 加罪黜徙.(齊王冏傳)

【역문】 죄를 받아 추방되었다.[256](『진서』「제왕경전」)

【원문】 特降刑書宥(王)遜, 遠徙永嘉郡.(南史王儉傳)

【역문】 특별히 형을 감면해주는 조서로 왕손의 [사죄를] 용서하여, 영가군[257]으로 유배보냈다.[258](『남사』「왕검전」)

◉ 禁錮  금고

【원문】 省禁固相告之條.(刑法志)

【역문】 금고나 상고의 조항을 생략하였다.[259](『진서』「형법지」)

【원문】 參佐禁固.(溫嶠傳)

---

254 『晉書』 권54.「陸機傳」, 1473쪽.
255 『晉書』 권60.「解系傳」, 1633쪽.
256 『晉書』 권59.「齊王冏傳」, 1610쪽.
257 永嘉郡은 秦代의 閩中郡으로 晉 明帝 太寧元年(323) 臨海郡 南部에 위치한 네 개 縣을 분리하여 永嘉郡을 설치하였다.
258 『南史』 권22.「王儉傳」, 596쪽.
259 『晉書』 권30.「刑法志」, 927쪽.

【역문】 [왕돈(王敦)의] 요속[參佐]은 금고에 처했다.[260](『진서』 「온교전」)

【원문】 請除(宋)挺名, 禁錮終身.(劉隗傳)

【역문】 송정을 제명하고 종신토록 금고에 처할 것을 청하였다.[261](『진서』 「유외전」)

【원문】 有司奏衍不能守死善道, 即求離婚, 宜加顯責, 以勵臣節. 可禁錮終身. 從之.(王衍傳)

【역문】 담당 관리가 상주하기를 “왕연은 목숨을 걸고 선도(善道)를 지키지 못하고 바로 이혼하기를 청하였으니,[262] 명백한 징계를 내려 신하들의 절개를 권면해야 합니다. 종신토록 금고에 처하십시오”라고 하였다. [황제가] 그것을 허락하였다.[263](『진서』 「왕연전」)

【원문】 明年, 詔原(王)敦黨獄, (周)撫詣闕請罪, 有詔禁錮之.(周訪傳)

【역문】 다음해, 조를 내려 왕돈(王敦) 일당을 용서해 주었다. 등악과 주무가 궐에 와서 죄를 청하니 조를 내려 그들을 금고에 처하였다.[264](『진서』 「주방전」)

【원문】 時(晉義熙中)新制, 長吏以父母疾去官, 禁錮三年. 山陰令沈叔任父疾去職. 鮮之因此上議曰, 省父母之疾, 而加以罪名, 悖義疾理, 莫此爲大. 謂宜從舊, 於義爲允. 從之. 於是自二品以上, 父母沒者, 墳墓崩毀及疾病族屬輒去, 并不禁錮.(宋書鄭鮮之傳)

---

260 『晉書』 권67, 「溫嶠傳」, 1788쪽.
261 『晉書』 권69, 「王衍傳」, 1836쪽.
262 왕연은 그의 딸을 愍懷太子에게 시집보냈는데, 태자가 賈后의 무고를 받자 화가 미칠 것을 두려워하여 그들을 이혼시키고자 하였다. 『晉書』 권43, 「王衍傳」, 1237쪽, “女爲愍懷太子妃, 太子爲賈后所誣, 衍懼禍, 自表離婚.”
263 『晉書』 권43, 「劉隗傳」, 1237쪽.
264 『晉書』 권58, 「周訪傳」, 1582쪽.

【역문】 그때[진 의희(義熙) 연간(405-418)]에 '장리(長吏)가 부모의 병환 때문에
관직을 떠날 경우 금고 3년에 처한다'는 [규정을] 새로 제정하였다. 산음
령 심숙임이 아버지의 병 때문에 관직을 떠나자, 정선지가 이 일로 인해
다음과 같이 상주하였다. "부모의 병환을 돌보는데 [오히려] 죄를 주니,
의(義)를 무너뜨리고 이(理)를 병들게 하는 데 이보다 더 심각한 것은 없
습니다. 옛 법제를 따르는 것이 의에 합당할 것입니다." [황제가] 그것을
허락하였다. 이로 인해 2품 이상[의 관인]이 부모가 돌아가셨거나, 분묘
가 훼손되었거나 친속이 질병에 걸려 갑자기 [관직을] 떠날 경우 모두 금
고에 처하지 않게 되었다.265(『송서』「정선지전」)

【원문】 永明元年, 爲御史中丞袁彖所奏, 免官禁錮.(南史褚澄傳)

【역문】 영명 원년(483) [저징(褚澄)이] 어사중승 원단의 상주로 인해 면관되
고 금고에 처해졌다.266(『남사』「저징전」)

【원문】 又以家貧乞郡, 辭旨抑揚, 詔免官, 禁錮五年.(南史謝朏傳)

【역문】 또한 집안이 가난하여 걸군267하고 칭양의 칙지를 사양했으니, 조를
내려 면관하고 금고 5년에 처하였다.268(『남사』「사비전」)

【원문】 以怨望免, 禁錮十年.(南史謝超宗傳)

【역문】 [황제를] 원망한 것으로 인해 면관되고 금고 10년에 처해졌다.269
(『남사』「사초종전」)

【원문】 坐畜伎免官, 禁錮十年.(南史王晏傳)

---

265 『宋書』 권64, 「鄭鮮之傳」, 1695쪽.
266 『南史』 권28, 「褚澄傳」, 756쪽.
267 '乞鄕郡'으로 관리가 고향에 임직하기를 청하는 것이다.
268 『南史』 권20, 「謝朏傳」, 558쪽.
269 『南史』 권19, 「謝超宗傳」, 543쪽.

【역문】 [왕후(王詡)가] 기녀를 둔 죄[270]로 인해 금고 10년에 처해졌다.[271](『남
사』「왕안전」)

◉ 除名　제명

【원문】 除名流徙, 退免大事, 臺乃奏處, 其餘外官, 皆專斷之.(劉頌傳)

【역문】 제명과 유형, 면직[退免]의 대사(大事)는 상서대에서 주청하여 처리
하며, 그 외의 일은 외관이 모두 전단한다.[272](『진서』「유송전」)

【원문】 時蜀新平, 人饑土荒, 頌表求振貸, 不待報而行, 由是除名.(同上)

【역문】 그때 촉이 새로이 평정되었는데, 사람이 굶주리고 땅이 황폐하니
유송이 표문을 올려 진휼하기[진대(振貸)]를 청하고는 회답을 기다리지
않고 [진휼을] 행하였다. 이 때문에 제명되었다.[273](위와 동일)

【원문】 時制王敦綱紀除名.(溫嶠傳)

【역문】 그때 왕돈을 제명으로 처벌하였다.[274](『진서』「온교전」)

【원문】 (張)嶷以扇和減罪除名.(周嵩傳)

【역문】 장억은 부화뇌동[선화(扇和)]한 것이므로 죄를 감하여 제명으로 처벌
하였다.[275](『진서』「주숭전」)

【원문】 (王)敦平, 有司奏彬及兄子安成太守籍之, 周嵩傳幷是敦親, 皆除

---

270 敕에 의해 黃門郎에 오르지 못한 자는 기녀(妓女)를 둘 수 없었다. 『南史』 권24, 「王晏傳」, 659쪽,
"晏弟詡, 位少府卿. 敕未登黃門郎, 不得畜女伎."
271 『南史』 권24, 「王晏傳」, 659쪽.
272 『晉書』 권46, 「劉頌傳」, 1303쪽.
273 『晉書』 권46, 「劉頌傳」, 1293쪽.
274 『晉書』 권67, 「溫嶠傳」, 1788쪽.
275 『晉書』 권61, 「周嵩傳」, 1660쪽.

名.(王彬傳)

【역문】 왕돈이 평정되고, 담당 관리가 "왕빈과 조카인 안성태수 왕적지는 둘 다 왕돈의 친족이므로 모두 제명해야 한다"고 상주하였다.276(『진서』 「왕빈전」)

【원문】 劉弘顧望, 除名爲民.(文選范尙書讓吏部封侯第一表注引晉陽秋)

【역문】 유홍이 고망하니 제명되어 백성이 되었다.(『문선』 '범상서양이부봉후 제일표'의 주문에서 『진양추』를 인용277)

◉ **奪爵** 탈작

【원문】 邕卒, 子肜嗣, 坐刀斫妻奪爵.(南史劉穆之傳)

【역문】 유옹이 죽자 아들인 유동이 [작위를] 계승하였는데, 칼로 처를 베었 으므로 작위를 박탈당했다.278(『남사』 「유목지전」)

【원문】 子植嗣, 多過失, 不受母訓, 奪爵.(南史向靖傳)

【역문】 아들인 향식이 [작위를] 계승하였는데, 과오를 많이 범하며 어머니 의 훈계를 듣지 않았으므로 작위를 박탈당하였다.279(『남사』 「향정전」)

【원문】 子長嗣, 坐罵母, 奪爵.(南史王亮傳)

【역문】 아들인 왕장이 [작위를] 계승하였는데, 어머니에게 욕설한 죄를 범 했으므로 작위를 박탈당하였다.280(『남사』 「왕량전」)

---

276 『晉書』 권76, 「王彬傳」, 2006쪽.
277 『文選』 권38, 「表下」, '任彦昇爲范尙書讓吏部封侯第一表', 537쪽.
278 『南史』 권15, 「劉穆之傳」, 428쪽.
279 『南史』 권17, 「向靖傳」, 483쪽.
280 『南史』 권23, 「王華傳」, 627쪽.

◉ 沒官爲奚奴　몰관하여 노비로 삼음

【원문】 撾登聞鼓乞恩, 辭求自沒爲奚官奴, 以贖父命.(范堅傳)

【역문】 [소광(邵廣)의 두 아들이] 등문고를 치면서 은사를 구하며, 자신들이 관노비가 될 터이니 [대신] 아버지의 목숨을 살려달라고 청하였다.[281](『진서』「범견전」)

【원문】 有女巫嚴道育, 夫爲劫, 坐沒入奚官.(南史元凶劭傳)

【역문】 여무(女巫) 엄도육이란 자가 있었는데, 남편이 겁탈을 범하자 몰관되어 관노비가 된 자였다.[282](『남사』「원흉소전」)

◉ 晉鞭杖之制(宋南齊附)　진의 편장 제도(송과 남제의 제도를 덧붙임)

【원문】 升平二年三月伏飛督王饒獻鳩鳥, 帝怒鞭之二百.(穆帝紀. 御覽六百四十九, 引晉中興書曰, 皇帝詔, 伏飛督王饒忽上吾鳩鳥, 口云以辟惡, 此凶物, 豈宜妄進? 於是頓鞭饒二百.)

【역문】 승평 2년(358) 3월, 차비독 왕요가 짐조(鳩鳥)를 헌상하니, 황제가 노하여 편 200대로 처벌하였다.[283](『진서』「목제기」. 『태평어람』 권649에서는 『진중흥서(晉中興書)』를 인용하여 [다음과 같이 기록하였다]. "황제가 조를 내리길 '차비독 왕요가 돌연 내게 짐조를 헌상하면서 입으로는 악기를 제거하기 위한 것이라고 하였지만, 이러한 흉물을 어찌 감히 망령되게 진상한단 말인가?'라고 하였다. 이에 왕요를 편(鞭) 200대로 처벌하였다.")

【원문】 賈午考竟用大杖.(賈充傳)

---

281 『晉書』 권75, 「范堅傳」, 1989쪽.
282 『南史』 권14, 「元凶劭傳」, 386쪽.
283 『晉書』 권8, 「穆帝紀」, 203쪽.

【역문】 가오고는 결국 대장으로 처벌받았다.[284](『진서』「가충전」)

【원문】 武帝以山濤爲司徒, 頻讓不許, 出而徑歸家. 左丞白褒, 又奏濤違詔, 杖褒五十.(御覽六百五十引王隱晉書)

【역문】 무제가 산도를 사도로 삼았으나, [산도는] 수차례 사양하며 허락하지 않고 바로 집으로 돌아가 버렸다. 좌승 백포가 산도가 조를 어겼다고 상주하니 [오히려 황제는] 백포를 장형 50대로 처벌하였다.[285](『태평어람』 권650에서 왕은의 『진서』를 인용)

【원문】 謝鯤字幼輿, 弱冠知名. 値中朝大亂, 長沙王乂輔政, 親媚小人, 忌害君子. 時疾鯤名, 譖之, 乂遂執, 欲鞭之. 鯤解衣服銷, 神無動容, 又異而釋之, 文無喜色.(御覽六百四十九引晉中興書)

【역문】 사곤의 자는 유홍이며 약관에 이름이 알려졌다. 중조의 대란[팔왕의 난]이 발생하니, 장사왕 사마예가 정사를 보좌하며 소인을 신임하고 군자를 꺼려하였다. 그때에 [사마예는] 사곤의 명성을 싫어하여 그를 참소하였는데, 사마예가 집권하게 되자 [사곤을] 편으로 처벌하고자 하였다. 사곤이 의관을 벗고 질(鑕)을 찼으면서도 동요하는 기색이 없으니 [사마예는] 그것을 기이하게 여겨 풀어주었는데, 또한 기쁜 기색도 보이지 않았다.[286](『태평어람』 권649에서 『진중흥서』를 인용)

【원문】 胡母崇爲永康令, 多受貨賂, 政治苛暴. 詔都街頓鞭一百, 除名爲民.(御覽六百五十一引晉中興書)

【역문】 호모숭(胡母崇)은 영강령(永康令)이 되어 뇌물을 많이 받고, 정치를 가혹하게 하였다. 조를 내려 번화가에서 편 백 대를 치고, 제명하여 평

---

284 『晉書』 권40, 「賈充傳」, 1175쪽.
285 『太平御覽』 권650 「刑法部」, '杖', 111쪽.
286 『太平御覽』 권649, 「刑法部」, '鞭', 105쪽.

민으로 삼도록 하였다.287(『태평어람』 권651에서 『진중흥서』를 인용)

**【원문】** 泰始四年, 江夏王義恭第十五女卒, 年十九, 未笄. 禮官議從成人
服, 諸王服大功. 左丞孫夐重奏禮官違越經典, 於理無據. 太常以下結
免贖論, 謐坐杖督五十.(南史江謐傳)

**【역문】** 태시 4년(268) 강하왕 의공의 열다섯 번째 딸이 죽었는데, 19살로
아직 성년례를 치루지 않은 상태였다. 예관이 성인의 상복으로 [복상하
여] 모든 왕은 대공의 상복을 입어야 한다고 의논하였다. 좌승 손형이
거듭 상주하기를 "예관이 경전을 어긴 것이니, [성인의 상복으로 장사지
내는 것은] 이치에 맞지 않습니다."라고 하였다. 태상 이하는 속면으로
논죄하고 강밀은 장형 50대로 처벌하였다.288(『남사』「강밀전」)

**【원문】** 典筆吏取筆失旨, 頓與五十鞭.(南史趙伯符傳)

**【역문】** 서사를 담당한 관리[전필리(典筆吏)]가 뜻대로 쓰지 않은 경우, 편 50
대로 처벌하였다.289(『남사』「조백부전」)

**【원문】** (顏)禕之等六人, 鞭杖一百.(南史顏師伯傳)

**【역문】** 안의지 등 여섯 명은 편장 일백 대로 처벌하였다.290(『남사』「안사백
전」)

**【원문】** 桓公在荊州, 全欲以德被江、漢, 恥以威刑肅物. 令史受杖, 正從
朱衣上過. 桓式年少, 從外來云, 向從閣下過, 見令史受杖, 上捎雲根,
下拂地足. 意譏不著. 桓公云, 我猶患其重.(世說)

---

287 『太平御覽』 권651 「刑法部」, '除名', 116쪽.
288 『南史』 권36, 「江謐傳」, 949쪽.
289 『南史』 권18, 「趙伯符傳」, 494쪽.
290 『南史』 권34, 「顏師伯傳」, 887쪽.

【역문】 환공이 형주자사로 있을 때에 덕으로 강(江)·한(漢)을 다스리고자 했으며, 위엄과 형벌로 타인을 다스리는 것을 부끄러워하였다. 영사가 장형을 받았는데, [장이] 붉은 옷 위를 스치기만 하였다. 환식은 나이가 어렸는데, 밖에서 돌아와서 말하길 "아까 관사를 지나다 영사가 장형을 받는 것을 보았는데, [장이] 위로는 구름 끝에 닿고 아래로는 땅 끝을 스쳤습니다."라고 하였다. 장이 닿지도 않은 것을 비꼰 것이었다. 환공이 말하기를 "나는 오히려 그것마저도 심할까 봐 걱정하노라."라고 하였다.[291](『세설신어』)

【원문】 昔在晉初, 河內溫縣領校向雄送御犧牛, 不先呈郡, 輒隨比送洛. 値天大熱, 郡送牛多暍死. 臺法甚重, 太守奮召雄與杖, 雄不受杖, 曰:『郡牛者亦死也; 呈牛者亦死也.』奮大怒, 下雄獄, 將大治之.(世說注)

【역문】 옛날 진초에 하내 온현의 영교 향웅이 제사에 쓸 소를 운송하면서, 먼저 군에 헌상하지 않고, 바로 낙양으로 운송했는데, 마침 날씨가 너무 더워 군에서 보낸 소가 대부분 더위를 먹어 죽었다. 관부의 법이 매우 엄중하니, 태수 오분이 향웅을 소환하여 장형에 처했다. 향웅이 장형 받기를 거부하며 말하기를 "군에서 [도성에] 바친 소도 죽었으니, [태수에게] 바친 소도 또한 죽었을 것입니다."라고 하였다. 오분이 크게 노하여 향웅을 옥에 가두고 장차 엄하게 처벌하고자 하였다.[292](『세설신어』주문)

【원문】 永初二年六月壬寅, 詔曰: 杖罰雖有舊科, 然職務殷碎, 推坐相尋. 若皆有其實, 則體所不堪, 文行而已, 又非設罰之意, 可籌量牏爲中否之格. 甲辰, 制諸署敕吏四品以下, 又府署所得輒罰者, 聽統府寺行四十杖.(宋書武帝紀)

【역문】 영초 2년(421) 6월 임인일에 [다음과 같이] 조를 내렸다. "장형이 비

291 『世說新語箋疏』卷上之下,「政事」, 182쪽.
292 『世說新語箋疏』卷中之上,「方正」, 296쪽.

록 오래된 형벌이기는 하지만, 직무가 번잡하고 처벌하는 경우가 끊이지 않는다. 모든 경우에 법례대로 처벌한다면 육체가 감당하지 못하고, 허문을 하달할 뿐이라면 벌을 제정한 의의가 아니니, 그 대강을 헤아려 적절한 법례를 만들어야 한다." 갑신일에 모든 관서의 4품 이하 관리를 징계하거나 부서에서 전행하여 처벌할 수 있는 경우, 모든 관부에서 장형 40대를 집행할 수 있도록 하였다.[293](『송서』 「무제기」)

【원문】 大明五年, 制二品淸官行僮幹杖, 不得出十. 張融坐鞭幹錢敬道杖五十, 免官.(通典三十五)

【역문】 대명 5년(461) 2품 청관이 속관[동간(僮幹)]에게 장형을 칠 경우 열 대를 넘지 못하도록 하였다. 장융이 속관 전경도에게 장형 50대를 처벌한 죄로 면관되었다.[294](『통전』 권35)

◉ **晉肉刑之議**　진의 육형에 대한 논의

【원문】 劉頌爲廷尉, 頻表宜復肉刑, 不見省, 又上言曰: 臣昔上行肉刑, 從來積年, 遂寢不論. 臣竊以爲議者, 拘孝文之小仁, 而輕違聖王之典刑, 未詳之甚, 莫過於此. 今死刑重, 故非命者衆; 生刑輕, 故罪不禁姦. 所以然者, 肉刑不用之所致也. 今爲徒者, 類性元惡不軌之族也, 去家懸遠, 作役山谷, 飢寒切身, 志不聊生, 雖有廉士介者, 苟慮不首死, 則皆爲盜賊, 豈況本性姦凶無賴之徒乎? 又令徒富者輸財, 解日歸家, 乃無役之人也. 貧者起爲姦盜, 又不制之虜也. 不刑則罪無所禁, 不制則群惡橫肆. 爲法若此, 近不盡善也. 是以徒亡日屬, 賊盜日煩, 亡之數者至有十數, 得輒加刑, 日益一歲, 此爲終身之徒也. 自顧反善無期, 而災困逼身, 其志亡思盜, 勢不得息, 事使之然也. 古者用刑以止刑, 今反於

---

293 『宋書』 권3, 「武帝紀」, 57쪽.
294 『通典』 권35, 「職官典」, 958쪽.

此. 諸重犯亡者, 髮過三寸, 輒重髡之, 此以刑生刑; 加作一歲, 此以徒生徒也. 亡者積多, 繫囚猥畜. 議者曰: 囚不可不赦, 復從而赦之, 此爲刑不制罪, 法不勝姦. 下知法之不勝, 相聚而謀爲不軌, 月異而歲不同. 故自頃年以來, 姦惡陵暴, 所在充斥. 議者不深思此故, 而曰肉刑於名忤聽, 忤聽孰與賊盜不禁? 聖王之制肉刑, 遠有深理, 其事可得而言, 非徒懲其畏剝割之痛而不爲也, 乃去其爲惡之具, 使夫姦人無用復肆其志, 止姦絕本, 理之盡也. 亡者刖足, 無所用復亡. 盜者截手, 無所用復盜. 淫者割其勢, 理亦如之. 除惡塞源, 莫善於此, 非徒然也. 此等已刑之後, 便各歸家, 父母妻子, 共相養恤, 不流離於塗路. 有今之困, 創愈可役, 上準古制, 隨宜業作, 雖已刑殘, 不爲虛棄, 而所患都塞, 又生育繁阜之道自若也. 今宜取死刑之限輕, 及三犯逃亡淫盜, 悉以肉刑代之. 其三歲刑以下, 已自杖罰遣, 又宜制其罰數, 使有常限, 不得減此. 其有宜重者, 又任之官長. 應四五歲刑者, 皆髡笞, 笞至一百, 稍行, 使各有差, 悉不復居作. 然後刑不復生刑, 徒不復生徒, 而殘體爲戮, 終身作誡. 人見其痛, 畏而不犯, 必數倍於今. 且爲惡者隨發被刑, 去其爲惡之具, 此爲諸已刑者皆良士也, 豈與全其爲姦之手足, 而蹴居必死之窮地同哉! 而猶曰肉刑不可用, 臣竊以爲不識務之甚也. 臣昔常侍左右, 數聞明詔, 謂肉刑宜用, 事便於政. 願陛下信獨見之斷, 使夫能者得奉聖慮, 行之於今. 比塡溝壑, 冀見太平. 周禮三赦三宥, 施於老幼悼耄, 黔黎不屬逮者, 此非爲惡之所出, 故刑法逆舍而宥之. 至於自非此族, 犯罪則必刑而無赦, 此政之理也. 暨至後世, 以時嶮多難, 因赦解結, 權以行之, 又不以寬罪人也. 至今恒以罪積獄繁, 赦以散之, 是以赦愈數而獄愈塞, 如此不已, 將至不勝. 原其所由, 肉刑不用之故也. 今行肉刑, 非徒不積, 且爲惡無具則姦息. 去此二端, 獄不得繁, 故無取於數赦, 於政體勝矣. 疏上, 又不見省. (刑法志)

【역문】 유송(劉頌)[295]이 정위(廷尉)가 되고 수차례 육형의 회복을 상주하였

---

295 劉頌의 字는 子雅으로 西晉廣陵人이다. 武帝 시에 中書侍郎, 廷尉를 역임하였으나 후에 河內太守

지만, 고려되지 않자 거듭 상서하여 [다음과 같이] 말하였다. "종전에 저는 육형을 회복할 것을 상주하였는데, 이후 몇 년이 지났음에도 방치되어 논의되지 않았습니다. 제가 생각하기에 [이 일을] 논의하는 자는 한 문제의 소인(小仁)에[296] 구애되어서 성왕(聖王)의 법을 가벼이 여기고 어긴 것이니, 살피지 아니함이 이보다 심할 수는 없습니다. 지금 사형은 무거워 천명을 다하지 못하는 사람이 많으며, 생형(生刑)은 가벼워 간사함을 금지할 수 없으니,[297] 그 까닭은 육형을 활용하지 않기 때문입니다. 현재 도형(徒刑)에 처해진 사람은 대개가 심성이 매우 흉악한 불법의 무리이기 때문에 집에서 멀리 떨어져 산곡(山谷)에서 노역을 행하는데 배고픔과 추위가 몸을 침범하여 살고자 하는 마음이 생기지 않습니다. 비록 청렴한 선비로 지조가 굳은 인물이라 할지라도 기꺼이 죽으려고 생각하지 않는 한 모두 도적이 되고자 할 것입니다. 하물며 본성이 간악하고 흉악한 무뢰한 자들은 어떻겠습니까? 또 형도 중 부유한 자에게는 재물을 내게 하고 복역일수를 면제하여 귀가시키는데, 이는 노역을 부담하지 않는 사람으로 만들어주는 것입니다. 빈곤한 사람은 곧바로 간도(姦盜)가 되니, 이것은 단속할 수 없는 적을 만드는 것입니다. 형벌을 쓰지 않으면 범죄행위를 금할 수 없고, 통제하지 않으면 많은 흉악한 무리들이 횡행하는 것을 막을 수 없습니다. 법률을 제정하는 것이 이와 같으면 선을 다하지 않는 것에 가까운 것입니다. 이 때문에 형도가 도망하는 것이 매일 그치지 않고 도적이 날로 많아지고 있습니다. 도망한 횟수가

---

로 좌천되었다. 肉刑의 회복을 수차례 건의하였다. 『晉書』에 그의 傳이 있다.

296 文帝의 小仁: 文帝가 肉刑을 폐지한 것을 말한다. 文帝의 肉刑 폐지에 대해 겉으로는 刑을 가벼이 한 것처럼 보이지만 실은 刑을 더 무겁게 한 것으로 이해하고 있는 것이다. 漢文帝의 刑制改革은 肉刑을 받게 된 父를 대신해서 자신을 처벌해 달라는 少女의 상소로부터 시작되었다. 따라서 漢文帝의 詔勅도 여기에 초점을 맞춘 것이었고, 또 그 이후 漢文帝에 대한 평가도 肉刑廢止에 집중되어 왔다. 肉刑의 폐지는 형식적으로 緩刑化를 목표로 하고 있지만, 緩刑化가 刑期設定의 목표는 결코 아니었다고 생각된다.

297 肉刑을 폐지하였기 때문에 본래는 肉刑에 처해야 할 죄를 死刑에 적용하는 경우가 있었다. 이 경우 범한 죄에 비해서 부과된 死刑은 무거운 것이라 할 수 있다. 이와는 달리 본래는 肉刑에 처해야 할 죄에 대해서 生刑, 즉 徒刑으로 처벌해야 할 경우도 있었다. 이 경우 범한 죄에 비해서 부과된 생형은 가벼운 것이라 할 수 있다.

많은 자는 십여 차례에 이르는 자도 있습니다. 잡힐 때마다 형이 증가되어 도망 하루마다 형이 1년씩 늘어나게 되는데 이는 곧 종신 동안 노역하게 되는 것을 의미합니다. 스스로 반성하여 개과천선하고자 해도 그기한이 없고 재난이 몸을 핍박하니 마음속으로 도망가고자 하고 도적이되고자 합니다. 그 기세를 멈추게 할 수 없으니, 그러한 사정이 그들을 그렇게 만든 것입니다. 옛날에는 형벌을 사용하는 것에 의해서 형벌을 없애고자 하였는데,[298] 지금은 그와 반대입니다. 무릇 거듭 도망한 죄를 범한 자는 두발이 3촌(三寸)을 초과하면 다시 곤형(髡刑)을 가하는데 이것은 형벌로써 형벌을 낳는 것입니다. 또한 노역 1년을 가중하는 것은 도형으로 다시 도형을 낳는 것입니다. 도망하는 자가 점점 많아지고, 계류 중인 죄수는 제멋대로 관리됩니다. 그 때문에 논자가 죄수들을 사면해야 한다고 하면 또 그 의견에 따라 사면합니다. 이것은 형벌이 범죄를 막지 못하고, 법률이 사악함을 단속하지 못하는 것을 의미합니다. 백성들은 법률이 사악함을 단속하지 못함을 알고 서로 모여서 불법을 꾀하는데, 그것이 달마다 해마다 심해지고 있습니다. 때문에 근래에 간악한 무리들이 무법을 일삼는 난폭한 행위가 곳곳에 성행하고 있습니다. 논자들은 이 원인을 깊게 생각하지 못하고, 육형은 이름 자체가 듣기 거북하다고 합니다. 육형이 듣기에 거북한 것과 도적을 막지 못하는 것을 비교할 때 어느 것이 더욱 중요합니까? 성왕이 육형을 제정한 것은[299] 심오하고 깊은 이치가 있는 것인데, 이것은 충분히 증명할 수가 있습니다. [육형은] 단지 악인에게 육체를 절단하여 고통을 주어 악한 일을 하지 못하도록 하는 것일 뿐만 아니라, 범죄를 저지를 수 있는 도구를 제거하여 악인들이 자신의 욕망대로 할 수 없도록 하는 것입니다. [그것은] 간악함을 막고 근본을 단절하는 것으로 가장 분명한 도리입니다. 도망자의 발을 자르면 다시는 도망할 수 없고, 도둑질한 자의 손을 자르면 다시는

---

298 『尙書』, 「大禹謨」, "刑, 期于無刑."
299 『周禮』, 「秋官司寇」, "禹承堯舜之後, 自以德衰而制肉刑, 湯武順而行之者, 以俗薄于唐虞故也."

도둑질할 수 없으니, 음란한 자를 거세하는 것도[300] 이치가 또한 그와 같습니다. 악을 제거하고 근원을 막는 데 이보다 나은 방법은 없습니다. 이들이 이미 육형을 받은 후에는 곧 각각 집으로 돌려보내 부모처자로 하여금 함께 그를 부양하게 하면, 길거리에 떠돌아다니지도 않습니다. 당장은 운신하기에 곤란하지만 상처가 나으면 노역에 종사하는 것도 가능합니다. 위로는 고대의 제도를 준수하고, 각각 적합한 일을 안배할 수 있습니다. [이와 같이 하면] 형벌을 받아 몸은 폐인이 된다 하더라도 헛되이 버려지지 않으니, 육형에 대해서 우려되는 바는 모두 없어지게 됩니다. 또 양육하고 번식하는 기능은 조금도 변하지 않는 것입니다. 현재 사형의 범위 내에 있는 죄 중에서 가벼운 것과 도망을 세 번 한 자, 간음·절도한 자를 모두 육형으로 대체하도록 하십시오. 삼세형 이하인 자에게는 스스로 장벌(杖罰)을 가하고 방면하는데, 또한 마땅히 장벌의 횟수를 정하여 일정한 한도가 있도록 하여 그보다 줄일 수 없도록 해야 합니다. 만약 마땅히 무겁게 처벌해야 할 자가 있다면 그것은 해당 관장에게 맡기도록 합니다. 사세형·오세형에 해당하는 자는 모두 곤(髡)해서 태(笞)를 가하고 태는 그 수가 100에 달하면 간격을 두고 행하고, 각각 차등이 있도록 합니다. [이러한 자는] 모두 재차 도역에는 복역하지 않도록 합니다. 이상과 같이 한다면 형벌이 다시 형벌을 낳지 않고 도역이 다시 도역을 낳는 일이 없을 것이고 신체를 상하여 욕보이게 되어 평생 그것으로 경계하게 될 것입니다. 사람들이 육형을 받은 죄인의 고통을 보고서 두려워서, 그 범법행위를 하지 않게 되는 것이 지금의 수배에 달할 것입니다. 또 악한 일을 한 사람이 발각되면 즉시 그에 합당한 죄를 받아 처형되어 그가 악한 일을 할 때 사용할 수 있는 수단을 버리게 되므로 이것은 이미 육형을 받은 사람을 선량한 사람으로 만드는 것입니다. 이것과 나쁜 짓을 하는 수족을 완전한 채로 두고 반드시 죽어야만

---

300 淫者劓其勢: 간통죄를 처벌하는 형벌. '腐刑' '蠶室刑'이라고도 칭하며 사형에 다음가는 중형. 남자는 劓腐하고 부인은 幽閉한다고 되어 있다.

하는 궁지로 내쫓는 것과 어찌 같을 수 있겠습니까? 그래도 육형을 행할
수 없다고 하는 사람이 있다면, 그것은 제가 생각하기에 시무(時務)를 알
지 못함이 심한 것을 자인하는 것입니다.[301] 신은 전에 항상 폐하를 좌우
에서 받들어 모시면서 여러 차례 영명하신 조령을 들었는데, 그것은 육
형을 사용하는 것이 좋고 정치에도 실제 적합하다는 것이었습니다. 원
컨대 폐하께서는 폐하의 정확한 판단을 확신하시고, 현능한 사람으로
하여금 성명한 결단을 봉행하도록 하여 이것을 지금 실행할 수 있도록
하십시오. 제가 죽기 전에[302] 태평의 세(世)에 이르기를 기대합니다. 『주
례』의 삼사(三赦)[303]와 삼유(三宥)[304]는 노유도모(老幼悼耄)[305]와 백성 중에
서 체포할 수 없는 경우[306]에 적용합니다. 이러한 자들은 악한 일이 발생
하는 근원이 되지 않기 때문에 형법은 미리 그들을 제외하고 너그러이
사하는 것입니다. 이러한 부류에 속하지 않는 사람이 죄를 범하면 반드
시 처형하고 사면하지 않도록 하는 것이 정령을 집행하는 일반적인 원
칙입니다. 그런데 후세에 이르러 시세가 험악하고 다난하였으므로 사면
을 행하여 백성의 불만을 풀어주었는데, 그것은 임기응변식 조치로서
행한 것이고, 죄인을 관대하게 처리한 것은 아니었습니다. 현재는 늘 범
죄가 누적되고 뇌옥이 가득 차서 사면을 하여 그들을 흩어지게 하고 있
습니다. 이 때문에 사면은 더욱 빈번히 행해지고 옥은 더욱 가득 찹니
다. 이 같은 상태가 계속되면, 장차 걷잡을 수 없게 될 것입니다. 그러한
사태가 초래된 이유를 살펴보면, 육형을 실시하지 않은 것이 그 원인입

---

301 劉頌의 이상의 건의 내용은 魏의 鍾繇의 견해와 매우 가까운 것이다. 鍾繇의 육형 부활론은 앞의
    위율고를 참조.
302 比塡溝壑: 比는 及의 의미. 塡溝壑은 劉頌 자신의 죽음에 대한 謙稱이다. 「論肉刑表」를 올렸을 때
    에 劉頌은 淮南相으로 좌천된 상황이었는데, 이후 조정에 다시 돌아오지 못했다.
303 三赦: 7세 이하의 幼弱, 80세 이상의 老眊, 白癡에 해당하는 意愚는 원칙적으로 사면된다.
304 三宥: 愚民이 법을 몰라 생긴 죄 또는 대상을 오인해서 범한 죄과인 不識, 범죄를 범할 의도 없이
    발생한 罪인 過失, 법률규정을 忘記하여 생긴 범죄인 遺忘을 말한다.
305 悼; 幼童. 耄; 老人.『禮記』,「曲禮上」, "八十九十曰耄, 七年曰悼, 悼與耄, 雖有罪, 不可刑焉."
306 유아와 노인을 제외하고 정신질환 등을 겪고 있는 사람을 말한다.『周禮』의 三赦는 幼弱, 老耄, 意
    愚이므로 이 기준에 의하면 意愚에 해당한다.

니다. 지금 육형을 행한다면, 죄인이 누적되지 않을 뿐만 아니라 악한 일을 범하는 자도 그 도구가 사라지므로 간악한 일이 그치게 됩니다. 이 두 가지 원인을 제거한다면, 뇌옥이 가득 차지 않게 될 것입니다. 따라서 빈번히 사면을 행할 필요도 없게 됩니다. 이같이 하는 것이 정치상에 있어서 매우 유익한 것입니다."라고 하였다. 상주문은 올라갔지만, 고려되지 않았다.[307](『진서』「형법지」)

**【원문】** 及(元)帝卽位, (衛)展爲廷尉, 又上言:「古者肉刑, 事經前聖, 漢文除之, 增加大辟. 今人戶彫荒, 百不遺一, 而刑法峻重, 非句踐養胎之義也. 愚謂宜復古施行, 以隆太平之化.」詔內外通議. 於是驃騎將軍王導、太常賀循、侍中紀瞻、中書郞庾亮、大將軍諮議參軍梅陶、散騎郞張嶷等議, 以:「肉刑之典, 由來尙矣. 肇自古先, 以及三代, 聖哲明王所未曾改也. 豈是漢文常主所能易者乎! 時蕭曹已沒, 絳灌之徒不能正其義. 逮班固深論其事, 以爲外有輕刑之名, 內實殺人. 又死刑太重, 生刑太輕, 生刑縱於上, 死刑怨於下, 輕重失當, 故刑政不中也. 且原先王之造刑也, 非以過怒也, 非以殘人也, 所以救姦, 所以當罪. 今盜者竊人之財, 淫者好人之色, 亡者避叛之役, 皆無殺害也, 則加之以刑. 刑之則止, 而加之斬戮, 戮過其罪, 死不可生, 縱虐於此, 歲以巨計. 此迺仁人君子所不忍聞, 而況行之於政乎! 若乃惑其名而不練其實, 惡其生而趣其死, 此畏水投舟, 避坎蹈井, 愚夫之不若, 何取於政哉! 今大晉中興, 遵復古典, 率由舊章, 起千載之滯義, 拯百殘之遺黎, 使皇典廢而復存, 黔首死而更生, 至義暢于三代之際, 遺風播乎百世之後, 生肉枯骨, 惠侔造化, 豈不休哉! 惑者乃曰, 死猶不懲, 而況於刑? 然人者冥也, 其至愚矣, 雖加斬戮, 忽爲灰土, 死事日往, 生欲日存, 未以爲改. 若刑諸市朝, 朝夕鑒戒, 刑者詠爲惡之永痛, 惡者睹殘刖之長廢, 故足懼也. 然後知先王之輕刑以御物, 顯誠以懲愚, 其理遠矣.」尙書令刁協、尙書

---

307 『晉書』 권30, 「刑法志」, 931-933쪽.

薛兼等議, 以爲:「聖上悼殘荒之遺黎, 傷犯死之繁衆, 欲行刖以代死
刑, 使犯死之徒得存性命, 則率土蒙更生之澤, 兆庶必懷恩以反化也.
今中興祚隆, 大命惟新, 誠宜設寬法以育人. 然懼群小愚蔽, 習翫所見
而忽異聞, 或未能咸服. 愚謂行刑之時, 先明申法令, 樂刑者刖, 甘死者
殺, 則心必服矣. 古典刑不上大夫, 今士人有犯者, 謂宜如舊, 不在刑
例, 則進退爲允.」尙書周顗、郎曹彦、中書郎桓彝等議, 以爲:「復肉
刑以代死, 誠是聖王之至德, 哀矜之弘私. 然竊以爲刑罰輕重, 隨時而
作. 時人少罪而易威, 則從輕而寬之; 時人多罪而難威, 則宜化刑而濟
之. 肉刑平世所應立, 非救弊之宜也. 方今聖化草創, 人有餘姦, 習惡之
徒, 爲非未已, 截頭絞頸, 尙不能禁, 而乃更斷足劓鼻, 輕其刑罰, 使欲
爲惡者輕犯寬刑, 蹈罪更衆, 是爲輕其刑以誘人於罪, 殘其身以加楚酷
也. 昔之畏死刑以爲善人者, 今皆犯輕刑而殘其身, 畏重之常人, 反爲
犯輕而致囚, 此則何異斷刖常人以爲恩仁邪! 受刑者轉廣, 而爲非者日
多, 踊貴屨賤, 有鼻者醜也. 徒有輕刑之名, 而實開長惡之源. 不如以殺
止殺, 重以全輕, 權小停之. 須聖化漸著, 兆庶易威之日, 徐施行也.」
議奏, 元帝猶欲從展所上, 大將軍王敦以爲:「百姓習俗日久, 忽復肉
刑, 必駭遠近. 且逆寇未殄, 不宜有慘酷之聲, 以聞天下.」於是乃止.
(同上)

【역문】 원제가 즉위하자 위전이 정위가 되어 다시 상주하여 말하였다. "고
대에는 육형을 사용하였는데, 그것은 전대의 성왕에 의해서 행해졌던
것입니다. 한의 문제는 이를 없애고 사형을 늘렸습니다.[308] 지금 인구가
줄어서 100명에 1명도 남지 않은 실정입니다. 그런데도 형벌이 엄중한
것은 월왕 구천의 양태(養胎)의 정신[309]에 반하는 것입니다. 제가 생각하

---

308 文帝가 육형을 폐지하였을 때, 종래의 斬右趾를 폐지하고 사형으로 한 것을 말한다.
309 越王句踐은 吳王夫差에게 패하고 재기에 혼신의 힘을 기울이면서 다음과 같은 정책을 취한다. 즉
『國語』「越語」의 내용에 따르면, 여자가 17세에도 시집을 가지 않을 경우 그 부모가 처벌을 받고,
남자는 20세에 장가를 가지 않으면 그 부모가 처벌을 받는 것으로 되어 있다. 또 자식을 낳는 사
람에게는 의사를 보내고, 산부에게는 술과 돼지고기를 보냈다고 하는 내용이 나온다.

기에 마땅히 고대의 육형을 부활시켜 태평한 사회에서 실시하는 바의 교화를 홍성하게 해야 합니다." 원제는 조를 내려서 널리 내외의 신하에 게 논의하게 하였다. 이에 표기장군[310] 왕도,[311] 태상 하순,[312] 시중 기 첨,[313] 중서랑 유량,[314] 대장군자의참군[315] 매도,[316] 산기랑 장억[317] 등은 그것을 논하여 다음과 같이 말하였다. "육형의 제도는 그 유래가 매우 오래된 것입니다. 상고에서 시작하여 하·상·주 삼대에 이르기까지 성 명한 군주들이 모두 고치지 않았습니다. 어째서 한의 문제와 같은 심상 (尋常)한 군주가 육형을 폐지한 것이겠습니까? 문제 때 소하나 조참은 이미 사망하였고, 주발이나 관영과 같은 무리는 육형을 실시했던 이유 를 바르게 밝힐 수 없었습니다. [후한 시에는] 반고가 비로소 한문제가 육형을 폐지한 것을 심각하게 논하여, 육형의 폐지는 명목상으로 형벌 을 가볍게 한 것 같지만 내실은 오히려 사형을 늘려 무겁게 한 것이라고 하였습니다. 게다가 사형은 지나치게 무겁고, 생형은 지나치게 가벼우 니, 위에서 가벼운 생형을 베푼다 해도 아래에서는 사형이 남용된다고

---

310 驃騎將軍; 武官名. 漢代에 설치됨. 직위는 丞相보다 조금 낮다. 晉代에는 2品의 武官으로 三公의 아래에 있었다.

311 王導의 字는 茂弘이고, 山東 臨沂(지금의 山東省 臨沂縣)人이다. 東晉의 元帝가 琅邪王이었을 때 부터 친하여 元帝를 옹립하여 東晉王朝를 일으키고, 그 재상이 되었다. 元帝도 그를 蕭何라고 평 가할 정도로 존중하였다. 원제의 사후에 明帝, 成帝를 보좌하였다.

312 賀循의 字는 彥先이고, 會稽山陰(지금의 浙江省 紹興市)人이다. 吳中의 名族 출신. 陽羨·武康 등 의 縣令, 太子舍人을 지냈다. 西晉末 은둔하였는데, 元帝가 晉王이 되었을 때 軍諮祭酒가 되었다. 建武初에 太常을 지냈다.

313 紀瞻의 字는 思遠이고, 丹陽 秣陵(지금의 江蘇省 南京市)人이다. 元帝 즉위 후에는 侍中이 되어 尙 書로 옮겼다.

314 庾亮의 字는 元規이고, 潁川 鄢陵(지금의 河南省 鄢陵縣)人이다. 元帝 때에 丞相參軍을 역임하고, 都亭侯에 封해졌다. 明帝 즉위 후에는 中書監이 되고, 明帝의 遺詔에 의해서 王導와 함께 幼主를 보필하였다.

315 大將軍: 大將軍은 古來의 官名으로 漢의 武帝는 이에 大司馬의 이름을 冠하여 존중하였다. 魏末 晉初에는 이 지위를 차지하는 사람이 정치의 실권을 장악하였다. 諮議參軍은 東晉에서 시작하는 官職으로 將軍府의 幕僚로 諮問에 응해 軍事를 謀議한다.

316 梅陶는 晉의 西平(지금의 河南省 西平縣)人. 王敦의 諮議參軍을 역임.

317 散騎郞: 散騎侍郞을 말한다. 散騎의 제도는 秦에서 시작하고, 漢代에는 列侯에서 郞中에 이르기까 지 加官名으로 天子의 出御 때에 騎乘해서 뒤따랐다. 後漢 대에 한번 폐지되었지만, 魏의 文帝 때 에는 또 설치되었다. 散騎市郞은 그 때 설치되어 晉에 이르기까지 散騎常侍, 侍中, 黃門郞과 함께 尙書의 奏事를 담당하였다.

원망하게 됩니다.318 따라서 형의 경중이 타당성을 잃어 그 때문에 형정 (刑政)이 적절하지 않게 된 것입니다. 또 선왕이 육형을 만들었던 근원을 살펴보면, 결코 [일시적으로] 지나친 분노에서 나온 것이 아니고, 또 백성을 해치고자 한 것도 아니고, 간악한 행위를 막고, 그 죄에 적절한 형을 가하기 위한 것이었습니다. 지금 도인(盜人)은 타인의 재물을 훔친 것이고, 간음자(姦淫者)는 타인의 색을 밝힌 것이고, 도망자는 요역을 피하여 도망한 것입니다. 따라서 이들은 모두 사람을 살상한 것이 아니므로 그들에게 육형을 가해야 합니다. [이들에게] 육형을 가하면 그 범죄를 제지할 수 있는데, 사형에 처하는 것은 그 범죄에 대한 처벌이 지나친 것입니다. 죽은 자는 다시 살아날 수 없는데, 이처럼 포악하게 사형에 처하는 것이 매년 엄청난 숫자에 달하고 있습니다. 이것은 인자(仁者)나 군자가 차마 들을 수 없는 바인데, 어찌 이것을 계속 시행하는 것입니까. 그런데도 [형을 가볍게 한다는] 그 이름에 현혹되어 그 실제를 파악하지 못하고, 그 살리는 것을 싫어하고 죽음으로 몰고 가는 것은 물이 무서워 배에서 뛰어내리고, 구덩이를 피해서 깊은 우물로 들어가는 것으로319 어리석은 자도 이와 같이 하지 않을진대 어찌 이것을 채택하는 것입니까. 지금 우리 진조는 대업을 부흥시켜, 고대의 전제(典制)를 준수하고 구래의 법령에 따라서 오랫동안 정체되고 사용되지 않았던 올바른 준칙을 회복하여 무수한 수난을 받고 요행히 살아남은 백성을 구출하였습니다. 폐기한 선왕의 전장을 회복시키고, 백성을 사지에서 구출하여 그 지극한 의가 삼대에 미치고, 그 원풍(遠風)이 백대(百代)의 후(後)에 까지 전해져 고골(枯骨)에 육(肉)을 낳게 하고 은혜가 천지와 같다면 어찌 좋지 않겠습니까? 혹자는 말하기를, '사형도 징계하지 못하는데, 하물며 육형으로 어떻게 간사함을 징계할 수 있겠는가?'라고 합니다. 그러나 백

---

318 漢의 文帝가 肉刑을 폐지해서 종래의 劓刑이나 斬左趾를 笞刑으로 하였지만, 笞刑에 의해서 도리어 죽은 자가 속출하였기 때문에 笞刑이 실은 사형과 다름 없었다는 의미이다.

319 조그만 재난을 피한다는 것이 大難을 맞게 된다는 것. 즉 肉刑이면 될 것을 사형에 처한다는 의미로 형벌 부과의 부적절함을 지적한 것이다.

성은 우매하며, 지극히 어리석은 존재입니다. 설령 참형을 가해 홀연히 회토(灰土)로 변해 버리면 사형에 처한 일은 나날이 과거로 되고, 산사람의 욕망은 나날이 존재하는 것이므로 회개할 기회조차 없어지게 되는 것입니다.[320] 죄인을 시장이나 조정에서 육형에 처해서 조석으로 감계로 삼는다면, 육형을 받은 자는 나쁜 일을 한 것으로써 받은 영구적인 고통에 신음하고, 간사한 자는 지체가 잘려 일생 불구가 된 것을 보게 될 것이기 때문에 충분히 두려움을 느끼게 될 것입니다. 이와 같이 해야 비로소 선왕이 형을 가볍게 해서 백성을 통제하고 경계를 보여주고 어리석은 자를 징계한 것이 그 이치가 심원함을 알 수 있는 것입니다." 상서령 조협,[321] 상서 설겸[322] 등이 논의하여 다음과 같이 말하였다. "황제께서는 잔해황폐(殘害荒廢)한 세상에서 살아남은 백성들을 불쌍하게 여기고 사죄를 범하는 자가 많음을 가엾게 생각하여 월형으로 사형을 대신하여 사죄를 범한 죄인의 생명을 보존하고자 하십니다. 그러면 전국의 백성들은 재생의 은혜를 받게 되고, 감은보덕(感恩報德)하여 과오를 깨우치고 교화에 이를 것입니다. 현재 진조는 중흥해서 황운이 창성하고, 천명은 일신되었습니다. 마땅히 관대한 법을 설치해서 만민을 육성해야 합니다. 그러나 많은 소인들이 우매하고 막혀 있어서 자신들이 견문하는 바에 익숙한 상태인데, 갑자기 육형을 설치하면, 혹 납득하지 못할까 우려됩니다. 저희가 생각하기에 형을 집행할 때 우선 법령을 철저히 주지

---

320 灰土:『論衡』,「論死」, "人死血脉竭, 竭而精氣滅, 滅而形體朽, 朽而成灰土, 何用爲鬼?"(『論衡』論死第六十二) 죽은 후 아무 것도 남지 않은 것 혹은 그 상태를 말한다. 이에 대해 冨谷至는 "살육을 가해도 현세에 위협의 효과를 남기지 못하고, 살육 자체가 효과를 거두지 못한다. 死者에 대해서 말하자면, 사정은 이미 과거의 것으로 날로 잊혀지고, 살아 있는 자로 말하면, 욕망이 일상적으로 존재하기 때문에 회개하지 않는 것이다"라고 설명하였다.

321 刁協의 字는 玄亮이고, 渤海繞安(지금의 河北省 孟村)人이다. 西晉 시에 太常博士, 潁川太守 등을 역임하였고, "八王의 亂"때에 渡江하여 피난하였다. 元帝가 강남에 있을 때 鎭東軍諮祭酒가 되고, 元帝가 丞相 때에 左長史, 쉬위 시에 尙書左僕射가 되었다. 東晉의 制度를 制定하는 데 功이 있었다. 尙書令을 지내다 王敦의 亂으로 인해 살해되었다.

322 薛兼의 字는 令長이고, 丹陽(지금의 江蘇省 南京市)人이다. 元帝가 安東將軍 때에 벼슬하여 軍諮祭酒를 거쳐서 丞相長史, 丹陽太守를 지냈다. 建武初에 尙書, 太子少傅를 領하였다. 永昌의 初에는 太尙이 되고, 明帝 즉위 후에는 散騎常侍를 더했다.

시킨 후, 육형을 원하는 자에게는 월형을 가하고, 사형을 감수하겠다고 하는 자에게는 사형을 가한다면, 백성들은 반드시 납득하게 될 것입니다. 고전에 '형은 대부 이상에게는 적용되지 않는다.'[323]라고 하였으니, 현재 사인(士人)이 죄를 범하였을 때는 옛날의 규장(規章)에 따라 형의 적용을 받지 않도록 하십시오. 모두 유연하게 처리하는 것이 합당할 것입니다." 상서의 주의,[324] 상서랑의 조언, 중서랑의 환이,[325] 등이 논의하여 다음과 같이 말하였다. "육형을 부활해서 사형으로 대신하는 것은 진실로 성왕의 지덕(至德)이고, 백성을 불쌍히 여기는 큰 은혜입니다. 그러나 다시 생각하면, 형벌의 경중은 그 시세에 따라서 정해지는 것이니, 그 당시의 백성의 범죄가 적고 위세에 쉽게 굴복하면, 가벼운 형벌로써 관대하게 처리하고, 당시의 인민들이 범죄가 많고 위력으로 쉽게 제압하기 어려우면, 사형으로 제지하는 것이 적합합니다. 육형은 승평의 시대에 행해져야 할 것으로[326] 현재의 폐단을 구하기에 적절하지 않습니다. 이제야 성명한 교화가 시작되어 백성들은 아직 간사한 마음이 남아 있고, 악한 일을 하는 데 익숙한 무리들은 여전히 계속해서 비행을 일으키고 있습니다. 참형·교형의 중형으로도 아직 범죄를 근절하지 못하는데, 다리를 자르고 코를 베는 것으로 바꾸어 그 형벌을 가볍게 하면, 관대한 형을 쉽게 범하게 하여 죄를 범하는 자가 더욱 많아지게 될 것입니다. 이것은 결과적으로 형벌을 가볍게 하여 사람을 범죄로 유인해서 그들의 신체를 훼손시켜 엄청난 고통을 조성하는 것입니다. 이전에는 사

---

323 『禮記』, 「曲禮上」, "刑不上大夫. 注; "其犯法則在八議, 輕重不在刑書"
324 周顗의 字는 伯仁이고, 汝南安成(지금의 河南省 平與縣)人이다. 武帝 太康 말년에 父의 爵을 계승하여 武成侯가 되고 후에 尙書吏部郎이 되었다. 軍諮祭酒, 太子少傅, 荊州刺史, 尙書左僕射 등을 역임하였다. 王敦의 반역의 때에 살해되었다.
325 桓彝의 字는 茂林이고, 譙國龍亢(지금의 安徽省 懷遠縣)人이다. 晉의 大將 桓溫의 父. 처음에는 周顗의 발탁을 받았다. 元帝 때에 中書郎, 尙書吏部郎으로 누진되었다. 王敦의 난 때 관직을 버렸는데, 明帝 때에 散騎常侍가 되고 王敦의 난을 평정한 공으로 萬寧縣男으로 봉해졌다. 王竣의 난 때 被殺되었다.
326 平世: 升平의 시대. 『周禮』, 「秋官司寇」, "一曰刑新國用輕典. 二曰刑平國用中典. 三曰刑亂國用重典."

형이 두려워 착한 일을 했었는데, 지금은 모두 가벼운 죄를 범해도 그 신체를 훼손한다면, 중형을 두려워했던 상인(常人)이 도리어 가벼운 형을 범해서 죄수가 되지 않을까 두렵습니다. 이와 같이 한다면 상인에게 코나 다리를 베고 그것을 인은(仁恩)이라고 하는 것과 무엇이 다르겠습니까? 육형을 받는 사람이 점차 많아지고 비행을 하는 자가 날로 많아져 월형을 받는 자가 신고 다니는 것이 일반인이 신고 다니는 것보다 가치가 높아지고, 코가 있는 자가 추해지게 될 것입니다. 이것은 단지 겉으로만 [형벌이] 가볍다는 이름이 있을 뿐, 실제로는 간악을 조장하는 근원을 열어두는 것입니다. 그보다는 사람을 형살(刑殺)하는 것에 의해서 살인을 방지하고, 중형을 행하여 경형을 막는 것이 좋습니다. 일시적으로 잠시 육형의 실행을 미루고 성명한 교화가 점차 효과가 나타나 확대되어 백성들이 위세에 쉽게 굴복하게 될 날을 기다려 서서히 육형을 시행해야 합니다." 이러한 의론이 상주된 후 원제는 위전의 의견에 따르고자 하였는데, 대장군 왕돈[327]이 "백성들의 습속은 이미 오래된 것으로 갑자기 육형을 부활하면, 각지의 백성들이 놀랄 것입니다. 아직 역적도 근절하지 못하였는데, 잔혹하다는 소리가 천하에 전해져서는 안 됩니다"라고 하였다. 이에 원제는 육형의 부활 시도를 중단하였다.[328](『진서』「형법지」)

【원문】 安帝元興末, 桓玄輔政, 又議欲復肉刑斬左右趾之法, 以輕死刑, 命百官議. 蔡廓上議曰:「建邦立法, 弘敎穆化, 必隨時置制, 德刑兼施. 長貞一以閑其邪, 敎禁以檢其慢, 灑沾露以流潤, 厲嚴霜以肅威, 雖復質文迭用, 而斯道莫革. 肉刑之設, 肇自哲王. 蓋由曩世風淳, 人多惇

---

327 王敦의 字는 處仲이고, 琅邪 臨沂(지금의 山東省 臨沂縣)人이다. 梁武帝 襄城公主를 妻로 娶하여 駙馬都尉, 太子舍人이 되었다. 趙王倫의 반란 평정의 공을 세워 惠帝 復位 후에는 散騎常侍, 左衛將軍, 大鴻臚, 侍中, 靑州刺史가 되었다. 永嘉의 初에는 王導와 함께 東晉의 元帝의 창업을 도왔다. 東晉 建立 후에는 또 侍中, 大將軍, 江州牧을 지내면서 더욱 권위가 높아져 朝廷을 마음대로 하였다. 皇帝는 이에 王敦의 세력을 억제하고자 하였으나 실패하였다. 明帝 시에는 제위를 탐냈지만 실패하고 沒하였다.
328 『晉書』 권30, 「刑法志」, 940-942쪽.

謹, 圖像旣陳, 則機心直戢, 刑人在塗, 則不遑改操, 故能勝殘去殺, 化
隆無爲. 季末澆僞, 設網彌密, 利巧之懷日滋, 恥畏之情轉寡. 終身劇
役, 不足止其姦, 況乎黥劓, 豈能反於善. 徒有酸慘之聲, 而無濟俗之
益. 至於棄市之條, 實非不赦之罪, 事非手殺, 考律同歸, 輕重均科, 減
降路塞, 鍾陳以之抗言, 元皇所爲留憨. 今英輔翼贊, 道邈伊周, 誠宜明
愼用刑, 愛人弘育, 申哀矜以革濫, 移大辟於支體, 全性命之至重, 恢繁
息於將來.」而孔琳之議不同, 用王朗·夏侯玄之旨. 時論多與琳之同,
故遂不行.(同上)

【역문】 안제의 원흥(402-404) 말년에 이르러 환현[329]이 보정하였을 때, 육형
의 참좌우지법(斬左右趾法)을 부활시켜 사형을 경감하고자 백관에게 그
것을 의론하도록 명하였다. 채곽[330]이 상주하여 말하였다. "나라를 이룩
하고 법을 세우며, 가르침을 넓혀 교화를 두텁게 하는 데에는 반드시 시
세에 따라 제도를 수립하고, 덕정과 형벌을 함께 시행해야 합니다. 바름
과 전일함을 증강하여 그 사악함을 막고, 교화와 금령으로 방종한 마음
을 억제하며 널리 백성들에게 은혜를 베풀고, 추상같은 엄정함으로 위
엄을 세워야 합니다. 비록 질박함과 문채(文彩)를 번갈아 활용한다 하더
라도 이 도리는 바뀔 수는 없습니다. 육형을 설정한 것은 태고의 성왕에
서 시작된 것입니다. 생각하건대, 고대는 풍속이 순박하고 백성은 대부
분 순량하고 근직하였으므로 도상(圖像)[331]으로 [형벌을] 알리면 간사한
마음을 그쳤으며, 육형을 받은 사람이 거리에 있으므로, [그것을 보고]
불령(不逞)한 무리들도 그 마음을 고쳤던 것입니다. 그러므로 잔악함을

---

329 桓玄의 字는 敬道이고, 桓溫의 아들로 父 사후 南郡公을 襲爵하고 나이 23세에 太子洗馬가 되었
다. 荊州四郡의 都督을 거쳐 荊州, 江州의 刺史 등으로 昇進하였다. 후에 스스로 侍中을 맡고, 丞
相의 職權을 장악하는 獨裁를 하다가 元興 2년(403)에 帝位를 찬탈한 후 人赦改元해서 永始로 고
쳤는데. 다음 해 劉裕·劉毅 등에 의해서 斬殺되었다.
330 蔡廓의 字는 子度이고 濟陽 考城(지금의 河南省 蘭考縣)人이다. 西晉 말 일찍이 著作郎을 지내고
후에 御史中丞에 올랐다. 『宋書』와 『南史』에 열전이 있다.
331 圖像: 象刑을 의미한다. 『尙書』, 「舜典」, "象以典刑" 馬融曰: "言咎繇制五常之制, 無犯之者, 但有其
象, 無其人也."

제거하고 사형을 없앨 수 있어, 무위로써 교화를 흥성하였던 것입니다.
[그러나] 말세에 이르러 풍속이 비속해지고 사위가 늘어나 설치된 법망
은 점점 번다해지고 교묘하게 이익을 도모하는 마음이 날로 증가하였으
며, 부끄러워하고 두려워하는 성정은 도리어 줄어들게 되었습니다. 종
신토록 심하게 복역을 해도 그 간사한 행위를 막지 못하는데, 하물며 경
형·의형으로 어떻게 선도할 수 있겠습니까? 이것은 단지 형벌을 참혹
하게 했다는 소리만 듣게 될 뿐 풍속을 바르게 하는 장점은 없습니다.
기시의 조문을 살펴보면, 실은 사죄[不赦之罪][332]가 아니거나, 직접 살해
한 경우가 아니라 하더라도 법률에 의하면 동일하게 처벌하고 있습니
다. 경죄와 중죄를 똑같이 처벌하여 형을 경감하는 길을 막고 있는 것입
니다. 종요와 진군은 이 점을 개탄하여 상언하고, 또 원제도 이 점을 염
두에 두고 고민하였습니다. 현재 뛰어난 신하들이 폐하를 보좌하니, 정
도(政道)가 이윤과 주공을 능가합니다. 진실로 형벌의 집행을 신중하게
하시어 백성을 사랑하고 널리 기르시며, 애긍심을 펴시어 형의 남용을
혁파하십시오. 사형을 참좌우지로 바꾸어 귀중한 생명을 보존할 수 있
게 하여 장래 그 자손이 번영할 수 있도록 하십시오." 그러나 공림지[333]
의 의론은 [채곽과] 달랐으니, [결국] 왕랑과 하후현의 뜻을 채용하였다.
당시의 의론의 대부분은 공림지와 같아서 결국 육형을 다시 실시하지
못하였다.[334](위와 동일)

**【원문】** 玄又議復肉刑, 琳之以爲: 唐虞象刑, 夏禹立辟, 蓋淳薄既異, 致化
不同. 書曰「世輕世重」, 言隨時也. 夫三代風純而事簡, 故罕蹈刑辟,

---

332 不赦之罪: 冨谷至에 따르면 '不赦之罪'는 '死刑'이라는 의미이다. "詔書曰, 其赦天下自殊死以下, 諸
　　不當得死者, 皆赦除之."(EPF22:164) "博等所犯(罪)惡大, 群下之所共攻, 王法之所不赦也."(『漢書』권
　　80, 「劉歆傳」) 등 '不赦'는 '赦免할 수 없는'이란 의미이므로 곧 死罪를 의미한다고 하였다.
333 孔琳之는 南朝 宋 會稽山陰(지금의 浙江省 紹興市)人으로, 字는 彦琳이다. 祖父, 父가 모두 晉代에
　　大官을 지냈다. 文籍을 좋아하고 草書와 隸書에 능하였다. 桓玄이 安帝를 보좌하였을 때에 그를
　　西閣祭酒에 임명하였다. 당시 桓玄이 肉刑의 회복을 주장할 때 반대하였다. 尙書左丞, 尙書吏部
　　郎, 御史中丞 등을 역임하였다.
334 『晉書』 권30, 「刑法志」, 942쪽.

季末俗巧而務殷, 故動陷憲網. 若三千行於叔世, 必有踊貴之尤, 此五帝不相循法, 肉刑不可悉復者也. 漢文發仁惻之意, 傷自新之路莫由, 革古創制, 號稱刑厝; 然名輕而實重, 反更傷人. 故孝景嗣位, 輕之以緩, 緩而人慢, 又不禁邪. 期于刑罰之中, 所以見美於昔, 歷代詳論而未獲厥中者也. 兵荒已後, 罹法更多, 棄市之刑, 本斬右趾, 漢文一謬, 承而弗革, 所以前賢悵恨, 議之而未辯. 鍾繇・陳羣之意雖小有不同, 欲以右趾代棄市. 若從其言, 則所活者眾矣. 降死之生, 誠爲輕法, 可以全其性命, 蕃其產育, 仁既濟物, 功亦益衆. 又今之所患, 逋逃爲先, 屢叛不革, 宜令逃身靡所, 亦以肅戒未犯, 永絶惡原. 至於餘條, 宜且依舊.
(南史孔琳之傳)

【역문】 환현(桓玄)이 또한 육형을 부활시키자고 논의하니 공림지(孔琳之)가 다음과 같이 말했다. "당우(唐虞)시대에는 상형(象刑)이 [있었고] 하우(夏禹)는 법률을 제정하였으니, 대개 순박함이 이미 다르고 교화된 것이 같지 않았던 것이다. 『상서』에서는 '[형벌을] 세태에 따라 가볍게 하고 무겁게 한다'[335]고 하였으니, 시대에 따라 [변한다는] 뜻이다. 대저 삼대의 풍속이 순박하고 사안이 간결하였으므로 형률을 어기는 이가 드물었는데, 말세가 되자 풍속이 교활해지고 업무가 번다해져 법망에 빠지게 되었던 것이다. 만약 고대의 형벌[삼천(三千)][336]이 말세에 행해졌다면, 반드시 월형을 받은 자가 신고 다니는 것이 [일반인이 신고 다니는 것보다] 더욱 귀해졌을 것이니, 이 때문에 오제(五帝)가 서로 법을 따르지 않아 육형이 모두 부활할 수 없었던 것이다. 한문제가 측은히 여기는 마음을 발휘하여 새로운 방법에 상함이 없게 하고, 옛것을 개혁하여 [새로운] 제도를 창설하고 형조[刑厝: 형법은 제정하였으나 사용하지 않음]라고 칭하였다. 그러나 [형벌의] 명목은 가벼우나 실제는 중하여 도리어 사람을 해치게 되었다. 이 때문에 효경제가 황위를 이은 후 [형벌을] 완화하여 가

---

335 『書經』, 「呂刑」, "輕重諸罰有權, 刑罰世輕世重, 惟齊非齊, 有倫有要."
336 '三千'은 묵형, 의형 등 오형에 해당하는 죄 3000개를 의미한다. 『書經』, 「呂刑」, "墨罰之屬千, 劓罰之屬千, 剕罰之屬五百, 宮罰之屬三百, 大辟之罰二百, 五刑之屬三千."

녑게 하였는데, 완화시키자 사람들이 그것을 무시하여 간사함을 금할
수 없게 되었다. 형벌의 중도를 기약한 것은 옛적(의 고사)에서 미덕을
보았기 때문이었으며 (그래서) 대대로 상론하였으나 중도를 얻지 못했
다. 전란으로 황폐해진 이후 법을 어기는 자가 더욱 많아지니 기시형은
본래 참우지(斬右趾)인데, 한문제가 착오를 저지른 이후 계승하여 고치
지 않았으니 이 때문에 전대의 현인들이 한탄하고 의논하였지만 해결할
수 없었던 것이다. 종요(鍾繇)와 진군(陳群)의 뜻이 비록 약간은 차이가
있지만, [둘 다] 참우지로 기시형을 대신하고자 한 것이다. 만약 그 말을
따른다면 [사형에 처해지지 않고] 살게 되는 자들이 많을 것이다. 사형
을 감형하여 [목숨을 살리는 것은] 실로 [형]법을 가볍게 하는 것이니 그
성명(性命)을 온전하게 하고 생육을 번성시키며 인함(仁)으로 사물을 구
제하여 공이 또한 더욱 많아질 것이다. [그러나] 또한 현재 가장 근심스
러운 것은 도망자들로, 누차 도망하는 행위에 변함이 없으니, 마땅히 도
망자들이 있을 곳을 없게 하여 아직 [도망하는 죄를] 범하지 않은 자는
경계시켜 악의 근원을 길이 근절시켜야 할 것이다. 다른 조문의 경우는
마땅히 옛것을 따라야 한다.[337](『남사』「공림지열전」)

**【원문】** 晉曹志議曰: 嚴刑以殺, 犯之者寡; 刑輕易犯, 踏惡者多.臣謂玩常
苟免, 犯法乃衆, 黥刖彰罪, 而民甚恥.且創制墨刖, 見者知禁, 彰罪表
惡, 聞者多服.假使惡多尚不至死, 無妨產育, 苟能殺以止殺, 爲惡縱寡,
積而不已, 將至無人, 天無以神, 君無以尊矣.故古人寧過不殺, 是以爲
上; 寧寬得衆, 不寧急積殺, 若及于張聽訟, 刑以止刑, 可不革舊, 過此
以往, 肉刑是宜.假令漢文于張承大亂之後, 創基七十, 國寡民稀, 止禁
刑書, 鞭杖爲治也.(藝文類聚五十四)

**【역문】** 진의 조지(曹志)가 다음과 같이 논의하였다. "사형으로 엄하게 처벌
한다면 [죄를] 범하는 자가 적어질 것이며 형벌이 가벼워 범하기 쉬워지

---

337 『南史』 권27, 「孔琳之傳」, 732–733쪽.

면 악에 빠지는 이가 많아집니다. 신이 생각하기에 법을 농락한 자가 [처벌을] 면하게 되면 법을 범하는 이들이 많아질 것이며, 경형(黥刑)과 월형(刖刑)으로 죄를 드러내면 백성들은 [그것을] 매우 수치스럽게 여길 것입니다. 만일 묵형(墨刑)과 월형(刖刑)을 제정한다면 [그 형벌을] 본 자는 금령을 알게 될 것이고, [묵형과 월형을 통해] 죄를 드러내고 악을 표시한다면 [그것에 대해] 들은 자들은 대부분 복종하게 될 것입니다. 가령 악을 행한 자들이 오히려 죽음에 이르지 않게 된다면 생육에 피해가 없겠지만, 만일 사형으로 살인을 그치게 한다면 악을 행하는 자들이 비록 적어지더라도 [악을 행하여 사형을 당하는 자들이] 누적되고 멈추지 않을 경우 장차 사람이 없어져 하늘에는 신령함이 없어지고 군주는 존숭함이 없게 됩니다. 그러므로 고인은 지나치게 죽이지 않음을 편안히 여겨 최상으로 삼고, 관용으로 무리(의 마음을) 얻고자 하지, 엄벌로 사형을 누차 행하고자 하지는 않았던 것입니다. 우정국(于定國)과 장석지(張釋之)의 청송도 [육]형으로 형을 그치게 한 것으로 옛 형벌을 고치지 않았습니다. 이 외의 경우에도 육형이 타당합니다. 가령 한문제와 우정국, 장석지는 대란의 뒤를 이었는데 이는 창업한 지 70년이 된 [시점으로] 나라는 작고 백성들은 희소하므로 형서[의 사용을] 금하고 편장(鞭杖)으로 다스렸던 것입니다.[338] (『예문유취』 권54)

---

338 『藝文類聚』 권54, 「刑法部」, 972쪽.

## ◉ 八議  팔의

【원문】 羊聃字彭祖, 遷廬陵太守. 剛克粗暴, 恃國戚, 縱恣尤甚, 睚眦之嫌
輒加刑殺. 庾亮執之, 歸于京都. 有司奏聃罪當死, 以景獻皇后是其祖
姑, 應八議. 成帝詔曰:「此事古今所無, 何八議之有! 猶未忍肆之市朝,
其賜命獄所.」(羊聃傳. 御覽二百六十二引晉陽秋曰, 廬陵太守羊舟, 疑郡人簡良
等爲賊, 殺一百九十人, 徒謫百有餘人. 有司奏舟罪死, 以景獻皇后有屬八議. 帝
曰, 此古人所無, 何八議之有乎? 未忍肆之市朝, 其賜命獄所. 琅邪王太妃山氏, 舟
之甥也, 詣闕請命, 丞相以太妃爲言, 於是減死罪. 旣出, 有疾, 見簡良爲祟, 旬日
而卒. 太平廣記一百二十六引還冤記, 羊聃, 字彭祖, 晉廬江太守, 爲人剛克粗暴,
恃國姻親, 縱恣尤甚, 睚眦之嫌, 輒加刑戮. 征西大將軍庾亮檻送, 具以狀聞. 右司
馬奏: 聃殺郡將吏及民簡良等二百九十人, 徒謫一百余人, 應棄市, 依八議請宥. 顯
宗詔曰: 此事古今所未有. 此而可忍, 孰不可忍! 何八議之有? 下獄所賜命. 聃兄子

貴, 先尙南郡公主, 自表解婚, 詔不許. 琅邪孝王妃山氏, 聃之甥也, 苦以爲請. 於
是司徒王導啓聃罪不容恕, 宜極重法. 山太妃憂感動疾, 陛下罔極之恩, 宜蒙生全
之宥. 於是詔下曰: 山太妃唯此一舅, 發言摧鯁, 乃至吐血, 情慮深重. 朕丁荼毒,
受太妃撫育之恩, 同于慈親. 若不堪難忍之痛, 以致頓斃, 朕亦何顔自處. 今便原聃
生命, 以慰太妃渭陽之恩. 於是除名爲民. 少時, 聃病疾, 恆見簡良等曰: 枉豈可受,
今來相取, 自由黃泉. 經宿死.)

【역문】 양담의 자는 팽조이며, 여릉태수로 제수되었다. [성품이] 거칠고 포
악하여 국척(國戚)이라는 것을 믿고 방자하게 행동하는 것이 매우 심하
니, 조금이라도 눈에 거슬리는 사람이 있으면 형살을 가하였다. 유량이
그를 체포하여 경도로 이송하였다. 유사가 양담의 죄는 사형에 해당한
다고 상주하였는데, 경헌황후가 그의 조고(祖姑)이므로 [양담은] 팔의에
해당되었다. 성제가 조를 내려 "이러한 일은 고금에 없던 바이니, 무슨
팔의가 있단 말인가! 차마 시조(市朝)에서 [사형을] 집행할 수는 없으니,
옥에서 자진하도록 하라."고 하였다.(『진서』 「양담전」.[339] 『태평어람』 권262
에서 인용한 『진양추』의 내용은 다음과 같다. 여릉태수 양주가 군인(郡人) 간량 등
을 적도라고 의심하여 190명을 죽이고 100여 명은 유형에 처하였다. 유사가 양주의
죄는 사형에 해당한다고 상주하였는데, 경헌황후로 인해 [양주는] 팔의에 해당되었
다. 성제가 "이러한 일은 고인에게는 없던 바이니, 무슨 팔의가 있단 말인가! 차마
시조에서 [사형을] 집행할 수는 없으니, 옥에서 자진하도록 하라."고 하였다. 낭야왕
의 태비 산씨는 양주의 생질이므로 궐에 이르러 [그의 목숨을 살려달라고] 청하였으
며, 승상도 태비를 위해 상청하니, 이 때문에 사죄에서 감면되었다. [양주는 옥에서]
나간 후에 병에 걸렸는데, [귀신인] 간량이 나타나 재앙을 입어 열흘 만에 사망하였
다.[340] 『태평광기』 권126에서 인용한 『환원기』의 내용은 다음과 같다. 양담의 자는
팽조이며, 진의 여릉태수였다. 성품이 거칠고 포악하여 국척이라는 것을 믿고 방자
하게 행동하는 것이 매우 심하니, 조금이라도 눈에 거슬리는 사람이 있으면 형살을

---

339 『晉書』 권49, 「羊聃傳」, 1383쪽.
340 『太平御覽』 권262, 「職官部」, '酷太守', 446-447쪽.

가하였다. 정서대장군 유량이 호송수레에 태워 압송하고 문서를 갖추어 보고하였다. 우사마가 [다음과 같이] 상주하였다. "양담은 군의 장리 및 백성 간량 등 290명을 죽였고, 100여 명을 유배 보냈으니, 기시형에 처해야 하나, 팔의에 의거하여 용서해 주시기를 청합니다." 현종이 조를 내려 "이러한 일은 고금에 있었던 적이 없으니, 이것을 용서한다면 무엇인들 용서할 수 없겠는가. 무슨 팔의가 있단 말인가! 하옥시켜 자진하도록 하라"고 하였다. 양담의 조카 양분은 앞서 남군공주에게 장가들었는데, [양담의 사건이 발생하자] 스스로 표문을 올려 이혼하겠다고 하였다. 조를 내려 허락하지 않았다. 낭야효왕의 비 산씨는 양담의 생질이니, [양담의 죄를 용서해 달라고] 간곡히 청하였다. 이에 다음과 같이 조서를 내렸다. "산태비에게는 오직 외숙이 [양담] 한 분 뿐이라 말을 할 때마다 슬픔에 목이 막혀 피를 토하는 지경에 이르셨으니, 근심하는 마음이 매우 심하신 것이다. 짐이 큰 고통을 당할 때에 태비께서 돌보아 주시는 은혜를 입었으니, [짐에게는] 자애로운 부모 같은 분이도다. 만약 [태비께서] 감당하기 어려운 고통으로 인해 쓰러지시기라도 한다면 무슨 낯으로 살아갈 수 있겠는가. 지금 양담의 목숨을 살려주어 외숙이신 태비의 은혜[위양지은(渭陽之恩)]를 위안하고자 하노라." 이에 양담을 제명하고 백성으로 삼았다. 얼마 후 양담이 병에 걸렸는데 항상 간량 등이 나타나 "이 억울함을 어찌 당하고만 있겠는가. 지금 너를 데려가려고 황천에서 온 것이다."라고 하였다. 하룻밤이 지나고 [양담은] 죽었다.[341]

【원문】 石鑒復奏預擅餙城門官舍, 稽乏軍興, 遣御史檻車徵詣廷尉. 以預尙主, 在八議, 以侯贖論.(杜預傳)

【역문】 석감이 두예가 [규제를 어기고] 성문과 관사를 함부로 치장하였으며, 군사 동원 준비를 지체하였다[핍군흥(乏軍興)][342]고 재차 상주하니, 어

---

341 『太平廣記』 권126, 「報應」, 888쪽.
342 '乏軍興'은 정벌을 앞두고 군사 물자의 징발을 태만히 한 죄를 의미한다. '乏軍興'에 대한 처벌은 『唐律疏議』에 규정되어 있다. 『唐律疏議』 권16, 第230條, 擅興7, '乏軍興', 305~306쪽, "諸乏軍興者斬. 故·失等. 〈謂臨軍征討, 有所調發, 而稽廢者.〉 不憂軍事者, 杖一百. 謂臨軍征討, 闕乏細小之物."

사를 보내 함차에 태워 정위에게 송치하였다. 두예가 공주에게 장가들어 팔의에 해당하므로 속면으로 논죄하였다.[343](『진서』「두예전」)

【원문】 大鴻臚何遵奏廙免爲庶人, 不應襲封. 有司奏曰:「廙所坐除名削爵, 一時之制. 廙爲世子, 著在名簿, 不聽襲嗣, 此爲刑罰再加. 諸侯犯法, 八議平處者, 襃功重爵也. 嫡統非犯終身棄罪, 廢之爲重, 依律應聽襲封.」(華廙傳)

【역문】 대홍려 하준이 화이를 면하여 서인으로 삼고 봉작도 승계하지 못하도록 해야 한다고 주청하였다. 유사가 다음과 같이 상주하였다. "화이가 제명과 삭작으로 처벌받은 것은 일시적인 규정입니다. 화이는 적자[세자(世子)]로 명부에 기록되어 있는데, 봉작을 계승하지 못하게 한다면 이는 형벌을 또다시 부과하는 것이 됩니다. 제후가 법을 위반할 경우 팔의에 의거해 판결하는 것은 공로를 기리고 작위를 중시하기 때문입니다. 적자가 종신토록 폐립될 죄를 범한 것이 아닌데, 폐한다면 너무 무겁게 처벌하는 것이니, 율에 의거해 봉작은 승계하도록 허락해 주십시오."[344]
(『진서』「화이전」)

【원문】 倫當同罪, 有司奏倫爵重屬親, 不可坐. 諫議大夫劉毅駁曰:「王法賞罰, 不阿貴賤, 然後可以齊禮制而明典刑也. 倫知裘非常, 蔽不語吏, 與緝同罪, 當以親貴議減, 不得闕而不論.」(趙王倫傳)

【역문】 조왕 사마륜도 동일한 죄[345]에 해당되었는데, 유사가 사마륜은 작이 높고 종친에 속하므로 처벌해서는 안 된다고 상주하였다. 간의대부 류의가 [다음과 같이] 논박하였다. "왕법이 [규정한] 상벌이 귀천에 영합하

---

343 『晉書』 권34, 「杜預傳」, 1027쪽.
344 『晉書』 권44, 「杜預傳」, 1261쪽.
345 工匠이 훔친 御裘를 구매한 죄로 劉緝이 체포되자, 廷尉 杜友는 그를 棄市刑에 처해야 한다고 판결하였다. 司馬倫 역시 이 죄에 연루되어 처벌받게 된 것이다. 『晉書』 권59, 「趙王倫傳」, 1598쪽 "坐使散騎將劉緝買工所將盜御裘, 廷尉杜友正緝棄市, 倫當與緝同罪."

지 않아야만 예제가 가지런해지고 전형이 명확해집니다. 사마륜은 어구
(御裘)가 특별한 것임을 알고도 [절도한 사실을] 은폐하고 관리에게 고발
하지 않았으니 유집과 죄가 같습니다. 마땅히 친귀(親貴)로서 팔의에 의
거해 감형해야지, [죄를] 없애고 논죄하지 않아서는 안 됩니다.”346(『진서』
「조왕륜전」)

【원문】 廷尉論正斬刑. 詔以「謝玄勳參微管, 宜宥及後嗣, 降死徙廣州」.
(南史謝靈運傳)

【역문】 정위가 참형으로 처벌해야 한다고 논죄하였다. 조를 내려 “사현의
공훈이 관중에 필적하니 [그의] 후사도 마땅히 사면해줘야 한다. 사죄를
감형하여 광주로 유배시키도록 하라”고 하였다.347(『남사』「사령운전」)

【원문】 若親貴犯罪, 大者必議, 小者必赦, 是縱封豕於境內, 放長蛇於左
右也.(御覽六百五十二引傅子)

【역문】 만약 친·귀가 죄를 범한 경우, 큰 죄는 반드시 의(議)하고, 작은 죄
는 반드시 용서해 주니, 이는 경내에 큰 돼지[봉시(封豕)]를 풀어놓고, 좌
우에 긴 뱀[장사(長蛇)]348을 놓아두는 것이다.349(『태평어람』 권652에서 『부
자』를 인용)

⦿ **大不敬棄市** 대불경은 기시형에 처함

【원문】 嵩褒貶朝士, 又詆毀瀺, 瀺密表之. 帝召嵩入面責之. 嵩跪謝曰:「昔
唐虞至聖, 四凶在朝. 陛下雖聖明御世, 亦安能無磟磟之臣乎!」帝怒,
收付廷尉. 廷尉華恒以嵩大不敬棄市論.(周嵩傳)

---

346 『晉書』 권59, 「趙王倫傳」, 1598쪽.
347 『南史』 권19, 「謝靈運傳」, 541쪽.
348 封豕와 長蛇는 탐욕스럽고 흉포한 자를 비유하는 말이다.
349 『太平御覽』 권652, 「刑法部」, '赦', 129쪽.

【역문】 주숭이 조사들을 포폄하자,[350] 황제가 그를 입조하도록 하여 대면하고 책망하였다. 주숭이 무릎을 꿇고 용서를 빌며 말하기를 "옛날 요순과 같은 지성의 [시대에도] 사흉[351]이 조정에 있었습니다. 폐하께서 비록 성명으로 세상을 통치하시지만 그렇다고 어찌 녹록한 신하가 없겠습니까!"라고 하였다. 황제가 노하여 그를 체포하고 정위에게 이송하였다. 정위 화항이 주숭은 대불경을 범했으므로 기시형에 처해야 한다고 논죄하였다.[352](『진서』「주숭전」)

【원문】 廷尉劉頌又奏敷等大不敬, 棄市論.(庾敷傳)

【역문】 정위 류송이 유부 등은 대불경에 해당하므로 기시형으로 논죄해야 한다고 상주하였다.[353](『진서』「유부전」)

【원문】 有司奏, 濬表旣不列前後所被七詔月日, 又赦後違詔不受渾節度, 大不敬, 付廷尉科罪.(王濬傳)

【역문】 유사가 왕준이 표문에 전후로 받았던 7개 조서의 월일을 열거하지 않았으며, 또한 사면 후에도 조서의 내용을 어기고 왕혼의 지휘를 받지 않았으므로, 대불경에 해당되니 정위에게 송부하여 과죄해야 한다고 상주하였다.[354](『진서』「왕준전」)

【원문】 簡文帝登阼, 未解嚴, 大司馬桓溫屯中堂, 吹警角, 恬奏劾溫大不敬, 請科罪.(敬王恬傳)

---

350 周嵩이 新安太守로 좌천되어 출발하기 전, 散騎郎 張嶷 등과 朝士들을 비판하면서 侍中 戴邈을 비방하자, 戴邈이 황제에게 표문을 올려 그 사실을 고발한 것이다. 『晉書』 권61, 「周嵩傳」, 1659쪽. "嵩怏怏不悅. 臨發. 與散騎郎張嶷在侍中戴邈坐, 褒貶朝士, 又詆毀邈, 邈密表之."

351 堯의 시대에 존재했던 흉악한 4개 부족의 수령 渾沌・檮杌・窮奇・饕餮 및 舜 시대의 惡人인 共工・驩兜・三苗・鯀을 지칭한다.

352 『晉書』 권61, 「周嵩傳」, 1659쪽.

353 『晉書』 권50, 「庾敷傳」, 1403쪽.

354 『晉書』 권42, 「庾敷傳」, 1215쪽.

【역문】 간문제가 즉위하였으나 아직 계엄을 해제하지 않았는데, 대사마 환
온이 중당에 머물며 경각을 붙었다. 사마염이 환온이 대불경을 범했다
고 탄핵하며 과죄할 것을 청하였다.[355](『진서』「경왕염전」)

【원문】 劉毅爲司隷校尉. 皇太子朝, 鼓吹入東液門, 毅以爲大不敬, 止之
於門外. 奏劾保傅以下, 詔赦之, 然後入.(書鈔引干寶晉紀)

【역문】 유의가 사례교위가 되었다. 황태자가 입조하는데, 고취하며 동액문
으로 들어오자 유의가 [그 행위를] 대불경이라 여기고 문 밖에서 제지하
였다. 상주하여 보부 이하를 탄핵하니, 조를 내려 그들을 용서해준 후에
야 들어오게 되었다.[356](『북당서초』에서 간보의『진기』를 인용)

◉ **不孝棄市** 불효는 기시형에 처함

【원문】 玄又奏:「道子酗縱不孝, 當棄市.」(簡文三子傳)

【역문】 환현이 또한 상주하기를 "사마도자가 술에 빠져 불효를 범했으니
마땅히 기시형에 처해야 합니다."라고 하였다.[357](『진서』「간문삼자전」)

【원문】 澹妻郭氏, 賈后內妹也. 初恃勢, 無禮於澹母. 齊王冏輔政, 澹母諸
葛太妃表澹不孝, 由是澹與妻子徙遼東.(宣五王傳)

【역문】 사마담의 처 곽씨는 가후[358]의 자매[내매(內妹)]로 처음에 권세를 믿
고 사마담의 어머니에게 무례를 범하였다. 제왕 사마경이 정사를 보좌
하는데, 사마담의 모친인 제갈태비가 담이 불효하다고 표문을 올렸다.
이로 인해 담과 그의 처자는 요동으로 천사되었다.[359](『진서』「선오왕전」)

---

355 『晉書』 권37, 「敬王恬傳」, 1107쪽.
356 『北堂書鈔』 권130, 「儀飾部」, 鼓吹.
357 『晉書』 권64, 「簡文三子傳」, 1740쪽.
358 賈后는 賈南風(256–300) 즉 晉惠帝 司馬衷의 皇后인 惠賈皇后이다.
359 『晉書』 권38, 「宣五王傳」, 1122쪽.

【원문】 荀畈於朝會中奏純以前坐不孝免黜, 不宜升進.(庾純傳)

【역문】 순판이 조회 중에 유순은 이전에 불효로 파면되었으므로 승진시켜
서는 안 된다고 상주하였다.[360](『진서』「유순전」)

【원문】 (王)敦知帝聰明, 欲以不孝廢之.(世說引劉謙之晉紀)

【역문】 왕돈은 명제가 총명한 것을 알고, 불효죄로 [무고하여] 폐위시키고
자 하였다.[361](『세설신어』에서 유겸지의 『진기』를 인용)

【원문】 時有尹嘉者, 家貧, 母熊自以身貼錢, 爲嘉償責. 坐不孝當死. 承天
議曰:「被府宣令, 普議尹嘉大辟事, 稱法吏葛縢籤, 母告子不孝, 欲殺
者許之. 法云, 謂違犯教令, 敬恭有虧, 父母欲殺, 皆許之. 其所告惟取
信於所求而許之. 謹尋事原心, 嘉母辭自求質錢, 爲子還責. 嘉雖虧犯
教義, 而熊無請殺之辭. 熊求所以生之而今殺之, 非隨所求之謂. 始以
不孝爲劾, 終於和賣結刑, 倚旁兩端, 母子俱罪, 縢籤法文, 爲非其條.
(宋書何承天傳)

【역문】 그때 윤가라는 자가 있었는데, 집안이 가난하여 어머니 웅씨가 스
스로 몸을 저당 잡힌 돈으로 윤가를 위해 배상금을 마련하였다. [윤가
는] 불효를 범한 죄로 사형에 처해지게 되었다. 하승천이 [다음과 같이]
의론하였다. "군부(軍府)에 명령을 선포하여 윤가의 사형에 대해 널리
의논하게 하니, 법리 갈등은 '어머니가 아들이 불효하다고 고발한 경우
죽이고자 한다면 이를 허락한다.'라고 하였습니다. 법에서는 '교령을 위
반하고 공경함이 부족한 경우 부모가 [그 자식을] 죽이고자 한다면 모두
허락한다.'고 하였습니다. [불효를 저질렀으니 죽여야 한다고] 고발한 경
우, 오직 [그 부모가] 요구하는 바가 확실해야 허락해 주는 것입니다. [제
가] 신중하게 사안을 조사하고 [웅씨의] 본심을 살펴보니, 윤가의 어머니

---

360 『晉書』 권50, 「庾純傳」, 1401쪽.
361 『世說新語箋疏』 卷中之上, 「方正」, 313쪽, "敦知帝聰明, 欲以不孝廢之."

는 스스로 질전(質錢)을 구해 아들을 위해 배상금을 마련한 것이라고 말했습니다. 윤가가 비록 교의(教義)를 범하였으나, 웅씨는 [아들을] 죽이기를 원한다고 말한 적이 없습니다. 웅씨가 원하는 것은 아들을 살리는 것인데, 지금 만약 아들을 죽인다면 [그것은 웅씨가] 요구하는 바대로 해주는 것이 아닙니다. 처음에는 불효로 기소되었으나 마지막에는 화매(和賣)로 형이 정해졌으니, 그 두 죄명에 의거한다면 모자 모두 죄가 있는 것입니다. 갈등의 판사(判辭)는 그 조문의 [뜻이] 아닙니다."362(『송서』「하승천전」)

【세주 원문】 按唐律不孝入十惡, 子孫違犯教令入鬭訟. 此條所謂法云, 謂違犯教令, 敬恭有虧, 父母欲殺, 皆許之, 當卽晉律佚文. 晉時未有十惡之名, 不孝爲律目之一, 而違犯教令, 亦止附於不孝條中, 并未別爲專條也.

【세주 역문】 당률에서 불효는 십악에 포함되지만 '자손위범교령'조는 투송률에 있다.363 이 조목에서 "법에서는 교령을 위반하고 공경함이 부족한 경우 부모가 [그 자식을] 죽이고자 한다면 모두 허락한다."라고 한 것은 분명 진율의 일문일 것이다. 진대에는 아직 십악이라는 죄명이 없었으므로, 불효는 [일반적인] 율목의 하나였으며, '자손위범교령'조 역시 단지 불효의 조문에 포함되어 있었을 뿐, 모두 따로 전문적인 조문이 있었던 것은 아니다.

◉ 殺子棄市 　자식을 살해한 경우 기시형에 처함

【원문】 大司馬府軍人朱興妻周, 息男道扶年三歲, 先得癇病, 因其病發, 掘地生埋之, 爲道扶姑雙女所告, 正周棄市刑. 徐羨之議曰: 自然之愛, 虎狼猶仁. 周之凶忍, 宜加顯戮. 臣以爲法律之外, 故當弘通物之理, 愚謂可特原母命, 投之遐裔. 從之.(御覽七百三十九引續晉陽秋)

---

362 『宋書』 권64, 「何承天傳」, 1702쪽.
363 『唐律疏議』 권24, 第348條, 鬭訟47, '子孫違犯教令', 437쪽, "諸子孫違犯教令及供養有闕者, 徒二年. 謂可從而違, 堪供而闕者. 須祖父母父母告, 乃坐."

【역문】 대사마부의 군인 주홍의 처 주씨가 친아들인 도부가 3세인데, 갑자기 간병(癇病)에 걸리니, 그 병이 심해질까 [염려하여] 땅을 파고 산 채로 아들을 묻어버렸다. 도부의 고모인 쌍녀가 [이 사실을] 고발하자 주씨는 기시형에 처해지게 되었다. 서선지가 [다음과 같이] 의논하였다. "자연스런 사랑은 호랑이와 이리가 차라리 인하니, 주씨의 흉악함과 잔인함은 마땅히 기시형으로 처벌해야 합니다. [하지만] 신이 생각하건대, [비록] 법률 외의 [판결]이지만, 마땅히 사물의 이치를 통달하는 [뜻으로] 특별히 어미의 목숨을 살려주어 변방으로 보내십시오." 그 견해를 따랐다.[364](『태평어람』 권739에서 『속진양추』를 인용)

【세주 원문】 按據此知晉律無殺子孫輕減之條, 故云法律之外.

【세주 역문】 이 내용에 의거해 볼 때, 진율에는 자손을 살해한 경우 [형벌을] 경감해주는 조문이 없었음을 알 수 있다. 그렇기 때문에 "법률 이외"라고 말한 것이다.

【원문】 晉安帝時, 郭逸妻以大竹杖打逸前妻之子, 子死, 妻因棄市如常刑.(御覽五百十一引三十國春秋)

【역문】 진 안제 시기(397-418)에 곽일의 처가 대죽장으로 곽일의 전처 아들을 구타하였는데, 아들이 죽자, 처는 이로 인해 상형(常刑)대로 기시형에 처해졌다.[365](『태평어람』 권511에서 『삼십국춘추』[366]를 인용)

【원문】 王濬在巴郡, 兵民苦役, 生男多不擧, 濬乃嚴其殺子之防而厚卹之, 所育者數千人.(御覽四百七十九引干寶晉紀)

---

364 『太平御覽』 권739, 「疾病部」, '癎', 763쪽.
365 『太平御覽』 권511, 「宗親部」, '繼母', 66쪽.
366 『三十國春秋』는 東晉時期 列國의 역사를 서술한 것으로 蕭方 등이 편찬하였다. 曹魏의 明帝 시기부터 東晉의 安帝 시기까지를 다루고 있으며, 晉을 중심으로 前凉·後趙·前燕·前秦·後燕·後秦·西秦 등의 역사를 기록하였다. 총 30권으로 구성되었다. 『玉海』에 따르면, 일명 '晉春秋'라고 불렸다고 한다.

【역문】 왕준이 파군에 있을 때, 병·민이 역을 고통스러워 하여, 아들을 낳은 경우 대부분 양육하지 않았다. 왕준이 이에 아들을 죽일 경우 [처벌하는] 금령을 엄격하게 하고, 후하게 진휼해 주니, 양육된 자가 수천인이었다.[367](『태평어람』 권479에서 간보의 『진기』를 인용)

## ◉ 藏戶棄市  호구를 은닉할 경우 기시형에 처함

【원문】 時江左初基, 法禁寬弛, 豪族多挾藏戶口, 以爲私附. 退繩以峻法, 到縣八旬, 出口萬餘. 縣人虞喜以藏戶當棄市.(山遐傳)

【역문】 이때 강동에서 처음 기반을 다졌으므로, 형법과 금령이 느슨하니, 호족 중 호구를 은닉하여 사적인 노복[사부(私附)]으로 삼는 경우가 많았다. 산하가 엄격한 법으로 단속하자, 현에서 80일 만에 만여 명의 [은닉했던] 인호가 발각되었다. 현인 우희가 호구를 은닉한 죄로 기시형에 처해지게 되었다.[368](『진서』 「산하전」)

【원문】 會庚戌制不得藏戶, 玄匿五戶, 桓溫表玄犯禁, 收付廷尉.(彭城穆王傳)

【역문】 마침 경술에 "호구를 은닉해서는 안 된다"는 [금령을] 제정하였는데, 사마현이 5개 호를 은닉하고 있었으므로, 환온이 표문을 올려 사마현이 금령을 범하였다고 고하고, [사마현을] 체포하여 정위에게 이송하였다.[369](『진서』 「팽성목왕전」)

---

367 『太平御覽』 권479, 「人事部」, '報恩', 950쪽.
368 『晉書』 권43, 「山遐傳」, 1230쪽.
369 『晉書』 권37, 「彭城穆王傳」, 1093쪽.

◉ **盜御物棄市**　어물[370]을 훔친 경우 기시형에 처함

【원문】散騎將劉緝買工所將盜御裘, 廷尉杜友正緝棄市.(趙王倫傳)

【역문】산기장 유집은 공장이 훔친 어구를 매입하였으므로, 정위 두우가
유집을 기시형으로 판결하였다.[371](『진서』「조왕륜전」)

【원문】賈苞爲太廟吏. 光熙中盜太廟靈衣及劍, 伏誅.(冊府元龜)

【역문】가포가 태묘의 관리가 되었다. 광희 시기(306년 6월-12월) 태묘의 영
의 및 검을 훔친 죄로 사형에 처해졌다.[372](『책부원구』)

◉ **盜官物棄市**　관물을 훔칠 경우 기시형에 처함

【원문】時廷尉奏殿中帳吏邵廣盜官幔三張, 合布三十疋, 有司正刑棄市.
廣二子, 宗年十三, 雲年十一, 黃幡擔登聞鼓乞恩, 辭求自沒爲奚官奴,
以贖父命. 尚書郎朱暎議以爲天下之人父, 無子者少, 一事遂行, 便成
永制, 懼死罪之刑, 於此而弛. 堅亦同暎議. 時議者以廣爲鉗徒, 二兒沒
入, 既足以懲, 又使百姓知父子之道, 聖朝有垂恩之仁. 可特聽減廣死
罪爲五歲刑, 宗等付奚官爲奴, 而不爲永制. 堅駁之曰:「自淳朴澆散,
刑辟仍作, 刑之所以止刑, 殺之所以止殺. 雖時有赦過宥罪, 議獄緩死,
未有行小不忍而輕易典刑者也. 且既許宗等, 宥廣以死, 若復有宗比而
不求贖父者, 豈得不擯絕人倫, 同之禽獸邪! 案主者今奏云, 惟特聽宗
等而不爲永制. 臣以爲王者之作, 動關盛衰, 嚬笑之間, 尚慎所加, 況於

---

370 '(服)御物'은 황제[乘輿]에게 바쳐져 황제가 입고 쓰는 물품을 말한다. 唐律에서는 이를 훔칠 경우
　유형 2500리에 처한다고 하였다. 『唐律疏議』 권19, 第271條, 賊盜24, '盜御寶及乘輿服御物', 349
　쪽, "諸盜御寶者, 絞. 乘輿服御物者, 流二千五百里.〈謂供奉乘輿之物. 服通食茵之屬, 眞副等. 皆須
　監當之官, 部分擬進, 乃爲御物.〉其擬供服御及供而廢闕, 若食將御者, 徒二年. 將御, 謂已呈監當之
　官. 擬供食御及非服而御者, 徒一年半."

371 『晉書』 권59, 「趙王倫傳」, 1598쪽.

372 『冊府元龜』 권930, 「總錄部」, '寇竊'.

國典, 可以徒虧! 今之所以宥廣, 正以宗等耳. 人之愛父, 誰不如宗?今
旣居然許宗之請, 將來訴者, 何獨匪民! 特聽之意, 未見其益; 不以爲
例, 交興怨讟. 此爲施一恩於今, 而開萬怨於後也.」成帝從之, 正廣死
刑.(范堅傳. 御覽二百三十一引晉中興書曰: 范堅字子常, 爲廷尉, 奏主典吏邵廣
盜官幔合布四十疋, 依律棄市. 廣息雲·宗二人, 自沒爲官奴婢以贖父. 尙書議可
特聽. 堅駁之曰: 此爲施一恩於今, 開萬怨於後. 顯宗從之, 正廣刑.)

【역문】 그때에 정위가 전중장리 소광이 관의 장막 3장을 훔쳤다고 상주하
니, 모두 포 30필에 해당하므로, 유사가 기시형으로 판결하였다. 소광은
아들이 2명 있었는데, 소종은 13세이고, 소운은 11세로 [판결이 정해지
자] 황번(黃幡)을 들고 등문고를 치며 [황제의] 은혜를 구하였다. [그들은]
자신들이 몰관되어 해관[373]의 관노가 될 것이니 아버지의 목숨을 살려달
라고 말하였다. 상서랑 주영이 의논하기를, 천하에 아비 된 자 중 아들
이 없는 자가 적으니, 하나의 사례를 용인해 버린다면, 곧 영구적인 제
도가 되어 사죄의 형벌이 이로 인해 폐지될까 염려된다고 하였다. 범견
역시 주영의 의논에 동의하였다. 그때에 의논하는 자가 소광은 겸을 채
워 도형에 처하고, 두 아들은 몰관한다면, [범죄를] 징계하는 데에도 충
분하고, 또한 백성들에게 부자의 도를 알게 하며, 성조에 은택을 베푸는
인자함이 있게 되는 것이라고 하였다. [따라서] 소광은 사죄를 특별히
감경하여 오세형으로 하고, 소종 등은 해관으로 보내 관노비로 삼되, 영
구적인 제도로 하지는 말자고 하였다. 범견이 [이에 대해 다음과 같이]
논박하였다. "순박한 풍속이 쇠퇴하자 형률이 이에 빈번하게 된 것이니,
형벌은 형벌을 멈추기 위해 [사용하는] 것이고, 사형은 살인을 제지하기
위한 것입니다. 비록 때때로 죄를 사면해 주고, 옥안을 의논하여 사죄를
감형시켜 주기도 하지만 작은 일을 차마 하지 못하여 함부로 전형(典刑)
을 변경한 적은 없습니다. 또한 이미 소종 등의 [요청을] 허락하여 소광

373 晉代의 奚官은 少府 소속으로 養馬를 담당하였다. 南朝·隋·唐에서는 內侍省에 속해 있었으며,
宮人 疾病·罪罰·喪葬 등을 관장하였다. 주로 범죄자에 연좌된 家屬이 배속되었다.

의 사죄를 용서하였는데, 만약 다시 소종과 비슷한 경우임에도 아버지의 죄를 속면해 달라고 하지 않는 자가 있다면, [그것은] 인륜을 배척하고 끊어버리는 것으로 금수와 동일한 것이 아니겠습니까! 주관한 자가 지금 상주한 것을 살펴보면, 오직 소종 등에게만 특별히 허락하고 영구한 제도로 만들지는 말자고 하였습니다. 신이 생각하건데, 왕자의 행동은 [나라의] 성쇠와 관련되므로, 표정을 변화하는 것조차 신중해야 하거늘, 하물며 국전(國典)을 함부로 훼손할 수 있단 말입니까! 지금 소광을 용서해 준다면 그것은 바로 [오직] 소종 등이 청하였기 때문인데, 사람이 [자신의] 아버지를 사랑하는 것이 누구인들 소종과 같지 않겠습니까? 지금 쉽사리 소종의 청을 허락해 주고 [이후에는 허락하지 않는다면], 장래에 호소하는 자는 어찌 백성이 아니란 말입니까! 특별히 [소종의 청만을] 허락하는 것은 유익함이 없으며, 법례로 삼지 말자는 것은 원한을 만드는 것입니다. 지금 한 번 은혜를 베푸는 것은 후에 수많은 원망을 만드는 것입니다." 성제가 그의 의논에 따라 소광을 사형으로 판결하였다.[374] (『진서』 「범견전」. 『태평어람』 권231에서 인용한 『진중흥서』에서는 다음과 같이 말했다. 범견의 자는 자상이며, 정위였는데, 주전리 소광이 관만(官幔)을 훔친 것이 총 포 40필에 해당하므로 율문에 따라 기시형에 처해야 한다고 상주하였다. 소광의 자식인 소운과 소종 2명이 자신들이 몰관되어 관노비가 될터이니 아버지의 죄를 속면해 달라고 청하였다. 상서에서 의논하여 특별히 허락해주자고 하자 범견이 논박하기를 "지금 한 번 은혜를 베푼다면 후에 수많은 원한을 만들게 될 것입니다"라고 하였다. 현종이 그의 의논에 따라 소광을 사형으로 판결하였다.[375])

【원문】 建興中, 挺又割盜官布六百餘匹, 正刑棄市, 遇赦免.(劉隗傳)

【역문】 건흥 연간(313-317)에 송정이 관포 600여 필을 훔쳐 기시형으로 판결되었으나, 사면을 받았다.[376](『진서』 「유외전」)

---

374 『晉書』 권75, 「范堅傳」, 1989-1990쪽.
375 『太平御覽』 권231, 「職官部」, '大理卿', 211쪽.
376 『晉書』 권69, 「劉隗傳」, 1836쪽.

◉ 凡劫身斬刑家人棄市

무릇 겁략을 범한 경우 본인은 참형에 처하고 가인(家人)은 기시형에 처함

【원문】 義熙五年, 吳興武康縣人王延祖爲劫, 父睦以告官. 新制:「凡劫身斬刑, 家人棄市.」睦既自告, 於法有疑. 時叔度爲尙書, 議曰:「設法止姦, 必本於情理, 非謂一人爲劫, 闔門應刑. 所以罪及同産, 欲開其相告, 以出造惡之身. 睦父子之至, 容可悉共逃亡, 而割其天屬, 還相縛送, 解腕求存, 於情可愍. 並合從原.」從之.(南史何尙之傳)

【역문】 의희 5년(409) 오흥 무강현 사람 왕연조가 겁략을 범하자, 아버지인 왕목이 관에 신고하였다. 새로운 법제에 따르면 "무릇 겁략을 범한 경우 본인은 참형에 처하고 가인은 기시형에 처한다."고 하였다. 왕목이 자진해서 신고하였으므로, 법에 [어떻게 처벌해야 할지] 의문점이 생기게 되었다. 그때 [하상지의 부친인] 하숙도가 상서였는데, [다음과 같이] 의논하였다. "법을 제정한 것은 간사함을 억제하기 위함이니, 반드시 정리에 근본해야 합니다. 한 사람이 겁략을 범했다고 해서 온 집안이 형벌을 받는다는 뜻은 아닙니다. 죄를 친형제[동산(同産)]에게까지 미치게 한 까닭은 서로 [범죄를] 고발하도록 하여 악을 행한 자를 방출하기 위한 것입니다. 왕목은 부자관계의 지극함으로 모두 함께 도망갈 수도 있었지만, 그 부자관계[천속(天屬)]를 끊어버리고, 도리어 [아들을] 포박하여 [관부로] 이송해 왔으니, [이는 독이 있는] 팔을 잘라 [목숨을] 구한 것입니다. 정상이 가련하니 모두 용서해 주시기를 바랍니다." 그 의논을 따랐다.[377] (『남사』「하상지전」)

【원문】 時有前將軍陳天福, 坐討唐寓之於錢唐掠奪百姓財物棄市.(南史王僧虔傳)

【역문】 그때 전장군 진천복이 전당에서 당우지를 토벌하면서 백성의 재물

---

377 『南史』 권30, 「何尙之傳」, 781쪽.

을 약탈한 죄로 기시형에 처해졌다.[378](『남사』 「왕승건전」)

【세주 원문】 按據此知晉律劫僅棄市刑, 新制蓋加重之.

【세주 역문】 이 내용에 의거해 볼 때, 진율에서 겁략죄는 기시형일 뿐이었는데, 새로운 법제에서 [처벌이] 가중된 것임을 알 수 있다.

### ◉ 劫制同籍朞親補兵
겁략을 범한 경우 동일 호적 내의 기친은 [유배되어] 병에 충당함

【원문】 吳興餘杭民薄道擧爲劫. 制同籍朞親補兵. 道擧從弟代公・道生 等並爲大功親, 非應在補譴之例, 法以代公等母存爲朞親, 則子宜隨母 補兵. 承天議曰:「尋劫制, 同籍朞親補兵, 大功不在此例. 婦人三從, 既嫁從夫, 夫死從子. 今道擧爲劫, 若其叔尙存, 制應補譴, 妻子營居, 固其宜也. 但爲劫之時, 叔父已沒, 代公・道生並是從弟, 大功之親, 不 合補譴. 今若以叔母爲朞親, 令代公隨母補兵, 既違大功不譴之制, 又 失婦人三從之道. 由於主者守朞親之文, 不辨男女之異, 遠嫌畏負, 以 生此疑, 懼非聖朝恤刑之旨. 謂代公等母子並宜見原.」(宋書何承天傳)

【역문】 오흥 여항의 백성 박도거가 겁략죄를 범하였다. 법에 따르면 [범인의] 동일 호적 내 기친은 [유배되어] 병에 충당되었다. 박도거의 종제인 대공과 도생 등은 모두 대공친에 해당하므로, 유배되어 충군되는 대상에 해당되지 않았는데, 법을 [집행하는 관인이] 대공 등의 모친이 생존에 있으므로 기친에 해당된다고 하여 그 아들 [대공 등]은 마땅히 어머니를 따라 병에 충당해야 한다고 판단하였다. 하승천이 [다음과 같이] 의논하였다. "겁략에 대한 법제를 살펴보니, 동일 호적 내의 기친을 병에 충당하는 것이지, 대공친은 이 범위에 해당되지 않습니다. 부인은 세 사람을 따라야 하니, 출가한 이후에는 남편을, 남편이 죽으면 아들을 따라야 하

378 『南史』 권22, 「王僧虔傳」, 603쪽.

는 것입니다. 지금 박도거가 겁략죄를 범했으니, 만약 그 숙부가 아직 살아 있다면 법에 따라 마땅히 유배되어 충군되어야 하며, [그의] 처자도 군영에서 [함께] 거주하는 것이 실로 당연합니다. 다만 [박도거가] 겁략을 범한 시점에 숙부가 이미 사망했으며, 대공과 도생은 모두 종제로 대공친에 해당하니 충군해서는 안 되는 것입니다. 지금 만약 숙모가 기친이므로 대공으로 하여금 어머니를 따라 충군하게 한다면, 대공친은 충군시키지 않는다는 법제를 위반함은 물론, 부인의 '삼종지도'에도 위배되는 것입니다. [해당 사안을] 주관하는 관원이 기친에 대한 조문은 고수하고 남녀의 차이를 분별하지 않았으며, [자신의 판결이 법률에 위배된다는] 혐의와 부담을 피하고자 하였기 때문에 이러한 의문이 발생한 것이니, 성조의 휼형의 뜻에 위배될까 두렵습니다. 대공 등의 모자는 모두 용서받아야 합니다."379(『송서』「하승천전」)

● **造劫不赴救** 겁략을 당했는데 구하러 가지 않은 죄

【원문】 世祖出鎭歷陽, 行參征虜軍事. 民有盜發冢者, 罪所近村民, 與符伍遭劫不赴救同坐. 亮議曰: 尋發冢之情, 事止竊盜, 徒以侵亡犯死, 故同之嚴科. 夫穿掘之侶, 必銜枚以晦其迹; 劫掠之黨, 必歡呼以威其事. 故赴凶赫者易, 應潛密者難. 且山原爲無人之鄕, 丘壟非恒塗所踐, 至於防救, 不得比之村郭. 督實劫名, 理與劫異, 則符伍之坐, 居宜降矣. 又結罰之科, 雖有同符伍之限, 而無遠近之斷. 夫冢無村界, 當以比近坐之, 若不域之以界, 則數步之內, 與十里之外, 便應同罹其責. 防民之禁, 不可頓去, 止非之憲, 宜當其律. 愚謂相去百步內赴告不時者, 一歲刑, 自此以外, 差不及罰.(宋書沈約自序)

【역문】 세조가 역양에 주둔하고 있을 때380 심량은 참정로군사를 겸임하였

---

379 『宋書』 권64, 「何承天傳」, 1704쪽.
380 『구조율고』 262쪽에는 "孝武於元嘉中, 出鎭歷陽"이라고 되어 있지만, 『宋書』 본문에는 "世祖出鎭歷陽"이라고 되어 있다. 이 외에도 몇몇 글자의 출입이 있는데, 『구조율고』의 문장이 대체로 『通

다. 백성 중 무덤을 몰래 파헤친 자가 있었는데, [분묘] 부근의 촌민을 처벌할 때에 '부오가 겁략을 당했는데 구하러 가지 않은 죄'와 동일하게 처벌하였다. 심량이 [다음과 같이] 의논하였다. "무덤을 파헤친 정상을 살펴보면, 사건 자체는 절도일 뿐이지만, 죽은 자를 침범한 일이기 때문에 엄하게 과죄하는 것입니다. 대개 [무덤 등을] 파헤치는 자들은 반드시 소리를 내지 않고 행적을 은폐하며, 겁략하는 무리들은 반드시 함성을 지르며 상대방을 위협합니다. 이 때문에 [겁략과 같이] 흉악한 행동이 드러난 경우 구하러 가는 것이 쉽지만, [발총(發塚)과 같이] 은밀하게 행동하는 것에는 대응하기는 어려운 것입니다. 또한 산야는 인적이 드문 곳이며, 분묘는 항상 [사람들이] 통행하는 도로가 아니니, 방어하고 구조하는 데에 있어서도 향촌과는 비교할 수 없습니다. 실제 정황을 살펴 죄명을 정하자면 이치상 겁략한 경우와 다르니, 부오를 처벌하는 죄에서 마땅히 [형벌의 등급을] 낮추어야 할 것입니다. 또한 형벌을 부과하는데, 비록 부오와 동일하게 [과죄한다는] 규정은 있지만 원근에 대한 판단은 없습니다. 대체로 분묘 [소재지]에는 촌계(村界)가 없으니, 마땅히 [분묘] 부근의 [촌민을] 처벌해야 할 것인데, 만약 [원근에 따라] 경계를 구획하지 않는다면 수보 이내와 십리 밖[의 사람들]이 동일한 처벌을 받게 될 것입니다. 민중을 방범하는 금령은 한 번에 제거할 수 있는 것이 아니고, 비위를 저지하는 법률이니 마땅히 해당 율문에 부합해야 합니다. 제가 생각하기에 [분묘로부터의] 거리가 백보 내인데 [발총될 당시] 구하러 가지 않은 경우 1세형에 처하고, 이 외 나머지는 처벌하지 않도록 해야 할 것입니다."381(『송서』「심약자서」)

【세주 원문】 按造劫不赴救, 晉律當有此條, 故當時以比附定罪.

【세주 역문】 '겁략을 당했는데 구하러 가지 않은 죄'는 당연히 진율에 조문이 있었을

---

典』(권167, 「刑法」5, '雜議下')과 동일하므로, 『通典』의 내용을 인용한 것으로 보인다. 단 본 역문에서는 『宋書』에 의거해 번역하였다.
381 『宋書』 권100, 「沈約自序」, 2450쪽.

것이다. 그렇기 때문에 당시에 이 조문에 비부하여 죄를 정했던 것이다.

## ◉ 主守偸五疋常偸四十疋處死
주수는 5필, 일반인은 40필을 훔친 경우 사형에 처함[382]

【원문】 主守偸五疋, 常偸四十疋, 並加大辟. 議者咸以爲重. 弘以爲: 小吏
無知, 臨財易昧. 或由疏慢, 事踰重科. 宜進主守偸十疋, 常偸五十疋
死, 四十疋降以補兵. 至於官長以上, 荷蒙榮祿, 冒利五疋乃已爲弘, 士
人至此, 何容復加哀矜. 且此輩人士可殺不可讁, 謂宜奏聞, 決之聖旨.
文帝從弘議.(南史王弘傳. 又宋書王弘傳, 右丞孔默之議: 常盜四十四, 主守五
疋, 降死補兵. 雖大存寬惠, 以紓民命, 然官及二千石及失節士大夫, 時有犯者, 罪
乃可戮, 恐不可以補兵也. 謂此制可施小人, 士人自還用舊律.)

【역문】 [율문에] 주수는 5필, 일반인은 40필을 훔친 경우 모두 사형에 처한
다고 하였다. 의론하는 자들이 모두 과중한 처벌이라고 하였다. 왕홍이
[다음과 같이] 말했다. "소리는 무지하여 재물을 보면 현혹되기 쉬우니,
혹 태만함으로 인해 중죄를 범하게 되는 것입니다. 마땅히 주수는 10필,
일반인은 50필을 훔칠 경우 사형에 처하는 것으로 [처벌 기준을] 높이고,
40필을 훔친 경우는 변방에 충군하는 것으로 [형벌을] 낮추어야 합니다.
관장(官長) 이상의 경우 [조정의] 공명과 봉록을 받고 있으니, 5필을 훔친
것만으로도 이미 많은 양을 [범한 것이] 됩니다. 사인이 이러한 [범죄를]
행했다면 어찌 더욱 긍휼히 여기겠습니까. 또한 이러한 종류의 사인은
사형에 처할 수는 있지만 변방에 충군할 수는 없으니, 마땅히 상주하여
보고한 후 성지로 판결해야 합니다." 문제가 왕홍의 견해를 따랐다.(『남
사』「왕홍전」.[383] 또한 『송서』「왕홍전」에서는 다음과 같이 말했다. 우승 공묵지의

---

382 唐律에서도 주수관 및 감림관의 도죄는 일반 도죄보다 가중 처벌되었다. 『唐律疏議』권19, 第283
條, 賊盜36, '監臨主守自盜', 358쪽; "諸監臨主守自盜及盜所監臨財物者, 〈若親王財物而監守自盜,
亦同.〉 加凡盜二等, 三十疋絞. 〈本條已有加者, 亦累加之.〉"
383 『南史』 권21, 「王弘傳」, 571쪽.

의론이다. "일반인은 40필, 주수는 5필을 훔친 경우 사형에서 감형하여 변방에 충군한다고 하였습니다. [이는] 비록 관대함과 은혜를 크게 베풀어 백성의 목숨을 살려주는 것이지만, 관이 2000석에 이른 자 및 절조를 잃은 사대부의 경우 죄를 범할 때마다 사죄로 판결하니, 변방에 충군할 수는 없기 때문입니다. [결국] 이러한 규정은 소인에게만 시행되고 사인[에 대한 처벌은] 도리어 구율을 이용하고 있습니다."384)

【세주 원문】 按據此知主守偸五疋·常偸四十疋死, 本係晉律舊制, 至宋文帝時始改也. 南史沈慶之傳, 兩疋八十尺也, 是宋初以四十尺爲一疋. 晉當與宋同. 漢律主守盜値十金棄市, 蓋漢時以金計算, 晉則以疋計算也.

【세주 역문】 이에 근거해 볼 때, "주수는 5필, 일반인은 40필을 훔친 경우 사형에 처한다"는 조문은 본래 진율의 옛 제도인데, 송 문제 시기에 처음으로 개정된 것이다. 『남사』「심경지전」에 "2필이 80척"385이라고 했으니, 이는 송초에 40척이 1필이었다는 것이다. 진은 당연히 송과 동일했을 것이다. 한율에서는 주수가 [장물의 가치를 환산했을 때] 10금(金)을 훔친 경우 기시형에 처한다고 하였으니, 대체로 한대에는 금으로 [장물의 가치를] 계산하고, 진대에는 필로 계산하였던 것이다.

## ◉ 受故吏物  수고리물386

【원문】 咸寧初, 有司奏劭及兄遵等受故鬲令袁毅貨, 雖經赦宥, 宜皆禁止. 事下廷尉.(何曾傳)

【역문】 함녕(275-270) 초 유사가 하소와 형 하준 등이 옛 격령 원의로부터 재물을 받았으니, 비록 사유를 받았지만 마땅히 모두 금고해야 한다고 상주하였다. [관련] 사안을 정위에게 보냈다.387(『진서』「하증전」)

---

384 『宋書』 권42, 「王弘傳」, 1318쪽.
385 『南史』 권37, 「沈慶之傳」, 959쪽.
386 受故吏物: 고리에게 재물을 받음.
387 『晉書』 권33, 「何曾傳」, 998쪽.

## ◉ 居職犯公坐  재직 중 공무죄를 범한 경우[388]

**【원문】** 諸居職, 其犯公坐者, 以法律從事; 其以貪濁贓汙爲罪, 不足至死者, 刑竟及遇赦, 皆宜禁錮終身, 輕者二十年. 如此, 不廉之吏, 必將化爲夷 · 齊矣.(抱朴子審擧篇)

**【역문】** 무릇 재직 중에 공무죄를 범한 경우 법률에 따라 처리한다. 직권을 이용하여 불법적으로 재물을 취득하여[389] 죄를 받았는데, 사형에 이르지는 않은 경우 형이 끝났거나 사면을 받았다고 하더라도 모두 종신토록 금고에 처하며, [죄가] 가벼운 경우 20년 동안 [금고]에 처한다. 이와 같이 한다면 청렴하지 못한 관리도 반드시 교화되어 백이와 숙제처럼 될 것이다.[390](『포박자』심거편)

**【세주 원문】** 按唐律名例有同職犯公坐, 據此, 知晉時已有此律, 疑當時多不依法處罰, 故云以法律從事也. 晉自惠帝以後, 法漸多門, 故劉頌上疏, 謂事同議異, 力言臣下不得以意妄議, 皆以法律從事, 然後法信於下. 事詳晉志.

**【세주 역문】** 당률 명례율을 살펴보면 '동직범공좌'조가 있는데,[391] [위의 내용에] 근거해 보았을 때, 진대에 이미 이 율문이 있었음을 알 수 있다. [다만] 당시에 법에 따라 처벌하지 않는 경우가 많았던 것으로 보이는데, 그렇기 때문에 "법률에 따라 처리한다"라고 말했던 것이다. 진(晉)은 혜제 시기 이후 법률 조문이 점차 많아졌으므로 [당시 삼공상서[392]였던] 유송이 상소를 올려, 동일한 사안에 대해 다른 의논이 있는 경

---

388 公坐 즉 公罪는 『唐律疏議』에 따르면, "公事로 인해 죄를 지은 것으로서 사사로움과 枉曲이 없는 것"이다. 公罪의 정의 및 死罪와의 구별 등은 唐律의 名例17조를 참조. 『唐律疏議』 권2, 名例17, '官當', 44쪽. "諸犯私罪, 以官當徒者, 〈私罪, 謂私自犯及對制詐不以實, 受請枉法之類.〉… 若犯公罪者, 〈公罪, 謂緣公事致罪而無私 · 曲者.〉各加一年當."

389 貪濁贓汙에서 貪濁은 貪汙와 동일한 의미로 職權을 이용하여 불법으로 뇌물을 수수한 행위를 가리킨다. 贓 역시 뇌물 수뢰를 의미한다.

390 『抱朴子外篇』 권15, 「審擧」, 405쪽.

391 『唐律疏議』 권5, 名例40, '同職犯公坐', 110쪽. "諸同職犯公坐者, 長官爲一等, 通判官爲一等, 判官爲一等, 主典爲一等, 各以所由爲首, 其闕無所承之官, 亦依此四等官爲法. 卽無四等官者, 止準此官爲罪."

392 三公尙書 즉 三公曹尙書는 전국의 사법 사무를 관장하던 관리이다. 前漢 成帝부터 설치되었다. 尙

우 신하가 [본인의] 견해에 따라 함부로 의논하지 못하도록 하고 모두 법률에 따라 처리해야만 법이 신하들에게 신뢰를 얻을 것이라고 역설하였다. 그 내용은『진서』「형법지」에 상세히 기록되어 있다.[393]

● 非所宜言　적합하지 않은 것을 말함[394]

【원문】 吏部郎周穆, 與其妹夫諸葛玫共說越曰:「主上之爲太弟, 張方意也. 淸河王本太子, 爲羣凶所廢. 先帝暴崩, 多疑東宮. 公盍思伊霍之擧, 以寧社稷乎?」言未卒, 越曰:「此豈宜言邪!」遂叱左右斬之.(東海王越傳)

【역문】 이부랑 주목이 그의 매부 제갈매와 함께 동해왕 월에게 [다음과 같이] 말하였다. "주상께서 태제가 되신 것은 장방의 뜻입니다. 청하왕께서 본래 태자셨는데, 흉악한 무리들에 의해 폐위되셨습니다. 선제께서 돌연 붕어하시니 많은 자들이 동궁을 의심합니다. 공께서는 이윤과 곽광처럼[395] 행하시어 사직을 평안히 하지 않으시겠습니까?" 말이 채 끝나기도 전에 동해왕 월이 "어찌 이러한 말을 할 수 있단 말인가!"라고 하며, 마침내 그들을 참수하라고 좌우에 명하였다.[396](「동해왕월전」)

【원문】 彦回讓司徒, 乃與僕射王儉書, 欲依蔡謨事例. 儉以非所宜言, 勸彦回受命.(南史褚彦回傳)

【역문】 저언회가 사도[에 제수되는 것을] 사양하고, 곧 복야 왕검에게 서신

---

書는 曹로 나누어 일을 처리하였는데, 晉初에는 6曹로 나누었고 各曹의 장관을 尙書라 칭하였다.

393 『晉書』 권30, 「刑法志」, 935쪽, "時劉頌爲三公尙書, 又上疏曰: 自近世以來, 法漸多門, 令甚不一. 臣今備掌刑斷, 職思其憂, 謹具啟聞. …"

394 대신이 황제의 말이 옳지 않다 하며 조정을 비방하는 것이다.

395 '伊霍'은 商의 伊尹과 漢의 霍光을 말한다. 伊尹은 太甲을 桐으로 방출하였으며, 霍光은 昌邑王을 폐위하고 宣帝를 즉위시켰다. 후대에 조정을 보좌하는 重臣이라는 의미로 항상 이 둘을 병칭하여 사용하였다.

396 『晉書』 권59, 「東海王越傳」, 1623쪽.

을 보냈으니, 채모[397]의 사례에 따르고자 한 것이다. 왕검이 [이를] 적합하지 않은 것을 말한 것이라 여겨 저언회에게 명을 받도록 권하였다.[398] (『남사』「저언회전」)

**【원문】** 方鎭皆啓稱子響爲逆, 榮祖曰: 此非所宜言.(南齊書桓榮祖傳)

**【역문】** 방진에서 모두 파동왕 자향이 반역을 도모한다고 상주하니, 환영조가 "이는 적합하지 않은 말입니다."라고 하였다.[399](『남제서』「환영조전」)

**【세주 원문】** 按非所宜言一條, 始於秦律, 漢律晉律梁律北齊律均有之(詳見漢律考北齊律考), 今唐律不載. 唐律本於隋開皇律, 殆隋代刪去之.

**【세주 역문】** '비소의언'조에 대해 살펴보면, 진율에서 시작되어 한율·진율·양률·북제율에 모두 있었는데(한율고·북제율고에 상세히 보인다), 현재 당률에는 수록되어 있지 않다. 당률은 수의 개황률에 근본한 것이므로 아마도 수대에 삭제된 것인 듯하다.

### ◉ 上表不以實　사실대로 상주하지 않은 죄[400]

**【원문】** 謁者以弘訓宮爲殿內, 制玄位在卿下. 玄恚怒, 厲聲色而責謁者. 謁者妄稱尙書所處, 玄對百僚而罵尙書以下. 御史中丞庾純奏玄不敬, 玄又自表不以實, 坐免官.(傅玄傳)

**【역문】** 알자[401]가 홍훈궁을 전내로 생각하여, 부현의 자리를 경 아래에 두

---

397 蔡謨(281~356)의 字는 道明이며 陳留考城(현재 河南省 民權縣)人이다. 西晉 시기에 東海王 司馬越이 속관으로 삼고자 했으나 누차 사양하였다. 蔡謨의 事例를 따르고자 했다는 것은 이 일을 의미하는 듯하다. 이후 明帝 시기 東中郞將 등을 거쳐 元帝시기에는 中書侍郞, 義興太守, 大將軍從事中郞, 司徒左長史, 侍中 등을 역임하였다. 사후에 侍中·司空으로 추증되었으며, 諡號는 文穆이다. 『晉書』 권77에 열전이 수록되어 있다.

398 『南史』 권28, 「褚彦回傳」, 752쪽.

399 『南齊書』 권28, 「桓榮祖傳」, 531쪽. 『南史』 권25, 「桓榮祖傳」에도 동일한 내용이 보인다.

400 唐律에서는 속이고 사실대로 상주하지 않은 경우 도형 2년에 처한다고 하였다. 『唐律疏議』 권25, 第368條, 詐僞7, '對制上書不以實', 458-459쪽, "諸對制及奏事·上書, 詐不以實者, 徒二年, 非密而妄言有密者, 加一等."

었다. 부현이 분노하여 안색과 목소리에 노기를 띤 채 알자를 책망하였다. 알자가 상서에서 안배한 것이라고 거짓으로 고하자, 부현이 백료를 대면한 채 상서 이하를 책망하였다. 어사중승 유순이 부현이 불경하다고 상주하니, 부현이 또한 스스로 표문을 올려 [유순이] 사실대로 고하지 않은 것이라고 하였다. 면관으로 처벌되었다.[402](『진서』「부현전」)

◉ 矯詔 조령을 가탁한 죄

【원문】 楚王瑋以矯詔伏誅.(文選晉紀總論注引干寶晉紀)

【역문】 초왕 위는 조령을 가탁한 죄로 사형에 처해졌다.[403](『문선』, 「진기총론」의 주에서 간보의 『진기』를 인용)

◉ 誣罔 없는 사실을 꾸며 속인 죄

【원문】 後將軍(苟)畈敢以私議貶奪公論, 抗言矯情, 誣罔朝廷, 宜加貶黜. 畈坐免官.(庾純傳)

【역문】 [시중 견덕이 다음과 같이 진언하였다.] "이후에 장군 순판이 감히 사적인 의론으로 공론을 비판하고 변경하여, 진상을 속이고 조정을 기망하였으니 마땅히 폄출시켜야 합니다." 순판을 면관에 처하였다.[404] (『진서』「유순전」)

【원문】 齊王攸之就國也, 下禮官議崇錫之物. 敷與博士太叔廣 · 劉暾 · 繆蔚 · 郭頤 · 秦秀 · 傳珍等上表諫, 武帝以博士不答所問, 答所不問, 大

---

401 謁者는 官名으로 春秋戰國 시기 처음 설치되었으며, 秦 · 漢에서도 인습하였는데, 典禮의 거행 시 儀式을 引導하는 일 등을 담당하였다. 南朝 梁에서는 謁者臺를 설치하여 朝覲 · 賓饗 등을 관장하였으며, 陳 · 隋에서도 인습하였다. 唐代에는 通事舍人으로 명칭이 변경되었다.

402 『晉書』 권47, 「庾純傳」, 1322쪽.

403 『文選』 권49, 「符命」, '楊子雲劇秦美新', 689쪽.

404 『晉書』 권50, 「庾純傳」, 1401쪽.

怒, 事下有司. 尙書朱整・褚等奏:「敷等侵官離局, 迷罔朝廷, 請收敷等八人付廷尉科罪.」乃詔曰:「敷等備爲儒官, 不念奉憲制, 不指答所問, 敢肆其誣罔之言, 以干亂視聽. 而勇是議主, 應爲戮首.」(庾敷傳)

**【역문】** 제왕 사마유가 봉국으로 가려하자, 예관에게 [조서를] 내려 [사마유에게] 하사할 물품을 의논하도록 하였다. 유부와 박사 태숙광・유돈・무울・곽이・진수・부진 등이 표문을 올려 간언하니, 무제는 박사들이 묻는 것에는 대답하지 않고, 묻지 않은 것에 대답하였으므로 크게 노하여 [관련된] 사안을 유사에게 위임하였다. 상서 주정・저략 등이 상주하였다. "유부 등은 월권으로 타관의 직권을 침범하고 자신들의 관부로부터는 유리되어 조정을 기망하였으니, 유부 등 8인을 체포하여 정위에게 이송하고 과죄하도록 하십시오." 이에 조를 내려 [다음과 같이] 말했다. "유부 등은 모두 유관(儒官)임에도, 법제를 준수할 것을 생각지 않고, 묻는 것에 대답하지 않으며 감히 기망하는 말을 늘어놓았으니 [짐의] 이목을 어지럽힌 것이다. 유부는 의론의 주모자이니 마땅히 참수해야 한다."[405]
(『진서』「유부전」)

● **漏泄** 누설한 죄[406]

**【원문】** 郗隆字弘始, 初爲尙書郞, 轉左丞, 坐漏洩事免.(郗鑒傳)

**【역문】** 치륭의 자는 홍시이다. 처음에 상서랑이었다 좌승이 되었는데, 사안을 누설한 죄로 면관되었다.[407](『진서』「치감전」)

**【원문】** 上欲以爲吏部郞, 已受密旨, 承天宣漏之, 坐免官.(南史何承天傳)

**【역문】** 황제가 [하승천을] 이부랑으로 삼고자 하였는데, 밀지를 받고 나서

---

405 『晉書』 권50, 「庾敷傳」, 1402쪽.
406 唐律에서는 비밀로 해야 할 중대사를 누설한 경우 絞刑으로 처벌하였다. 『唐律疏議』 권9, 第109條, 職制19, '漏泄大事', 195쪽, "諸漏泄大事應密者, 絞. 〈大事, 謂潜謀討襲及收捕謀叛之類.〉"
407 『晉書』 권67, 「郗鑒傳」, 1807쪽.

하승천이 그것을 누설하였으므로 면관되었다.408(『남사』「하승천전」)

## ◉ 民殺長吏  민이 장리를 살해한 죄

【원문】 疑民殺長吏科, 議者謂値赦宜加徙送, 秀之以爲:「律文雖不顯民
殺官長之旨, 若値赦但止徙送, 便與悠悠殺人曾無一異. 民敬官長, 比
之父母, 行害之身, 雖遇赦, 謂宜長付尙方, 窮其天命, 家口令補兵.」從
之.(宋書劉秀之傳)

【역문】 '민살장리'조에 대해 의의(疑議)가 있었는데,409 의논하는 자들이 [민
이 장리를 살해한 경우] 은사를 받더라도 마땅히 천사시켜야 한다고 주
장했다. 유수지가 [다음과 같이] 말했다. "율문에는 비록 민이 장리를 살
해한 죄에 대해 명확한 규정이 없으나, 만약 은사를 받은 경우 단지 천
사시키는 것에 그친다면, 일반 살인죄와 다를 바가 없게 됩니다. 민이
관장을 공경하는 것은 부모에 비견되는 것이니, [관장의] 몸에 위해를 가
했다면, 비록 은사를 받았다고 하더라도 마땅히 상방410으로 보내 장기
[복역하도록 한 후], 사형에 처하고 가구는 충군하도록 해야 합니다." 그
의론에 따랐다.411(『송서』「유수지전」)

【세주 원문】 按據此知魏晉相承之律, 民殺長吏, 本同凡論, 加重之科, 自秀之始也.

【세주 역문】 이 내용에 의거해 보면, 위·진에서 계승한 율에서는 '민살장리'죄를 본
래 일반 살인과 동일하게 논죄하였는데, 가중하여 과죄하는 것이 유수지로부터 시작
되었음을 알 수 있다.

---

408 『南史』 권33, 「何承天傳」, 870쪽.
409 『宋書』에 따르면, 본 내용은 大明 4년(460) 법령 개정 시 '民殺長吏'조에 대해 의논한 것이다.
410 尙方은 황실의 물품을 제조하던 관서이다. 秦에서 설치하였으며, 少府에 속해 있었다. 대부분 役
徒들의 노역을 통해 작업이 이루어졌으므로, 이후 '죄수가 복역하는 장소'를 지칭하게 되었다.
411 『宋書』 권81, 「劉秀之傳」, 2075쪽.

◉ **擅縱罪人**　함부로 죄인을 풀어준 죄

【원문】 擅縱五歲刑以下二十一人, 爲有司所劾. 帝以宏累有政績, 聽以贖
罪論.(王宏傳)

【역문】 [왕굉이] 오세형의 [죄수] 21명을 함부로 풀어주어, 유사의 탄핵을
받았다. 무제가 왕굉에게 누차 정사의 공적이 있으므로, 속죄로 논하도
록 허락해 주었다.[412](『진서』「왕굉전」)

【원문】 爲領軍校尉, 坐擅放司馬彪, 繫廷尉.(郭舒傳)

【역문】 [곽서가] 영군교위가 되었는데, 사마표를 함부로 풀어준 죄로 처벌
되어 정위에게 구금되었다.[413](『진서』「곽서전」)

◉ **擅去官**　함부로 관직을 떠난 죄

【원문】 (石)崇爲大司農, 坐未被書擅去官免.(文選思歸引序注引臧榮緒晉書)

【역문】 석숭이 대사농이 되었는데, 조서를 받기 전에 함부로 관직을 떠났
으므로 면관되었다.[414](『문선』「사귀인서」 주에서 장영서의 『진서』를 인용)

◉ **評價貴**　가격을 비싸게 정한 죄

【원문】 (謝)元時又擧承天賣茭四百七十束與官屬, 求貴價, 承天坐白衣領
職.(宋書何承天傳)

【역문】 사원은 당시 또한 하승천이 건초 470속을 관부에 팔면서 비싼 가격
을 요구했다고 고발하였다. [이로 인해] 하승천은 평민 신분[백의(白衣)]

---

412 『晉書』 권90, 「王宏傳」, 2333쪽.
413 『晉書』 권43, 「郭舒傳」, 1241쪽.
414 『文選』 권45, 「序上」, '石季倫思歸引序', 642쪽.

으로 임직하게 되었다.[415](『송서』「하승천전」)

【원문】 毛惠素仕齊爲少府卿, 臨事淸刻, 敕市銅官碧靑一千二百斤供御畫, 用錢六十五萬. 有讒惠素納利, 武帝怒, 敕尙書評價, 貴二十八萬餘, 有司奏, 伏誅.(南史毛惠素傳)

【역문】 모혜소는 제나라에서 소부경을 역임하였는데, 정무를 처리하는 데 청렴하고 엄격하였다. [무제가] 동관에게 칙령을 내려 벽청[416] 1200근을 구입하여 어화에 제공하라고 하니, 65만 전의 비용이 들었다. 어떤 자가 모혜소가 뇌물을 받았다고 참소하자, 무제가 노하여 상서에 그 [뇌물의] 가치를 평가하도록 하였는데, 28만여 전에 달하였다. 유사가 상주하여 사형에 처해졌다.[417](『남사』「모혜소전」)

◉ **乏軍興** 군사 물자의 징발을 태만히 하여 빠트리거나 부족하게 한 죄[418]

【원문】 石鑒奏預稽乏軍興, 徵詣廷尉.(杜預傳)

【역문】 석감이 두예가 군사 동원 준비를 지체하였다고 상주하니, 체포하여 정위에게 송치하였다.[419](『진서』「두예전」)

【원문】 隗奏曰: 淳于伯息忠訴辭稱枉, 云伯督運訖去二月, 無有稽乏. 受賕使役, 罪不及死. 軍是戍軍, 非爲征軍, 以乏軍興論, 於理爲枉. 四年之中, 供給運漕, 凡諸徵發租調百役, 皆有稽停, 而不以軍興論, 至於伯也,

---

415 『宋書』권64, 「何承天傳」, 1711쪽.
416 石靑(藍色의 鑛物 顔料로 중국 전통 회화에 많이 사용됨) 중 색채가 비교적 옅은 것으로. 白靑 또는 魚目靑이라고도 칭했다.
417 『南史』권16, 「毛惠素傳」, 461쪽.
418 '乏軍興'에 대한 처벌은 『唐律疏議』에 규정되어 있다. 『唐律疏議』권16, 第230條, 擅興7, '乏軍興', 305~306쪽, "諸乏軍興者斬, 故·失等.〈謂臨軍征討, 有所調發, 而稽廢者.〉不憂軍事者, 杖一百. 謂臨軍征討, 闕乏細小之物."
419 『晉書』권34, 「杜預傳」, 1027쪽.

何獨明之? 捶楚之下, 無求不得, 囚人畏痛, 飾辭應之. 理曹, 國之典刑,
而使忠等稱寃明時. 於是右將軍王導等上疏引咎, 請解職.(劉隗傳)

**【역문】** 유외가 [다음과 같이] 상주하였다. "순우백의 아들 순우충이 억울함
을 호소하며 말하기를, 순우백이 독운영사(督運令史)의 [임무를] 마친 지
2개월이 지났으므로, [일정을] 지체하거나 태만히 한 것이 없다고 하였
습니다. 뇌물을 받고 사역시킨 것도 죄가 사형에 해당되지는 않습니다.
[또한] 군대 역시 수군이었지 정군이 아니므로 '핍군흥'죄로 논죄하는 것
은 이치상 잘못된 것입니다. 4년 동안 조운을 통해 공급한 것 중, 조조와
백역의 징발에서 모두 일정이 지체된 적이 있었지만, '핍군흥'죄로 논죄
한 적은 없습니다. 어찌 유독 순우백에게만 그와 같이 판결하십니까? 추
초(捶楚)로 인해 어찌할 바를 모르고 수인이 고통을 두려워하여 허위로
자백한 것일 뿐입니다. 법조[이조(理曹)]가 나라의 형법을 관장하거늘,
[어찌 나라의 정치가] 청명한 시대에 순우충 등이 억울함을 호소하도록
한단 말입니까." 이에 우장군 왕도 등이 상소하여 자책하고 해직을 청하
였다.[420](『진서』「유외전」)

## ◉ 虛張首級  수급[의 수량]을 허위로 과장함

**【원문】** 後爲鎭南將軍·豫州刺史, 坐討吳賊虛張首級. 詔曰:「昔雲中守
魏尙以斬首不實受刑, 武牙將軍田順以詐增虜獲自殺, 誣罔敗法, 古今
所疾.」(石鑒傳)

**【역문】** [석감이] 후에 진남장군·예주자사가 되었는데, 오를 토벌할 때 수
급[의 수량]을 허위로 과장하여 처벌을 받게 되었다. 조를 내려 말하였
다. "예전에 운중이 위상을 수비할 때 참수한 자의 수를 사실대로 [고하
지] 않아 형벌을 받았으며, 무아장군 전순은 포로의 수를 허위로 과장하

---

420 본문은 建興연간(313~317) 督運令史 淳于伯이 억울하게 斬刑에 처해지자 劉隗가 이에 대해 상주
한 내용이다. 『晉書』 권69, 「劉隗傳」, 1837쪽.

여 자살하게 되었으니, 법을 기망하여 파괴하는 것은 고금이 증오하는 것이다."421(『진서』「석감전」)

◉ **後失軍期** 군기를 놓친 죄

【원문】 昨聞敎以陸機後失軍期, 師徒敗績, 以法加刑, 莫不謂當.(陸雲傳)

【역문】 이전에 저희가 들으니 교서에 륙기가 군기를 놓쳐 군대가 패퇴하였으므로, 법에 따라 형벌을 가하는 것이 타당하다고 하였습니다.422(『진서』「육운전」)

◉ **犯夜** 야간통행금지를 위반한 죄423

【원문】 王安期作東海郡, 吏錄一犯夜人來.(世說)

【역문】 왕안기가 동해군에 부임했을 때, 군리가 야간통행금지를 범한 자 한 명을 체포해 왔다.424(『세설신어』)

【원문】 殷浩始作揚州, 劉尹行, 日小欲晚, 便使左右取襆, 人問其故, 答曰:「刺史嚴, 不敢夜行.」(世說)

【역문】 은호가 처음 양주자사에 부임했을 때, 유윤이 외출했다가 날이 저물려고 하자, 좌우사람들에게 명하여 침구를 가져오도록 했다. 사람들이 그 까닭을 물으니 대답하기를 "자사께서 엄하시니 감히 밤에 다닐 수가 없구나."라고 하였다.425(『세설신어』)

---

421 『晉書』권44, 「石鑒傳」, 1269쪽.
422 본문은 司馬穎의 屬官 江統·蔡克 등이 올린 상소의 일부이다. 『晉書』권54, 「陸雲傳」, 1484쪽, "穎官屬江統·蔡克·棗嵩等上疏曰:「統等聞人主聖明, 臣下盡規, 苟有所懷, 不敢不獻. …."
423 唐律에서는 야간통행금지를 범한 경우[犯夜] 태형 20대로 처벌한다고 규정하였다. 『唐律疏議』권26, 第406條, 雜律18, '犯夜', 489쪽, "諸犯夜者, 笞二十. 有故者, 不坐.〈閉門鼓後·開門鼓前行者, 皆爲犯夜. 故, 謂公事急速及吉·凶·疾病之類.〉"
424 『世說新語箋疏』, 卷上之下, 「政事」, 174쪽.

◉ 犯事在赦前　은사 전에 위법을 행한 경우

【원문】　咸寧三年, 睦遣使募徙國內八縣受逋逃・私占及變易姓名・詐冒
復除者七百餘戶, 冀州刺史杜友奏睦招誘逋亡, 不宜君國. 有司奏, 事
在赦前, 應原.(高陽王睦傳)

【역문】　함녕 3년(277) 고양왕 사마목이 사자를 파견해서 [자신의] 봉국 내의
8개 현으로 천사할 자들을 초모하여, 도망자・사점(私占) 및 성명을 바
꾼 자・거짓으로 요역을 면제받은 자[사모복제(詐冒復除)] 700여 호를 받
아들였다. 기주자사 두우가 상주하기를 "사마목이 도망자들을 유인하
니 군국에 적합한 것이 아닙니다."라고 하였다. 유사가 상주하기를 "은
사 전에 [발생한] 사안이니, 마땅히 용서해 줘야 합니다."라고 하였
다.426(『진서』「고양왕목전」)

◉ 律令無正文依附名例斷之其正文名例所不及皆勿論
율령의 정문이 없는 경우에는 명례의 규정에 따라서 단죄해야 하며, 율령의
정문이나 명례에서 언급하지 않은 경우에는 그 죄를 논해서는 안 됨

【원문】　時劉頌爲三公尙書, 又上疏曰: 又律法斷罪, 皆當以法律令正文,
若無正文, 依附名例斷之, 其正文名例所不及, 皆勿論. 法吏以上, 所執
不同, 得爲異義. 如律之文, 守法之官, 唯當奉用律令. 至於法律之內,
所見不同, 迺得爲異議也. 今限法曹郎令史, 意有不同爲駁, 唯得論釋
法律, 以正所斷, 不得援求諸外, 論隨時之宜, 以明法官守局之分. 詔下
其事, 侍中・太宰・汝南王亮奏以爲「夫禮以訓世, 而法以整俗, 理化
之本, 事實由之. 若斷不斷, 常輕重隨意, 則王憲不一, 人無所錯矣. 故
觀人設教, 在上之擧; 守文直法, 臣吏之節也. 臣以去太康八年, 隨事異

---

425 『世說新語箋疏』, 卷上之下,「政事」, 184쪽.
426 『晉書』권37,「高陽王睦傳」, 1113쪽.

議. 周懸象魏之書, 漢詠畫一之法, 誠以法與時共, 義不可二. 今法素
定, 而法爲議, 則有所開長, 以爲宜如頌所啓, 爲永久之制.」於是門下
屬三公曰:「昔先王議事以制, 自中古以來, 執法斷事, 旣以立法, 誠不
宜復求法外小善也. 若常以善奪法, 則人逐善而不忌法, 其害甚於無法
也. 案啓事, 欲令法令斷一, 事無二門, 郎令史已下, 應復出法駁案, 隨
事以聞也.」及于江左, 元帝爲丞相時, 朝廷草創, 議斷不循法律, 人立
異議, 高下無狀. 主簿熊遠奏曰:「禮以崇善, 法以閑非, 故禮有常典, 法
有常防, 人知惡而無邪心. 是以周建象魏之制, 漢創畫一之法, 故能闡
弘大道, 以至刑厝. 律令之作, 由來尙矣. 經賢智, 歷夷險, 隨時斟酌,
最爲周備. 自軍興以來, 法度陵替, 至於處事不用律令, 競作屬命, 人立
異議, 曲適物情, 虧傷大例. 府立節度, 復不奉用, 臨事改制, 朝作夕改,
至於主者不敢任法, 每輒關諮, 委之大官, 非爲政之體. 若本曹處事不
合法令, 監司當以法彈違, 不得動用開塞, 以壞成事. 按法蓋粗術, 非妙
道也, 矯割物情, 以成法耳. 若每隨物情, 輒改法制, 此爲以情壞法. 法
之不一, 是謂多門, 開人事之路, 廣私請之端, 非先王立法之本意也. 凡
爲駁議者, 若違律令節度, 當合經傳及前比故事, 不得任情以破成法.
愚謂宜令錄事更立條制, 諸立議者皆當引律令經傳, 不得直以情言, 無
所依準, 以虧舊典也. 若開塞隨宜, 權道制物, 此是人君之所得行, 非臣
子所宜專用. 主者唯當徵文據法, 以事爲斷耳.」是時帝以權宜從事, 尙
未能從.(刑法志)

【역문】 당시 유송이 삼공상서로 임명되었는데, 또 상서하여 [다음과 같이]
말하였다. "법률에 의해서 단죄할 경우에는 모두 율령의 정문에 의거해
야 합니다. 율령의 정문이 없는 경우에는 명례의 규정에 따라서 단죄해
야 합니다. 율령의 정문이나 명례에서 언급하지 않은 경우에는 그 죄를
논해서는 안 됩니다. 법리 이상의 [관리가] 판결한 내용이 동일하지 않
을 경우 이의를 제기할 수 있습니다. [범죄의 내용이] 율문에 있는 것이
라면, 수법의 관리는 오로지 항상 율령을 받들어 사용해야 합니다. 다만

율문에 대해 견해가 다른 경우 이의를 제출할 수 있습니다. 지금 법조의 낭(郎)·영사(令史)가 반대 의견이 있어 반박할 경우, 오직 법률을 논의하고 해석하는 것에 의해서만 판결의 내용을 정정할 수 있으며, 법의 테두리를 벗어나 논거를 구하거나 시의에 따라 의론해서는 안 되니, 이를 통해 법관이 지켜야 할 직무의 범주를 명확히 해야 합니다." 황제는 유송이 상주한 사안을 군신들로 하여금 의논하게 하였다. 시중·태재 여남왕 사마량[427]이 상서하여 말하였다. "대저 예로 세인을 가르치고, 법으로 풍속을 정돈하니, 치리와 교화의 근본이 실로 이로부터 나오는 것입니다. 만약 단옥을 율령에 의하지 않고, 항상 그때의 사정에 따라서 죄를 무겁게 하거나 가볍게 한다면, 국법은 일정하지 못하게 되고 사람들은 몸 둘 바를 모르게 됩니다.[428] 그러므로 백성을 살피고 가르침을 베푼다는 것은 위에 있는 군주가 하는 것이고, 조문을 지키고 법대로 집행하는 것은 관리들이 지켜야 할 바입니다. 신도 지난 태강 8년(287) 사안에 따라 의논을 달리한 적이 있었습니다. 주는 법을 기록한 목찰을 상위(象魏)에 게시하였고,[429] 한은 법령의 통일을 구가하였습니다.[430] 확실히 법은 시대와 함께 공존하는 것이지만, 그 원리가 되는 것은 두 개일 수 없습니다. 지금의 법은 일찍이 반포되었으니, 그 법을 기초로 논의하면 점점 발전하게 될 것입니다. 신은 유송이 상주한 바대로 하여 이것을 영구

---

427 汝南王亮의 字는 子翼이며, 晉宣帝의 4째 아들이다. 무제가 즉위하자 扶風郡王에 봉해지고, 후에 汝南王, 侍中太尉錄尙書事가 되었다. 武帝가 死前에 황후의 父 楊駿과 함께 공동으로 輔政하도록 하였다. 惠帝가 즉위하고서 惠帝의 皇后賈氏는 楊駿의 전횡을 증오하여 武帝의 5째 아들 楚王瑋로 하여금 楊駿을 공격하도록 하여 楊駿을 주살하였다. 그 후 皇后賈氏는 亮을 侍中太尉錄尙書事로 임명하고, 국정을 맡겼는데, 亮은 楚王瑋를 꺼려하여 그의 병권을 박탈하고자 하였다. 楚王瑋는 亮이 廢立의 뜻이 있다고 거짓 무고하였으며, 皇后賈氏는 惠帝로 하여금 亮을 주살토록 하였다.

428 人은 본래 民이었는데, 唐人들이 太宗의 名을 피하여 人으로 고친 것이다. 『論語』, 「子路」, "刑罰不中, 則民無所錯手足."

429 『周禮』, 「天官太宰」, "乃縣治象之法于象魏. 鄭玄注引鄭司農云; 象魏, 闕也."

430 曹參이 蕭何를 대신하여 漢의 相國이 되었을 때, "擧事無所變更, 一遵蕭何約束(『史記』 권54, 「曹相國世家傳」, 2029쪽)"라고 하자, 백성들이 휴식을 취할 수 있게 되었다고 환호하며, "蕭何爲法, 顜若劃一, 曹參代之, 守而勿失, 載其淸淨, 民以寧一."라고 노래하였다. "漢詠劃一之法"은 이것을 말한 것이다.

적인 법제로 해야 한다고 생각합니다." 이에 문하성의 관리들이 삼공에게 말하였다. "옛날 선왕은 사안을 의논하여 [죄를] 결정하였으나, 중고 이래로는 법에 의해서 단죄하였습니다. 일단 법률이 제정된 이상 법의 테두리를 벗어나 소선(小善)을 찾을 수는 없습니다. 만약 항상 선으로써 법을 대신한다면, 사람들은 선만을 추구해서 법을 어기는 것을 두려워하지 않게 되어 그 폐해는 법률이 없는 것보다 심할 것입니다. [유송의 상주문에서 제기한] 사안을 살펴보면, 법령을 통일하고, 단안 시에는 한 가지 기준에만 의거해야 하며, 상서의 낭·영사 이하의 관리는 [법 테두리를] 벗어나 이론을 제기하는 경우, 사안이 있을 때마다 보고하도록 하였습니다." 동진시대에 이르러 원제 사마예가 승상으로 있었을 때, 조정이 수립된 초창기였으므로 단옥을 논의하는 것은 항상 법률에 의거하지 않고, 사람마다 각자 독자적인 견해를 세워 [단죄가] 혹은 중하고 혹은 경하여 일정한 기준이 없었다. 주부 웅원이 상주하여 다음과 같이 말하였다. "예는 선행을 숭상하는 것이고, 법은 악을 막는 수단입니다. 그러므로 예에는 원칙[典]이 있고, 법에는 법칙[常]이 있으니, 사람들의 악을 방비하여 사악한 마음이 없도록 하는 것입니다. 이 때문에 주는 상위의 제도를 수립하였고, 한은 획일적인 법을 만들었습니다. 그 때문에 널리 대도를 선양하고 형벌을 사용하지 않을 수 있게 되었습니다. 율령을 제작하기 시작한 것은 이미 그 유래가 오래된 것입니다. [율령은] 현명하고 지혜로운 자의 손을 거치고, 치란의 시기를 거치며, 시세의 변화를 참작해서 매우 주도면밀하게 준비된 것입니다. 그런데 전란 이래 법제가 차차 무너져 단옥 시에 율령을 사용하지 않고 다투어 멋대로 지시하고 명령하며, 사람마다 이론을 세워 위곡(委曲)을 다해서 세속의 물정에 적합하게 하여 법률의 체례를 손상하고 있습니다. 또한 관부마다 규칙을 세워서 율령을 준수하지 않아 사건에 직면할 때마다 제도가 바뀌고, 아침에 정하고 저녁에 바꾸어, 담당자가 법을 사용할 수 없게 되었습니다. 따라서 사안마다 매번 보고하고 여쭈어서 그 처리를 고관에게 맡기는데, 이것은 본래 정무의 규정에서 벗어난 것이다. 만약 해당 부서의 관리가 일을 처리하는데, 그것이 법령에 부합하지 않으면 감찰 관리는 마땅히 법에 의거해서 그 위반을 규탄해야 합니다. 또한 함부로 개방하거나 금지해서 이미 완성된 일을 파괴해서는 안 됩니다. 대개 법률은 결코 정심하지 않고, 어떠한 심오한 것도 없으나, [사람들의] 물욕을 교정하고 금지할 수 있기 때문에 법률을 제정하는 것입니다. 만약 항상 실정에 따라서 경솔하게 법제를 바꾼다면, 이것은 인정으로써 법제를 파괴하는 것입니다. 법이 일정하지 못하면, 여러 통로가 생겨[多門] 인사가 개입할 여지를 열어주고, 사적인 청탁의 계기를 확대하게 됩니다. 이는 선왕께서 법률을 제정한 본래의 뜻이 아닙니다. 무릇 박의(駁議)할 경우, 그것이 율령 및 법도와 어긋난다면, 경전 및 이전의 판례·고사에는 합치해야 하니, 실정에 따라 기존의 법을 파괴해서는 안 됩니다. 녹사에게 명하시어 새로이 규정을 세워 무릇 의논을 내세울 경우, 모두 율령이나 경전을 인용하도록 하고, 단지 실정만으로 논하여 준거하는 바도 없이 구래의 법규와 전장을 손상시키지 않도록 하십시오. 또한 시의를 좇아서 [법을] 행용하거나 행용하지 않는 것, 상규를 변경하고 규제하는 것은 단지 군주만이 할 수 있는 것이니, 신하들이 멋대로 해서는 안 됩니다. 법률을 주관하는 관리는 법률조문에 의거해서 범죄사실에 따라 단죄해야 합니다." [그러나] 당시 원제는 시의에 따라 적절한 조치를 취하는 방식으로 정무를 행했으므로 [응원의 건의는] 수용되지 않았다.431(『진서』「형법지」)

【세주 원문】 按據此知晉律在西晉已成其文, 江左以後, 并比例亦不常用, 高下任情, 請託日廣. 蓋其時士大夫務爲淸談, 鮮知律令, 其末流固必至於此也.

【세주 역문】 이에 근거해 보면, 진율이 서진 시기에 이미 조문이 구비되었으나, 강남으로 [이주한] 이후, 아울러 조례조차 상용되지 않아 포폄이 감정에 좌우되고 청탁이

---

431 『晉書』 권30, 「刑法志」, 938-939쪽.

나날이 확대되었음을 알 수 있다. 대개 당시 사대부들이 청담에만 힘써 율령을 아는
자가 드물었으므로, 그 말류가 실로 이러한 지경에 이르게 된 것이다.

## ◉ 造意 주모자

【원문】 (楊)駿之誅也, 纘棄官歸, 要駿故主簿潘岳・掾崔基等共葬之. 基・
岳畏罪, 推纘爲主. 墓成, 當葬, 駿從弟模告武陵王澹, 將表殺造意者.
衆咸懼, 塡冢而逃, 纘獨以家財成墓, 葬駿而去.(闞纘傳)

【역문】 양준이 살해되었을 때, 염찬은 관직을 버리고 귀가하여 양준의 옛
주부 반악과 연사 최기 등에게 함께 양준을 매장하자고 청하였다. 반악
과 최기가 [이로 인해] 죄를 받을까 두려워하여 염찬이 [그 일을] 주도하
도록 미루었다. 묘가 완성되고 매장할 때가 되었는데, 양준의 종제인 양
모가 무릉왕 사마담에게 고하여, 주모자를 사형에 처하자는 표문을 올
리도록 하였다. 무리가 모두 두려워하며 묘를 메워 버리고 도망하였는
데, 염찬만이 홀로 가재(家財)를 들여 묘를 완성하고, 양준을 매장한 후
떠났다.[432](『진서』「염찬전」)

## ◉ 交關 결탁

【원문】 時安遠護軍郝詡與故人書云: 「與尙書令裴秀相知, 望其爲益.」 有
司奏免秀官, 詔曰: 「不能使人之不加諸我, 此古人所難. 交關人事, 詡
之罪耳, 豈尙書令能防乎! 其勿有所問.」(裴秀傳)

【역문】 그때 안원호군 학후가 친구에게 서신을 보내 말하기를 "[내가] 상서
령 배수와 서로 잘 아는 사이이니, 그가 [나에게] 이익이 될 것이다."라고
하였다. 유사가 배수를 면관시켜야 한다고 상주하니, 조를 내려 [다음과
같이] 말하였다. "타인으로 하여금 나에게 [죄를] 미치지 않게 하는 것은,

---

[432] 『晉書』 권48, 「闞纘傳」, 1350쪽.

옛사람들도 어려워하던 것이다. 인사를 결탁한 것은 학후의 죄일 뿐 어찌 상서령이 막을 수 있었겠는가! 문죄하지 말도록 하라."433(『진서』「배수전」)

**【원문】** 劉超字世踰, 忠淸愼密, 自以職在中書, 絶不與人交關書疏.(世說卷二注引晉陽秋)

**【역문】** 유초의 자는 세유인데, 충성스럽고 청렴하며 신중하고 세심하여, 중서에 재직한 이후부터 결코 타인과 서찰을 교류하지 않았다.434(『세설신어』권2 주에서 『진양추』를 인용)

**【세주 원문】** 按交關見漢律. 據此, 知晉律亦有此條.

**【세주 역문】** '교관'조는 한율에 보인다. 이 항목에 근거해 보았을 때, 진율에도 역시 본 조문이 있었음을 알 수 있다.

## ◉ 自首 자수

**【원문】** 敷父純詣廷尉自首:「敷以議草見示, 愚淺聽之.」詔免純罪.(庾純傳)

**【역문】** 유부의 부친인 유순이 정위에게 가서 자수하며 말하기를 "유부가 기초한 의논을 [저에게] 보여주었는데, 어리석은 제가 그것을 허락하였습니다."라고 하였다. 조를 내려 유순의 죄를 면제해 주었다.435(『진서』「유순전」)

---

433 『晉書』 권35, 「裴秀傳」, 1039쪽.
434 『世說新語箋疏』 卷上之下, 「政事」, 174쪽.
435 『晉書』 권50, 「庾純傳」, 1403쪽.

● **考竟**　고문(고문하다 사망에 이르게 함)

【원문】 收吳太妃・趙粲及韓壽妻賈午等, 付暴室考竟.(趙王倫傳)

【역문】 오태비와 조찬 및 한수의 처 가오 등을 체포하여 폭실[436]로 보내 고문하도록 하였다.[437](『진서』「조왕륜전」)

【원문】 以兵仗送太子妃王氏、三皇孫于金墉城, 考竟謝淑妃及太子保林蔣俊.(愍懷太子傳)

【역문】 [사마담이] 병장을 이용하여 태자비 왕씨와 3명의 황손을 금용성으로 압송하였으며, 사숙비와 태자보림[438] 장준은 고문을 받다 사망하였다.[439](『진서』「민회태자전」)

【원문】 時尙書令史扈寅非罪下獄, 詔使考竟, 頌執據無罪, 寅遂得免.(劉頌傳)

【역문】 그때 상서령사 호인이 죄가 없는데도 하옥되었는데, 조를 내려 고문하도록 하니, 유송이 무죄를 주장하여 호인이 마침내 면죄받게 되었다.[440](『진서』「유송전」)

【원문】 其考竟友以懲邪佞.(李憙傳)

【역문】 유우를 고문하여 간사함을 징계하도록 하라.[441](『진서』「이희전」)

---

436　漢의 官署名이다. 掖庭令에 속해 있었으며, 紡織과 染練을 주관하였다. 宮中의 婦人에게 질병이 있거나 后妃에게 죄가 있는 경우 이곳에 거처하도록 하였다.

437　『晉書』권59,「趙王倫傳」, 1599쪽.

438　保林은 漢代 宮中의 女官名으로, 魏・晉 이래에는 東宮의 女官이었다.

439　『晉書』권53,「愍懷太子傳」, 1460쪽.

440　『晉書』권46,「劉頌傳」, 1293쪽.

441　『晉書』권41,「李憙傳」, 1189쪽.

◉ **鞫獄責家人下辭**　국옥 시 가인에게 진술을 강요

【원문】 宋臺建, 爲侍中, 建議以爲「鞫獄不宜令子孫下辭, 明言父祖之罪. 虧教傷情, 莫此爲大. 自今但令家人與囚相見, 無乞鞫之訴, 便足以明伏罪, 不須責家人下辭」. 朝議從之.(南史蔡廓傳)

【역문】 송의 대성 건립 후, [채곽은] 시중이 되어 [다음과 같이] 건의하였다. "국옥할 때에 자손에게 진술하도록 하여 부·조의 죄를 낱낱이 말하도록 해서는 안 됩니다. 예교를 손상시키고 정리를 상하게 하는 것이 이보다 더 한 것은 없습니다. 이제부터 다만 가인과 죄수가 면회만 하지, 심문하는 데 진술하도록 하지는 마십시오. 죄를 자복하기에 충분하다면 가인에게 진술하도록 요구해서는 안 됩니다." 조정에서 의논하여 [채곽의 의견을] 따랐다.442(『남사』「채곽전」)

【원문】 河東衛展爲晉王大理, 考摘故事有不合情者, 又上書曰: 今施行詔書, 有考子正父死刑, 或鞭父母問子所在. 近主者所稱庚寅詔書, 擧家逃亡家長斬. 若長是逃亡之主, 斬之雖重猶可. 設子孫犯事, 將考祖父逃亡, 逃亡是子孫, 而父祖嬰其酷. 傷順破教, 如此者衆.(刑法志)

【역문】 하동의 위전443이 진왕의 대리(大理)가 되자 고사 중 실정에 부합하지 않는 것을 조사하여 상주하였다. "현재 시행 중인 조서 중에는 자식을 고문해서 자식의 증언에 의해서 부친을 사형에 처하고, 혹은 부모를 편태(鞭笞)해서 자식의 소재를 묻는다는 규정이 있습니다. 또한 근래 담당 관리들이 근거로 삼는 '경인조서' 중에는, 일가가 모두 도망가면 가장은 참형에 처한다는 규정이 있습니다. 만약 가장이 도망의 주모자라면 그를 참하는 것은 비록 중형이라 해도 괜찮지만, 가령 자·손이 도망죄

---

442 『南史』 권29, 「蔡廓傳」, 763쪽.
443 衛展의 字는 道舒이고, 晉河東郡安邑(지금의 山西省 夏縣 西北)人이다. 일찍이 尙書郞, 南陽太守를 역임하고, 永嘉 중에는 江州刺史를 지냈다. 元帝 초에 廷尉를 역임하였는데, 상소하여 肉刑을 회복할 것을 주장하였다. 廷尉에 임명된 후 곧 병들어 사망하고 光祿大夫에 追贈되었다.

를 범한 경우 도망죄로 조부나 부를 고문한다면, 도망한 것은 자·손인
데, 도리어 조부나 부가 혹형을 받는 것이 됩니다. [이것은] 효순의 도리
를 손상하고 교화를 깨트리는 것으로 이 같은 사례가 매우 많습니다."[444]
(『진서』「형법지」)

### ◉ 晉禁復讐  진에서 복수를 금지함

**【원문】** 褚裒當之鎭, 無忌及丹楊尹桓景等餞於版橋. 時王廙子丹楊丞耆
之在坐, 無忌志欲復讎, 拔刀將手刃之, 裒·景命左右救捍獲免. 御史
中丞車灌奏無忌欲專殺人, 付廷尉科罪. 成帝詔曰: 自今已往, 有犯必
誅.」於是聽以贖論.(譙剛王遜傳)

**【역문】** [강주자사] 저부가 진(鎭)에 부임해 가자, 사마무기와 단양윤 환경
등이 판교에서 [그를] 전송하였다. 그때 왕이의 아들 단양승 왕기지가
자리에 있었는데, 사마무기가 복수하려는 뜻이 있어 칼을 꺼내 직접 그
를 찔렀으나, 저부와 환경이 좌우에 [그를] 구하도록 명해서 [위기를] 모
면할 수 있었다. 어사중승 차관이 사마무기가 살인을 자행하려 했다고
상주하니, [사마무기를] 정위에게 이송하여 과죄하였다. 성제가 조를 내
려 말하기를 "이후로 [살인을] 범한 경우에는 반드시 사형으로 처벌한
다"고 하였다. [사마무기에] 대해서는 속금으로 논죄하는 것을 허락해
주었다.[445](『진서』「초강왕손전」)

**【원문】** 王談年十許歲, 父爲隣人竇度所殺. 談陰有復讎之志, 年十八, 密
買市利插刃, 陽若以耕耘者. 度常乘舡出入經一橋下, 談伺度行還於橋
上, 以插斬之, 應手而死. 既而歸罪有司, 太守孔嚴義其孝勇, 列上宥
之.(御覽四百八十二引續晉陽春秋)

---

444 『晉書』 권30, 「刑法志」, 939쪽.
445 『晉書』 권37, 「譙剛王遜傳」, 1106쪽.

【역문】 왕담은 10여 세 때에 아버지가 이웃 사람 두도에게 살해당하였다. 왕담은 몰래 복수의 뜻을 품고 있었는데, 18세가 되자 은밀히 날카로운 가래 날을 구입하여, 농사에 사용하기 위한 것처럼 가장하였다. 두도가 늘 배를 타고 가다 어떤 다리 밑을 지나는데, 왕담이 두도가 갔다 돌아오는 것을 보고는 다리 위로 돌아와 가래로 그를 베니, [가래로 베자마자] 바로 죽었다. [왕담이] 유사에게 자수하자 태수 공암이 그의 효용(孝勇)을 의롭게 여겨, 그를 사면해 달라고 상주하였다.[446](『어람』 권482에서 『속진양춘추』를 인용)

### ◉ 晉避讎移徙之制  진의 복수를 피해 [살인자를] 이향시키는 제도

【원문】 時會稽剡縣民黃初妻趙打息載妻王死亡. 遇赦, 王有父母及息男稱・息女葉, 依法徙趙二千里外. 隆議之曰: 父子至親, 分形同氣, 稱之於載, 即載之於趙, 雖云三世, 爲體猶一, 未有能分之者也. 稱雖創巨痛深, 固無讎祖之義. 若稱可以殺趙, 趙當何以處載? 將父子孫祖, 互相殘戮, 懼非先王明罰, 咎繇立法之本旨也. 舊令云, 『殺人父母, 徙之二千里外』. 不施父子孫祖明矣. 趙當避王碁功千里外耳. 令亦云, 『凡流徙者, 同籍親近欲相隨者, 聽之』. 此又大通情體, 因親以教愛者也. 趙既流移, 載爲人子, 何得不從; 載從而稱不行, 豈名教所許? 如此, 稱・趙竟不可分. 趙雖內愧終身, 稱當沉痛沒齒, 孫祖之義, 自不得永絶, 事理固然也.」 從之.(宋書傳隆傳. 南史宋宗室及諸王傳, 義慶元嘉中爲丹陽尹. 有百姓黃初妻趙殺子婦遇赦, 應避孫讎. 義慶議以爲「周禮父母之仇, 避之海外, 蓋以莫大之冤, 理不可奪. 至於骨肉相殘, 當求之法外. 禮有過失之宥, 律無讎祖之文. 況趙之縱暴, 本由於酒, 論心即實, 事盡荒耄. 豈得以荒耄之王母, 等行路之深讎, 宜共天同域, 無虧孝道」)

【역문】 그때 회계 섬현 백성 황초의 처 조씨가 아들 황재의 처 왕씨를 구타

---

446 『太平御覽』 권482, 「人事部」, ‘仇讎’, 972쪽.

하여 [왕씨가] 사망하였다. 사면령이 내리자 왕씨에게는 부모와 아들 황칭, 딸 황엽이 있었으므로, [조씨는] 법에 따라 2000리 밖으로 이향되게 되었다. 부륭이 [다음과 같이] 의론하였다. "부자는 지친이니, 형체는 나누어져 있으나 기식은 상통하는 것입니다. 황칭에서 황재로, 황재에서 조씨로 비록 삼세(三世)라고 하지만, 일체와 같으니, 그들을 헤어지게 할 수는 없습니다. 황칭이 비록 고통이 심하다고 하나, 실로 조부모에게 복수하는 도리란 없습니다. 만일 황칭이 조씨를 살해할 수 있다면, 조씨는 어떻게 황재를 처치해야 합니까? [이렇게 된다면] 부친과 아들, 손자와 조모 사이에 서로 살해하게 될 것이니, 선왕께서 형벌을 엄명하시고, 고요가 법을 세운 본뜻에 어긋날까 두렵습니다. 구령에 '부모를 살해한 자는 2000리 밖으로 이향시킨다'고 하였으니, 부친과 아들, 손자와 조모 사이에 대해서는 분명하게 규정해 두지 않았습니다. 조씨는 왕씨의 종친을 피해 천 리 밖으로 [이향되는 것] 뿐입니다. 영(令)에 또한 '무릇 유배시킬 경우 가까운 친족 중 따라가고자 하는 자가 있다면 허락한다.'고 하였습니다. 이는 또한 정체(情體)를 크게 통하도록 하여 친(親)으로 애(愛)를 가르치는 것입니다. 조씨가 이향된다면 황재도 사람의 아들인데, 어찌 따라가지 않을 수 있겠습니까. 황재가 따라가는데, 황칭이 가지 않는다면, [이것이] 어찌 명교가 허용하는 것이겠습니까? 이처럼 황칭과 조씨는 끝내 떨어질 수 없는 것입니다. 비록 조씨는 평생 부끄러운 마음을 품고, 황칭은 평생 비통하겠지만 손조(孫祖)의 의는 본래 영영 끊어질 수 있는 것이 아니니, 이치가 실로 그러한 것입니다." 그의 의논을 따랐다.[447](『송서』「부륭전」. 『남사』「송종실급제왕전」에는 [다음과 같이] 기록되어 있다. 의경은 원가 연간(424-453)에 단양윤이 되었다. 백성 중 황초란 자의 처 조씨가 며느리를 살해한 후, 사면을 받았는데, 손자의 복수를 피해 [이향되게] 되었다. 의경이 [다음과 같이] 의논하였다. "『주례』에서 [타인의] 부모를 죽인 원수는 [사면을 받더라도] 해외로 이향시키니, [자식에게는] 가장 큰 원한이므로 이치상으로도 [복수의

---

[447] 『宋書』 권55, 「傳隆傳」, 1550쪽.

의무는] 빼앗을 수 없는 것입니다. 골육이 서로 해친 [본 사건은] 반드시 법률 바깥에서 [처리 방안을] 찾아야 합니다. 예에는 과실을 용서해 주는 것이 있고, 법에는 조부모를 원수로 하는 것에 대한 조문이 없습니다. 하물며 조씨가 포악한 [범행을] 저지른 것은 본래 술 때문이니, 본심을 살펴보면 실제로 사건은 모두 늙어 혼미했기 때문입니다. 어찌 늙은 조모를 철천지원수인 일반인과 동등하게 여길 수 있겠습니까. 함께 살더라도 효도에 위배됨이 없습니다."[448]

● **晉禁以妾爲妻** 진에서는 첩을 처로 삼는 것을 금함

【원문】 泰始十年丁亥, 詔曰:「嫡庶之別, 所以辨上下, 明貴賤. 而近世以來, 多皆內寵, 登妃后之職, 亂尊卑之序. 自今以後, 皆不得登用妾媵以爲嫡正.」(武帝紀)

【역문】 태시 10년(274) 정해일에 조를 내렸다. "적서의 구별은 상하를 분별하며, 귀천을 명백하게 하기 위한 것이다. 그런데 근래 들어 대부분 총애를 받는 첩[내총(內寵)]이 황후의 직에 올라 존비의 질서를 어지럽혔다. 이제부터는 모두 첩잉을 등용하여 적처로 삼을 수 없다."[449](『진서』「무제기」)

● **居喪婚嫁請客** 상중에 있으면서 혼인하고 연회를 베푼 행위

【원문】 王籍之居叔母喪而婚, 隗奏之, 帝下令曰:「詩稱『殺禮多婚, 以會男女之無夫家』, 正今日之謂也. 可一解禁止. 自今以後, 宜爲其防.」東閣祭酒顏含在叔父喪嫁女, 隗又奏之. 盧江太守梁龕明日當除婦服, 今日請客奏伎, 丞相長史周顗等三十餘人同會, 隗奏曰:「請免龕官, 削侯爵. 顗等知龕有喪, 吉會非禮, 宜各奪俸一月, 以肅其違.」從之.(劉隗傳)

448 『南史』 권13, 「宋宗室及諸王傳」, 359쪽.
449 『晉書』 권3, 「武帝紀」, 63쪽.

【역문】[세자문학] 왕적지가 숙모상 중에 있으면서 혼인하니, 유외가 그 사실을 상주하여 원제가 영을 내렸다. "『시경』에 이르기를 '[나라에 흉년이 들면] 예를 낮추어 혼인을 많이 하게 하고자 남편과 부인이 없는 남녀를 모았다'⁴⁵⁰고 하였으니, 바로 오늘날의 [사정을] 말한 것으로, [이는 상황에 따라] 금령을 한 번 풀어준 것이다. 이제부터는 마땅히 금령을 행해야 한다." 동합좨주 안함이 숙부상 중에 있으면서 딸을 혼인시키니, 유외가 또한 그 사실을 상주하였다. 여강태수 양감은 다음날이 부인의 상을 탈상하는 날인데, 오늘 손님을 청하고 음악을 연주하니, 승상장사 주의 등 30여 인이 함께 모였다. 유외가 [다음과 같이] 상주하였다. "양감을 면관시키시고 후작을 삭탈하십시오. 주의 등은 양감이 상 중임을 알고도, 즐거이 모여 예를 어겼으니 각각 1개월의 봉록을 삭감하셔서 그 잘못된 행위를 단속하십시오." 황제가 그것을 따랐다.⁴⁵¹(『진서』「유외전」)

【세주 원문】按唐律十惡不孝注, 身自嫁娶, 若作樂, 釋服從吉.

【세주 역문】당률의 십악 중 불효조의 주문에, 부모의 상중에 몸소 가(嫁)·취(娶)하거나, 음악을 연주하거나, 상복을 벗고 길복을 입은 행위[가 불효에 해당된다고 하였다.]

● **晉改正大臣終喪法令** 진에서 대신의 종상(終喪)에 관한 법령을 개정함

【원문】尋拜大鴻臚. 遭母喪, 舊制, 旣葬還職, 默自陳懇至, 久而見許. 遂改法定令, 聽大臣終喪, 自默始也.(鄭默傳)

【역문】[정묵은] 얼마 뒤 대홍려에 임명되었다. 모친상을 당했는데, 구제에 따르면 매장을 한 이후에는 관직으로 복귀해야 했으므로, 정묵이 간곡

---

450 이 내용은『詩經』「國風」'有狐'의 毛序에 있는 내용이다. "古者, 國有凶荒, 則殺禮而多昏, 會男女之無夫家者, 所以育人民也."

451 『晉書』 권69, 「劉隗傳」, 1835쪽.

히 [종상하기를] 청하였다. 오랜 시간이 걸려 윤허를 받았다. 마침내 법령을 개정하여 대신은 종상할 것을 허락하였으니, [그 법령은] 정묵으로부터 시작된 것이다.[452](『진서』「정묵전」)

## ◉ 晉除任子法 진에서 임자에 대한 법령을 삭제함[453]

【원문】 咸和五年正月, 詔除諸將任子.(成帝紀)

【역문】 함화 5년(330) 정월, 조를 내려 제장의 임자[법]을 삭제하였다.[454](『진서』「성제기」)

【원문】 自蘇峻反後, 諸將多以子爲質, 謂之保任. 至時王導慮郭默之不可制, 乃詔除任子之法.(元經傳)

【역문】 소준의 반란 이후, 제장이 대부분 [자신의] 아들을 질로 삼고는 보임이라고 일컬었다. 이때 왕도는 곽묵을 제어할 수 없을 거라 생각해, 조를 내려 임자의 법을 삭제한다고 하였다.[455](『원경전』)

## ◉ 晉除酒禁 진에서 주금을 폐지함

【원문】 義熙三年二月己丑, 除酒禁.(安帝紀)

【역문】 의희 3년(407) 3월 기축일에 주금을 폐지하였다.[456](『진서』「안제기」)

【원문】 曩者既年荒穀貴, 人有醉者相殺, 牧伯因此輒有酒禁, 嚴令重申, 官司搜索, 收執榜徇者相辱, 制鞭而死者太半. 防之彌峻, 犯者至多. 至

---

452 『晉書』 권44, 「鄭默傳」, 1252쪽.
453 任子는 父兄의 功績으로 인해, 官職을 授與받는 것이다.
454 『晉書』 권7, 「成帝紀」, 175쪽.
455 『元經傳』 권4, '咸和五年'.
456 『晉書』 권10, 「安帝紀」, 259쪽.

乃穴地而釀, 油囊懷酒.(抱朴子酒誡篇)

【역문】 이전에 흉년이 들어 곡식이 귀해졌는데, 술에 취해 서로 해치는 자들이 발생하자, 목백이 이로 인해 바로 주금을 두고, 엄격한 금령을 거듭 알렸다. 관사가 수색하여 체포하면 [범죄자를] 널리 알려 모욕을 주었으며, 제편(制鞭)을 맞아 죽는 자가 태반이었다. 금령이 더욱 엄격해지는데도 범하는 자들이 매우 많았다. 심지어 땅굴에서 양조를 하고 유낭에 술을 담기도 하였다.[457](『포박자』「주계편」)

【세주 원문】 按宋書文帝紀, 元嘉二十一年, 南徐、南豫州、揚州之浙江西, 並禁酒. 二十二年秋九月, 開酒禁. 是宋初亦曾禁酒, 未幾而除, 略與晉同.

【세주 역문】 『송서』「문제기」를 살펴보면, 원가 21년(444)에 남서주 · 남예주[458] · 양주의 절강 서쪽에서 모두 술을 금하였는데, 원가 22년(445) 가을 9월에 주금을 해제했다고 하였다. 이는 송 역시도 초기에는 주금이 있었으나, 얼마 안 되어 폐지한 것으로 대략 진[의 상황과] 동일하다.

◉ 晉科  진의 법규[科]

【원문】 時揚州刺史西陽王子尙上言:「山湖之禁, 雖有舊科, 人俗相因, 替而不奉, 燎山封水, 保爲家利. 自頃以來, 頹弛日甚, 富強者兼嶺而占, 貧弱者薪蘇無託, 至漁採之地亦又如茲. 斯實害人之深弊, 爲政所宜去絶. 損益舊條, 更申恒制.」有司檢壬辰詔書:「占山護澤, 強盜律論. 贓一丈以上皆棄市.」希以「壬辰之制, 其禁嚴刻, 事旣難遵, 理與時弛. 而占山封水, 漸染復滋, 更相因仍, 便成先業. 一朝頓去, 易致嗟怨. 今更刊革, 立制五條: 凡是山澤先恒燎爐, 養種竹木雜果爲林芿, 及陂湖

---

457 『抱朴子外篇』 권24, 「酒誡」, 584쪽.
458 宋 文帝 元嘉 8年(431年)에 長江 이북을 南兗州, 長江 이남을 南徐州로 개칭하였으며, 治所는 京口 (현재 鎭江)에 두었다.

江海魚梁鰡鱐場, 恒加功修作者, 聽不追奪. 官品第一第二聽占山三
頃; 第三第四品二頃五十畞; 第五第六品二頃; 第七第八品一頃五十
畞;第九品及百姓一頃: 皆依定格, 條上賷簿. 若先已占山, 不得更占;
先占闕少, 依限占足. 若非前條舊業, 一不得禁. 有犯者, 水土一尺以
上, 並計贓依常盜律論. 停除咸康二年壬辰之科.」從之.(南史羊玄保傳)

【역문】 당시 양주자사 서양왕 유자상이 [다음과 같이] 상언하였다. "산호의
[침점을] 금지하는 것은 비록 옛 법규[구과(舊科)]가 있지만, 민간의 습속
이 이어져 [구과가] 폐기되고 준수되지 않으니, [부강한 자들이] 산을 불
태우고 물을 막아 점유한 뒤 집안의 이익으로 삼고 있습니다. 근래 들어
[법규가] 날로 더욱 해이해지니, 부강한 자가 산지를 겸병하여 점유하므
로, 빈약한 자들은 땔감을 얻을 곳조차 없으며, 어로·채집하는 지역들
도 또한 이와 같은 상황입니다. 이는 실로 백성을 해치는 심각한 폐단이
니, 정사를 행함에 마땅히 근절시켜야 합니다. 옛 조문을 개정하시어 영
구적인 법제[항제(恒制)]를 반포하십시오." 담당관리가 임진일 조서를 살
펴보니, "산과 택을 점유한 자는 강도율로 논죄한다. 장물이 1장 이상이
면 모두 기시형에 처한다."고 하였다. 양희가 [다음과 같이] 상언하였다.
"임진일의 법제는 그 금령이 엄혹하여, [금령을] 집행함에 이미 준수하기
어렵고, 관리하는 것도 시간이 흐르면서 해이해졌습니다. 산을 점유하
고 물을 막는 것이 점차 심해지고 확대되어 대대로 이어지며 [각 가의]
선업이 되어버렸습니다. 하루아침에 갑자기 빼앗아 버린다면 원망을 사
기 쉬울 것입니다. 지금 [금령을] 개정하는데, 5개 조항을 규정하십시오.
무릇 산택에 이미 오랫동안 화전으로 만들어 죽목·잡과를 심은 것이
매우 많거나, 호(湖)·강(江)·해(海)에 제방을 쌓고 어량과 추제장을 만
들어 항시 작업을 행한 경우, 빼앗지 않도록 하십시오. 관품이 1품·2품
이라면 산지 3경, 3품·4품일 경우 2경 50무, 5품·6품은 2경, 7품·8품
은 1경 50무, 9품 및 백성은 1경을 점유할 수 있도록 허락하시고, 모두
정해진 법례에 따라 장부에 등록하도록 하십시오. 만약 이미 산지를 점

유하여, 다시 점유할 수 없는 경우 앞서 점유한 것이 [규정 한도보다] 부족하다면, 한도에 의거해 점유하도록 하십시오. 만약 전조에서 [규정한] 구업이 아니어도 일률적으로 금하지는 마십시오. [금령을] 범한 경우 [위반한] 수토가 1척 이상이라면, 모두 장물을 계산하여 상도율에 의거해 논죄하십시오. 함강 2년(336) 임진일의 법규는 폐지하십시오." 그의 의견을 따랐다.[459](『남사』「양현보전」)

**【세주 원문】** 按咸康爲晉成帝年號, 壬辰詔書, 蓋卽漢丁酉詔書·晉庚寅詔書(俱見晉志)之類, 於律外科人之罪者也. 宋書孝武本紀, 大明七年秋七月丙寅, 詔曰:「前詔江海田池, 與民共利. 歷歲未久, 浸以弛替. 名山大川, 往往占固. 有司嚴加檢糾, 申明舊制.」唐律占山野陂湖利, 在雜律.

**【세주 역문】** 함강은 진 성제의 연호이니, 임진조서는 대략 한의 정유조서[460] 및 진의 경인조서[461]와 유사한 것으로(모두 『진서』「형법지」에 보인다), 율 외에 죄를 부과하는 [법규]이다. 『송서』「효무본기」 대명 7년(463) 가을 칠월 병인일의 조서에 "이전의 조서에서 '강·해·전·지는 백성과 이익을 함께한다'고 하셨는데, 얼마 지나지 않아 [구제가] 점차 이완되어 폐기되어 버렸습니다. 명산 대천의 곳곳이 점유되었으니, 유사가 엄격하게 규찰하여 구제를 거듭 분명히 하십시오"[462]라고 하였다. 당률에서 '산·들·저수지·호수의 이윤을 독점함'에 관한 조문은 잡률에 있다.[463]

## ◉ 晉以春秋決獄  진에서 춘추[의 의(義)]로 옥사를 판결함

**【원문】** 凡爲駁議者, 若違律令節度, 當合經傳及前比故事, 不得任情以破成法.(刑法志)

---

459 『南史』 권36, 「羊玄保傳」, 934-935쪽.
460 『晉書』 권30, 「刑法志」, 924쪽. "又減以丁酉詔書, 丁酉詔書, 漢文所下, 不宜復以爲法, 故別爲之留律."
461 『晉書』 권30, 「刑法志」, 939쪽. "近主者所稱庚寅詔書, 擧家逃亡家長斬."
462 『宋書』 권6, 「孝武帝紀」, 132쪽.
463 『唐律疏議』 권26, 第405條, 雜律17, '占山野陂湖利', 489쪽. "諸占固山野陂湖之利者, 杖六十."

【역문】 무릇 박의464를 행할 경우, 만일 그것이 율령 및 규칙과 어긋나는 경우가 있다 하더라도, 경전 및 이전의 판례나 고사에는 합치해야 하며, 실정에 따라서 기존의 법을 파괴해서는 안 된다.465(『진서』「형법지」)

【원문】 乃表濬違詔不受節度, 誣罪狀之. 有司遂按濬檻車徵. 濬上書自理曰: 中詔謂臣忽棄明制, 專擅自由. 伏讀嚴詔, 驚怖悚慄, 不知軀命當所投厝. 案春秋之義, 大夫出疆, 由有專輒. 臣雖愚蠢, 以爲事君之道, 唯當竭節盡忠, 奮不顧身, 量力受任, 臨事制宜, 苟利社稷, 死生以之.(王濬傳)

【역문】 [왕혼이] 표문을 올려 왕준이 조서를 어기고 지휘를 받지 않았다고 하며, 죄를 꾸며 보고하였다. 유사가 마침내 왕준을 조사하고 함거로 소환하고자 하였다. 왕준이 상서를 올려 직접 진술하였다. "조에서는 신이 법제를 경시하고 폐기하여 독단적으로 처리했다고 하셨습니다. [하지만 신은] 삼가 엄한 조서를 읽고 놀라 두려워하여 목숨이 [이러한 상황에] 처하리라고는 생각지도 못했습니다. 춘추의 의를 살펴보면 대부가 국경 밖으로 갈 때에는 독자적으로 [사안을] 판단할 수 있다고 하였습니다. 신이 비록 우매하나 군주를 섬기는 도리는 오직 마땅히 충절을 다하고 힘써 자신의 목숨을 돌보지 않으며, 자신의 역량을 헤아려 임무를 받고 일에 임해서는 적합한 대책을 수립하여 실로 사직을 이롭게 하는 데 생사를 맡기는 것이라고 생각합니다."466(『진서』「왕준전」)

【원문】 賈后諷羣公有司奏曰:「皇太后陰漸姦謀, 圖危社稷. 魯侯絕文姜, 春秋所許.」詔曰:「此大事, 更詳之.」有司又奏:「皇太后內爲脣齒, 協同逆謀. 昔文姜與亂, 春秋所貶, 宜廢皇太后爲峻陽庶人.」(武悼楊皇后傳)

---

464 漢代에 신하가 皇帝에 대하여 上書하는 형식의 일종으로, 蔡邕의 『獨斷』에는 "一曰章, 二曰奏, 三曰表, 四曰駁議"라고 기록하였다.
465 『晉書』 권30, 「刑法志」, 939쪽.
466 『晉書』 권42, 「王濬傳」, 1212쪽.

【역문】 가후가 군공 및 유사들에게 [다음과 같이] 상주하도록 하였다. "황태후가 은밀히 간악한 음모를 세워 사직을 위태롭게 하였습니다. 노후가 [모친인] 문강과 의절한 것은 춘추에서도 허락한 바입니다." 조를 내려 "이는 대사이니 다시 상세히 살피도록 하라."고 하였다. 유사가 다시 상주하였다. "황태후는 안에서 공모하여 역모에 협조했습니다. 옛날 문강이 음란을 행하자 춘추에서도 폄하였으니, 황태후를 폐위하여 준양의 서인으로 만들어야 합니다."467(『진서』「무도양황후전」)

【원문】 趙王倫收蘂及弟北海王寔繫廷尉, 當誅. 倫太子中庶子祖納上疏諫曰:「罪不相及, 惡止其身, 此先哲之弘謨, 百王之達制也. 蘂·寔, 獻王之子, 明德之胤, 宜蒙特宥.」會孫秀死, 蘂等悉得免. 蘂以是益怨, 密表岊專權, 與左衞將軍王輿謀共廢岊. 事覺, 免爲庶人. 尋詔曰:「又前表岊所言深重, 雖管蔡失道, 牙慶亂宗, 不復過也. 春秋之典, 大義滅親, 其徙蘂上庸.」(文六王傳)

【역문】 조왕 사마륜이 사마유와 아우 북해왕 사마식을 체포하여 정위에게 구금시켰는데, [죄가] 사형에 해당되었다. 사마륜의 태자중서자 조납이 상소를 올려 간언하였다. "죄를 연좌시키지 않고 악을 [범인] 그 자신에게만 두는 것은 선철의 너그러운 계책이며, 백왕이 시행한 제도입니다. 사마유와 사마식은 헌왕의 아들로 명덕한 자의 후손이니, 특별한 은사를 받아야만 합니다." 마침 손수가 죽자 사마유 등은 모두 [형벌을] 면하게 되었다. 사마유가 사마경이 권력을 전횡한다고 몰래 표문을 올리고, 좌위장군 왕여와 함께 사마경을 폐위할 것을 모의하였다. 일이 발각되자 파면되어 서인이 되었다. 얼마 후 조를 내려 [다음과 같이] 말하였다. "또한 이전에 [사마유가] 사마경에 대해 표문을 올려 고한 말이 매우 중하니, 비록 관숙과 채숙이 도를 잃고, 아경이 종족을 어지럽혔다 하나, [사마유보다] 더욱 심하지는 않을 것이다. 춘추의 전에 '대의로 친을 멸

---

467 『晉書』 권31, 「武悼楊皇后傳」, 955쪽.

한다'고 하였으니, 사마유를 상용으로 천사시키십시오."468(『진서』「문육
왕전」)

**【원문】** 先是, 張華被誅, 岡建議欲復其官爵. 論者或以爲非, 羨駁之曰:「后
體齊於帝, 尊同皇極, 罪在枉子, 事不爲逆, 義非所討. 今以華不能廢枉
子之后, 與趙盾不討殺君之賊同, 而貶責之. 於義不經通也.」華竟得追
復爵位.(溫羨傳)

**【역문】** 이에 앞서 장화가 주살되자, 사마경은 그의 관작을 회복해 달라고
건의하였다. 논자 중 반대하는 자가 있었는데, 온선이 그를 반박하며
[다음과 같이] 말하였다. "황후는 황제와 동체이니, 황극과 존귀함이 동
일합니다. 태자를 해롭게 한 것에 죄가 있지 역모를 행한 것이 아니니,
의리상 책망해서는 안 됩니다. 지금 장화가 태자를 해롭게 한 황후를 폐
하지 못한 것은 조순이 군주의 적을 주벌하지 못한 것과 동일하니, 폄적
으로 책망하시는 것은 의리에 통하는 것이 아닙니다." 장화는 마침내 그
작위가 회복되었다.469(『진서』「온선전」)

**【원문】** 龕違裒節度, 軍次代陂, 爲石邈將李菟所敗, 死傷太半, 龕執節不
撓, 爲賊所害. 裒以春秋責帥, 授任失所, 威略虧損, 上疏自貶.(褚裒傳)

**【역문】** 서감이 저부의 지휘를 어기고 군대를 대피에 주둔시켰는데, 석준의
장령 이토에게 패해 사상자가 태반이나 되었으며, 서감은 절개를 지키고
꺾지 않았으므로 적에게 살해당하였다. 저부는 춘추에서 통솔하는 자를
징벌하는 것에 따라, [속관을] 임명하는 데 잘못하여 전투 계획에 차질을
입혔으므로, 스스로 폄적되겠다고 상소하였다.470(『진서』「저부전」)

---

468 『晉書』 권38, 「文六王傳」, 1136쪽.
469 『晉書』 권44, 「溫羨傳」, 1267쪽.
470 『晉書』 권93, 「褚裒傳」, 2417쪽.

**【원문】** 隗又奏:「符旨: 挺已喪亡, 不復追貶. 愚蠢意闇, 未達斯義. 昔鄭人
斲子家之棺, 漢明追討史遷, 經傳褒貶, 皆追書先世數百年間, 非徒區
區欲釐當時, 亦將作法垂於來世, 當朝亡夕沒便無善惡也. 請曹如前追
除挺名爲民, 顯證惡人, 班下遠近.」從之.(劉隗傳)

**【역문】** 유외가 또한 [다음과 같이] 상주하였다. "부지에서 '송정이 이미 사
망하였으니 다시 폄관하지 말라'고 하셨습니다. 신이 우매하여 이러한
뜻을 깨닫지 못하겠습니다. 옛날 정나라 사람이 자가의 관을 부수자 한
명제는 사마천을 비판하였으니, 경전의 포폄은 모두 전대의 수백 년 간
[의 일]을 추서(追書)하는 것이지, 단지 좁게 당대만을 다스리기 위한 것
이 아닙니다. 또한 전범을 만들어 후세에 전하기 위한 것이지, 해당 왕조
가 멸망했다고 해서 바로 선악이 없어지는 것도 아닙니다. 청컨대 담당
관사는 이전과 같이 송정을 제명하여 백성으로 삼아 악인을 분명하게 드
러내어 원근에 널리 알리십시오." 그것을 따랐다.[471](『진서』「유외전」)

**【원문】** 敦平, 有司奏彬及兄子安成太守籍之, 並是敦親, 皆除名. 詔曰:「司
徒導以大義滅親, 其後昆雖或有違, 猶將百世宥之, 況彬等公之近親.」
乃原之.(王彬傳)

**【역문】** 왕돈이 평정되자, 유사가 왕빈과 조카[형자(兄子)]인 안성태수 왕적
지가 모두 왕돈의 친족이므로 제명해야 한다고 상주하였다. 조를 내려
말하였다. "사도 왕도는 대의로 친을 멸하였으니, 그 후손은 혹 잘못이
있더라도 백세 동안 용서해 주어야 한다. 더욱이 왕빈 등은 공의 근친이
다." 이에 그들을 용서해 주었다.[472](『진서』「왕빈전」)

**【원문】** 敦平後, 周顗・戴若思等皆被顯贈, 惟協以出奔不在其例. 咸康中,
協子彝上疏訟之. 在位者多以明帝之世褒貶已定, 非所得更議, 且協不

---

471 『晉書』 권69, 「劉隗傳」, 1836쪽.
472 『晉書』 권76, 「王彬傳」, 2006쪽.

能抗節隕身, 乃出奔遇害, 不可復其官爵也. 時庾冰輔政, 疑不能決.
左光祿大夫蔡謨與冰書曰: 春秋之義, 以功補過. 過輕功重者, 得以加
封; 功輕過重者, 不免誅絕; 功足贖罪者無黜. 雖先有邪佞之罪, 而臨難
之日黨於其君者, 不絕之也. 孔寧·儀行父親與靈公淫亂於朝, 君殺國
滅, 由此二臣, 而楚尚納之. 傳稱有禮不絕其位者, 君之黨也. 若刁令有
罪, 重于孔儀, 絕之可也. 若無此罪, 宜見追論. 冰然之, 於是追贈本
官.(刁協傳)

【역문】 왕돈이 평정된 후, 주의·대약사 등은 모두 후하게 추중되었는데,
조협만은 도망하였기 때문에 [추중되는] 범위에 들지 못하였다. 함강 연
간(335-342)에 조협의 아들 조이가 상소하여 탄원하였다. [그러나 당시]
관인들은 [조이의 탄원에 대해] 명제 시기에 포폄이 이미 정해진 것이므
로 다시 의론할 바가 아니라고 여겼으며, 또한 조협은 절조를 지키다 죽
지 못하고 도망가다 해를 입은 것이므로 그 관작을 다시 회복시켜 줄 수
없다고 여겼다. 당시 유빙이 정사를 보좌하고 있었는데, 주저하며 판결
하지 못하고 있었다. 좌광록대부 채모가 유빙에게 서신을 보내 [다음과
같이] 말하였다. "춘추의 의에 공으로 과를 보완한다고 하였습니다. 과
가 가볍고 공이 무거운 자는 봉작을 더할 수 있으며, 공이 가볍고 과가
무거운 자는 주멸을 면치 못하니, 공이 속죄하기에 충분하다면 폄강시
키지 않는 것입니다. [조협은] 비록 이전에 간사한 죄를 지었으나, 난이
발생했을 때에 군주의 편에 있던 자이므로 [관작을] 끊어버려서는 안 됩
니다. 공녕과 의행부는 영공과 직접 조정에서 음란을 범했으나, 군주가
살해당하고 국가가 멸망했을 때, 이 두 신하를 초에서는 받아들여 주었
습니다. 전(傳)에서도 예에 부합하므로 그 위(位)를 끊지 않은 것이라고
하였으니, [공녕과 의행부가] 군주의 편에 있었다는 것입니다. 만약 상서
령 조협의 죄가 공녕과 의행부보다 무겁다면 그 [관작을] 끊어버려도 좋
겠지만, 이러한 죄가 없다면 마땅히 추중되도록 해야 합니다." 유빙이
옳다고 여겨 [상주를 올리자 조를 내려] 이에 본관을 추중해 주었다.[473]

(『진서』「조협전」)

【원문】 時女子李忽覺父北叛時, 殺父. 處奏曰, 覺父以偸生破家以邀福.
子圉告歸, 懷嬴結舌, 忽無人子之子道, 證父攘羊, 傷化汙俗, 宜在投
畀, 以彰凶逆. 平刑市朝, 不足塞責. 奏可, 殺忽.(御覽六百四十七引王隱
晉書)

【역문】 당시 이총이라는 여성이 아버지가 북반(北叛)할 때 발각하여 아버지
를 죽게 하였다. 주처가 상주하였다. "아버지의 [죄를] 발각하고도 구차
히 목숨을 보존하려는 것은 가(家)를 파멸시키고 복을 구하는 것입니다.
자어는 [부모님을 봉양하러 고향으로] 휴가를 받아 귀향하였으며, 회영
은 함구했다고 하는데, 이총은 자식 된 도리 없이 아버지가 양을 훔친
사실을 증명하였으니,[474] 교화를 상하게 하고 풍속을 더럽힌 것으로 마
땅히 추방하여 흉악함을 드러내야 합니다. 시조에서 형벌을 주어도 징
벌하기에 부족합니다." 상주한 것을 허락하여 이총을 죽였다.[475](『태평어
람』권647에서 왕은의『진서』를 인용)

◉ 晉律家(宋律家附)  진율가(송률가를 덧붙임)

◉ 賈充  가충

【원문】 賈充字公閭, 平陽襄陵人也. 拜尙書郞, 典定科令. 帝又命充定法
律. 充有刀筆才, 所定新律旣班于天下, 百姓便之.(賈充傳. 書鈔引臧榮緖
晉書, 充拜尙書郞, 典定法令.)

---

473 『晉書』 권69 「刁協傳」, 1844쪽.
474 『論語』에 나오는 구절로, 葉公이 자신의 黨에 정직한 자가 있으니, 즉 아버지가 羊을 훔치자 아들
이 그것을 증명하였다고 하자, 이에 대해 공자가 아버지는 자식을 위해 자식은 아버지를 위해 숨
겨주는 것이 정직함이라고 말한 내용이다. 『論語』, 「子路」, "葉公語孔子曰, 吾黨有直躬者, 其父攘
羊而子證之. 孔子曰, 吾黨之直者, 異於是, 父爲子隱, 子爲父隱, 直在其中矣."
475 『太平御覽』권647, 「刑法部」, '殺', 91쪽.

【역문】 가충의 자는 공려이며, 평양 양릉인이다. 상서랑에 임명되어 과령의
교정을 전담하였다. 황제가 또 가충에게 명하여 법률을 편찬하도록 하였
다. 가충은 법률 문서에 재능이 있어, 편찬된 새 율이 [천하에 반포되자]
백성들이 그것을 편하게 여겼다.[476](「가충전」. 『북당서초』에서 인용한 장영서
의 『진서』에 "가충이 상서랑에 임명되어 法令의 교정을 전담하였다"고 하였다.)

## ◉ 鄭沖　정충

【원문】 初, 文帝命荀勗·賈充·裴秀等分定禮儀律令, 皆先咨鄭沖, 然後
施行也.(世說注引續晉陽秋)

【역문】 이전에 문제가 순욱·가충·배수 등에게 명하여 예의·율령을 나
누어 편찬하도록 하였는데, 모두 먼저 정충에게 자문한 이후에 시행하
였다.[477](『세설신어』 주에서 『속진양추』를 인용)

## ◉ 荀勗　순욱

【원문】 勗拜中書監, 加典著作. 荀勗與賈充, 共定律令, 班下施用.(藝文類
聚引王隱晉書)

【역문】 순욱은 중서감에 임명되었으며 전저작이 더해졌다. 순욱과 가충은
함께 율령을 편찬하였으며, 천하에 반포하여 시행되었다.[478](『예문유취』
에서 왕은의 『진서』를 인용)

## ◉ 裴楷　배해

【원문】 賈充改定律令, 以楷爲定科郞. 事畢, 詔楷於御前執讀, 平議當否.

---

476 『晉書』 권40, 「賈充傳」, 1165쪽.
477 『世說新語箋疏』 卷上之下, 「政事」, 170쪽.
478 『藝文類聚』 권54, 「刑法部」, 970쪽.

楷善宣吐, 左右屬目, 聽者忘倦.(裴楷傳)

【역문】 가충이 율령을 개정할 때에 배해를 정과랑으로 삼았다. 개정 작업을 마치자 조를 내려 배해에게 어전에서 [개정된 율령을] 집독하고 타당성을 평의하도록 하였다. 배해가 선독을 잘 하였으므로, 좌우가 모두 주목하여 듣는 자들이 피로를 잊을 정도였다.[479](『진서』「배해전」)

【원문】 賈充等治法律, 楷亦參典其事. 事畢, 詔專讀奏平章當否, 楷善能諷誦, 音聲解暢, 執刑書, 穆若清詠焉.(御覽三百八十八引裴楷別傳)

【역문】 가충 등이 법률을 제정하니, 배해도 그 일을 관장하는 데 참여하였다. 개정 작업을 마치자 조를 내려 [배해가] 독주하고 타당성을 평의하도록 하였는데, 배해가 [율령을] 훌륭하게 낭송하여 음성은 막힘이 없었으며, 형서를 설명하는 것도 청아한 시를 읊듯 온화하였다.[480](『태평어람』권 388에서『배해별전』을 인용)

### ◉ 成公綏 성공수

【원문】 成公綏字子安, 東郡白馬人也. 與賈充等參定法律. 泰始九年卒.(成公綏傳)

【역문】 성공수의 자는 자안이며, 동군 백마인이다. 가충 등과 함께 법률을 제정하였다. 태시 9년(273)에 사망하였다.[481](『진서』「성공수전」)

### ◉ 荀煇 순휘

【원문】 賈充定新律, 又有荀煇典正其事.(賈充傳)

---

[479] 『晉書』 권35, 「裴楷傳」, 1047쪽.
[480] 『太平御覽』권388, 「人事部」, '聲', 245쪽.
[481] 『晉書』권92, 「成公綏傳」, 2375쪽.

【역문】 가충이 신율을 제정할 때, 또한 순휘도 그 일을 주관하였다.[482](『진서』「가충전」)

● 荀顗 羊祜 王業 杜友 杜預 周權 郭頎 柳軌 榮邵
　순의 양호 왕업 두우 두예 주권 곽기 류궤 영소

【세주 원문】 按以上九人, 均豫定新律, 詳見卷上班定新律始末條. 杜預有律本, 詳見晉律註解條. 文苑榮華沈約授蔡法度廷尉制, 爰及晉氏, 此風未泯, 叔則、元凱, 並各名家. 叔則裵楷字; 元凱杜預字也.

【세주 역문】 이상의 9명은 모두 신율의 개정에 참여하였으며, 상권의 '반정신율시말' 조에 자세히 보인다. 두예에게는 『율본』이 있었는데, '진율주해'조에 자세히 보인다. 『문원영화』 심약의 '수채법도정위제'에서는 "진대가 되어도 이러한 풍조가 소멸되지 않았으니, 숙칙과 원개는 모두 명가였다."고 하였다.[483] 숙칙은 배해의 자이며, 원개는 두예의 자다.

● 張斐 장비

【세주 원문】 按斐有律表, 見晉志; 有漢晉律序注一卷, 見隋志; 有律解二十卷, 見唐志.

【세주 역문】 장비의 『율표』는 『진서』「형법지」에 자세하다. 『한진율서주』 1권은 『수서』「경적지」에 보인다. 『율해』 20권은 『당서』「예문지」에 보인다.[484]

● 衛瓘 위관

【원문】 衛瓘字伯玉, 河東安邑人也. 父覬, 魏尙書. 陳留王即位, 拜侍中. 數歲轉廷尉卿. 瓘明法理, 每至聽訟, 小大以情.(衛瓘傳)

---

482 『晉書』 권40, 「賈充傳」, 1167쪽.
483 『文苑英華』 권397, 「中書制誥」, '授蔡法度廷尉制'.
484 舊唐書에는 21권으로 되어 있다. 『舊唐書』 권46, 「經籍志」, 2011쪽, "律解二十一卷〈張斐撰〉."

【역문】 위관의 자는 백옥이며, 하동 안읍인이다. 부친 위기는 위의 상서였다. [위관은] 진류왕이 즉위하자 시중에 임명되었다. 몇 년 뒤 정위경이 되었다. 위관은 법리에 밝아 매번 청송이 있을 때마다 작고 큰 사안들을 정리로 [판결]하였다.[485](『진서』「위관전」)

◉ 高光　고광

【원문】 高光字宣茂, 陳留圉城人, 魏太尉柔之子也. 光少習家業, 明練刑理. 是時武帝置黃沙獄, 以典詔囚. 以光歷世明法, 用爲黃沙御史, 遷廷尉. 于時朝廷咸推光明於用法, 故頻典理官.(高光傳)

【역문】 고광의 자는 선무이며, 진류 어성인으로 위 태위 고유의 아들이다. 고광은 어려서부터 가업을 익혀 형법에 통달하였다. 당시 무제가 황사옥을 설치하자, [고광이] 조수[486]를 관장하였다. 고광이 역대의 법에 밝았으므로 황사어사에 임명한 것이다. 정위로 승진하였다. 당시 조정에서 모두 고광이 형법을 운용하는 데 능숙하다고 추천하였으므로, 여러 차례 이관[치옥지관(治獄之官)]을 담당하였던 것이다.[487](『진서』「고광전」)

◉ 劉頌　유송

【원문】 劉頌字子雅, 廣陵人. 守廷尉, 時人以頌比張釋之. 又論肉刑, 見刑法志. 上疏論律令事, 爲時論所美.(劉頌傳)

【역문】 유송의 자는 자아이며, 광릉인이다. 정위를 맡고 있을 때, 당시 사람들이 유송을 장석지에 비견하였다. 또한 육형에 대해 논한 것은 형법지에 보인다. 상소를 올려 율령에 관한 사안을 논한 것은 당시 여론의 칭송을 받았다.[488](『진서』「유송전」)

---

485 『晉書』 권36, 「衛瓘傳」, 1055쪽.
486 皇帝의 명령에 의해 구금된 囚犯을 의미한다.
487 『晉書』 권41, 「高光傳」, 1198쪽.

【원문】 黃門郎劉頌貞平居正, 兼明法理, 可議郎守廷尉.(書鈔五十三引晉武帝詔)

【역문】 황문랑 유송은 바르고 공평하며 정도를 따르고, 아울러 법리에 밝아 의랑으로 정위를 겸할 수 있었다.[489](『북당서초』 권53에서 진무제의 조를 인용)

【원문】 劉頌爲尙書郎, 定科律, 理詞訟.(書鈔五十三引王隱晉書)

【역문】 유송이 상서랑이 되어 과율을 정하고 소송을 처리하였다.[490](『북당서초』 권53에서 왕은의 『진서』를 인용)

## ◉ 續咸 속함

【원문】 續咸字孝宗, 上黨人也. 修陳杜律, 明達刑書. 永嘉中, 歷廷尉平. 後遂沒石勒, 勒以爲理曹參軍. 持法平詳.(儒林傳)

【역문】 속함의 자는 효종이며 상당인이다. 두예의 율을 수정하였으며, 형서에 능통하였다. 영가 연간(307-313)에 정위평[491]을 역임하였다. 이후 석륵에게 함락되자, 석륵은 [속함을] 이조참군으로 삼았다. 법을 집행하는 데 공평하고 상세하였다.[492](『진서』 「유림전」)

## ◉ 石尠 석선

【원문】 石尠字處約, 上黨人也. 侍中太尉昌安元公第二子也. 明識淸遠,

---

488 『晉書』 권46, 「劉頌傳」, 1293쪽.

489 『北堂書鈔』 권53 「設官部」, '廷尉'.

490 『北堂書鈔』 권53 「設官部」, '廷尉'.

491 廷尉平은 官名으로 "廷平", "廷尉評", "廷評"이라고도 한다. 漢代 廷尉의 屬官으로, 宣帝 地節 3년에 처음으로 廷尉平 4人을 두고 左右平이라 칭하였으며, 秩은 六百石이었다. 後漢 光武帝 때 右平을 폐지하고 左平 1人만을 설치하여 獄事의 판결을 전담하도록 하였다. 魏晉 이후에는 左右를 구분하지 않고 廷尉評을 두었다.

492 『晉書』 권91, 「儒林傳」, 2355쪽.

有倫理刑斷. 少受賜官大中大夫關中侯, 除南陽王文學·太子洗馬·
尙書三公侍郎, 情斷大獄卅餘條, 于時內外, 莫不歸當. 遷南陽王友·
廷尉正·中書侍郎.(晉故尙書征虜將軍幽州刺史城陽簡侯石尟碑)

【역문】 석선의 자는 처약이며, 상당인이다. 시중·태위 창안원공의 차남이
다. 식견이 청명하고 고원하여 형안을 판단하는 데 조리가 있었다. 어려
서 대중대부관중후를 받았으며, 남양왕문학·태자세마·상서삼공시랑
에 임명되었다. 대옥을 판결한 것이 30여 개인데, 내외에 타당하지 않은
것이 없었다. 남양왕우·정위정·중서시랑을 역임하였다.(진고상서정로
장군유주자사성양간후석선비)


【세주 원문】 按此碑近始出土, 故歷代金石諸籍, 均未著錄.「其+少」字無考, 疑當是
「尟」字. 碑云晉惠帝時人, 沒於汲桑之難, 二子殉焉. 晉書忠義不爲之立傳, 知其缺
佚多矣.

【세주 역문】 이 비는 근래에 처음 출토된 것이므로, 역대 금석의 전적들에는 모두 수
록되어 있지 않다. '기(其)+소(少)'자는 알 수 없는 것으로 아마도 '선(尟)'자일 것이
다. 비문에서는 혜제 시기의 인물로 급상의 변란에서 사망하였으며, 두 아들도 따라
죽었다고 하였다. 『진서』「충의전」에는 입전되어 있지 않으니, [충의전에] 결락된
것이 많음을 알 수 있다.


## ◉ 顧榮  고영

【원문】 顧榮字彦先, 遷廷尉平. 時趙王欲誅淮南王允官屬, 下廷尉議罪. 榮
具明刑理, 不宜廣濫. 倫意解, 賴榮濟者甚衆.(御覽二百三十一引晉中興書)

【역문】 고영의 자는 언선으로 정위평에 임명되었다. 당시 조왕이 회남왕 윤
의 속관을 죽이고자 정위에게 보내 의죄하도록 하였다. 고영은 형법을 명
백히 갖추어 남용하지 않았다. [조왕] 윤의 마음이 풀어지니, 고영 덕분에
구제된 자들이 매우 많았다.[493](『태평어람』권231에서 『진중흥서』를 인용)

◉ 王坦之　왕탄지

【원문】 坦之領領左衛, 少有風格, 尙刑名之學, 甞著廢莊論.(御覽二百三十
七引晉中興書)

【역문】 왕탄지가 좌위를 통솔하였는데, 어려서부터 풍격이 있어 형률에 대
한 학문을 숭상하였으며, 일찍이『폐장론』을 저술하였다.[494](『태평어람』
권237에서『진중홍서』를 인용)

◉ 李充　이충

【원문】 李充字弘度, 江夏人, 幼好刑名之學.(文苑傳)

【역문】 이충의 자는 홍도로, 강하인이며, 어려서부터 형률에 대한 학문을
좋아하였다.[495](『진서』「문원전」)

◉ 徐豁　서활

【원문】 徐豁字萬同, 宋永初初, 爲尙書左丞·山陰令, 精練法理, 爲時所
推.(南史徐豁傳)

【역문】 서활의 자는 만동으로 송 영초 연간(420-422) 초에 상서좌승·산음
령이 되었다. 법리에 정통하여 당시 [사람들의] 칭송을 받았다.[496](『남사』
「서활전」)

---

493 『太平御覽』 권231, 「職官部」, '廷尉平', 216쪽.
494 『太平御覽』 권237, 「職官部」, '左右衛將軍', 253쪽.
495 『晉書』 권92, 「文苑傳」, 2389쪽.
496 『南史』 권33, 「徐豁傳」, 859쪽.

◉ **晉令** 진령

【원문】 按隋書經籍志, 晉令四十卷. 舊唐書經籍志, 晉令四十卷賈充等
撰. 新唐書藝文志同. 考唐六典注, 晉令賈充等令撰四十篇, 一戶, 二
學, 三貢士, 四官品, ·五吏員, 六俸廩, 七服制, 八祠, 九戶調, 十佃, 十
一復除, 十二關市, 十三捕亡, 十四獄官, 十五鞭杖, 十六醫藥疾病, 十
七喪葬, 十八雜上, 十九雜中, 二十雜下, 二十一門下散騎中書, 二十二
尙書, 二十三三臺秘書, 二十四王公侯, 二十五軍吏員, 二十六選吏, 二
十七選將, 二十八選雜士, 二十九宮衛, 三十贖, 三十一軍戰, 三十二軍
水戰, 三十三至三十八皆軍法, 三十九·四十皆雜法. 其篇曰今尙可
考. 據晉志, 晉令凡二千三百六條九萬八千六百四十三言.(晉志凡律令
合二千九百二十六條, 十二萬六千三百言, 以律六百二十條二萬七千六百五十七
言除之, 卽得此數.) 是書宋初尙存, 太平御覽屢引之, 然王應麟所纂玉海,

則已於漢書注及宋禮志輯其佚文, 是南渡後此本已佚, 故宋史藝文志
卽不著錄. 今從漢書注宋禮志南史通典文選注唐六典注北堂書鈔藝文
類聚初學記太平御覽諸書輯得若干條, 各依其類, 載於篇目之下. 其不敢
定爲屬於何篇者, 則別附於末, 臆斷之誚, 知所不免, 特取便觀覽而已.

【역문】『수서』「경적지」에 따르면 진령은 40권이다.『구당서』「경적지」
에도 진령은 40권이며, 가충 등이 찬했다고 하였다.『신당서』「예문지」
도 동일하다.『당육전』주를 살펴보면, "진령은 가충 등에게 명하여 영
40편(篇)을 편찬하였는데, 1 호령(戶令), 2 학령(學令), 3 공사령(貢士令),
4 관품령(官品令), 5 이원령(吏員令), 6 봉름령(俸廩令), 7 복제령(服制令),
8 사령(祠令), 9 호조령(戶調令), 10 전령(佃令), 11 복제령(復除令), 12 관
시령(關市令), 13 포망령(捕亡令), 14 옥관령(獄官令), 15 편장령(鞭杖令),
16 의약질병령(醫藥疾病令), 17 상장령(喪葬令), 18 잡령상(雜令上), 19 잡
령중(雜令中), 20 잡령하(雜令下), 21 문하산기중서령(門下散騎中書令), 22
상서령(尙書令), 23 삼대비서령(三臺秘書令), 24 왕공후령(王公侯令), 25
군리원령(軍吏員令), 26 선리령(選吏令), 27 선장령(選將令), 28 선잡사령
(選雜士令), 29 궁위령(宮衛令), 30 속령(贖令), 31 군전령(軍戰令), 32 군수
전령(軍水戰令), 33부터 38까지 모두 군법(軍法), 39·40 모두 잡법(雜法)
이다."[497]라고 하였으니, 그 편목을 지금도 고찰할 수 있다.『진서』「형
법지」에 의하면 진령은 모두 2306조, 98643언(言)이다(『진서』「형법지」에
율령을 모두 합한 것이 2926조, 126300언이라고 했으므로, 율 620조, 27657언을 빼
면 이 숫자가 나온다). 이 [영]서는 송초까지는 아직 존재하여,『태평어람』
에서 누차 그것을 인용하였다. 그러나 왕응린이 편찬한『옥해』에서는
이미『한서』의 주와『송서』「예지」에서 그 일문을 집일하고 있으니, [송
이] 남하한 이후 이 [영]서는 이미 일실되었기 때문에『송사』「예문지」에
수록되지 않은 것이다. 지금『한서』주,『송서』「예지」,『남사』,『통전』,
『문선』주,『당육전』주,『북당서초』,『예문유취』,『초학기』,『태평어람』

---

497 『唐六典』권6,「尙書刑部」, 184쪽.

등의 책에서 약간의 조문들을 모아 각각 분류하고, 편목 아래에 기재해 두었다. 어느 편에 해당되는지 정할 수 없는 경우 별도로 마지막에 부기해 두었다. 억측한 것에 대해서는 책망을 면할 수 없겠으나, 다만 취하여 살펴보기 편하도록 하였을 뿐이다.

## ◉ 戶令　호령

**【원문】** 養人子男, 後自有子男, 及閹人非親者, 皆別爲戶.(通典六十九, 東晉養兄弟子爲後、後自生子議, 杜瑗引令.)

**【역문】** 타인의 자식을 양자로 삼았는데, 이후에 자신의 자식이 생긴 경우 또는 엄인으로 친족이 없는 경우 모두 따로 호를 만들도록 한다.[498](『통전』 권69[에 기록된] 동진의 '형제의 아들을 양자로 들여 후사로 삼았는데, 이후에 자신의 아들을 낳은 경우'에 대한 의론에서 두원은 [본] 영문을 인용하였다.)

**【원문】** 郡國諸戶口黃籍, 籍皆用一尺二寸札, 已在官役者載名.(御覽六百六引晉令)

**【역문】** 군국의 모든 호구에 대한 황적[499]은 모두 일척이촌의 찰을 사용하며, 이미 관역에 종사하는 경우 이름을 등재한다.[500](『태평어람』 권606에서 진령을 인용)

## ◉ 學令　학령

**【원문】** 諸縣率千餘戶置一小學, 不滿千戶亦立.(御覽五百三十四引晉令)

**【역문】** 모든 현에서는 천여 호마다 소학 하나씩을 두며, 천 호가 안 되는

---

498 『通典』 권69, 「禮典」, 1913쪽.
499 晉代와 南朝의 戶籍冊으로, 黃紙를 사용하여 기록하였다. 후에 戶籍을 뜻하는 泛稱이 되었다.
500 『太平御覽』 권606, 「文部」, '札', 765쪽.

경우라도 또한 [소학을] 설립한다.[501](『태평어람』 권534에서 진령을 인용)

## ◉ 貢士令  공사령

【원문】 擧秀才必五策皆通, 拜爲郎中. 一策不通, 不得選.(書鈔七十九引晉令)

【역문】 수재 중 오책을 모두 통한 자들을 선발하여 낭중에 임명한다. 일책이라도 통하지 못했다면 선발하지 않는다.[502](『북당서초』 권79에서 진령을 인용)

【원문】 擧秀才明經傳者, 簡以衆典才茂.(書鈔七十九引晉令)

【역문】 수재·명경을 전수한 자를 선발하여 중전·재무로 발탁한다.[503](『북당서초』 권79에서 진령을 인용)

【원문】 擧秀才皆行儀典, 爲一州之俊.(書鈔七十九引晉令)

【역문】 수재 중 의전을 모두 행하는 자를 선발하여 한 주의 준으로 삼는다.[504](『북당서초』 권79에서 진령을 인용)

## ◉ 官品令  관품령

【세주 원문】 按晉令他篇皆散佚無考, 惟此篇首尾尚稱完具. 通典并載有晉官品目錄一篇, 唐六典注所引晉官品令文獨多, 其中或僅云晉氏, 或單稱晉, 以他條證之, 實則皆官品令中文也. 宋官品多仍晉之舊, 宋書禮志綦詳. 玆以晉書職官志與宋書禮志參校, 有可得其彷彿云.

【세주 역문】 진령의 다른 편목은 모두 산일되어 고찰할 수 없지만, 이 편목[관품령]만

---

501 『太平御覽』 권534, 「禮儀部」, '學校', 235쪽.
502 『北堂書鈔』 권79, 「設官部」, '秀才'.
503 『北堂書鈔』 권79, 「設官部」, '秀才'.
504 『北堂書鈔』 권79, 「設官部」, '秀才'.

은 처음부터 끝까지 완전하게 갖추어져 있다. 『통전』에는 '진관품목록(晉官品目錄)' 한 편을 모두 기재하고 있으며, 『당육전』 주에도 진의 관품령을 인용한 부분이 유독 많다. 그중 다만 '진씨'라고 하거나 '진'이라고 한 부분도 다른 조문을 통해 확인해 보면 실은 모두 관품령의 영문이다. 송의 관품은 대부분 진의 옛 제도를 계승하였으므로, 『송서』 「예지」에도 매우 상세하게 수록되어 있다. 『진서』 「직관지」와 『송서』 「예지」를 참조해서 비교한다면, 그 [진령의] 대강을 알 수 있을 것이다.

## 第一品  제일품

**【원문】** 公(晉志, 晉初以景帝諱故, 又採周官官名, 置太宰以代太師之任, 與太傅太保皆爲上公. 又云: 晉受魏禪, 因其制, 以安平王孚爲太宰, 鄭沖爲太傅, 王祥爲太保, 義陽王望爲太尉, 何曾爲司徒, 荀顗爲司空, 石苞爲大司馬, 陳騫爲大將軍, 凡八公同時並置.)

**【역문】** 공(『진서』 「직관지」에서 다음과 같이 말했다. 진초에 경제의 휘 때문에, 또한 『주례』의 관명을 채용하기 위해, 태재를 두어 태사의 직임을 대신하게 했으며, 태부와 태보는 모두 상공으로 삼았다. 또 다음과 같이 말했다. 진은 위의 선양을 받고, 그 제도를 계승하여 안평왕 부는 태재로, 정충은 태부로, 왕상은 태보로, 의양왕 망은 태위로, 하증은 사도로, 순의는 사공으로, 석포는 대사마로, 진건은 대장군으로 삼았으니, 무릇 팔공으로 동시에 함께 [관직을] 설치하였다.[505])

**【원문】** 三公綠綟綬也.(初學記十一, 御覽二百六, 引晉官品令)

**【역문】** 삼공은 녹려수를 [착용한다].(『초학기』 권11, 『태평어람』 권206에서 진의 관품령을 인용.[506])

**【원문】** 相國、丞相, 綠綟綬.(文選齊竟陵文宣王行狀注引晉官品)

---

505 『晉書』 권24, 「職志官」, 725쪽.
506 『初學記』 권11, 「職官部」, '太史太傅太保', 252쪽; 『太平御覽』 권206, 「職官部」, '總敍三公', 26쪽.

【역문】 상국·승상은 녹려수를 [착용한다].(『문선』 '제경릉문선왕행상' 주에서 진의 관품을 인용507)

【원문】 太傅金章紫綬, 進賢三梁冠, 介幘, 絳朝服, 佩山玄玉.(通典二十. 又通典五十六, 載 晉制, 三公及封郡公·縣侯·鄕亭侯則三梁. 卿大夫下至千石則兩梁. 中書門下至門郎小吏, 並一梁.)

【역문】 태부는 금장과 자수, 진현삼량관,508 개책, 강조복,509 산현옥을 착용한다.(『통전』 권20.510 또한 『통전』 권56에 진의 제도가 [다음과 같이] 기재되어 있다. 삼공 및 봉군공·현후·향·정후는 진현삼량관을 착용한다. 경·대부 이하 천석까지는 진형양량관을 착용한다. 중서문하에서 문랑소리까지는 모두 진현일량관을 착용한다.511)

【원문】 太尉進賢三梁冠, 介幘, 絳朝服, 金章紫綬, 佩山玄玉.(同上)

【역문】 태위는 금장과 자수, 진현삼량관, 개책, 강조복, 산현옥을 착용한다.(위와 동일)

【원문】 按南齊書輿服志云: 進賢冠, 諸開國公·侯, 鄕·亭侯, 卿, 大夫, 尙書, 關內侯, 二千石, 博士, 中書郎, 丞·郎, 祕書監·丞·郎, 太子中舍人·洗馬·舍人, 諸府長史, 卿, 尹·丞, 下至六百石令長小吏, 以三梁·二梁·一梁爲差, 事見晉令.

---

507 『文選』 권60, 「行狀」, '任彦昇齊竟陵文宣王行狀', 829쪽.
508 冠은 머리 장식의 총칭으로도 쓰이지만, 冕이나 弁과 구분되어 사용되기도 한다. 『後漢書』 권30, 「輿服志」, 3666쪽에서는 進賢冠을 "古緇布冠也, 文儒者之服也. 前高七寸, 後高三寸, 長八寸. 公侯三梁, 中二千石以下至博士兩梁, 自博士以下至小史私學弟子, 皆一梁."이라고 설명하였다. 『晉書』 권25, 「輿服志」, 767쪽 참조.
509 諸侯나 群臣이 朝會 등에서 입는 최고의 禮服으로서 具服이라고도 한다. 여기에서 絳朝服은 校勘記에서 지적하였듯이 『宋書』, 『晉書』에 나오는 五時朝服과 동일한 것을 가리키는 듯하다. 唐代의 朝服 관련 禮制는 『唐六典』 권4, 「尙書禮部」, '禮部郎中條'에 상세히 나온다.
510 『通典』 권20, 「職官典」, 511쪽.
511 『通典』 권56, 「禮典」, 1578쪽.

【역문】『남제서』「여복지」에 따르면 다음과 같다. 진현관은 모든 개국
공·후·향, 정후, 경, 대부, 상서, 관내후, 이천석, 박사, 중서랑·승·
랑, 비서감·승·랑, 태자중사인·세마·사인, 제부의 장사, 경, 윤·승
이하 육백석의 영장, 소리까지 삼량·이량·일량의 차등이 있다. 그 내
용은 진령에 보인다.[512]

【원문】 大司馬在三司上. 武冠, 絳朝服, 金章紫綬, 佩山玄玉, 與大將軍
同.(同上引晉令)

【역문】 대사마는 삼사의 상위에 있다. 무관과 강조복, 금장과 자수, 산현옥
을 착용하니, 대장군과 동일하다.(위와 동일, 진령을 인용)

【원문】 司馬, 官品第一, 武冠, 絳朝服, 佩山玄玉.(書鈔五十七引晉官品令)

【역문】 사마는 제1품이고 무관과 강조복, 산현옥을 착용한다.[513](『북당서초』
권57에서 진의 관품령을 인용)

【원문】 諸位從公.(晉志, 驃騎·車騎·衞將軍·伏波·撫軍·都護·鎭軍·中軍·
四征·四鎭·龍驤·典軍·上軍·輔國等大將軍, 左右光祿·光祿三大夫, 開府者
皆爲位從公. 太宰·太傅·太保·司徒·司空·左右光祿大夫·光祿大夫, 開府位
從公者爲文官公, 冠進賢三梁, 黑介幘. 大司馬·大將軍·太尉·驃騎·車騎·衞
將軍·諸大將軍, 開府位從公者爲武官公, 皆著武冠, 平上黑幘. 諸公及開府位從
公者, 品秩第一, 食奉日五斛.)

【역문】 제위의 [품질이] 공과 같은 경우.(『진서』「직관지」의 내용은 다음과 같
다. 표기·거기·위장군·복파·무군·도호·진군·중군·사정·사진·용양·전
군·상군·보국 등의 대장군과, 좌우광록·광록삼대부, 개부를 허가받은 자는 모두
위가 공과 같다. 태재·태부·태보·사도·사공·좌우광록대부·광록대부와 개부

---

512 『南齊書』 권17, 「輿服志」, 341쪽.
513 『北堂書鈔』 권57, 「設官部」, '秘書郞'.

를 허가받은 자는 위가 공과 같으며, 문관공으로 진현삼량관과 흑개책을 착용한다. 대사마, 대장군, 태위, 표기 · 거기 · 위장군의 여러 대장군으로 개부를 허가받은 자는 위가 공과 같으며, 무관공으로 모두 무관과 평상흑책[514]을 착용한다. 여러 공 및 개부를 허가받은 자로 위가 공과 같은 경우, 품질은 제일이며, 식봉은 하루에 5곡이다.[515]

**【원문】** 開國郡公 · 縣公爵.(通典三十一, 晉令有開國郡公 · 縣公 · 郡侯 · 縣侯 · 伯 · 子 · 男及鄕 · 亭 · 關中 · 關內外等侯之爵. 宋志, 郡公, 金章, 玄朱綬. 給五時朝服, 進賢三梁冠, 佩山玄玉.)

**【역문】** 개국군공 · 현공의 작.(『통전』 권31에 따르면, 진령에는 개국군공 · 현공 · 군후 · 현후 · 백 · 자 · 남 및 [개국]향 · 정 · 관중 · 관내외 등 후의 작이 있다.[516] 『송서』 「예지」에 따르면 군공은 금장과 현주수를 착용한다. 오시조복과 진현삼량관이 지급되며, 산현옥을 착용한다.[517]

**【원문】** 太康十年, 皇子三人爲群王, 領四郡, 爲城皆五萬戶.(書鈔七十引晉官品令)

**【역문】** 태강 10년(289), 황자 3명을 군왕으로 삼고, 사군을 통솔하도록 하였는데, 성에 [거주하는 자들은] 모두 5만 호였다.[518](『북당서초』 권70에서 진의 관품령을 인용)

**【원문】** 諸王置妾八人, 郡公 · 侯妾六人.(魏書太武五王列傳引晉官品令)

**【역문】** 제왕은 첩 8인을 두며, 군공 · 후는 첩 6인을 둔다.[519](『위서』 「태무오

---

514 平上幘은 魏晉 시기 이래 武官이 착용하던 일종의 '平頂頭巾'이다. 隋에 이르러 侍臣 및 武官이 모두 착용하였으며, 唐에서도 그 제도를 계승하여 武官과 衛官의 公服으로 삼았다.
515 『晉書』 권24, 「職志官」, 726쪽.
516 『通典』 권31, 「職官典」, 859쪽.
517 『宋書』 권18, 「禮志」, 507쪽.
518 『北堂書鈔』 권70, 「設官部」, '諸王'.
519 『魏書』 권18, 「太武五王傳」, 423쪽.

왕열전」에서 진의 관품령을 인용)

【원문】 第一·第二品有四妾, 第三·第四有三妾, 第五·第六有二妾, 第
七·第八有一妾.(同上引晉官品令)

【역문】 제일품·제이품은 4명의 첩, 제삼·제사품은 3명의 첩, 제오·제륙
품은 2명의 첩, 제칠·제팔품은 한 명의 첩을 둔다.(위와 동일, 진의 관품령
을 인용)


## 第二品 제이품


【원문】 特進

特進位次諸公, 在開府·驃騎上, 冠進賢兩梁冠, 黑介幘, 五時朝服, 佩
水蒼玉.(通典三十四引晉惠帝元康中定令, 又見晉志及唐六典卷二注.)

【역문】 특진

특진의 위계는 제공의 아래, 개부·표기의 위이며, 진현양량관·흑개
책·오시조복을 착용하고, 수창옥을 찬다.(『통전』 권34에서 진 혜제 원강연
간(291-299)에 정한 영문을 인용.[520] 또한 『진서』 「직관지」와 『당육전』 권2의 주문
에도 보인다.[521])


【원문】 驃騎·車騎·衛將軍.(晉志, 驃騎已下及諸大將軍不開府非持節都督者,
品秩第二, 其祿與特進同.)

【역문】 표기장군·거기장군·위장군.(『진서』 「직관지」에 의하면, 표기장군 이
하 및 대장군으로 개부가 아니고, 지절도독이 아닌 자는 품질이 제이이며, 녹은 특
진과 같다.[522])

---

520 『通典』 권34, 「職官典」, 934쪽.
521 『晉書』 권24, 「職官志」, 727쪽; 『唐六典』 권2, 「尙書吏部」, 29쪽.
522 『晉書』 권24, 「職官志」, 728쪽.

【원문】 諸大將軍.

【역문】 여러 대장군.

【원문】 諸持節都督.(晉志, 持節都督無定員. 通典三十二, 魏晉爲刺史, 任重者爲
使持節都督, 輕者爲持節, 皆銅印墨綬, 進賢兩梁冠, 絳朝服.)

【역문】 여러 지절도독.(『진서』「직관지」에서는 "지절도독은 정원이 없다"[523]고 하
였다. 『통전』 권32에서는 "위·진에서 자사 중 임무가 중한 자는 사지절도독으로
삼고, 가벼운 자는 지절로 삼으며, 모두 동인과 묵수, 진현양량관을 착용하고, 강조
복을 입는다"[524]고 하였다.)

【원문】 開國縣候伯子男爵.

【역문】 개국현·후·백·자·남의 작.

## 第三品   제삼품

【원문】 侍中

侍中品第三, 武冠, 絳朝服, 佩水蒼玉.(唐六典卷八注引晉令. 又見通典二十
一.)

【역문】 시중

시중은 제3품이고 무관과 강조복, 수창옥을 착용한다.(『당육전』 권8 주문
에서 진령을 인용, 또한 『통전』 권21에도 보인다.[525])

【원문】 大法駕出, 則正直侍中負傳國璽陪乘.(書鈔五十八, 引晉官品令.)

【역문】 대법가가 출행할 때에는 정직시중이 전국새를 받들고 배승한다.(『북

---

523 『晉書』 권24, 「職官志」, 729쪽.
524 『通典』 권32, 「職官典」, 886쪽.
525 『唐六典』 권8, 「門下省」, 240쪽; 『通典』 권21 「職官典」, 548쪽.

당서초』권58에서 진의 관품령을 인용)

**【원문】** 大法駕出, 則次直侍中護駕, 正直侍中負傳國璽陪乘, 不置劍, 餘
皆騎從. 御登殿, 與散騎常侍對狀(晉志「對狀」作「對扶」,「狀」疑「扶」之
訛), 侍中居左, 常侍居右.(同上, 引晉官品令.)

**【역문】** 대법가가 출행할 때에는 차직시중이 법가를 호위하며 정직시중이
전국새를 받들고 배승하는데, 검을 차지 않으며, 나머지는 모두 말을 타
고 수종한다. 어가가 전에 오르면, 산기상시와 함께 보좌하는데(『진서』
「직관지」에는 '대상'이 '대부'로 되어 있는데,[526] '상'은 '부'의 오기인 것 같다), 시중
이 왼쪽, 상시가 오른쪽에 자리한다.(위와 동일, 晉의 관품령을 인용)

**【원문】** 舊侍中職掌, 擯威儀, 盡獻納, 糾正補過, 文樂若有不正, 皆得馭
除; 書表章奏, 皆掌署之.(同上, 引晉官品令.)

**【역문】** 예전에 시중의 직장은 위의를 관장하고 헌납을 총괄하여, 과실을
바로잡고, 아악[문악(文樂)]에 바르지 못한 것이 있으면, 모두 바로잡았
다. 서·표·장·주를 점검하는 일도 모두 관장하였다.(위와 동일, 진의
관품령을 인용)

**【원문】** 侍中除書表章奏, 皆掌署之.(文選沈休文恩倖傳論注引晉令)

**【역문】** 시중은 서·표·장·주를 담당하여, [그것을] 모두 점검하는 일을
관장한다.(『문선』 심휴문의 '은행전론' 주에서 진령을 인용[527])

**【원문】** 散騎常侍
散騎常侍品第三, 冠右貂金蟬, 絳朝服, 佩水蒼玉.(唐六典卷八注引晉令)

**【역문】** 산기상시는 3품이며, 관의 오른쪽에는 담비 꼬리를 꽂고 금으로 된

---

526 『晉書』 권24, 「職官志」, 733쪽.
527 『文選』 권50, 「史論下」, '沈休文恩倖傳論', 704쪽.

매미 장식을 붙이며, 강조복을 입고, 수창옥을 찬다.[528](『당육전』 권8 주문
에서 진령을 인용)


【원문】 中常侍

【역문】 중상시


【원문】 尙書令

尙書令假銅印、墨綬, 冠進賢兩梁, 納言幘, 五時朝服, 佩水蒼玉.(唐六
典卷一注. 又見晉志及宋書禮志.)

【역문】 상서령

상서령은 가동인과 묵수, 진현양량관, 납언책, 오시조복, 산창옥을 착용
한다.(『당육전』 권1 주문.[529] 또한 『진서』 「직관지」와 『송서』 「예지」에도 보인
다.[530])


【원문】 僕射

尙書僕射六人, 皆銅印黑綬, 進賢兩梁冠, 納言幘, 絳朝服, 佩水蒼玉,
執笏負符. 加侍中者, 武冠左貂金蟬.(書鈔五十九, 引晉官品令)

【역문】 복야

상서복야 6인은 모두 동인과 흑수, 진현양량관, 납언책, 강조복, 산창옥
을 착용하며, 홀을 잡고 부절을 지닌다. 시중의 [직책이] 더해진 경우, 무
관의 오른쪽에 담비 꼬리를 꽂고 금으로 된 매미 장식을 붙인다.[531](『북
당서초』 권59에서 진의 관품령을 인용)


【원문】 尙書(晉志, 晉置吏部・三公・客曹・駕部・屯田・度支六曹, 而無五兵. 太康

---

528 『唐六典』 권8, 「門下省」, 240쪽.
529 『唐六典』 권1, 「尙書都省」, 5쪽.
530 『晉書』 권24, 「職官志」, 730쪽; 『宋書』 권18, 「禮志」, 508쪽.
531 『北堂書鈔』 권59, 「設官部」, '尙書僕射'.

中, 有吏部·殿中及五兵·田曹·度支·左民爲六曹尙書, 又無駕部·三公·客曹.)

【역문】 상서(『진서』「직관지」에 따르면, "진에서는 이부·삼공·객조·가부·둔
전·탁지의 육조를 두고 오병은 없었다. 태강 연간(280-289)에 이부·전중·오
병·전조·탁지·좌민을 두어 육조상서로 삼았으며, 가부·삼공·객조는 설치하
지 않았다."[532]고 하였다.)


【원문】 吏部尙書五時朝服, 納言幘, 進賢兩梁冠, 佩水蒼玉, 乘軺車皁輪.
(唐六典卷二注引晉令. 又見宋書禮志)

【역문】 이부상서는 오시조복, 납언책, 진현양량관, 수창옥을 착용하며, 초
거조윤을 탄다.(『당육전』 권2의 주문에서 진령을 인용.[533] 또한 『송서』「예지」
에도 보인다.[534])


【원문】 中書監·令

中書監·中書令並第三品, 秩千石, 銅印·墨綬, 進賢兩梁冠, 絳朝服,
佩水蒼玉, 軺車. 監·令掌 贊詔命, 記會時事, 典作文書.(唐六典卷九注)

【역문】 중서감·중서령

중서감·중서령은 모두 제3품으로 질이 1천석이고, 동인·묵수·진현
양량관·강조복을 착용하며 수창옥을 차고 초거를 탄다.[535] 중서감·중
서령은 조명을 돕고 그때그때의 일을 모아 살펴서 문서를 작성하는 일
을 관장한다.[536](『당육전』 권9의 주문)


【원문】 中書爲詔令, 記會時事, 典作文書也.(御覽二百二十引晉令)

---

532 『晉書』 권24, 「職官志」, 731쪽.
533 『唐六典』 권2, 「尙書吏部」, 26쪽.
534 『宋書』 권18, 「禮志」, 508쪽.
535 『通典』 권21, 中書令, 561쪽에는 '乘軺車'라고 하여 이와 다르다. 『晉書』 권24, 「職官志」, 730쪽에
서는 "中書令, 秩千石, 假銅印墨綬, 冠進賢兩梁冠, 納言幘, 五時朝服, 佩水蒼玉, 食奉月五十斛"이
라고 하였다.
536 『唐六典』 권9, 「中書省」, 272쪽.

【역문】 중서는 조령을 담당하며, 그때그때의 일을 모아 살펴서 문서를 작성하는 일을 관장한다.[537](『태평어람』 권220에서 진령을 인용)

【원문】 中書令, 銅印墨綬, 進賢兩梁冠, 絳朝服, 佩水蒼玉, 乘軺車.(同上引晉制「制」疑「令」之訛. 又見通典二十一)

【역문】 중서령은 동인·묵수·진현양량관·강조복을 착용하며, 수창옥을 차고 초거를 탄다.(위와 동일, 진제를 인용. '제'는 '영'의 오기인 것 같다. 『통전』 권21에도 보인다.[538])

【원문】 秘書監
秘書監品第五(「五」疑「三」之訛), 絳朝服, 銅印、墨綬, 進賢兩梁冠, 佩水蒼玉." (唐六典卷十注引晉令 又見宋書禮志及通典二十六)

【역문】 비서감
비서감은 제5품이며('오'는 '삼'의 오기인 것 같다)[539] 강조복·동인·묵수·진현양량관 수창옥을 착용한다.(『당육전』 권10 주에서 진령[540]을 인용. 또한 『송서』「예지」및 『통전』 권26에도 보인다.[541])

【원문】 諸征鎭安平將軍.(晉志三品將軍, 著武冠, 平上黑幘, 五時朝服, 佩水蒼玉.)

【역문】 모든 정·진·안·평장군(『진서』「직관지」에 따르면 "삼품장군은 무관·평상흑책·오시조복을 착용하고, 수창옥을 찬다"[542]고 한다.)

【원문】 鎭軍·撫軍·前·後·左·右·征虜·輔國·龍驤等將軍(宋書禮志,

---

537 『太平御覽』 권220, 「職官部」, '中書令', 122쪽.
538 『通典』 권21, 中書令, 561쪽.
539 『宋書』 권40, 「百官志」에는 晉·宋의 秘書監이 제3품으로 되어 있다.
540 『唐六典』 권9, 「秘書省」, 295쪽.
541 『宋書』 권18, 「禮志」, 508쪽; 『通典』 권26, 「職官典」 733쪽.
542 『晉書』 권24, 「職官志」, 729쪽.

征・鎮・安・平・中軍・鎮軍・撫軍・前・左・右・後將軍, 征虜・冠軍・輔國・
龍驤將軍, 金章, 紫綬. 給五時朝服, 武冠. 佩水蒼玉. 征虜下疑脫「冠軍」二字.)

【역문】 진군・무군・전・후・좌・우・정로・보국・용양 등의 장군(『송서』
「예지」에 따르면, "정・진・안・평・중군・진군・무군・전・좌・우・후장군 및
정로・관군・보국・용양장군은 금장・자수를 착용한다. 오 시조복과 무관을 지급
한다. 수창옥을 찬다."543고 하였다. 정로 아래에 '관군' 두 자가 빠진 것 같다.)

【원문】 鎭軍將軍, 金章紫綬, 給五時朝服, 武冠, 佩水蒼玉.(通典三十四)

【역문】 진군장군은 금장・자수를 착용하고, 오시조복과 무관이 지급되며,
수창옥을 찬다.544(『통전』권34)

【원문】 輔國將軍, 品第三.(唐六典卷五注, 引晉官品令)

【역문】 보국장군은 제3품이다.545(『당육전』권5 주에서 진의 관품령을 인용)

【원문】 冠軍大將軍, 金章・紫綬, 給五時服, 武冠, 佩水蒼玉.(同上, 引晉令)

【역문】 관군대장군은 금장・자수를 착용하고 오시조복과 무관이 지급되
며, 수창옥을 찬다.546(『당육전』권5 주에서 진의 관품령을 인용)

【원문】 光祿大夫(晉志, 光祿大夫, 假銀章靑綬者, 品秩第三, 位在金紫將軍下, 諸
卿上. 著進賢兩梁冠, 黑介幘, 五時朝服, 佩水蒼玉.)

【역문】 광록대부.(『진서』「직관지」에 따르면, "광록대부는 은장・청수가 지급되며,
품질은 제삼으로, 품위는 금자장군 아래, 제경의 위에 해당한다. 진현양량관・흑개
책・오시조복을 착용하고, 수창옥을 찬다."547고 하였다.)

---

543 『宋書』권18, 「禮志」, 507쪽.
544 『通典』권34, 「職官典」, 940쪽.
545 『唐六典』권5, 「尙書兵部」, 152쪽.
546 『唐六典』권5, 「尙書兵部」, 152쪽.
547 『晉書』권24, 「職官志」, 728쪽.

【원문】 諸卿尹.(晉志, 太常·光祿勳·衞尉·太僕·廷尉·大鴻臚·宗正·大司農· 少府·將作大匠·太后三卿·大長秋, 皆爲列卿. 按通典, 晉官品於大長秋別例, 餘以諸卿尹括之, 意者其標目本晉官品令之舊歟?)

【역문】 제경윤.(『진서』「직관지」에 따르면, "태상·광록훈·위위·태복·정위·대 홍려·종정·대사농·소부·장작대장·태후삼경·대장추는 모두 구경[열경]이 된 다."548고 하였다. 『통전』을 살펴보면, 진의 관품에 대해 대장추는 별도로 열거하였 지만, 나머지는 '제경윤'[의 항목에] 총괄하여 두었다.549 아마도 그러한 표목이 진 관품령의 옛 [형태에] 근거한 것인 듯하다.)


【원문】 太常置功曹、主簿、五官等員, 品第三, 銀章、靑綬, 進賢兩梁冠, 五時朝服, 佩水蒼玉.(唐六典十四注, 又見通典二十四)

【역문】 태상시에는 공조·주부·오관 등의 인원을 두는데, 제3품으로 은 장, 청수, 진현양량관, 오시조복, 수창옥을 착용한다.550(『당육전』 권14 주. 또한 『통전』 권24에도 보인다.)


【원문】 太常置主簿、錄事.(同上, 引晉令)

【역문】 태상시에는 주부와 녹사를 둔다.(위와 동일. 진령을 인용)


【원문】 光祿勳有署丞、功曹、主簿、五官等員.(唐六典十五注)

【역문】 광록훈에 서승·공조·주부·오관 등의 직원을 둔다.551(『당육전』 권15 주)


【원문】 光祿勳有主簿.(同上, 引晉令)

---

548 『晉書』 권24,「職官志」, 735쪽.
549 『通典』 권37,「職官典」, 1003~1004쪽.
550 『唐六典』 권14,「太常寺」, 394쪽; 『通典』 권24,「職官典」, 690쪽.
551 『唐六典』 권15,「光祿寺」, 442쪽.

【역문】 광록훈에는 주부를 둔다.(위와 동일. 진령을 인용)


【원문】 衛尉屬官有冶令・丞各一人, 掌工徒鼓鑄.(唐六典二十二注)

【역문】 위위의 속관으로 야령・승 각 1인을 두고, 공도와 주조하는 일을 관
　　　 장한다.[552](『당육전』권22 주)


【원문】 諸冶官庫各置督監一人.(同上, 引晉令. 按此屬衛尉, 故附於衛尉之下.)

【역문】 여러 야(冶)의 관고에는 각각 독감 1인을 둔다.(위와 동일, 진령을 인
　　　 용. 이들은 위위에 속하므로 위위 아래에 부기한 것이다.)


【원문】 衛尉主簿二人.(唐六典十六注引晉令)

【역문】 위위에는 주부 2명을 둔다.[553](『당육전』권16 주에서 진령을 인용)


【원문】 太僕銀章・青綬, 五時朝服, 進賢兩梁冠, 佩水蒼玉, 品第四(「四」
　　　 疑「三」之誤); 丞一人, 部丞五人; 置功曹・主簿・五官等員; 統典農・
　　　 典虞都尉・典虞丞・牧官都尉・左右典牧都尉・典牧令・諸羊牧丞・
　　　 乘黃驊騮龍馬三廄令.(唐六典十七注)

【역문】 태복은 은장・청수・오시조복・진현양량관을 착용하고 수창옥을
　　　 차며 제4품('四'는 '三'의 오기인 것 같다)이고, 승은 1인이고 부승은 5인이
　　　 다. 공조・주부・오관 등의 관원을 두고서, 전농・전우도위・전우승・
　　　 목관도위와 좌・우・중 전목도위 및 전목령・제양목승과 승황・화류・
　　　 용마 3구령을 통솔한다.[554](『당육전』권17 주)


【원문】 大鴻臚置主簿・錄事・史.(唐六典十八注引晉令)

---

552 『唐六典』권22, 「少府軍器監」, 576쪽.
553 『唐六典』권16, 「衛尉宗正寺」, 459쪽.
554 『唐六典』권17, 「太僕寺」, 478쪽.

【역문】 대홍려에는 주부·녹사·사를 둔다.555(『당육전』 권18 주에서 진령을 인용)

【원문】 少府, 銀章、靑綬, 五時朝服, 進賢兩梁冠, 絳朝服, 佩水蒼玉, 品第三, 統材官校尉·中左右三尙方·中黃左右藏·左校·甄官·平準·奚官等令, 左校坊·鄴中黃左右藏·油官等丞.(唐六典二十二注)

【역문】 소부경은 은장·청수, 오시조복, 진현양량관, 강조복, 수창옥을 착용하는데, 제3품으로 재관교위·중상방·좌상방·우상방·중황좌장·중황우장·좌교·견관·평준·해관 등의 영과 좌교방·업중황좌장·업중황우장·유관 등의 승을 통할한다.556(『당육전』 권22 주)

【원문】 少府置主簿二人.(同上, 引晉令)

【역문】 소부에는 주부 2명을 둔다.(위와 동일, 진령을 인용)

【원문】 將作大匠置功曹·主簿·五官等員, 掌土木之役.(唐六典二十三注)

【역문】 장작대장에 공조·주부·오관 등의 인원을 두어 토목 공사를 관장한다.557(『당육전』 권23 주)

【원문】 太子保傅.(晉志, 泰始三年, 武帝始建官. 及愍懷建官, 乃置六傅, 三太·三少, 以景帝諱師, 故改太師爲太保. 自元康之後, 諸傅或二或三, 或四或六. 渡江之後, 有太傅少傅, 不立師保.)

【역문】 태자보부.[『진서』「직관지」에는 다음과 같이 기록되어 있다. 태시 3년(467) 무제가 처음으로 [태자태부 등의] 관직을 설치하였다. 민회태자가 관직을 설치할 때에, 6부를 두고 삼태(三太)·삼소(三少)로 하였는데, 경제의 [이름인] 사(師)를 피휘

---

555 『唐六典』 권18, 「大理寺鴻臚寺」, 505쪽.
556 『唐六典』 권22, 「少府軍器監」, 571쪽.
557 『唐六典』 권24, 「將作都水監」, 593쪽.

하여, 태사(太師)를 고쳐 태보(太保)라 하였다. 원강연간 이후 부는 혹 두 명이거나 세 명, 네 명이거나 여섯 명이었다. 강남으로 이주한 이후에는 태부와 소부를 두고, 사와 보는 두지 않았다.558]

【원문】 太子太師, (「師」應作「保」, 下同), 品第三, 舊視尙書令, 位在卿下, 進賢兩梁冠, 五時朝服.(書鈔六十五引晉官品令)

【역문】 태자태사('사'는 '보'가 되어야 한다. 아래도 동일하다.)는 제3품이며, 예전 의 상서령에 비견되어 관위가 경의 아래였다. 진현양량관과 오시조복을 착용한다.559(『북당서초』권65에서 진의 관품령을 인용)

【원문】 太子太師, 銀印·靑綬, 佩水蒼玉.(同上, 引晉官品令)

【역문】 태자태사는 은인·청수를 착용하고 수창옥을 찬다.(위와 동일, 진의 관품령을 인용)

【원문】 太子太保品第三, 進賢兩梁冠, 絳朝服, 佩水蒼玉, 銀章·靑綬.(唐 六典二十六注, 引晉令)

【역문】 태자태보는 제3품으로 진현양량관과 강조복을 착용하고, 수창옥과 은으로 만든 인장에 청색 인끈을 패용한다.560(『당육전』권26 주에서 진령을 인용)

【원문】 太子二傅, 皆進賢兩梁冠, 黑介幘, 五時朝服, 佩水蒼玉.(通典二十. 又見晉志)

【역문】 태자태부·소부는 진현양량관, 흑개책, 오시조복을 착용하고 수창 옥을 찬다.561(『통전』권20, 『진서』「직관지」에도 보인다.)

---

558 『晉書』권24,「職官志」, 742쪽.
559 『北堂書鈔』권65,「設官部」, '太子太師'.
560 『唐六典』권26,「太子三師三少詹事府左右春坊內官」, 662쪽.

【원문】 大長秋.(晉志, 大長秋有后則置, 無后則省.)

【역문】 대장추.(『진서』「직관지」에 따르면, "대장추는 [황후의 경이므로] 황후가 있으면 두고, 없으면 두지 않는다."562고 하였다.)


【원문】 太子詹事.

【역문】 태자첨사.


【원문】 詹事, 品第三, 舊位視領護.(書鈔六十五, 引晉官品令)

【역문】 태자첨사는 제3품이며, 예전에는 품위가 영군·호군에 비견되었다.563(『북당서초』 권65에서 진의 관품령을 인용)


【원문】 詹事, 分淸, 兩梁冠, 絳朝服, 銀章靑綬.(同上引晉官品令. 按通典三十, 太子詹事, 銀印靑綬, 介幘, 進賢兩梁冠, 絳朝服, 佩水蒼玉.「分淸」當爲「介幘」之誤.)

【역문】 태자첨사는 분청, 양량관, 강조복, 은장·청수를 착용한다.(위와 동일, 진의 관품령을 인용. 『통전』 권30에 따르면 "태자첨사는 은인·청수, 개책, 진현양량관, 강조복을 착용하며 수창옥을 찬다."564고 하였다. '분청'은 확실히 '개책'의 오기이다.)


【원문】 詹事, 品第三, 銀章、靑綬, 絳朝服, 兩梁冠. 局事擬尙書令, 位視領·護將軍·中書令. 長三令·四率·中庶子·庶子·洗馬·舍人.(唐六典二十六注, 引晉令)

【역문】 태자첨사는 제3품으로 은으로 된 인장에 청색 인끈을 하고 강조복

---

561 『通典』 권30,「職官典」, 820쪽;『晉書』 권24,「職官志」, 742쪽.
562 『晉書』 권24,「職官志」, 737쪽.
563 『北堂書鈔』 권65,「設官部」, '太子詹事'.
564 『通典』 권30,「職官典」, 823쪽.

에 양량관을 착용한다. 동궁 내의 사무를 처리하는 직권은 상서령에 상
당하고, 관위는 영군·호군장군 및 중서령에 비견된다. 식관령·솔경
령·가령의 삼령(三令)과 좌우전후의 4솔 및 중서자·서자·세마·사인
을 거느린다.565(『당육전』권26 주에서 진령을 인용)

【원문】司隷校尉.(宋志, 司隷校尉, 銀章, 靑綬, 給五時朝服, 武冠, 佩水蒼玉.)

【역문】사예교위.(『송서』「예지」에 따르면, "사예교위는 은으로 된 인장에 청색 인
끈을 하고, 오시조복과 무관이 지급되며, 수창옥을 찬다"566고 하였다.)

【원문】中領軍.(按中領軍·中護軍, 通典列入第三品. 唐六典以領軍列第三, 中領
軍護軍中護軍均列第四. 考晉志, 漢建安十二年, 改護軍爲中護軍, 領軍爲中領軍.
元帝永昌元年, 省護軍, 并領軍. 明帝太寧二年, 復置領·護. 資重者爲領軍·護
軍, 資輕者爲中領軍·中護軍.567 通典載宋官品, 第三品亦爲領護軍, 意者省置無
常, 故官品令標目, 尙沿襲未改歟.)

【역문】중령군.(중령군과 중호군은 『통전』에서 제3품에 나열되어 있다. 『당육전』에
서는 영군은 제3품에, 중령군·호군·중호군은 모두 제4품에 나열해 두었다. 『진서』
「직관지」를 살펴보면, 다음과 같이 기록되어 있다. "한 건안 12년(207) 호군을 고쳐
중호군으로, 영군을 고쳐 중령군으로 하였다. 원제 영창 원년(322)에 호군과 영군을
폐지하였다. 명제 태녕 2년(324)에 다시 호군과 영군을 설치하였다. 자력이 무거운
자는 호군·영군으로 삼고, 자력이 가벼운 자는 중령군·중호군으로 삼았다.568『통
전』에는 송의 관품이 기재되어 있는데, 제3품에 또한 영군·호군으로 되어 있
다.569 폐지와 설치가 반복되었으므로, 관품령의 표목에서는 그대로 인습하여 고치
지 않은 것 같다.)

---

565『唐六典』권26, 「太子三師三少詹事府左右春坊內官」, 662쪽.
566『宋書』권18, 「禮志」, 508쪽.
567『구조율고』본문에는 "資輕者爲中領軍, 中護軍是第三品, 當爲領軍護軍"이라고 되어 있지만, "是第
三品, 當爲領軍護軍"은『晉書』에 없는 부분이다.
568『晉書』권24, 「職官志」, 740쪽.
569『通典』권37, 「職官典」, 1007쪽.

**【원문】** 領軍品第三, 金章、紫綬; 中領軍將軍第四品, 銀章·青綬, 武冠, 絳朝服, 佩水蒼玉. 宋志, 司隷校尉, 銀章, 青綬, 給五時朝服, 武冠, 佩水蒼玉.(唐六典二十四注)

**【역문】** 영군은 제3품으로 금으로 만든 인장과 자색 인끈을 차며, 중령군장 군은 제4품으로 은으로 만든 인장과 청색 인끈, 무관·강조복을 착용하 고 수창옥을 찬다.[570](『당육전』권24 주)

**【원문】** 中護軍.

**【역문】** 중호군.

**【원문】** 領·護皆金章紫綬, 中領·中護銀章青綬, 武冠, 絳朝服, 佩水蒼玉.(通典二十八)

**【역문】** 영군·호군은 금으로 만든 인장과 자색 인끈을 차며, 중령군·중호 군은 은으로 만든 인장과 청색 인끈을 찬다. 무관과 강조복을 착용하고, 수창옥을 찬다.[571](『通典』권28)

**【원문】** 中護軍將軍·護軍將軍等並銀章·青綬, 武冠, 絳朝服, 品第四.(唐六典卷二注)

**【역문】** 중호군장군·호군장군 등은 모두 은장·청수, 무관, 강조복을 착용 하며, 4품이다.[572](『당육전』권2 주)

**【원문】** 縣候爵.(宋志, 縣·鄉·亭侯, 金印, 紫綬. 朝服, 進賢三梁冠.)

**【역문】** 현후의 작.(『송서』「예지」에 따르면, "현후·향후·정후는 금으로 만든 인 장과 자색 인끈을 차며, 조복과 진현삼량관을 착용한다."[573]고 하였다.)

---

570 『唐六典』 권24, 「諸衛」, 622쪽.
571 『通典』 권28, 「職官典」, 787쪽.
572 『唐六典』 권2, 「尚書吏部」, 41쪽.

第四品 제사품

**【원문】** 武衛.

**【역문】** 무위.


**【원문】** 左右衛.

**【역문】** 좌우위.


**【원문】** 左・右二衛, 各將軍一人, 品第四, 銀章・靑綬, 武冠, 絳朝服, 佩水蒼玉.(唐六典二四注. 又見通典二十七)

**【역문】** 좌위・우위 2위에는 각각 장군 1인을 두었으며, 제4품으로 은으로 만든 인장, 청색 인끈, 무관, 강조복을 착용하고 수창옥을 찼다.[574](『당육전』권24의 주. 또한 『통전』권27에도 보인다.)


**【원문】** 中堅. 中壘.

**【역문】** 중견. 중루.


**【원문】** 驍騎.

**【역문】** 효기.


**【원문】** 游擊.(晉志, 晉, 以領・護・左右衛・驍騎・遊擊爲六軍.)

**【역문】** 유격.(『진서』「직관지」에 "진에서는 영・호・좌우위・효기・유격을 육군으로 삼았다."[575]고 하였다.)

---

573 『宋書』권18,「禮志」, 509쪽.
574 『唐六典』권24,「諸衛」, 615쪽;『通典』권27,「職官典」, 783쪽.
575 『晉書』권24,「職官志」, 740쪽.

【원문】 游擊將軍, 四品.(唐六典卷五注, 引晉官品令)

【역문】 유격장군은 4품이다.576(『당육전』 권5 주에서 진의 관품령을 인용)


【원문】 前軍. 左軍. 右軍. 後軍.

【역문】 전군. 좌군. 우군. 후군.


【원문】 寧朔. 建威. 振威. 奮威. 廣威. 建武. 振武. 揚武. 廣武. 五營校尉.

【역문】 영삭. 건위. 진위. 분위. 광위. 건무. 진무. 양무. 광무. 오영교위.


【원문】 左右積弩. 積射. 強弩. 奮武等將軍.(按晉志, 屯騎·步兵·越騎·長
水·射聲等校尉, 是爲五校. 魏晉逮于江左, 猶領營兵. 卽五營校尉是也, 不得厠於
各威武將軍之中, 應別爲一條, 疑傳寫者先後倒置. 宋志, 奮威下有揚威, 故宋官品
標目五威五武, 此以舊式別列, 又無揚威, 疑有脫誤.)

【역문】 좌우적노. 적사. 강노. 분무 등 장군.(『진서』 「직관지」를 살펴보면, "둔
기·보병·월기·장수·사성 등의 교위가 바로 오교(五校)이다. 위·진이 강동에
이르렀을 때에도 영병(營兵)을 통솔하였다."577고 하였으니, 바로 오영교위가 이들
이다. 각 위무장군 중에 두지 않고, 별도로 하나의 조항을 만들었으니, 아마도 전사
자(傳寫者)가 선후를 도치시킨 것 같다. 『송사』 「예지」에는 분위 아래에 양위를 두
었으니, 송 관품의 표목에 [있는] 5개의 위와 5개의 무[오위오무(五威五武)]는 옛 규
정을 별도로 나열한 것이다. 또한 양위가 없는 것은 탈오인 듯싶다.)


【원문】 城門校尉.

【역문】 성문교위.


【원문】 城門校尉, 品第四, 秩二千石, 銀章·靑綬, 絳朝服, 武冠, 佩水蒼

---

576 『唐六典』 권5, 「尙書兵部」, 153쪽.
577 『晉書』 권24, 「職官志」, 741쪽.

玉.(唐六典卷八注. 又見通典二十一)

【역문】 성문교위는 4품이고 질은 2천석이며 은으로 된 인장과 푸른 인끈, 강조복과 무관을 착용하였고 수창옥을 찬다.[578](『당육전』 권8의 주. 『통전』 권21에도 보인다.)

【원문】 護軍監軍.(宋志, 監軍, 銀章, 靑綬. 給五時朝服, 武冠. 佩水蒼玉.)

【역문】 감군·호군.(『송사』「예지」에 "감군은 은으로 된 인장과 푸른 인끈을 찬다. 오시조복과 무관이 지급되며, 수창옥을 찬다."[579]고 하였다.)

【원문】 東南西北中郎將.(宋志, 東南西北中郎將, 銀印, 靑綬. 給五時朝服, 武冠. 佩水蒼玉.)

【역문】 동남서북중랑장.(『송사』「예지」에서 "동남서북중랑장은 은으로 된 인장과 푸른 인끈을 찬다. 오시조복과 무관이 지급되며, 수창옥을 찬다."[580]고 하였다.)

【원문】 州刺史領兵者.(宋志, 州刺史, 銅印, 墨綬. 給絳朝服, 進賢兩梁冠.)

【역문】 주자사로 병사를 거느리는 자.(『송사』「예지」에서 "주자사는 동으로 된 인장과 검은 인끈을 찬다. 강조복과 진현양량관이 지급된다."[581]고 하였다.)

【원문】 護匈奴中郎將.

【역문】 호흉노중랑장.

【원문】 護羌戎夷蠻越烏桓校尉.(宋志, 護匈奴中郎將·護羌夷戎蠻越烏丸西域戊己校尉, 銅印, 靑綬.)

---

578 『唐六典』 권8, 「門下省」, 249쪽.
579 『宋書』 권18, 「禮志」, 508–509쪽.
580 『宋書』 권18, 「禮志」, 509쪽.
581 『宋書』 권18, 「禮志」, 509쪽.

【역문】 호강융이만월오환교위.(『송사』「예지」에서는 "호흉노중랑장·호강이융 만월오환서역무기교위는 동으로 된 인장과 푸른 인끈을 찬다."[582]고 하였다.)

【원문】 御史中丞.

【역문】 어사중승.

【원문】 御史中丞督司百僚. 皇太子以下, 其在行馬內, 有違法憲者皆彈糾 之. 雖在行馬外, 而監司不糾, 亦得奏之.(傅咸傳引令)

【역문】 어사중승은 백관을 감찰한다. 황태자 이하가 관서 안[행마(行馬)[583]] 에 있을 때, 법을 어기는 경우가 발생하면 모두 탄핵한다. 관서 밖에 있 는 경우에도 감사가 규찰하지 않으면, 역시 [어사중승이 탄핵하여] 상주 할 수 있다.[584](『진서』「부함전」에서 영문을 인용)

【원문】 都水使者.(宋志, 御史中丞·都水使者, 銅印, 墨綬. 給五時朝服, 進賢兩梁 冠. 佩水蒼玉.)

【역문】 도수사자.(『송사』「예지」에 "어사중승과 도수사자는 동으로 된 인장과 검은 인끈을 찬다. 오시조복과 진현양량관이 지급되며, 수창옥을 찬다."[585]고 하였다.)

【원문】 都水使者一人, 掌舟檝之事, 官品第四.(唐六典二十二注)

【역문】 도수사자는 1인으로 선박의 일을 관장하며 관품은 4품이다.[586](『당 육전』권22 주)

【원문】 鄕候爵.

---

582 『宋書』 권18, 「禮志」, 510쪽.
583 行馬는 人·馬의 통행을 막기 위해 설치한 木架로, 官署 앞에 세워둔 일종의 장애물[路障]이다.
584 『晉書』 권47, 「傅咸傳」, 1329쪽.
585 『宋書』 권18, 「禮志」, 509쪽.
586 『唐六典』 권23, 「都水監」, 598쪽.

【역문】 향후작.

## 第五品　제오품

【원문】 給事中.

【역문】 급사중.

【원문】 給事中, 品第五, 武冠, 絳朝服.(唐六典卷八注引晉令. 通典二十一, 晉給事中, 在散騎常侍下, 給事黃門侍郎上, 武冠, 絳朝服.)

【역문】 급사중은 제5품이고 무관과 강조복을 착용한다.[587](『당육전』 권8 주에서 진령을 인용. 『통전』 권21에서 진의 급사중은 "[관품이] 산기상시의 아래, 급사황문시랑의 위에 있으며, 무관과 강조복을 착용한다."[588]고 하였다.)

【원문】 給事黃門.

【역문】 급사황문.

【원문】 給事黃門侍郎, 品第五, 秩六百石, 武冠, 絳朝服.(唐六典卷八注引晉令.)

【역문】 급사황문시랑은 제5품이고 질은 600석이며, 무관과 강조복을 착용한다.[589](『당육전』 권8 주에서 진령을 인용)

【원문】 給事黃門四人, 與侍中掌文案, 贊相威儀, 典署其事.(書鈔五十八, 引晉官品令)

【역문】 급사황문 4인은 시중과 함께 문안을 관장하고, 위의를 도우며, 부서

---

587 『唐六典』 권8, 「門下省」, 244쪽.
588 『通典』 권21, 「職官典」, 551쪽.
589 『唐六典』 권8, 「門下省」, 243쪽.

의 서무를 담당한다.[590](『북당서초』 권58에서 진의 관품령을 인용)

**【원문】** 給事黃門四人, 大法駕出, 次直黃門侍郞從駕.(同上, 引晉官品令)

**【역문】** 급사황문 4인은 대법가가 출행할 때, [당직 근무자가 아닌] 다음 근무자인 황문시랑이 어가를 따른다.(위와 동일, 진의 관품령을 인용)

**【원문】** 散騎.(晉志, 散騎侍郞四人, 通直散騎侍郞四人, 員外散騎侍郞, 無員.)

**【역문】** 산기.(『진서』「직관지」에 산기시랑 4명, 통직산기시랑 4명, 원외산기시랑은 정원이 없다고 하였다.[591])

**【원문】** 中書侍郞.

**【역문】** 중서시랑.

**【원문】** 中書侍郞四人, 品第四(「四」疑「五」之誤), 給五時朝服, 進賢一梁冠.(唐六典卷九注引晉令.)

**【역문】** 중서시랑 4명은 제4품('四'는 '五'의 오기인 것 같다)이며, 오시조복과 진현일량관을 지급한다.[592](『당육전』 권9 주에서 진령을 인용)

**【원문】** 每一郞入直西省, 專掌詔草, 更直省五日; 從駕, 則正直從, 次直守.(唐六典卷九注)

**【역문】** 1랑씩 서성[593]에 들어와 근무하며 조서의 초안을 전담하고, 근무는 5일마다 교대한다. 황제가 출행하면 당직 근무자가 [황제를] 따르고 다음 근무자가 [궁중에서] 근무하며 지킨다.[594](『당육전』 권9의 주)

---

590 『北堂書鈔』 권58, 「設官部」, '給事黃門侍郞'.

591 『晉書』 권24, 「職官志」, 733~734쪽.

592 『唐六典』 권9, 「中書省」, 275쪽.

593 中書省의 별칭인 西省은 魏晉南朝 시기 左右將軍 이하 禁衛諸軍校의 합칭(南齊) 혹은 學術研究 장소(梁, 陳)를 가리키는 경우에도 사용되었다.

**【원문】** 謁者僕射.(宋志, 謁者僕射, 銅印, 墨綬. 給四時朝服, 高山冠. 佩水蒼玉.)

**【역문】** 알자복야.(『송사』「예지」에 "알자복야는 동으로 된 인장과 검은 인끈을 찬다. 사시조복과 고산관이 지급되며, 수창옥을 찬다."595고 하였다.)


**【원문】** 虎賁中郎將.

**【역문】** 호분중랑장.


**【원문】** 宂從僕射.(宋志, 宂從僕射, 銅印, 墨綬. 給五時朝服, 武冠.)

**【역문】** 용종복야.(『송사』「예지」에 "용종복야는 동으로 된 인장과 검은 인끈을 찬다. 오시조복과 무관이 지급된다."596고 하였다.)


**【원문】** 羽林監.

**【역문】** 우림감.


**【원문】** 羽林左、右監, 品第五, 銅印・墨綬, 武冠, 絳朝服; 其侍陛殿, 著鶡尾冠, 紗縠單衣.(唐六典二十五注. 宋志, 虎賁中郎將・羽林監, 銅印, 墨綬. 給四時朝服, 武冠. 其在陛列及備鹵簿, 鶡尾, 絳紗縠單衣.)

**【역문】** 우림좌감・우림우감은 제5품이며, 동으로 만든 인장과 검은색 인끈, 무관과 강조복을 착용한다. [황제를] 모시고 전에 오를 때는 갈미관과 사곡단의를 착용한다.597(『당육전』권25의 주. 『송사』「예지」에 "호분중랑장과 우림감은 동으로 만든 인장과 검은색 인끈을 착용한다. 사시조복과 무관이 지급된다. 황궁에서 시종하거나[폐열(陛列)] 및 노부에 충원될 경우에는 갈미관과 강사곡단의를 착용한다."598고 하였다.)

---

594 『唐六典』권9,「中書省」, 275쪽.
595 『宋書』권18,「禮志」, 509쪽.
596 『宋書』권18,「禮志」, 509쪽.
597 『唐六典』권25,「諸衛府」, 642쪽.
598 『宋書』권18,「禮志」, 510쪽.

【원문】太子中庶子.

【역문】태자중서자.

【원문】庶子.

【역문】서자.

【원문】中庶子、庶子各四人, 局擬散騎常侍, 品第五; 班同三令、四率, 次中書侍郎下; 絳朝服, 武冠, 平巾幘. 高功中庶子與高功中舍人共掌禁令, 糺正違闕, 侍從左右, 儐相威儀, 盡規獻納, 奏事文書皆典綜之. 釋奠, 中庶子扶左, 庶子扶右.(唐六典二十六注)

【역문】중서자·서자 각각 4인을 두는데, 직권은 [조정의] 산기상시에 상당하고 제5품이며, 반은 3령·4솔과 같아 중서시랑의 아래이고, 강조복과 무관, 평건책을 착용한다. 중서자와 중사인 가운데 각각 [연]공이 높은 1인이 함께 금령을 관장하고, 기율위반과 착오를 규정하며, 태자 좌우에서 시종하면서 위의를 돕고 간언을 헌납하며 태자에게 올리는 모든 문서를 관할한다. 석전 때 중서자는 태자 왼편에서 부축하고, 서자는 오른편에서 부축한다.[599](『당육전』 권26의 주)

【원문】家令.

家令品第五, 銅印、墨綬, 進賢兩梁冠, 絳朝服.(唐六典二十七注)

【역문】가령.

가령은 제5품이고 동인에 묵수를 차며 진현양량관에 강조복을 입는다.[600](『당육전』 권27의 주)

【원문】率更令.

---

[599]『唐六典』권26,「太子三師三少詹事府左右春坊內官」, 663쪽.
[600]『唐六典』권27,「家令率更僕寺」, 696쪽.

太子率更令一人, 銅印·墨綬, 進賢兩梁冠, 絳朝服; 掌宮殿門戶之禁, 郎將屯衛之士; 局擬光祿勳、衛尉.(唐六典二十七注)

【역문】 솔경령.

태자솔경령 1인은 동인·묵수를 차고 진현양량관과 강조복을 입는다. 궁전 문호(門戶)의 금령과 낭장·둔위 사졸을 관장한다. 직임은 광록훈·위위에 비견된다.[601](『당육전』 권27의 주)

【원문】 僕.

太子僕, 銅印·墨綬, 進賢兩梁冠, 絳朝服; 主輿馬·親族, 局擬太僕·宗正.(唐六典二十七注)

【역문】 복.

태자복은 동인·묵수를 차고 진현양량관과 강조복을 입는다. 수레·말과 친족을 주관하여 직임은 [조정] 태복·종정에 비견된다.[602](『당육전』 권27의 주)

【원문】 衛率.(宋志, 太子衛率, 銅印, 墨綬. 給五時朝服, 武冠.)

【역문】 위솔.(『송사』「예지」에 "태자위솔은 동으로 만든 인장과 검은색 인끈을 착용한다. 오시조복과 무관이 지급된다."[603]고 하였다.)

【원문】 左右衛率, 品第五, 舊視中領護.(書鈔六十五引晉令)

【역문】 좌위솔·우위솔은 제5품이며, 예전의 중령호에 비견된다.[604](『북당서초』 권65에서 진령을 인용)

---

601 『唐六典』 권27, 「家令率更僕寺」, 699쪽.
602 『唐六典』 권27, 「家令率更僕寺」, 701쪽.
603 『宋書』 권18, 「禮志」, 509쪽.
604 『北堂書鈔』 권65, 「設官部」, '太子左右衛率'.

【원문】 凡太子出, 前衛率導, 在前黃麾外; 左·右二率從, 俠導輿車; 後衛率從, 在烏皮外; 並載戟執刀. 四率各丞一人. 服視左·右衛將軍, 品第五, 位同中庶子.(唐六典二十八注)

【역문】 무릇 태자가 출행할 경우 전위솔이 인도하며 황휘 바깥의 앞쪽에 위치한다. 좌위솔·우위솔은 [전위솔을] 따라 태자의 수레 좌우에서 인도하고, 후위솔은 오피 바깥쪽에서 따르는데 모두 창을 들고 칼을 찬다. (좌우전후) 4솔에는 각각 승1인이 있다. 복식은 좌위장군·우위장군에 비견되며, 제5품으로 지위는 중서자와 같다.[605](『당육전』 권28의 주)

【원문】 諸軍司.(宋志, 諸軍司馬, 銀章, 青綬. 朝服, 武冠.)

【역문】 제군사.(『송사』「예지」에 "제군사마는 은으로 만든 인장과 푸른색 인끈, 조복과 무관을 착용한다."[606]고 하였다.)

【원문】 北軍中候.(宋志, 北軍中候, 銅印, 墨綬. 給四時朝服, 武冠.)

【역문】 북군중후.(『송사』「예지」에 "북군중후는 동으로 만든 인장과 검은색 인끈을 착용한다. 사시조복과 무관이 지급된다."[607]고 하였다.)

【원문】 都督.

【역문】 도독.

【원문】 護軍.

【역문】 호군.

【원문】 諸匈奴中郎.

---

605 『唐六典』 권28, 「太子左右衛及諸率府」, 715쪽.
606 『宋書』 권18, 「禮志」, 509쪽.
607 『宋書』 권18, 「禮志」, 510쪽.

【역문】 제흉노중랑.

【원문】 西域代部護羌烏丸等校尉.

【역문】 서역대부호강오환 등의 교위.

【원문】 禮見諸將軍. 鷹揚·折衝·輕車·武牙·威遠·寧遠·虎威·材官·
伏波·凌江等將軍.(宋志, 鷹揚以下諸將軍, 銀章, 靑綬. 給五時朝服, 武冠.)

【역문】 [『송사』]예지에 보이는 여러 장군들. 응양·절충·경차·무아·위
원·녕원·호위·재관·복파·릉강 등의 장군.(『송사』「예지」에 응양 이
하의 여러 장군들은 "은으로 만든 인장과 푸른색 인끈을 착용하고 오시조복과 무관
이 지급된다."[608]고 하였다.)

【원문】 牙門將.(宋志, 牙門將, 銀章, 靑綬. 朝服, 武冠.)

【역문】 아문장.(『송사』「예지」에 "아문장은 은으로 만든 인장과 푸른색 인끈, 조복
과 무관을 착용한다."[609]고 하였다.)

【원문】 騎都.(宋志, 騎都督·守, 銀印, 靑綬. 朝服, 武冠.)

【역문】 기도.(『송사』「예지」에 "기도독·기도수는 은으로 만든 인장과 푸른색 인끈,
조복과 무관을 착용한다."[610]고 하였다.)

【원문】 安夷、撫夷護軍.(宋志, 安夷撫軍·護軍, 銀印, 靑綬. 朝服, 武冠.)

【역문】 안이호군·무이호군.(『송사』「예지」에 "안이무군·안이호군은 은으로 만
든 인장과 푸른색 인끈, 조복과 무관을 착용한다."[611]고 하였다.)

---

608 『宋書』 권18, 「禮志」, 509쪽.
609 『宋書』 권18, 「禮志」, 510쪽.
610 『宋書』 권18, 「禮志」, 510쪽.
611 『宋書』 권18, 「禮志」, 509쪽.

**【원문】** 郡國太守、相、內史.(宋志, 郡國太守・相・內史, 銀章, 青綬. 朝服, 進賢兩梁冠.)

**【역문】** 군국태수・군국태상・군국내사.(『송사』「예지」에 "군국태수・군국태상・군국내사는 은으로 만든 인장과 푸른색 인끈, 조복과 진현양량관을 착용한다."[612]고 하였다.)

**【원문】** 州郡國都尉.(宋志, 州郡國都尉, 銅印, 墨綬. 朝服, 武冠.)

**【역문】** 주군국도위.(『송사』「예지」에 "주군국도위는 동으로 만든 인장과 푸른색 인끈, 조복과 무관을 착용한다."[613]고 하였다.)

**【원문】** 停候爵.

**【역문】** 정후작.

## 第六品  제육품

**【원문】** 尙書左右丞.(晉志, 左丞主臺內禁令, 宗廟祠祀, 朝儀禮制, 選用署吏, 急假; 右丞掌臺內庫藏廬舍, 凡諸器用之物, 及廩振人租布, 刑獄兵器, 督錄遠道文書, 章表奏事.)

**【역문】** 상서좌우승.(『진서』「직관지」에는 다음과 같이 기록되어 있다. "좌승은 상서대 안의 금령과 종묘제사와 조정의 의례・예제를 주관하고, [관리를] 선발하여 임용하며, [관리의] 휴가를 지급한다. 우승은 상서대 안의 창고와 숙소, 모든 기물 및 진휼에 [사용되는] 조포(租布), 형옥과 병기를 관장한다. [또한] 먼 지역에서 온 문서와 장표의 상주를 관장한다."[614])

---

612 『宋書』 권18, 「禮志」, 510쪽.
613 『宋書』 권18, 「禮志」, 513쪽.
614 『晉書』 권24, 「職官志」, 731쪽.

【원문】 左·右丞銅印·墨綬, 絳朝服, 進賢一梁冠.(唐六典卷一注)

【역문】 좌승과 우승은 동으로 만든 인장과 검은색 인끈, 강조복과 진현일량관을 착용한다.[615](『당육전』 권1의 주)


【원문】 尙書郞.(晉志, 尙書, 凡三十五曹, 置郞二十三人, 更相統攝. 宋志, 尙書郞, 朝服, 進賢兩梁冠. 唐六典卷二注, 吏部郞, 品第五, 諸曹郞, 諸六.)

【역문】 상서랑.(『진서』 「직관지」에서 "상서는 모두 35조이며, 낭 23인을 두고, 서로 통섭하도록 한다."[616]고 하였다. 『송사』 「예지」에 "상서랑은 조복과 진현양량관을 착용한다."[617]고 하였다. 『당육전』 권2의 注에서 이부랑은 제5품이며, 제조랑은 제6품이라고 하였다.[618])


【원문】 治書侍御史.(晉志, 四人.) 侍御史.(晉志, 晉置員九人, 品同治書, 而有十三曹: 吏曹·課第曹·直事曹·印曹·中都督曹·外都督曹·媒曹·符節曹·水曹·中壘曹·營軍曹·法曹·算曹. 宋志, 侍御史, 朝服, 法冠.)

【역문】 치서시어사.(『진서』 「직관지」에서는 4명이라고 하였다.[619]) 시어사.(『진서』 「직관지」에서는 "진에서는 [시어사] 9명을 두었으며, 관품은 치서와 동일하고, 13조를 두었다. [13조는 다음과 같다.] 이조·과제조·직사조·인조·중도독조·외도독조·매조·부절조·수조·중루조·영군조·법조·산조."[620]라고 하였다. 『송사』 「예지」에 "시어사는 조복과 법관을 착용한다."[621]고 하였다.)


【원문】 諸督軍糧.

【역문】 제독군량.

---

615 『唐六典』 권1, 「尙書都省」, 7쪽.
616 『晉書』 권24, 「職官志」, 732쪽.
617 『宋書』 권18, 「禮志」, 508쪽.
618 『唐六典』 권2, 「尙書吏部」, 28쪽.
619 『晉書』 권24, 「職官志」, 738쪽.
620 『晉書』 권24, 「職官志」, 738쪽.
621 『宋書』 권18, 「禮志」, 510쪽.

【원문】 奉車・駙馬・騎等都尉(宋志, 奉車・駙馬・騎都尉, 銀印, 青綬. 五時朝服, 武冠.)

【역문】 봉거도위・부마도위・기도위 등(『송사』「예지」에 "봉거도위・부마도위・기도위는 은으로 만든 인장과 푸른색 인끈, 조복과 무관을 착용한다."[622]고 하였다.)

【원문】 諸博士.(晉志, 晉初承魏制, 置博士十九人. 及咸寧四年, 定置國子祭酒・博士各一人. 又有太常博士, 掌引導乘輿. 王公已下應追諡者, 則博士議定之. 宋志, 諸博士, 給皁朝服, 進賢兩梁冠. 佩水蒼玉.)

【역문】 여러 박사.[『진서』「직관지」에 "진 초에 위의 제도를 계승하여 박사 19인을 두었다. 함녕 4년(278) 국자좨주와 국자박사 각 1인을 두었다. 또한 태상박사를 두어 승여(乘輿)의 인도를 관장하도록 했으며, 왕공 이하로 추시(追諡)해야 할 경우 태상박사가 의론하여 정하였다."[623]고 하였다. 『송사』「예지」에 "여러 박사는 조조복과 진현양량관이 지급되며, 수창옥을 찬다."[624]고 하였다.]

【원문】 國子博士品第六, 介幘, 兩梁冠, 服・佩同祭酒.(唐六典二十一注)

【역문】 국자박사는 6품으로, 개책・양량관을 착용하고 복식과 패물은 좨주와 같다.[625](『당육전』 권21의 주)

【원문】 祭酒博士當爲訓範, 總統學中衆事.(同上, 引晉令)

【역문】 좨주박사는 스승으로서 모범이 되어야 하며, 학교의 여러 일들을 총괄한다.[626](위와 동일, 진령을 인용)

---

622 『宋書』 권18, 「禮志」, 509쪽.
623 『晉書』 권24, 「職官志」, 736쪽.
624 『宋書』 권18, 「禮志」, 510쪽.
625 『唐六典』 권21, 「國子監」, 559쪽.
626 『唐六典』 권21, 「國子監」, 557쪽.

【원문】 國子祭酒介幘, 皁朝服, 進賢兩梁冠, 佩水蒼玉.(通典二十七)

【역문】 국자좨주는 개책과 조조복, 진현양량관을 착용하며 수창옥을 찬다.[627](『통전』 권27)

【원문】 博士祭酒, 掌國子生, 師事祭酒, 執經葛巾單衣, 終身致敬.(類聚四十六, 據齊職儀引晉令)

【역문】 박사좨주는 국자생을 관장하며, 좨주를 스승으로 모신다. 집경(執經)으로서 [강의를 할 때에는] 갈건단의를 입으며, 종신토록 예우를 받는다.[628](『예문유취』 권46, 『제직의』에서 인용한 진령에 의거)

【원문】 博士皆取履行清淳, 通明.(類聚作清通淳明, 玆從書鈔)典義.若散騎中書侍郎、太子中庶子以上, 乃得召試, 諸生有法度者, 及白衣試在高第, 拜郎中(類聚四十六引晉令. 御覽二百三十六引晉令. 書鈔六十七引晉令, 無太子以下.)

【역문】 박사는 모두 행실이 청렴하고 순박하며, 경전의 뜻에 통달한 자를 뽑는다(『예문유취』에서는 "清通淳明"이라고 하였으나 『북당서초』를 따라 ["清淳通明"으로] 하였다). 산기중서시랑과 태자중서자 이상이 불러 시험하고, 여러 생도 중 법도가 있는 자 및 평민[백의(白衣)] 중 시험 성적이 높은 자를 낭중으로 임명한다.[629](『예문유취』 권46에서 진령을 인용. 『태평어람』 권236에서 진령을 인용. 『북당서초』 권67에서 인용한 진령에는 "태자" 이하 부분이 없음.)

【원문】 公府長史司馬.(宋志, 公府司馬, 銅印, 墨綬. 朝服, 武冠.)

【역문】 공부장사 · 공부사마.(『송사』 「예지」에 "공부사마는 동으로 만든 인장과

---

627 『通典』 권27, 「職官典」, 763쪽.
628 『藝文類聚』 권46, 「職官部」, 830쪽.
629 『藝文類聚』 권46, 「職官部」, 831쪽; 『太平御覽』 권236, 「職官部」, '博士', 247쪽.

검은색 인끈, 조복과 무관을 착용한다."<sup>630</sup>고 하였다.)

**【원문】** 公府長史, 官品第六, 銅印, 墨綬, 朝服, 進賢兩梁冠.(宋史禮志, 引晉令)

**【역문】** 공부장사는 동으로 만든 인장과 검은색 인끈, 조복과 진현양량관을 착용한다.<sup>631</sup>(『송사』「예지」에서 진령을 인용)

**【원문】** 公府長史著朝服.(南史王儉傳, 引晉令)

**【역문】** 공부장사는 조복을 착용한다.<sup>632</sup>(『남사』「왕검전」에서 진령을 인용)

**【원문】** 從事中郞.

**【역문】** 종사중랑.

**【원문】** 二品將軍及諸大將軍特進都督中護軍長史司馬.

**【역문】** 2품장군 및 여러 대장군·특진·도독·중호군의 장사와 사마.

**【원문】** 廷尉正·監·平.(晉志, 正·監·評廷尉屬官. 宋志, 廷尉正·監·平, 銅印, 墨綬. 給皁零辟朝服, 法冠.)

**【역문】** 정위정·감·평.(『진서』「직관지」에서 정·감·평은 정위의 속관이라고 하였다.<sup>633</sup>『송사』「예지」에 "정위정·정위감·정위평은 동으로 만든 인장과 검은색 인끈을 착용한다. 조령벽조복과 법관이 지급된다."<sup>634</sup>고 하였다.)

**【원문】** 秘書郞·著作郞·丞郞.(按晉志, 秘書監屬官有丞, 有郞. 晉志, 著作郞一

---

630 『宋書』 권18, 「禮志」, 513쪽.
631 『宋書』 권18, 「禮志」, 510쪽.
632 『南史』 권22, 「王儉傳」, 591쪽.
633 『晉書』 권24, 「職官志」, 737쪽.
634 『宋書』 권18, 「禮志」, 513쪽.

人, 謂之大著作郞, 專掌史任, 又置佐著作郞八人.)

【역문】 비서랑, 저작랑, 승랑.(『진서』「직관지」를 살펴보면, 비서감의 속관으로 비서승과 비서랑이 있었다.635 『통전』에 기재된 송의 관품 표목에도 "비서저작승·랑"이라고 되어 있으므로, 여기에서 승랑을 별도의 [관직] 항목으로 둔 것은 오류인 것 같다.636 『진서』「직관지」에 "저작랑은 1인으로 대저작랑이라고 하며, 사의 임무를 주관한다. 또한 좌저작랑 8인을 둔다."637라고 하였다.)

【원문】 祕書丞品第六, 銅印·墨綬, 進賢一梁冠, 絳朝服.(唐六典卷十注, 引晉令)

【역문】 비서승은 제6품이고 동으로 만든 인장과 검은색 인끈, 진현일량관, 강조복을 착용한다.638(『당육전』 권10의 주에서 진령을 인용)

【원문】 祕書郞中品第六, 進賢一梁冠, 絳朝服.(唐六典卷十注, 引晉令)

【역문】 비서랑중은 제6품이고 진현일량관, 강조복을 착용한다.639(위와 동일, 진령을 인용)

【원문】 祕書郞, 掌中外五(初學記及御覽均作「三」)閣經書, 覆核閣事(初學記作「覆校殘闕」, 御覽作「覆校闕遺」)正定脫誤.(書鈔五十七, 引晉官品令; 初學記十二, 引晉令; 御覽二百三十二, 引晉令; 文選褚淵碑文注引晉令, 祕書郞掌三閣經書, 無覆核以下.)

【역문】 비서랑은 중외의 다섯(『초학기』와 『태평어람』에는 '三'으로 되어있다.)비각의 도서를 관장하여, 비각의 일을 심사하고『초학기』에는 '복교잔궐(覆校

---

635 『晉書』 권24, 「職官志」, 735쪽.
636 『구조율고』 291쪽 본문에서는 『通典』 권37, 「職官」, 晉, 1005쪽, "祕書郞 著作郞 丞郞"의 기록에 따라 丞郞을 별도의 항목으로 표기해 두었다. 이것에 오류가 있음을 지적하는 것이다.
637 『晉書』 권24, 「職官志」, 735쪽.
638 『唐六典』 권10, 「祕書省」, 296쪽.
639 『唐六典』 권10, 「祕書省」, 297쪽.

殘闕)’, 『태평어람』에는 ‘복교궐유(覆校闕遺)’로 되어 있다.], [도서의] 탈오를 정
정한다.640[『북당서초』 권57에서 진의 관품령을 인용한 부분과, 『초학기』 권12 ·
『태평어람』 권232 · 『문선』 ‘저연비문(褚淵碑文)’에서 진령을 인용한 부분에는 “비
서랑장삼각경서(秘書郎掌三閣經書)”라고 되어 있으며, “복핵(覆核)” 이하 부분은
없다.]

【원문】 著作郎品第六, 進賢一梁冠, 絳朝服.(唐六典卷十注, 引晉令)

【역문】 저작랑은 제6품이고 진현일량관, 강조복을 착용한다.641(『당육전』 권
10의 주에서 진령을 인용. 『통전』 권26에도 보인다.)

【원문】 著作郎掌起居集注, 撰錄諸言行勳伐舊載史籍者.(史通引晉令)

【역문】 저작랑은 기거집주를 관장하며, 옛 사적에 기록된 언행과 공적을
저록한다.642(『사통』에서 진령을 인용)

【원문】 國史之任, 委之著作, 每著作郎初至, 必撰名臣傳一人.(史通引晉令)

【역문】 국사[와 관련된] 직임은 저작랑에게 위임한다. 매번 저작랑이 처음
부임할 때에는 반드시 명신 한 명의 전기를 편찬하도록 한다.643(『사통』
에서 진령을 인용)

【원문】 著作佐郎品第六, 進賢一梁冠, 絳朝服.(唐六典卷十注, 引晉令)

【역문】 저작좌랑은 제6품이고 진현일량관, 강조복을 착용한다.644(『당육전』
권10의 주에서 진령을 인용)

---

640 『初學記』 권12, 「職官部」, 398쪽; 『太平御覽』 권233, 「職官部」, ‘祕書郎’, 230쪽; 『文選』 권58, 「碑
文上」, ‘王仲寶褚淵碑文’, 804쪽.
641 『唐六典』 권10, 「祕書省」, 301쪽.
642 『史通』 內篇, 권9, 「覈才第三十一」.
643 『史通』 外篇, 권11, 「史官建置第一」.
644 『唐六典』 권10, 「祕書省」, 301쪽.

【원문】 黃沙治書侍御史.(晉志, 黃沙獄治書侍御史一人, 掌詔獄及廷尉不當者皆治之. 宋志, 黃沙治書侍御史, 銀印, 墨綬. 朝服, 法冠.)

【역문】 황사치서시어사.[『진서』「직관지」에 "황사옥치서시어사는 1인으로, 조옥(詔獄) 및 정위 중 합당하지 않은 자를 모두 다스린다."[645]고 하였다. 『송사』「예지」에 "황사치서시어사는 은으로 만든 인장과 검은색 인끈, 조복, 법관을 착용한다."[646]고 하였다.]

【원문】 諸護軍長史 · 司馬.

【역문】 여러 호군의 장사와 사마.

【원문】 水衡 · 典虞 · 牧官 · 典牧 · 司鹽都尉.(宋志, 水衡 · 典虞 · 牧官 · 典牧都尉, 銀印, 青綬. 五時朝服, 武冠.)

【역문】 수형도위 · 전우도위 · 목관도위 · 전목도위 · 사염도위.(『송서』「예지」에 "수형도위, 전우도위, 목관도위, 전목도위는 은으로 만든 인장과 푸른색 인끈, 오시조복, 무관을 착용한다."[647]고 하였다.)

【원문】 水衡都尉置主簿一人. 左 · 右 · 前 · 後 · 中五水衡皆有主簿.(唐六典二十三注, 引晉令)

【역문】 수형도위 [아래]에 주부 1인을 둔다. 좌 · 우 · 전 · 후 · 중 다섯 수형에는 모두 주부를 둔다.[648](『당육전』 권23의 注에서 진령을 인용)

【원문】 太子門大夫.

太子門大夫局准公車令, 班同中舍人; 主通遠近牋表, 宮門禁防.(唐六典二十六注)

---

645 『晉書』 권24, 「職官志」, 738쪽.
646 『宋書』 권18, 「禮志」, 510쪽.
647 『宋書』 권18, 「禮志」, 509쪽.
648 『唐六典』 권23, 「都水監」, 599쪽.

【역문】 태자문대부.

태자문대부의 직권[국(局)]은 공거령에 비견되고 반은 중사인과 같다. 원근에서 보낸 문서[전표(牋表)]를 올리는 일과 궁문의 방비[금방(禁防)]를 주관한다.[649](『당육전』 권26의 주)

【원문】 度支中郎將校尉都督.

【역문】 탁지중랑장교위도독.

【원문】 材官校尉.

【역문】 재관교위.

【원문】 王郡公侯郎中令・中尉・大農.(晉志, 王下有郎中令・中尉・大農爲三卿. 宋志, 王郡公侯郎中令・大農, 銅印, 靑綬. 朝服, 進賢兩梁冠.)

【역문】 왕군공후랑중령・중위・대농.(『진서』「직관지」에는 왕 아래에 "낭중령・중위・대농을 두어 삼경으로 삼았다."[650]고 하였다. 『송서』「예지」에 "왕군공후 낭중령・대농은 동으로 만든 인장과 푸른색 인끈, 조복, 진현양량관을 착용한다."[651]고 하였다.)

【원문】 王傅師及國將軍.(晉志, 王置師・友・文學各一人, 景帝諱, 故改師爲傅. 友者因文王・仲尼四友之名號. 按「傅師」疑「傅友」之訛, 宋官品亦作師友.)

【역문】 왕의 부사 및 국장군.(『진서』「직관지」에 "왕은 사・우・문학 각 1인을 두는데, 경제의 휘 때문에 '사'를 '부'로 고쳤다. 우는 문왕과 중니의 사우[652]에서 계승한 명칭이다."[653]라고 하였다. 아마도 '부사'는 '부우'의 오기인 것 같다. 송의 관품

---

649 『唐六典』 권26, 「太子三師三少詹事府左右春坊內官」, 669쪽.
650 『晉書』 권24, 「職官志」, 743쪽.
651 『宋書』 권18, 「禮志」, 513쪽.
652 四友는 周 文王이 親信했던 4명의 大臣, 즉 南宮括・散宜生・閎夭・太顚과 孔子의 네 제자, 顔淵・子貢・子張・子路를 의미한다.

[표목]에도 '사우'라고 되어 있다.)

【원문】 諸王置友一人, 品第六, 進賢一梁冠, 絳朝服.(唐六典二十九注)

【역문】 진의 왕들은 우 1인을 두었는데, 제6품이었고 진현일량관과 강조복을 착용하였다.654(『당육전』권29의 주)

【원문】 諸縣置令秩千石者.(晉志, 縣大者置令, 小者置長. 宋志, 諸縣署令秩千石者, 銅印, 墨綬. 朝服, 進賢兩梁冠.)

【역문】 여러 현에 두는 영(令)으로 질이 천석인 자.[『진서』「직관지」에 "큰 현에는 영을 두고 작은 현에는 장(長)을 둔다."655고 하였다. 『송서』「예지」에 "여러 현에 두는 영으로 질이 천석인 자는 동으로 만든 인장과 검은색 인끈, 조복, 진현양량관을 착용한다."656고 하였다.]

【원문】 縣千戶以上, 州郡五百以上, 皆爲令; 不滿此爲長也.(書鈔七十八, 引晉令)

【역문】 1000호 이상의 현 및 500호 이상의 주·군에는 모두 영을 둔다. 이[호 수가] 안 되는 경우 장을 둔다.657(『북당서초』권78에서 진령을 인용)

【원문】 太子侍講門大夫.

【역문】 태자시강문대부.

【원문】 中舍人.

【역문】 중사인.

653 『晉書』권24,「職官志」, 743쪽.
654 『唐六典』권29,「諸王府公主邑司」, 729쪽.
655 『晉書』권24,「職官志」, 746쪽.
656 『宋書』권18,「禮志」, 510쪽.
657 『北堂書鈔』권78,「設官部」, '縣令'.

【원문】 司馬督.

【역문】 사마독.


【원문】 太子常從虎賁督千人督校尉.

【역문】 태자상종호분독천인독교위.


【원문】 督守殿中將軍.(宋志, 殿中將軍, 銀章, 靑綬. 四時朝服, 武冠.)

【역문】 독수전중장군.(『송서』「예지」에 "전중장군은 은으로 만든 인장과 푸른색 인끈, 사시조복, 무관을 착용한다."[658]고 하였다.)


【원문】 黃門令.

【역문】 황문령.


【원문】 黃門冗從僕射.

【역문】 황문용종복사.


【원문】 關內名號侯爵.(宋志, 關內·關中名號侯, 金印, 紫綬. 朝服, 進賢兩梁冠.)

【역문】 관내명호후작.(『송서』「예지」에 "관내명호후·관중명호후는 금으로 만든 인장과 자색 인끈, 조복, 진현양량관을 착용한다."[659]고 하였다.)


## 第七品  제칠품


【원문】 殿中監.(宋志, 殿中監, 銅印, 墨綬. 給四時朝服, 武冠.)

【역문】 전중감.(『송서』「예지」에 "전중감은 동으로 만든 인장과 검은색 인끈을 착용

---

658 『宋書』 권18, 「禮志」, 513쪽.
659 『宋書』 권18, 「禮志」, 510쪽.

한다. 사시조복과 무관이 지급된다."[660]고 하였다.)

**【원문】** 諸卿尹丞.(晉志, 列卿, 各置丞. 宋志. 諸卿尹丞, 銅印, 墨綬. 朝服, 進賢兩
梁冠. 唐六典注, 晉諸卿丞, 銅印·黃綬.)

**【역문】** 제경의 윤·승.(『진서』「직관지」에 "구경[열경(列卿)]에는 각각 승을 둔
다."[661]고 하였다. 『송서』「예지」에 "제경의 윤·승은 동으로 만든 인장과 검은색
인끈, 조복과 무관을 착용한다."[662]고 하였다. 『당육전』주에 진에서 제경의 승은
"동으로 만든 인장과 황색 인끈을 찬다."[663]고 하였다.)

**【원문】** 太史令品第七, 秩六百石, 銅印·墨綬, 進賢一梁冠, 絳朝服.(唐六
典卷十注, 引晉令)

**【역문】** 태사령은 7품으로 질이 6백석이고 동으로 만든 인장과 검은색 인끈
을 차며 진현일량관과 강조복을 착용한다.[664](『당육전』권10의 주에서 진령
을 인용)

**【원문】** 司農丞品第七, 進賢一梁冠, 介幘, 皁衣, 銅印·黃綬.(唐六典卷十九
注, 又見通典二十六)

**【역문】** 사농승은 7품으로 진현일량관, 개책, 조의를 착용하며, 동으로 만
든 인장과 황색 인끈을 찬다.[665](『당육전』권19의 注. 또한 『통전』권26에도
보인다.)

**【원문】** 宗正屬官有大醫令·丞, 銅印·墨綬, 進賢一梁冠, 絳朝服, 品第

---

660 『宋書』권18, 「禮志」, 515쪽.
661 『晉書』권24, 「職官志」, 735쪽.
662 『宋書』권18, 「禮志」, 510쪽.
663 『唐六典』권14, 「太常寺」, 395쪽.
664 『唐六典』권10, 「祕書省」, 302쪽.
665 『唐六典』권19, 「司農寺」, 524쪽.

七.(唐六典十四注)

**【역문】** 종정의 속관으로 태의령·승[666]을 두는데, 동으로 만든 인장과 검은 색 인끈 및 진현일량관과 강조복을 착용하며 제7품이다.[667](『당육전』 권 14의 注)

**【원문】** 符節御史.(按晉志, 引晉官品令第七品; 又有禁防御史, 通典標目不載, 附識 於此.)

**【역문】** 부절어사.(『진서』 「직관지」를 살펴보면, 인용하고 있는 진의 관품령 7품에 또한 금방어사가 있으나, 『통전』의 표목에는 기재되어 있지 않으므로, 여기에 부기 하여 명시해 두었다.)

**【원문】** 獄丞部丞.(宋志, 獄丞, 銅印, 墨綬. 朝服, 進賢一梁冠.)

**【역문】** 옥승·부승.(『송서』 「예지」에 "옥승은 동으로 만든 인장과 검은색 인끈, 조 복과 진현일량관을 착용한다."[668]고 하였다.)

**【원문】** 獄左·右丞各一人.(唐六典十八, 注引晉令)

**【역문】** 옥좌승·옥우승 각 1인.[669](『당육전』 권18 주에서 진령을 인용)

**【원문】** 太僕有部丞五人.(唐六典十七注)

**【역문】** 태복시에는 부승 5인을 둔다.[670](『당육전』 권17 주)

**【원문】** 黃沙典事.

**【역문】** 황사전사.

---

666 『晉書』 권24, 「職官志」, 737쪽에는 令·丞이 '令史'로 기재되어 있다.
667 『唐六典』 권14, 「太常寺」, 408쪽.
668 『宋書』 권18, 「禮志」, 512쪽.
669 『唐六典』 권18, 「大理寺」, 503쪽.
670 『唐六典』 권17, 「太僕寺」, 478쪽.

【원문】 太子保傅詹事丞.

詹事丞一人, 品第七: 銅印・墨綬, 進賢一梁冠, 皂朝服; 局擬尙書左・
右丞.(唐六典二十六注, 引晉令)

【역문】 태자보부첨사승.

첨사승은 1인이고 제7품이다. 동으로 된 인장에 검은 인끈을 차고 진현
일량관과 조조복을 착용하며,[671] [동궁의 사무에 관한] 직권은 [조정의]
상서성의 좌・우승에 상당한다.[672](『당육전』권26의 주에서 진령을 인용)

【원문】 諸軍長史司馬秩六百石者.(宋志, 諸軍長史, 銅印, 墨綬. 朝服, 進賢一梁
冠.)

【역문】 제군의 장사・사마로 질이 600석인 자.(『송서』「예지」에 "제군의 장사
는 동으로 된 인장에 검은 인끈을 차고 조복과 진현일량관을 착용한다."[673]고 하였
다.)

【원문】 護匈奴中郞將, 護羌戎夷蠻越烏丸校尉長史・司馬.

【역문】 호흉노중랑장, 호강융이만월오환교위장사・사마.

【원문】 北軍中候丞.(宋志, 北軍中候丞, 銅印, 黃綬. 朝服, 進賢一梁冠.)

【역문】 북군중후승.(『송서』「예지」에 "북군중후승은 동으로 된 인장에 황색 인끈을
차고 조복과 진현일량관을 착용한다."[674]고 하였다.)

【원문】 城門五營校尉司馬.(宋志, 城門五營校尉司馬, 銅印, 墨綬. 朝服, 武冠.)

【역문】 성문오영교위사마.(『송서』「예지」에 "성문오영교위사마는 동으로 된 인장

---

671 『구조율고』에서는 "皇朝服"으로 표기한 후. "皇은 皂의 오기인 것 같다"고 지적하였다. 『宋書』권
18. 「禮志」, 513쪽, "江左太子保傅卿尹詹事丞, 皂朝服."의 내용에 의거해 朝服으로 수정하였다.
672 『唐六典』권26, 「太子三師三少詹事府左右春坊內官」, 662쪽.
673 『宋書』권18, 「禮志」, 512쪽.
674 『宋書』권18, 「禮志」, 513쪽.

에 검은색 인끈을 차고 조복과 무관을 착용한다."[675]고 하였다.)

**【원문】** 宜禾伊吾都尉.

**【역문】** 의화이오도위.

**【원문】** 公府行相郎中令.

**【역문】** 공부행상랑중령.

**【원문】** 監淮海津都尉.

**【역문】** 감회해진도위.

**【원문】** 門下中書通事舍人.

**【역문】** 문화중서통사사인.

**【원문】** 中書通事舍人品第七, 絳朝服, 武冠.(唐六典卷九注, 引晉令)

**【역문】** 중서통사사인은 칠품이고 강조복과 무관을 착용한다.[676](『당육전』 권9의 주에서 진령을 인용)

**【원문】** 舍人通事兼謁者之任.(同上, 引晉令)

**【역문】** 사인과 통사에 알자의 직임을 겸하게 한다.[677](『당육전』 권9의 주에서 진령을 인용)

**【원문】** 通事舍人, 武冠, 絳朝服, 掌呈奏案章.(通典二十一)

**【역문】** 통사사인은 무관과 강조복을 착용하며, 문서를 올리고 문장을 검토

---

675 『宋書』 권18, 「禮志」, 513쪽.
676 『唐六典』 권9, 「中書省」, 276쪽.
677 『唐六典』 권9, 「中書省」, 278쪽.

하는 일을 관장한다.[678](『통전』권21)

**【원문】** 尙書曹典事.(宋志, 尙書曹典事, 朝服, 進賢一梁冠.)

**【역문】** 상서조전사.(『송서』 「예지」에 "상서조전사는 조복과 진현일량관을 착용한
다."고 하였다.)

**【원문】** 太子洗馬.

**【역문】** 태자세마.

**【원문】** 太子洗馬八人, 掌皇太子圖籍經書; 職如謁者, 局準秘書郎; 品第
七; 班同舍人, 次中舍人下; 絳朝服, 進賢一梁冠, 黑介幘.(唐六典二十六
注, 又見通典三十)

**【역문】** 태자세마는 8인으로 황태자의 도적(圖籍)·경서를 관장하며, 직위
는 [조정의] 알자와 같고 직무는 [조정의] 비서랑에 상당한다. 제7품이
며, 반열은 사인과 같이 중사인의 아래이다. 강조복과 진현일량관·흑
개책을 착용한다.[679](『당육전』권26의 주, 『통전』권30에도 보인다.)

**【원문】** [太子]食官令、舍人.[680]

**【역문】** [태자]식관령·사인.

**【원문】** 黃門中郞將校尉都督.

**【역문】** 황문중랑장교위도독.

---

678 『通典』 권21, 「職官典」, 563쪽.
679 『唐六典』 권26, 「太子三師三少詹事府左右春坊內官」, 666쪽.
680 『통전』의 표목에는 "太子洗馬、食官令、舍人"으로 되어 있으므로, 食官令과 舍人은 태자부의 관
직이었던 것으로 보인다.

**【원문】** 諸縣置令六百石者.

**【역문】** 현령으로 [질이] 600석인 자.


**【원문】** 左右都候.

**【역문】** 좌우도후.


**【원문】** 閶闔門司馬.

**【역문】** 창합문사마.


**【원문】** 城門候.(宋志, 左右都候·閶闔司馬·城門候, 銅印, 墨綬. 朝服, 武冠.)

**【역문】** 성문후.(『송서』「예지」에 "좌우도후·창합사마·성문후는 동으로 된 인장에 검은색 인끈을 차고 조복과 무관을 착용한다."[681]고 하였다.)


**【원문】** 尙藥監.

**【역문】** 상약감.


**【원문】** 大官食監.

**【역문】** 대관식감.


**【원문】** 崇德殿大監·尙衣·尙食大監, 並銀章·艾綬, 二千石; 崇華殿大監·元華食監·都監·上監, 銅印、墨綬, 千石; 女史·賢人·恭人·中使·大使, 碧綸綬.(唐六典十二注, 引晉令)

**【역문】** 숭덕전 대감과 상의·상식대감은 모두 은장과 애수를 차며 질은 2천석이다. 숭화전의 대감과 원화전의 식감·도감·상감은 동인과 묵수를 차고 질은 1천석이다. 여사·현인·공인·중사·대사는 벽륜수를

---

681 『宋書』 권18, 「禮志」, 514쪽.

찬다.[682](『당육전』 권12의 주에서 진령을 인용)

**【원문】** 中署監.

**【역문】** 중서감.

**【원문】** 小黃門諸署令僕射謁者.[683](宋志, 小黃門, 給四時朝服, 武冠.)

**【역문】** 소황문제서령복사알자.(『송서』「예지」에 "소황문은 사시조복과 무관이 지급된다."[684]고 하였다.)

**【원문】** 藥長寺人監.

**【역문】** 약장사인감.

**【원문】** 副牙門將.

**【역문】** 부아문장.

**【원문】** 部曲部督殿中.

**【역문】** 부곡부독전중.

**【원문】** 中黃門尉都尉.

**【역문】** 중황문위도위.

**【원문】** 黃門諸署丞長史.(宋志, 黃門諸署丞, 銅印, 黃綬. 給四時朝服, 進賢一梁冠. 黃門諸署史, 給四時朝服, 武冠.)

---

682 『唐六典』 권12, 「內官宮官內侍省」, 348쪽.
683 『구조율고』 본문에서는 "諸署令僕射謁者"를 별도의 항목으로 독립시켜 놓았지만, 『통전』 표목의 교감기에 따라 하나의 항목으로 수정하였다.
684 『宋書』 권18, 「禮志」, 515쪽.

【역문】 황문제서승·장사.(『송서』「예지」에 "황문제서승은 동으로 된 인장에 황색 인끈을 차고 사시조복과 진현일량관을 착용한다. 황문제서사는 사시조복과 무관을 착용한다."[685]고 하였다.)

【원문】 中黃門.(宋志, 中黃門黃門諸署從官寺人, 給四時科單衣, 武冠.)

【역문】 중황문.(『송서』「예지」에 "중황문·황문의 여러 관사의 종관·시인은 사시과단의와 무관이 지급된다."[686]고 하였다.)

【원문】 太中·中散·諫議大夫.[687](宋志, 太中中散諫議大夫·議郎·郎中·舍人, 朝服, 進賢一梁冠. 秩千石者, 兩梁.)

【역문】 태중·중산·간의대부.(『송서』「예지」에 "태중·중산·간의대부, 의랑, 낭중, 사인은 조복과 진현일량관을 착용한다. 질이 천석인 자는 [진현]양량관을 착용한다."[688]고 하였다.)

【원문】 議郎.

【역문】 의랑.

【원문】 關外侯爵.(宋志, 關外侯, 銀印, 靑綬. 朝服, 進賢兩梁冠.)

【역문】 관외후작.(『송서』「예지」에 "관외후는 은으로 된 인장에 청색 인끈을 차고 조복과 진현양량관을 착용한다."[689]고 하였다.)

---

685 『宋書』 권18, 「禮志」, 515쪽.
686 『宋書』 권18, 「禮志」, 515쪽.
687 『구조율고』 본문에서는 "太中、中散、諫議大夫"와 "議郎"을 하나의 항목으로 통합시켜 놓았으나, 『통전』의 교감기에 따라 역문에서는 별도의 항목으로 설정하였다.
688 『宋書』 권18, 「禮志」, 514쪽.
689 『宋書』 권18, 「禮志」, 514쪽.

第八品　제팔품

**【원문】** 門下中書主事通事.(宋志, 門下主事令史, 給四時朝服, 武冠. 唐六典卷八注, 門下主事品第八.)

**【역문】** 문하중서의 주사·통사.(『송서』「예지」에 "문하주사·영사는 사시조복과 무관이 지급된다."[690]고 하였다. 『당육전』권8의 주에 "문하주사는 8품"[691]이라고 하였다.)

**【원문】** 散騎集書中書尙書·祕書著作治書·主書·主圖·主譜令史.(宋志, 散騎集書中書尙書令史、門下散騎中書尙書令史·錄尙書中書監令僕省事史·祕書著作治書·主書·主璽·主譜令史·蘭臺殿中蘭臺謁者都水使者令史·書令史, 朝服, 進賢一梁冠.)

**【역문】** 산기집서중서상서·비서저작치서·주서·주도·주보령사.(『송서』「예지」에 "산기집서중서상서령사·문하산기중서상서령사·록상서중서감령복성사사·비서저작치서·주서·주새·주보령사·란대전중란대알자도수사자령사·서령사는 조복과 진현일량관을 착용한다."[692]고 하였다.)

**【원문】** 郡國相內史丞長史.

**【역문】** 군국상내사승장사.

**【원문】** 烏丸西域代部騎馬.

**【역문】** 오환서역대부기마.

**【원문】** 四安四平長史·司馬.(晉志, 三品將軍置長史·司馬各一人, 秩千石.)

---

690 『宋書』 권18, 「禮志」, 514쪽.
691 『唐六典』 권8, 「門下省」, 245쪽.
692 『宋書』 권18, 「禮志」, 514쪽.

【역문】 사안사평장사 · 사마.(『진서』 「직관지」에 "3품 장군의 [휘하에는] 장사와 사마 각각 1인을 두며, 질은 천석이다."[693]라고 하였다.)

【원문】 水衡 · 典虞 · 牧官 · 典牧 · 材官 · 州郡國都尉 · 司馬.(宋志, 水衡 · 典虞 · 牧官 · 典牧 · 材官 · 州郡國都尉 · 司馬, 銅印, 墨綬. 朝服, 武冠.)

【역문】 수형 · 전우 · 목관 · 전목 · 재관 · 주군국도위 · 사마.(『송서』 「예지」에 "수형 · 전우 · 목관 · 전목 · 재관 · 주군국도위 · 사마는 은으로 된 인장에 검은색 인끈을 차고 조복과 무관을 착용한다."[694]고 하였다.)

【원문】 司鹽司竹監丞.

【역문】 사염사죽감승.

【원문】 諸縣令長相.

【역문】 제현령장상.

【원문】 關谷長.(宋志, 關谷長, 銅印, 墨綬. 朝服, 進賢一梁冠.)

【역문】 관곡장.(『송서』 「예지」에 "관곡장은 동으로 된 인장에 검은색 인끈을 차고 조복과 진현일량관을 착용한다."[695]고 하였다.)

【원문】 諸縣署令千石之丞.(宋志, 諸縣署丞, 銅印, 黃綬. 朝服, 進賢一梁冠.)

【역문】 제현서령천석지승.(『송서』 「예지」에 "제현서승은 동으로 된 인장에 황색 인끈을 차고 조복과 진현일량관을 착용한다."[696]고 하였다.)

---

693 『晉書』 권24, 「職官志」, 728쪽.
694 『宋書』 권18, 「禮志」, 513쪽.
695 『宋書』 권18, 「禮志」, 513쪽.
696 『宋書』 권18, 「禮志」, 513쪽.

**【원문】** 諸縣道尉, 銅印黃綬, 朝服, 武冠.(通典三十三)

**【역문】** 현의 도위는 동으로 된 인장에 황색 인끈을 차고 조복과 무관을 착용한다.[697](『통전』 권33)

**【원문】** 王郡公侯諸侍郎·諸雜署令.

**【역문】** 왕·군·공·후의 시랑, 여러 관사의 령.

**【원문】** 王太妃公主家令.

**【역문】** 왕태비·공주의 가령.

**【원문】** 副散督司馬長史.

**【역문】** 부산독사마·장사.

**【원문】** 部曲將郡中都尉司馬.

**【역문】** 부곡장군중도위사마.

**【원문】** 羽林郎.

**【역문】** 우림랑.

**【원문】** 黃門從官.(宋志, 黃門諸署從官寺人, 給四時科單衣, 武冠.)

**【역문】** 황문의 종관.(『송서』「예지」에 "황문 [산하의] 여러 관사의 종관·시인은 사시과단의와 무관이 지급된다."[698]고 하였다.)

**【원문】** 寺人中郎·郎中.

---

697 『通典』 권33,「職官典」, 921쪽.
698 『宋書』 권18,「禮志」, 515쪽.

【역문】 시인중랑 · 랑중.


【원문】 雜號宣威將軍以下.(宋志, 宣威將軍以下至裨將軍, 銅印. 朝服, 武冠.)

【역문】 잡호선위장군 이하.(『송서』「예지」에 "선위장군 이하 비장군까지는 동으로 된 인장을 차고 조복과 무관을 착용한다."[699]고 하였다.)


## 第九品　제구품


【원문】 蘭臺謁者都水黃沙令史.(宋志, 蘭臺謁者都水使者令史 · 書令史, 朝服, 進賢一梁冠.)

【역문】 란대알자도수황사령사.(『송서』「예지」에 "란대알자도수사자령사 · 서령사는 조복과 진현일량관을 착용한다."[700]고 하였다.)


【원문】 門下散騎中書尙書祕書令史.

【역문】 문하 · 산기 · 중서 · 상서 · 비서령사.


【원문】 門下令史, 品第九.(唐六典卷八注)

【역문】 문하령사는 9품이다.[701](『당육전』권8 주)


【원문】 中書令史, 品第九.(同上卷九注)

【역문】 중서령사는 9품이다.[702](『당육전』권9 주)


【원문】 祕書令史, 品第九.(同上卷十注)

---

699 『宋書』권18,「禮志」, 516쪽.
700 『宋書』권18,「禮志」, 514쪽.
701 『唐六典』권8,「門下省」, 245쪽.
702 『唐六典』권9,「中書省」, 277쪽.

【역문】 비서령사는 9품이다.[703](『당육전』 권10 주)


【원문】 秘書閣有令史, 掌衆書.(南齊書百官志引晉令)

【역문】 비서각에는 영사를 두어 서적들을 담당한다.[704](『남제서』「백관지」에서 진령을 인용)


【원문】 殿中蘭臺謁者都水黃沙書令史.

【역문】 전중란대알자도수황사서령사.


【원문】 諸縣署令長相之丞尉.

【역문】 제현서령장상지승위.


【원문】 關谷塞護道尉.(宋志, 諸縣尉・關谷塞護道尉, 銅印, 黃綬. 朝服, 武冠. 江左止單衣幘.)

【역문】 관곡새호도위.(『송서』「예지」에 "제현위・관곡새호도위는 동으로 된 인장에 황색 인끈을 차고 조복과 무관을 착용한다."[705]고 하였다.)


【원문】 王郡公侯諸署長.(宋志, 王公侯諸署令・長, 銅印, 墨綬. 朝服, 進賢一梁冠.)

【역문】 왕・군・공・후 [산하] 여러 관사의 장.(『송서』「예지」에 "왕・군・공・후 [산하] 여러 관사의 령・장은 동으로 된 인장에 검은색 인끈을 차고 조복과 진현일량관을 착용한다."[706]고 하였다.)

---

703 『唐六典』 권10, 「秘書省」, 298쪽.
704 『南齊書』 권16, 「百官志」, 324쪽.
705 『宋書』 권18, 「禮志」, 515쪽.
706 『宋書』 권18, 「禮志」, 513쪽.

**【원문】** 司理·治書, 謁者中大夫署丞.(宋志, 司理·治書, 銅印, 墨綬. 朝服, 進賢一梁冠.)

**【역문】** 사리·치서, 알자중대부서승.(『송서』「예지」에 "사리·치서는 동으로 된 인장에 검은색 인끈을 차고 조복과 진현일량관을 착용한다."[707]고 하였다.)

**【원문】** 王太妃公主家丞·僕·舍人.(宋志, 公主家僕, 銅印, 墨綬. 朝服, 進賢一梁冠.)

**【역문】** 왕·태비·공주가의 승·복·사인.(『송서』「예지」에 "공주가의 복은 동으로 된 인장에 검은색 인끈을 차고 조복과 진현일량관을 착용한다."[708]고 하였다.)

**【원문】** 副散部曲將.

**【역문】** 부산부곡장.

**【원문】** 武猛中郎將校尉.

**【역문】** 무맹중랑장교위.

**【원문】** 別部司馬·軍司馬·軍假司馬.(宋志, 別部司馬·軍司馬·軍假司馬, 銀印. 朝服, 武冠.)

**【역문】** 별부사마·군사마·군가사마.(『송서』「예지」에 "별부사마·군사마·군가사마는 은으로 된 인장을 차고 조복과 무관을 착용한다."[709]고 하였다.)

**【원문】** 右內外文武官六千八百三十六人, 內八百九十四人, 外五千九百四十二人. 內外諸色職掌 一十一萬一千八百三十六人. 都計內外官及職掌人一十一萬八千六百七十二人.(通典三十七)

---

707 『宋書』 권18, 「禮志」, 513쪽.
708 『宋書』 권18, 「禮志」, 513쪽.
709 『宋書』 권18, 「禮志」, 516쪽.

【역문】 오른쪽에 [열거한 관직을 종합해 보면] 경사와 지방[내외(內外)]의 문무관의 [총수는] 6836명으로, 경사[내(內)] 894명, 지방[외(外)] 5942명이다. 경사와 지방[내외(內外)]의 여러 직장의 [총수는] 111836명이다. 내외관 및 직장인을 모두 합치면, 118672명이다.[710](『통전』 권37)

【원문】 諸去官者從故官之品, 其除名不得從例.(通典九十, 晉崇氏議引晉令)

【역문】 무릇 관직을 사임한 자는 역임한 관직의 품계에 따라 [대우하도록] 한다. 제명된 자는 이 법례를 적용하지 않는다.[711](『통전』 권90, 진 숭씨의 의론 중 진령을 인용)

【원문】 年九十, 乃聽悉歸.(庾純傳引令)

【역문】 나이가 90이면 모두 [관직을 사임하고 본가로] 돌아가는 것을 허락한다.[712](『진서』 「유순전」에서 영문을 인용)

【원문】 犯免官禁錮三年.(御覽六百五十一引晉令. 按以上三條, 疑亦官品令佚文, 附錄於末.)

【역문】 면관을 범한 경우 금고 3년에 처한다.[713](『태평어람』 권651에서 진령을 인용. 이상의 세 조목을 살펴보면, [이 조목들] 역시 관품령의 일문이라 생각되므로 [관품령의] 마지막에 부기하였다.)

● **吏員令** 이원령

【원문】 諸郡國不滿五千以下, 置幹吏二人.(後漢書欒巴傳注引晉令.)

---

710 『通典』 권37, 「職官典」, 1006쪽.
711 『通典』 권90, 「禮典」, 2476쪽.
712 『晉書』 권50, 「庾純傳」, 1399쪽.
713 『太平御覽』 권651, 「刑法部」, '免官', 117쪽.

【역문】 무릇 군국 중 5000[戶]가 되지 않는 경우 간리 2명을 둔다.[714](『후한서』 「난파전」의 주에서 진령을 인용)

【원문】 諸津渡二十四所, 各置監津吏一人.(唐六典二十三注, 引晉令)

【역문】 무릇 나루터 24곳에는 각각 감진리 1인을 둔다.[715](『당육전』 권23의 주에서 진령을 인용)

【원문】 諸宮有秩梔子, 守護者置吏一人.(類聚八十九引晉令. 御覽九百五十九 引晉令, 梔子作支子.)

【역문】 무릇 궁에 질(秩)이 있는 치자가 있을 경우, 관리자로 이 1인을 둔다.[716](『예문유취』 권89에서 진령을 인용. 『태평어람』 권959의 진령을 인용한 부분에는 '치자(梔子)'를 '지자(支子)'라고 하였다]

【원문】 諸宮有梨, 守護者置吏一人.(御覽九百六十九, 引晉令)

【역문】 무릇 궁에 배나무가 있는 경우, 관리자로 이 1인을 둔다.[717](『태평어람』 권969에서 진령을 인용)

【원문】 諸宮有秩者, 守護橙者, 置吏一人.(御覽九百六十九, 引晉令)

【역문】 무릇 궁에 질(秩)이 있는 [등자나무가 있는] 경우, 등자나무를 관리하기 위해 이 1인을 둔다.[718](『태평어람』 권971에서 진령을 인용)

【원문】 閬中縣置守黃甘吏一人.(御覽九百六十六, 引晉令)

【역문】 랑중현에는 황감(黃甘)을 관리하는 이 1인을 둔다.[719](『태평어람』 권

714 『後漢書』 권57, 「欒巴傳」, 1841쪽.
715 『唐六典』 권23, 「將作都水監」, 600쪽.
716 『藝文類聚』 권89, 「木部下」, 1550쪽; 『太平御覽』 권959, 「木部」 8, '支子', 693쪽.
717 『太平御覽』 권969, 「果部」, '梨', 765쪽.
718 『太平御覽』 권971, 「果部」, '橙', 778쪽.

966에서 진령을 인용)

◉ **俸廩令(無考)** 봉름령(상고할 수 없음)

◉ **服制令** 복제령

【원문】 冠十三品.(南齊書輿服志引晉服制令)

【역문】 관은 13개 등급으로 [나누어져] 있다.[720](『남제서』「여복지」에서 진의 복제령을 인용)

【원문】 婕妤, 銀印靑綬, 佩朱瓊玉.(御覽一百四十四引晉服制令)

【역문】 첩여[721]는 은으로 된 인장에 청색 인끈을 차고 주독옥을 착용한다.[722](『태평어람』권144에서 진의 복제령을 인용)

【원문】 皇太子給五時朝服・遠遊冠.(隋書禮儀志引晉令)

【역문】 황태자에게는 오시조복과 원유관이 지급된다.[723](『수서』「예의지」에서 진령을 인용)

【원문】 皇太子諸王, 給遠遊冠.(同上, 引晉令)

【역문】 황태자와 왕들에게는 원유관이 지급된다.[724](『수서』「예의지」에서 진령을 인용)

---

719 『太平御覽』 권966, 「果部」, '甘', 743쪽.
720 『南齊書』 권17, 「輿服志」, 340쪽.
721 婕妤는 宮中의 女官名으로, 漢 武帝 시기 처음 설치되었다. 품위는 上卿에, 秩은 列侯에 비견되었다. 魏・晉에서 明에 이르기까지 대부분의 왕조에서 설치하였다.
722 『太平御覽』 권144, 「皇親部」, '婕妤', 391쪽.
723 『隋書』 권12, 「禮儀志」, 265쪽.
724 『隋書』 권12, 「禮儀志」, 265쪽.

**【원문】** 皇太子及妃諸王纁朱綬; 郡公主朱綬, 郡侯靑朱綬.(御覽六百八十二
引晉令)

**【역문】** 황태자 및 [황태자]비, 왕들은 훈주수를 찬다. 군공주는 주수, 군후
는 청주수를 찬다.[725](『태평어람』 권682에서 진령을 인용)


**【원문】** 皇太子妃珮瑜玉. 諸王郡公·太宰·太傅·太保·司空·諸長公
主·諸王世子·大司馬·大將軍·太尉, 珮玄玉.(御覽六百九十二引晉令)

**【역문】** 황태자비는 유옥을 찬다. 제왕군공·태재·태부·태보·사공·제
장공주·제왕세자·대사마·대장군·태위는 현옥을 찬다.[726](『태평어람』
권692에서 진령을 인용)


**【원문】** 郡公·侯太夫人·夫人, 銀印·靑綬, 佩水蒼玉.(唐六典卷二注, 引晉
令)

**【역문】** 군공·후의 태부인·부인은 은인·청수에 수창옥을 찬다.[727](『당육
전』 권2의 주에서 진령을 인용)


**【원문】** 三貴人曲蓋, 九嬪直蓋, 皆信幡.(唐六典十二注, 引晉令)

**【역문】** 3귀인은 굽은 덮개이고 9빈은 바른 덮개인데, 모두 신번[728]을 꽂는
다.[729](『당육전』 권12의 주에서 진령을 인용)


**【원문】** 旄頭羽林, 著韋腰襦.(御覽六百九十五引晉令)

**【역문】** 깃대장식머리[정두(旄頭)]는 우모(羽毛)로 [장식]하며, 위요유를 입는

---

725 『太平御覽』 권682, 「儀式部」, '綬', 353쪽.
726 『太平御覽』 권692, 「服章部」, '珮', 425쪽.
727 『唐六典』 권2, 「尙書吏部」, 39쪽.
728 信幡이란 수레 위에 꽂아 수레에 탄 사람의 신분을 나타내는 것으로, 장식으로서의 용도도 지니고
있었다.
729 『唐六典』 권12, 「內官宮官內侍省」, 360쪽.

다.<sup>730</sup>(『태평어람』권695에서 진령을 인용)

**【원문】** 第三品已下, 得服雜杯之綺. 第六品已下, 得服七綵綺.(御覽八百十六引晉令)

**【역문】** 3품 이하는 잡배의 기를 입을 수 있으며, 6품 이하는 칠채기를 입을 수 있다.<sup>731</sup>(『태평어람』권816에서 진령을 인용)

**【원문】** 第六品已下不得服羅綃.(同上, 引晉令. 初學記二十七, 引晉令.)

**【역문】** 6품 이하는 나초를 입을 수 없다.<sup>732</sup>(『태평어람』권816에서 진령을 인용. 『초학기』권27에서 진령을 인용)

**【원문】** 第六品已不得服今繽綾錦, 有私織者, 錄付尚方.(類聚八十五, 引晉令. 按「已」下疑脫「下」字.)

**【역문】** 6품 이하는 진·능·금[으로 만든 옷을] 입을 수 없다. 사사로이 직조한 경우 기록하여 상방에 보낸다.<sup>733</sup>[『예문유취』권85에서 진령을 인용. '이(已)' 아래에 '하(下)'자가 빠진 것 같다]

**【원문】** 六品已下得服金釵以蔽髻.(御覽七百十八引晉令)

**【역문】** 6품 이하는 금채를 머리장식으로 착용할 수 있다.<sup>734</sup>(『태평어람』권718에서 진령을 인용)

**【원문】** 七品已下始服金釵, 第三品已上蔽結爵釵.(書鈔一百三十六, 引晉令)

**【역문】** 7품 이하는 금채를 착용할 수 있고, 3품 이상은 작채로 머리장식을

---

730 『太平御覽』권695 「服章部」, '襦', 448쪽.
731 『太平御覽』권816 「布帛部」, '綺', 591쪽.
732 『太平御覽』권816 「布帛部」, '綺', 591쪽; 『初學記』권27, '寶器部', '羅', 657쪽.
733 『藝文類聚』권85 「布帛部」, 1460쪽.
734 『太平御覽』권718 「服用部」, '釵', 591쪽.

할 수 있다.[735](『북당서초』 권136에서 진령을 인용)

**【원문】** 步搖蔽髻, 皆爲禁物.(御覽七百十五引晉令)

**【역문】** 보요·폐계[736]는 모두 금지된 물품이다.[737](『태평어람』 권715에서 진령을 인용)

**【원문】** 山鹿·白豹·遊毛狐·白貂蟬·黃貂班·白麗子·渠搜國裘, 皆禁服也.(御覽六百九十四引晉令. 初學記二十六, 引晉令禁服, 作「禁物」.)

**【역문】** 산록·백표·유모호·백초선·황초반·백혼자·거수[의 가죽으로 만든] 옷은 모두 금지된 의복이다.[738](『태평어람』 권694에서 진령을 인용. 『초학기』 권26의 진령을 인용한 부분에는 '금복(禁服)'이 '금물(禁物)'로 되어 있다]

**【원문】** 金帳爲禁物.(御覽六百九十九引晉令)

**【역문】** 금장은 금지된 물품이다.[739](『태평어람』 권699에서 진령을 인용)

**【원문】** 士卒百工, 履色無過綠靑白, 婢履色無過紅靑, 市儈賣者皆當着巾帖額, 題所會賣者及姓名, 一足著黑履, 一足着白履.(御覽六百九十七及八百二十八, 引晉令. 初學記二十六引晉令, 紅靑作純靑.)

**【역문】** 사졸·백공의 신발 색으로는 녹색·청색·백색만 사용하고, 비(婢)의 신발 색은 홍색·청색만을 사용한다. 시장의 상인은 모두 두건으로 이마를 두르며 [그 위에] 파는 물건과 성명을 적는다. 한쪽 발에는 검은 신발을, 한쪽 발에는 백색 신발을 신는다.[740](『태평어람』 권697 및 828에서

---

735 『北堂書鈔』 권136, 「儀飾部」, '釵'.
736 步搖는 여성이 비녀에 꽂았던 머리 장식이며, 蔽髻는 일종의 假髻이다.
737 『太平御覽』 권715, 「服用部」, '步搖', 578쪽.
738 『太平御覽』 권694, 「服用部」, '裘', 444쪽; 『初學記』 권26, 「器物部」, '裘', 631쪽.
739 『太平御覽』 권699, 「服用部」, '帳', 479쪽.
740 『太平御覽』 권697, 「服章部」, '履', 465쪽; 『初學記』 권26, 「器物部」, '履', 629쪽.

진령을 인용. 『초학기』 권26의 진령을 인용한 부분에는 '홍청(紅靑)'이 '순청(純靑)'으로 되어 있다]

**【원문】** 士卒百工, 不得著假髻.(御覽七百十五引晉令)

**【역문】** 사졸·백공은 가계를 착용할 수 없다.[741](『태평어람』 권715에서 진령을 인용)

**【원문】** 士卒百工, 不得服眞珠瑠珥.(御覽八百零二引晉令. 書鈔一百三十五引晉令)

**【역문】** 사졸·백공은 진주와 옥으로 만든 귀 장식[진주당이(眞珠瑠珥)]을 착용할 수 없다.[742](『태평어람』 권802에서 진령을 인용. 『북당서초』 권135에서 진령을 인용)

**【원문】** 士卒百工, 不得服犀玳瑁.(御覽八百零七引晉令)

**【역문】** 사졸·백공은 서·대모[로 만든 장식품을] 착용할 수 없다.[743](『태평어람』 권807에서 진령을 인용)

**【원문】** 士卒百工, 不得服越疊.(御覽八百二十引晉令)

**【역문】** 사졸·백공은 월[포(布)의 일종]·면화[첩(疊)]로 [만든 의복을] 착용할 수 없다.[744](『태평어람』 권820에서 진령을 인용)

**【원문】** 百工不得服大絳·紫襈·假髻·眞珠瑠珥·文犀·瑇瑁·越疊以飾路張·乘犢車.(御覽七百七十五引晉令)

---

741 『太平御覽』 권715, 「服用部」, '假髻', 579쪽.
742 『太平御覽』 권802, 「珍寶部」, '珠', 476쪽.
743 『太平御覽』 권807, 「珍寶部」, '玳瑁', 519쪽.
744 『太平御覽』 권820, 「布帛部」, '白疊', 635쪽.

**【역문】** 백공은 대봉·자선·가계·진주와 옥으로 만든 귀 장식, 서·대모 [로 만든 장식품]를 착용할 수 없으며, 월[포의 일종]·면화[첩]로 수레를 장식할 수 없고, 독거를 탈 수 없다.[745](『태평어람』 권775에서 진령을 인용)

**【원문】** 女奴不得服銀釵.(御覽七百十八引晉令)

**【역문】** 여노는 은채를 착용할 수 없다.[746](『태평어람』 권718에서 진령을 인용)

**【원문】** 朝服皁緣中單衣.(御覽六百九十一引晉令)

**【역문】** 조복은 조연중단의이다.[747](『태평어람』 권691에서 진령을 인용)

◉ 祠令　사령

**【원문】** 郡·縣·國祠社稷·先農, 縣又祠靈星.(北史劉芳傳, 引晉祠令.)

**【역문】** 군·현·국은 사직과 선농에 제사지내며, 현에서는 영성[748]에도 제 사지낸다.[749] (『북사』「류방전」에서 진의 사령을 인용)

◉ 戶調令　호조령

**【원문】** 丁男之戶, 歲輸絹三匹, 緜三斤, 女及次丁男爲戶者半輸. 其諸邊 郡或三分之二, 遠者三分之一. 夷人輸賓布, 戶一匹, 遠者或一丈. 男子 一人占田七十畝, 女子三十畝. 其外丁男課田五十畝, 丁女二十畝, 次 丁男半之, 女則不課. 男女年十六已上至六十爲正丁, 十五已下至十 三、六十一已上至六十五爲次丁, 十二已下六十六已上爲老小, 不事.

---

745 『太平御覽』 권755, 「車部」, '犢車', 245쪽.
746 『太平御覽』 권718, 「服用部」, '釵', 591쪽.
747 『太平御覽』 권691, 「服章部」, '單衣', 417쪽.
748 靈星은 農事를 주관하며 天田星·龍星이라고도 칭해졌다.
749 『北史』 권42, 「劉芳傳」, 1547쪽.

遠夷不課田者輸義米, 戶三斛, 遠者五斗, 極遠者輸算錢, 人二十八文.
(食貨志引戶調式)

【역문】 정남의 호는 매해 견 3필·면 3근을 납부하고, 여성 및 차정남(次丁男)으로 호를 이룬 경우에는 그 반을 납부한다. 변군에서는 [정남호의] 3분의 2를, 먼 지역의 경우 3분의 1을 납부한다. 이인(夷人)은 공물로 포를[종포(賨布)] 납부하는데, [수량은] 호마다 1필이며, 먼 지역의 경우 1장이다. 남자는 1인당 점전 70무, 여자는 30무를 [지급한다.] 그 외에 정남은 전 50무, 정녀는 20무, 차정남은 [정남의] 반에 [조세를] 부과하며, [차정]녀는 부과하지 않는다. 남녀는 16세 이상 60세까지를 '정정(正丁)'으로 하고, 15세 이하 13세까지, 61세 이상 65세까지를 차정(次丁)으로 한다. 12세 이하 66세 이상은 노·소로 삼고, 사역시키지 않는다. 먼 지역의 이인으로 전에 [조세가] 부과되지 않는 경우, '의미(義米)'를 납부하는데, [수량은] 호마다 3곡이며, 먼 지역의 경우 5두이다. 가장 먼 지역은 산전을 납부하는데, [그 액수는] 1인당 28문이다.[750](『진서』「식화지」에서 호조식을 인용)

【원문】 其趙郡·中山·常山國輸縑當絹者, 及餘處常輸疏布當綿·絹者, 縑一匹當絹六丈, 疏布一匹當絹一匹, 絹一匹當綿三斤. 舊制, 人間所織絹布等, 皆幅廣二尺二寸·長四十尺爲一端, 令任服後, 乃漸至濫惡, 不依尺度.(初學記二十七引晉令)

【역문】 조군·중산·상산국에서 견에 상당하는 겸을 납부하거나, 그 외 지역에서 면·견에 상당하는 소포를 상시적으로 납부할 경우 겸 1필은 견 6장에 해당하며, 소포 1필은 견 1필에, 견 1필은 면 3근에 해당한다. 옛 제도에 민간에서 견·포 등을 방직할 경우 모두 폭 2척2촌, 길이 40척을 1단으로 하며, 의복으로 착용한 후 점차 해진 경우라면 [정해진] 척도에 따르지 않는다고 하였다.[751](『초학기』권27에서 진령을 인용)

---

[750] 『晉書』 권26, 「食貨志」, 790쪽.

【원문】 其上黨及平陽輸上麻二十二斤·下麻三十六斤, 當絹一匹. 課應
田者, 槀麻加半畝.(御覽九百九十五, 引晉令.)

【역문】 상당 및 평양에서는 상마 22근과 하마 36근을 납부하는데, [이것은]
견 1필에 상당한다. 전에 [조세를] 부과할 경우 시마는 반무를 더한다.[752]
(『태평어람』 권995에서 진령을 인용)


【원문】 其夷民守護楡皮者, 一身不輸.(類聚八十九引晉令. 御覽九百五十九, 引
晉令.)

【역문】 이민(夷民)으로 종려나무 껍질[종피(楡皮)]을 관리하는 경우, 본인은
[조세를] 납부하지 않는다.[753](『예문유취』 권89에서 진령을 인용. 『태평어람』
권959에서 진령을 인용)


◉ 佃令  전령


【원문】 其應有佃客者, 官品第一第二者佃客無過五十戶, 第三品十戶, 第
四品七戶, 第五品五戶, 第六品三戶, 第七品二戶, 第八品第九品一戶.
(食貨志. 按此疑佃令佚文.)

【역문】 전객을 둘 경우, 관품이 1품·2품인 자는 전객 50호를 넘어서는 안
되며, 3품은 10호, 4품은 7호, 5품은 5호, 6품은 3호, 7품은 2호, 8품·9
품은 1호를 넘어서는 안 된다.[754](『진서』「식화지」. 이 조문을 살펴보면, 전령
의 일문인 것 같다)


---

751 『初學記』 권27, 「寶器部」, '絹', 658쪽.
752 『太平御覽』 권995, 「百卉部」, '麻', 971쪽.
753 『藝文類聚』 권89, 「木部」, 1548쪽; 『太平御覽』 권959 「木部」, 694쪽.
754 『晉書』 권26, 「食貨志」, 791쪽.

## ⊙ 復除令  복제령

**【원문】** 無子而養人子以續亡者後, 於事役復除無迴避者聽之, 不得過一
人.(通典東晉養兄弟子爲後後自生子議杜瑗引令)

**【역문】** 아들이 없어 타인의 아들을 입양하여 죽은 이의 후사로 삼을 경우,
사역의 면제는 [사역을] 회피하지 않은 경우 허락한다. [단 면제 대상은]
1명을 넘을 수 없다.[755][『통전』 동진 '양형제자위후후자생자의(養兄弟子爲後後
自生子議)'에서 두원이 영문을 인용함]

## ⊙ 關市令  관시령

**【원문】** 諸度關及乘船筏上下經津者, 皆有所寫一通付關吏.(御覽五百九十
八, 引晉令.)

**【역문】** 무릇 관을 건너거나 배를 타고 가다 진을 경유하는 경우, 모두 [통행
증] 1통을 작성하여 관리에게 제출한다.[756](『태평어람』 권598에서 진령을 인
용)

**【원문】** 坐盧肆者, 皆不得宿肆上.(御覽八百二十八, 引晉令.)

**【역문】** 점포에서 장사하는 경우 모두 점포 내에서 거처할 수 없다.[757](『태평
어람』 권828에서 진령을 인용)

**【원문】** 欲作漆器物賣者, 各先移主吏者名, 乃得作. 皆當淳漆著布器, 器
成以朱題年、月、姓名.(御覽七百五十六, 引晉令.)

**【역문】** 칠기를 만들어 판매하고자 하는 자는 각각 먼저 주리에게 이름을

---

755 『通典』 권29, 「禮典」, 1913쪽.
756 『太平御覽』 권598 「文部」, '過所', 711쪽.
757 『太平御覽』 권828 「資産部」, '肆', 705쪽.

보고한 다음에야 [칠기를] 제작할 수 있다. 모두 순칠(淳漆)을 기물에 바르며, 기물이 완성되면 붉은색으로 [제작] 연월과 [제작자의] 성명을 적는다.758(『태평어람』 권756에서 진령을 인용)

## ◉ 捕亡令　포망령

【원문】 始奴(御覽作婢)亡, 加銅靑若墨黥兩眼從(御覽作後); 再亡黥兩頰上; 三亡黥點目下. 皆長一寸五分廣五分.(酉陽雜俎卷八引晉令, 無廣五分三字. 御覽六百四十八, 引晉令.)

【역문】 처음 노(『태평어람』에는 '노비(婢)'라고 되어 있다)가 도망하였다면, 구리 거죽에 돋는 푸른 빛의 물질[동청(銅靑)] 혹은 묵으로 양쪽 눈을 따라[『태평어람』에는 '후(後)'라고 되어 있다.] 자자하며, 두 번 도망쳤다면 두 뺨 위에 자자한다. 세 번 도망쳤다면 눈 아래에 자자한다. [자자하는 부위는] 모두 길이 1촌 5분, 폭 5분으로 한다.759[『유양잡조』 권8의 진령을 인용한 부분에는 '광오분(廣五分)' 3자가 없다. 『태평어람』 권648에서 진령을 인용]

## ◉ 獄官令　옥관령

【원문】 獄屋皆當完固, 厚其草蓐, 切無令漏濕.(書鈔四十五引晉令)

【역문】 옥의 지붕은 모두 견고하게 해야 하며, 짚으로 만든 깔개[초욕(草蓐)]를 두텁게 하여 물이 새거나 바닥이 습하지 않게 한다.760(『북당서초』 권45에서 진령을 인용)

【원문】 獄屋皆當完固, 厚其草蓐, 切無令漏濕. 家人餉饋, 獄卒爲溫暖傳

---

758 『太平御覽』 권756 「器物部」, '器皿', 93쪽.
759 『酉陽雜俎』 권8 「黥」, 79쪽; 『太平御覽』 권648 「刑法部」, '黥', 96쪽.
760 『北堂書鈔』 권45 「刑法部」, '獄刑'.

致. 去家遠無餉者, 悉給廩, 獄卒作食. 寒者與衣, 疾者給醫藥.(御覽六百四十三, 引晉令.)

【역문】 獄의 지붕은 모두 견고하게 해야 하며, 짚으로 만든 깔개[초욕(草蓐)]를 두텁게 하여 물이 새거나 바닥이 습하지 않게 한다. 집안사람이 음식을 보낸 경우 옥졸은 따뜻한 상태로 전달해 주어야 한다. 집이 멀리 떨어져 있어 음식을 보내지 못하는 경우, 모두 관에서 양식을 지급하며, 옥졸이 음식을 만든다. 추우면 의복을 주고, 병든 자에게는 약품을 지급해 준다.761(『태평어람』 권643에서 진령을 인용)

【원문】 死罪二械加拲手.(御覽六百四十四, 引晉令.)

【역문】 사죄를 범한 자는 2개의 차꼬와 수갑을 채운다.762(『태평어람』 권644에서 진령을 인용)

● 鞭杖令 편장령

【원문】 應得法杖者, 以小杖, 過五寸者稍行之. 應杖而脾有瘡者, 臀也.(書鈔四十五引晉令)

【역문】 법장을 쳐야 할 경우 소장을 사용하는데, [소장의 길이가] 5촌을 넘는다면 끝 부분으로 치도록 한다. 장을 맞는 자가 허벅지에 상처가 있는 경우 볼기에 때린다.763(『북당서초』 권45에서 진령을 인용)

【원문】 杖皆用荊, 長六尺. 制杖大頭圍一寸, 尾三分半.(同上, 引晉令)

【역문】 장은 모두 가시나무를 이용해 [만들며], 길이는 6척으로 한다. 제장의 경우 대두의 둘레는 1촌, 꼬리 부분의 [둘레는] 3분 반으로 한

---

761 『太平御覽』 권643 「刑法部」, '獄', 62쪽.
762 『太平御覽』 권644 「刑法部」, '拲', 62쪽.
763 『北堂書鈔』 권45 「刑法部」, '杖刑'.

다.[764](『북당서초』권45에서 진령을 인용)

**【원문】** 鞭皆用牛皮革廉成, 法鞭生革去四廉.(同上, 引晉令)

**【역문】** 편은 모두 소 가죽의 가장자리를 이용해 만들며, 법편은 생가죽에서 네 가장자리를 제거해 만든다.[765](『북당서초』권45에서 진령을 인용)

**【원문】** 應得法鞭者即執以鞭, 過五十稱行之, 有所督罪, 皆隨過大小, 大過五十, 小過二十. 鞭皆用牛皮革廉成, 法鞭生革, 去四廉, 常鞭用熟粗(之利反, 柔革也), 不去廉. 作鵠頭, 紃長一尺一寸, 鞘長二尺二寸, 廣三分, 厚一分, 柄皆長二尺五寸.(御覽六百四十九, 引晉令.)

**【역문】** 법편(法鞭)을 쳐야 할 경우 편을 사용해 집행하는데, 50대가 넘는다면 [집행하는 양을] 헤아려 치도록 한다. [죄인을] 처벌할 때에는 모두 [편의] 대소에 따라 집행하는데, 큰 것은 50대, 적은 것은 20대를 친다. 편은 모두 소 가죽의 가장자리를 이용해 만들며, 법편은 생위(生葦)에서 네 가장자리를 제거해 만든다. 상편은 다룸가죽[조(粗)는 지·리의 반절로 읽는다. 부드러운 가죽이다.]을 이용하며, 모서리를 제거하지 않는다. 곡두를 제작할 때에는, 새끼줄의 길이 1척 1촌, 초의 길이는 2척 2촌, 너비는 3분, 두께는 1분으로 하며, 손잡이는 모두 길이 2척 5촌으로 한다.[766](『태평어람』권649에서 진령을 인용)

**【원문】** 應受杖而體有瘡者, 督之也.(御覽六百五十, 引晉令.)

**【역문】** 장을 맞아야 하는데, 몸에 상처가 있는 경우 잘 살펴서 [집행하도록] 한다.[767](『태평어람』권650에서 진령을 인용)

---

764 『北堂書鈔』권45「刑法部」, '杖刑'.
765 『北堂書鈔』권45「刑法部」, '杖刑'.
766 『太平御覽』권649「刑法」15, '鞭', 105~106쪽.
767 『太平御覽』권650, 「刑法」15, '督', 114쪽.

● **醫藥疾病令(無考)** 의약질병령(상고할 수 없음)

● **喪葬令** 상장령

【원문】 乘傳出使, 遭(御覽引遭下有「朞」字)喪以上, 卽自表聞, 聽得(御覽引無「得」字)白服乘驃車, 到副使攝事.(宋書禮志引晉令. 御覽七百七十五, 引晉令.)

【역문】 [황제의] 명을 받들고 사신으로 가다가 [기년(朞年)] 상 이상을 당한 경우[『태평어람』에는 '조(遭)' 아래에 '기(朞)'자가 있다], 직접 표문을 올린 후, 상복을 입고 나거[768]를 타는 것을 허락한다[『태평어람』에는 '득(得)'자가 없다]. 부사가 도착하면 [사신의] 임무를 대행한다.[769](『송서』 「예지」에서 진령을 인용. 『태평어람』 권775에서 진령을 인용)

【원문】 諸葬者不得作祠堂碑石獸.(文選任彥昇爲范始興作求立太宰碑表注引晉令. 御覽五百八十九, 引晉令云, 諸葬者皆不得立祠堂石碑石表石獸, 文小異.)

【역문】 무릇 장사를 지낼 경우 사당·비·석수를 만들어서는 안 된다.[770] [『문선』 '임언승위범시흥작구립태재비표(任彥昇爲范始興作求立太宰碑表)'의 주석에서 진령을 인용. 『태평어람』 권589에서는 진령을 인용하여 "무릇 장사를 지낼 경우 모두 사당·석비·석표·석수를 세워서는 안 된다."라고 하여, 문장이 조금 다르다.]

【원문】 諸侯卿相官屬爲君斬衰, 既葬而除.(丁潭傳引令)

【역문】 諸侯·卿相의 관속은 주군을 위해 참최복을 입으며, 장례가 마치면

---

768 『宋書』 「禮志」에서는 驃車에 대해 犢車의 장식과 馬車의 끌채를 사용한 것이라고 설명하였다(『宋書』 권18, 「禮志」, 501쪽, "徐廣車服注: 「傳聞 驃車者, 犢車裝而馬車轅也.」 又車無蓋者曰科車.").

769 『宋書』 권18, 「禮志」, 501쪽; 『太平御覽』 권775 「車部」 4, '驃車', 244쪽.

770 『文選』 권38, 「表下」, '任彥昇爲范始興求立太宰碑表', 543쪽; 『太平御覽』 권589 「文部」 5, '督', 639쪽.

[상복을] 벗는다.[771](『진서』「정담전」에서 영문을 인용)

**【원문】** 長吏卒, 官吏皆齊縗以喪服理事, 若代者至, 皆除之.(通典卷九十九, 引晉喪葬令)

**【역문】** 장리가 사망하면, 관리들은 모두 자최복을 입으며, 상복을 입은 채로 정무를 처리한다. 후임자가 도착하면 모두 [상복을] 벗는다.[772](『통전』 권99에서 진의 상장령을 인용)

◉ **雜令(無考)** 잡령(상고할 수 없음)

◉ **門下散騎中書令(無考)** 문하산기중서령(상고할 수 없음)

◉ **尙書令(無考)** 상서령(상고할 수 없음)

◉ **三臺秘書令(無考)** 삼대비서령(상고할 수 없음)

◉ **王公侯令** 왕공후령

**【원문】** 王公之世子攝命治國者, 安車, 駕三, 旂七旒, 其侯世子, 五旒.(宋書禮志引晉令).

**【역문】** 왕공의 세자로 [왕공을] 대신해 왕국을 다스리도록 명받은 경우, 안거[773]를 타고, 세 마리 말을 매며, 깃발 장식은 7류[774]로 한다. 侯의 세자는 5류로 한다.[775](『송서』「예지」에서 진령을 인용)

---

771 『晉書』 권78, 「丁潭傳」, 2063쪽.
772 『通典』 권99, 「禮典」, 2646쪽.
773 중국 고대에는 서서 타는 수레가 많았는데 안거는 앉아서 타는 수레였다. 손잡이가 낮아서 편안히 앉을 수 있기 때문에 안거라고 불렸다.
774 旒는 깃발 아래의 가장자리에 늘어뜨리는 장식물로, 尊卑에 따라 그 多寡가 정해져 있다.
775 『宋書』 권18, 「禮志」, 498쪽.

◉ 軍吏員令(無考)　군리원령(상고할 수 없음)

◉ 選吏令(無考)　선리령(상고할 수 없음)

◉ 選將令　선장령

【원문】選三部司馬, 皆限力擧千二百斤以上. 前驅司馬取便大戟. 由基司馬取能挽一石七鈄以上弓.(御覽三百八十六, 引晉令.)

【역문】삼부사마776를 선발할 때 [선발자는] 모두 최소한 1200근 이상을 들어야 한다. 전구사마는 큰 창을 잘 다루는 자로 뽑는다. 유기사마는 1석 7두 이상의 활을 잘 다루는 자로 뽑는다.777(『태평어람』권386에서 진령을 인용)

◉ 選雜士令(無考)　선잡사령(상고할 수 없음)

◉ 宮衛令　궁위령

【원문】車駕出入, 相風前引.(類聚六十八, 引晉令.)

【역문】어가가 출입할 때에는 상풍778이 앞에서 인도한다.779(『예문유취』권68에서 진령을 인용)

【원문】車駕出入, 相風已前侍御史 · 令史.(御覽三百八十六, 引晉令.)

【역문】어가가 출입할 때에는 상풍이 시어사 · 영사의 앞에 선다.780(『태평어람』권386에서 진령을 인용)

---

776 『晉書』 권24, 「職官志」, 741쪽에 따르면 三部司馬는 前驅 · 由基 · 强弩司馬를 이른다.
777 『太平御覽』 권386 「人事部」 27, '健', 230쪽.
778 『晉書』 권25, 「輿服志」, '中朝大駕鹵簿', 758쪽과 759쪽의 鹵簿 관련 규정에 相風에 관한 기록이 보인다.
779 『藝文類聚』 권68, 「儀飾部」, 1196쪽.
780 『太平御覽』 권386, 「人事部」, '健', 230쪽.

◉ 贖令(無考)　속령(상고할 수 없음)

◉ 軍戰令　군전령

【원문】 弓弩士習弓(御覽引「習」下無「弓」字)射者, 給竹弓角弓, 皆二人一張.(初學記二十二, 引晉令. 御覽三百四十七, 引晉令.)

【역문】 궁노사로 활쏘기를 익힌 자에게는[『태평어람에는 '습(習)' 아래에 '궁(弓)'자가 없다.] 죽궁·각궁을 지급하는데, 모두 두 사람에 1장씩 [지급한다].[781](『초학기』권22에서 진령을 인용. 『태평어람』권347에서 진령을 인용)

【원문】 兩頭進戰, 視麾所指, 聞三金音止, 二金音還.(御覽三百四十一, 引晉令.)

【역문】 두 개의 진영으로 전쟁에 나갈 때에는 [군대를 지휘하는] 깃발이 지시하는 바를 살피며, 금음이 세 번 들리면[삼금음(三金音)[782]] 멈추고 두 번 들리면 퇴각한다.[783](『태평어람』권341에서 진령을 인용)

【원문】 軍列營, 步騎士以下皆著兜鍪.(御覽三百五十六, 引晉令.)

【역문】 군대의 진영을 정비할 때, 보병과 기병 이하는 모두 투구[두무(兜鍪)]를 착용한다.[784](『태평어람』권356에서 진령을 인용)

◉ 軍水戰令　군수전령

【원문】 水戰有飛雲船、蒼隼船、先登船、飛鳥船.(初學記二十五, 引晉令.)

【역문】 수전에 [이용하는 전선으로는] 비운선·창준선·선등선·비조선이

---

781 『初學記』권22 「弓」, 533쪽; 『太平御覽』권347 「兵部」, '弓', 1081쪽.
782 五音 중 商音에 해당하는 것으로 5가지 종류에 따라 각기 지시하는 바가 달랐다. 『風奇經』 "金音五: 一緩鬥, 二止鬥, 三退, 四背, 五急背."
783 『太平御覽』권341 「兵部」, '麾', 1027쪽.
784 『太平御覽』권356 「兵部」, '兜鍪', 1154쪽.

있다.[785](『초학기』권25에서 진령을 인용)

**【원문】** 水戰飛雲船, 相去五十步; 蒼隼船, 相去四十步.(書鈔一百三十七, 引晉令.)

**【역문】** 수전 시, 비운선은 [두 전선] 사이의 거리를 50보, 창준선은 40보 [유지한다].[786](『북당서초』권137에서 진령을 인용)

**【원문】** 水戰飛雲船, 相去五十步; 蒼隼舡, 相去四十步; 金船, 相去三十步; 小兒先登飛鳥船, 相去五十步.(御覽七百六十九, 引晉令.)

**【역문】** 수전 시, 비운선은 [두 전선] 사이의 거리를 50보, 창준선은 40보, 금선은 30보, 소아선·선등선·비조선은 50보로 한다.[787](『태평어람』권769에서 진령을 인용)

**【원문】** 水戰有飛蒼隼船.(御覽七百七十, 引晉令.)

**【역문】** 수전에 [이용하는 전선으로는] 비[운선]·창준선이 있다.[788](『태평어람』권770에서 진령을 인용)

◉ **軍法令** 군법령

**【원문】** 誤擧烽燧, 罰金一斤八兩, 故不擧者, 弃市.(御覽三百三十五, 引晉令.)

**【역문】** 잘못으로 봉화를 올린 경우 벌금 1근8냥에 처하며, 고의로 봉화를 올리지 않았다면 기시형에 처한다.[789](『태평어람』권335에서 진령을 인용)

---

785 『初學記』권25 「船」11, 610쪽.
786 『北堂書鈔』권137 「舟部」, 889~696쪽.
787 『太平御覽』권769 「舟部」, '敍舟中', 196쪽.
788 『太平御覽』권770 「舟部」, '敍舟下', 204쪽.
789 『太平御覽』권335 「兵部」, '烽燧', 204쪽.

◉ **雜法令(無考)** 잡법령(상고할 수 없음)

【원문】 下列諸條, 不敢定爲屬於某篇, 姑附於末.

【역문】 아래 열거한 조문들은 어떤 편목에 편입시킬지 정하지 못하였으므
로, 일단 맨 마지막에 부기해 두었다.

【원문】 朔望集公卿於朝堂而論政事.(魏書穆崇傳, 引晉令.)

【역문】 매월 초일일과 15일[삭망(朔望)]에 공경들은 조당에 모여 정사를 의
론한다.[790](『위서』「목숭전」에서 진령을 인용)

【원문】 殺人父母, 徙之二千里外.(南史傅亮傳, 引舊令.)

【역문】 타인의 부모를 살해한 자는 2000리 밖으로 천사시킨다.[791](『남사』
「부량전」에서 구령을 인용)

【원문】 凡流徙者, 同籍親近欲相隨者聽之.(同上, 引令.)

【역문】 무릇 유배시킬 경우 동적의 친족이 함께 따라가고자 한다면, 허락
해 준다.[792](『남사』「부량전」에서 영문을 인용)

【원문】 大小中正爲內官者, 聽月三會議上東門外, 設幔陳席.(通典三十二
注, 引晉令.)

【역문】 대중정·소중정으로 내관을 맡은 자는 매월 3번 동문 밖에 모여 의
론할 때에, 장막을 설치하고 좌석을 진설하도록 한다.[793](『통전』권32의 주
문에서 진령을 인용)

---

790 『魏書』 권27, 「穆崇傳」, 670쪽.
791 『南史』 권15, 「傅亮傳」, 444쪽.
792 『南史』 권15, 「傅亮傳」, 444쪽.
793 『通典』 권32, 「職官典」, 892쪽.

【원문】 常以蝗向生時, 各部吏案行境界, 行其所由, 勒生苗之內, 皆令周徧.(類聚一百, 引晉令.)

【역문】 매번 황충이 발생하는 시기에는 향부(鄕部)·정부(亭部)의 이속[794]이 경계를 순찰하고 담당 아전을 찾아가 싹이 나는 시기 내에 모두 대비할 수 있도록 한다.[795](『예문유취』 권100에서 진령을 인용)

【원문】 居洛陽內, 園菜欲課以當者, 耳其引長流, 灌紫蔥, 丁各三畝.(類聚八十二, 引晉令. 齊民要術卷二注云, 晉令有紫蔥.)

【역문】 낙양 성내에 거주하며, 원지(園地)의 야채로 할당된 부세를 납부하고자 하는 경우, 긴 물줄기를 끌어와 자총에 물대는 것을 허락하되, 정마다 각각 3무로 [한정한다].[796](『예문유취』 권82에서 진령을 인용. 『제민요술』 권2의 주에 "진령에는 자총이 [언급되어] 있다."라고 하였다.)

【원문】 丞尉以官舍有桑果, 皆給之, 其無桑及不滿三百株, 皆使吏卒隨閒, 於官舍種桑, 滿三百株.(類聚八十八, 引晉令.)

【역문】 현승·현위[승위(丞尉)] 중 관사에 뽕나무[상과(桑果)]를 두고자 할 경우 모두 그것을 지급한다. 뽕나무가 없거나 300그루가 안 된다면 이·졸이 한가할 때마다 관사에 뽕나무를 심어 300그루가 되도록 한다.[797](『예문유취』 권88에서 진령을 인용)

【원문】 使信節, 皆鳥書之.(御覽六百八十一, 引晉令.)

【역문】 사신의 부절·인신은 모두 조서체[798]로 쓴다.[799](『태평어람』 권681에서 진령을 인용)

---

794 部吏: 鄕部·亭部의 吏.
795 『藝文類聚』 권100, 「災異部」, 1731쪽.
796 『藝文類聚』 권82, 「草部下」, 1418쪽.
797 『藝文類聚』 권88, 「木部」, 1521쪽.
798 鳥書는 書體의 일종으로 篆書體의 변형된 형태이다. 幡信 및 瓦當·印文 등에 사용된다.
799 『太平御覽』 권681, 「儀式部」, '啓載', 342쪽.

**【원문】** 諸有虎, 皆作欄阱籬柵, 皆施箈, 捕得大虎, 賞絹三匹, 虎子半之.
(御覽八百八零九, 引晉令.)

**【역문】** 무릇 호랑이가 있으면 울타리와 구덩이를 만들고 [호랑이에게] 입
마개를 씌운다. 큰 호랑이를 잡은 경우 견 3필을 상으로 주고, 새끼 호랑
이를 잡았다면 그 반을 지급한다.[800](『태평어람』 권892에서 진령을 인용)


**【원문】** 蜜工收蜜十斛, 有能增二升者, 賞穀十斛.(御覽八百五十九, 引晉令.)

**【역문】** 밀공은 꿀 10곡을 거두는데, 2승을 증식한 경우 곡식 10곡을 상으
로 지급한다.[801](『태평어람』 권859에서 진령을 인용)


**【원문】** 凡民不得私煮鹽, 犯者四歲刑, 主吏二歲刑.(御覽八百六十五, 引晉
令. 書鈔一百四十六引晉令)

**【역문】** 무릇 백성은 사사로이 소금을 제조할 수 없다. 범한 경우 [본인은] 4
세형에 처하고 주리는 2세형에 처한다.[802](『태평어람』 권865에서 진령을 인
용.『북당서초』 권146에서 진령을 인용)


**【원문】** 翡鳥不得西度隴.(御覽九百二十四, 引晉令.)

**【역문】** 자주호반새[비조(翡鳥)]는 농서[현재의 감숙성(甘肅省) 지역]를 넘어 서
쪽으로 [보내서는] 안 된다.[803](『태평어람』 권924에서 진령을 인용)


## ◉ 晉假寧令  진가녕령

**【원문】** 諸內外官五月給田假, 九月給受衣假, 爲兩番, 各十五日. 田假若
風土異宜, 種收不等, 通隨給之.(御覽六百三十四, 范寧啓斷國子生假故事引

---

800 『太平御覽』 권892 「獸部」, '虎下', 151쪽.
801 『太平御覽』 권859 「飮食部」.
802 『太平御覽』 권865 「飮食部」, '鹽', 972쪽.
803 『太平御覽』 권924 「羽族部」, '翡翠', 413쪽.

假寧令.)

【역문】 무릇 내·외관은 5월에 전가가 지급되며, 9월에는 수의가가 지급되는데,[804] 두 번으로 나누어 각각 15일씩 지급한다. 전가의 경우 풍토가 달라 파종·추수[의 시기가] 다를 경우, [지역의 형편에] 맞추어 지급한다.[805][『태평어람』 권634. 범녕의 '계단국자생가고사(啓斷國子生假故事)'에서 가녕령을 인용]

【원문】 諸百官九品私家祔廟除程給假五日, 四時祭祀各給假四日, 去任所三百里內, 亦給程.(同上)

【역문】 무릇 백관 9품[이상]이 사가에서 부묘[806]를 행할 경우, 여정에 소요되는 기간은 [휴가 일수에] 포함하지 않으며[제정(除程)] 5일의 휴가를 지급한다. 사시제사에는 각각 휴가 4일을 지급하는데, [제사를 지내는 곳이] 근무지에서 300리 내에 있더라도, 여정에 소요되는 기간을 지급한다.[807](위와 동일)

【원문】 諸文武官若流外已上者, 父母在三年給定假三十日, 其拜墓五年一假十日, 竝除程. 若已經還家者, 計還後給. 其五品已上, 所司勘當於事每闕者奏, 不得輒自奏請. 請冠給假三日, 五服內親冠給假一日, 並不給程.(同上)

【역문】 무릇 문무관으로 유외 이상인 자에게는, 부모가 살아 계실 경우 3년마다 정가 30일을 지급하고, 성묘를 위해 5년에 한 번 10일의 휴가를 준다. 모두 여정에 소요되는 기간은 [휴가 일수에] 포함하지 않는다. 만약 [지급된 휴가 일수보다] 일찍 집에 돌아온 경우, 돌아온 이후부터 [남은

---

804 田假는 농사일이 바쁜 시기에 지급된 휴가였으므로 이와 같이 명명한 것이며, 授衣는 겨울옷을 준비한다. 혹은 官家에서 겨울옷을 나누어 준다는 의미이다.
805 『太平御覽』 권634 「治道部」, '急假', 970쪽.
806 神主를 祖廟에 모시는 제사의 일종.
807 『太平御覽』 권634 「治道部」, '急假', 970쪽.

휴가 일수를] 계산하여 휴가를 준다. 5품 이상의 경우 담당 관사에서 해당 사안이 있을 때마다 조사하여 [휴가를 위해] 자리를 비운 자를 상주하고, 함부로 직접 주청할 수는 없다. 관례를 위해 [휴가를] 청할 경우 3일의 휴가를 주고, 오복 이내 친족의 관례에는 1일의 휴가를 주되 여정에 소요되는 기간은 [따로] 주지 않는다.[808](위와 동일)

【원문】 諸婚給假九日, 除程, 周親婚嫁五日, 大功三日, 小功已下一日, 並不給程. 周巳下無主者, 百里內除程. 諸本服周親已上疾病危篤, 遠行久別及諸急難, 並量給假.(同上)

【역문】 무릇 [본인과 자식의] 혼인에는 9일의 휴가를 주며 여정에 소요되는 기간은 [휴가 일수에] 포함하지 않는다. 기년복을 입는 친족의 혼인에는 5일, 대공의 경우는 3일, 소공 이하의 경우는 1일을 주되, 모두 여정에 소요되는 기간은 주지 않는다. 기년복을 입는 친족 이하로 혼주가 없는 경우, 100리 내는 여정에 소요되는 기간을 [휴가 일수에] 포함하지 않는다. 무릇 본복으로 기친 이상 친속의 질병이 위독하거나, 멀리 가서 오래 이별하게 되었거나, 급하고 어려운 일이 생겼을 경우에는 모두 [사정을] 헤아려 휴가를 지급한다.[809](위와 동일)

【원문】 急假者, 一月五給, 一年之中, 六十日爲限. 千里內者, 疾病申延二十日, 及道路解故九十五日.(初學記二十引晉令)

【역문】 휴가[급가(急假)][810]는 1달에 5번 지급하며, 1년간 60일을 한도로 한다. 1000리 내에 있는 경우 질병으로 인해 [휴가 연장을 신청한다면] 20일을 연장해 주고, 도로가 막힌 경우 95일을 연장해 준다.(『초학기』 권20에서 진령을 인용)

---

808 『太平御覽』 권634 「治道部」, '急假', 970쪽.
809 『太平御覽』 권634 「治道部」, '急假', 970쪽.
810 『白氏六帖事類集』 권12에는 "急假"를 "給假"라고 하였으며, 『初學記』 권12에서도 急은 휴가의 명칭("急、告、寧, 皆休假名也.")이라고 하였다. 따라서 역문에서는 "휴가"라고 번역하였다.

## ◉ 晉詔條   진조조

**【원문】** 魏咸熙二年十一月, 令諸郡中正以六條擧淹滯: 一曰忠恪匪躬, 二曰孝敬盡禮, 三曰友于兄弟, 四曰潔身勞謙, 五曰信義可復, 六曰學以爲己.(武帝紀)

**【역문】** 위 함희 2년(265) 11월 [무제가] 각 군의 중정에게 명령하여 [다음의] 여섯 가지 항목에 해당하나 아직 등용되지 않은 자를 천거하도록 하였다. [여섯 항목은] 첫째 충성을 다하고 삼가는 것, 둘째 부모에게 효를 다하고 웃어른을 공경하며 예를 극진히 하는 것, 셋째 형제간에 우애 있는 것, 넷째 청렴하고 겸손한 것, 다섯째 언행이 미더우며 도리에 부합한 것, 여섯째 자신의 [수행을] 위하여 학문을 하는 것.[811](『진서』「무제기」)

**【원문】** 永和元年四月, 詔會稽王昱錄尚書六條事. 二年二月, 以左光祿大夫蔡謨領司徒, 錄尚書六條事.(穆帝紀)

**【역문】** 영화 원년(345) 4월, 회계왕 사마욱에게 조를 내려 상서 육조의 사안을 관장하도록[녹(錄)] 하였다. 영화 2년(346) 2월 좌광록대부 채모로 사도를 겸하게 하고, 상서 육조의 사안을 관장하도록 하였다.[812](『진서』「목제기」)

**【원문】** 晉刺史六條制一卷(隋書經籍志)

**【역문】** 『진자사육조제』1권[813](『수서』「경적지」)

**【원문】** 泰始四年十二月, 班五條詔書於郡國: 一曰正身, 二曰勤百姓, 三曰撫孤寡, 四曰敦本息末, 五曰去人事.(武帝紀)

---

811 『晉書』 권3, 「武帝紀」, 50쪽.
812 『晉書』 권8, 「穆帝紀」, 191쪽.
813 『隋書』 권33, 「經籍志」, 973쪽.

【역문】 태시 4년(268) 12월 군·국에 오조조서를 반포하였다. [오조조서의 내용은] 첫째는 스스로를 바르게 하는 것, 둘째는 백성을 위해 힘쓰는 것, 셋째는 고아·과부[고과(孤寡)]를 진휼하는 것, 넷째는 농업에 힘쓰고 상업을 억제하는 것[돈본식말(敦本息末)], 다섯째는 사사로운 청탁[인사(人事)]을 제거하는 것이다.[814]('진서』「무제기」)

【원문】 班五條詔十卷. 亡.(隋書經籍志)

【역문】 『반오조조』 10권. 망실됨.[815]('수서』「경적지」)

【원문】 宋百官志, 晉康帝世, 何充讓錄表曰:「咸康中, 分置三錄, 王導錄其一, 荀崧、陸曄各錄六條事.」然則似有二十四條, 若止有十二條, 則荀、陸各錄六條, 導又何所司乎? 其後每置二錄, 輒云各掌六條事, 又是止有十二條也. 晉江右有四錄, 則四人參錄也. 江右張華、江左庾亮並經關尙書七條, 則亦不知皆何事也.(玉海)

【역문】 『송서』「백관지」에는 [다음과 같이 기록되어 있다.] 진의 강제 치세(343-344)에 하충이 녹상서사[의 관직을] 사양하며 표문을 올려 "함강 연간(335-342)에 삼록을 나누어 설치하고, 왕도에게 그중 하나를 관장하게 하였으며, 순숭·육엽에게 각각 육조의 사안을 담당하도록 하였습니다."라고 하였다. 그런즉 24조가 존재했던 것이니, 만약 단지 12조만 있었다면 순숭·육엽이 각각 6조를 담당하고, 왕도는 또한 무엇을 담당하였겠는가? 그 후에는 매번 이록을 설치하고, "각각 육조의 사안을 관장하였다"라고 언급하였으니, 바로 이것이 12조만 있었던 [시기의 기록]이다. 서진 시기에는 사록이 있었으니, 즉 4명이 녹상서사의 [직무에] 참여했던 것이다. 서진의 장화와 동진의 유량도 모두 상서칠조의 [직무에] 관여하였으나, 그것이 모두 어떠한 일이었는지는 알 수 없다.(『옥해』)

---

814 『晉書』 권3, 「武帝紀」, 58쪽.
815 『隋書』 권35, 「經籍志」, 1087쪽.

## ◉ 晉故事　진고사

**【원문】** 秀創制朝儀, 廣陳刑政, 朝廷多遵用之, 以爲故事.(裴秀傳)

**【역문】** 배수가 조정의 의례를 제정하고, 형정을 널리 펴니, 조정에서 그것을 대부분 준용하여 고사로 삼았다.[816](『진서』「배수전」)

**【원문】** 其常事品式章程, 各還其府, 爲故事.(刑法志)

**【역문】** 그 통상의 품식이나 장정은 각각 해당 관부로 돌려보내 고사로 삼는다.[817](『진서』「형법지」)

**【원문】** 孝綽子諒, 字求信. 少好學, 有文才, 尤博悉晉代故事, 時人號曰「皮裏晉書」.(梁書劉孝綽傳)

**【역문】** 유효작의 아들 유량은 자가 구신이다. 어려서부터 학문을 좋아하고 문재가 있었으며, 특히 진대의 고사에 해박하여 당시 사람들이 "피리진서(皮裏晉書)"라고 불렀다.[818](『양서』「유효작전」)

**【원문】** 博涉多通, 尤悉魏晉以來吉凶故事.(梁書范岫傳)

**【역문】** [범수는] 박학다식하였으며, 특히 위·진 이래 길흉의 고사에 대해 해박하였다.[819](『양서』「범수전」)

**【원문】** 晉故事四十三卷. 晉建武故事一卷. 晉咸和、咸康故事四卷(晉孔愉撰). 晉修復山陵故事五卷(車灌撰). 晉八王故事十卷. 晉、宋舊事一百三十五卷. 晉東宮舊事十卷. 晉雜議十卷. 晉彈事十卷(唐志作九卷). 晉駁事四卷.(隋書經籍志)

---

816 『晉書』 권35, 「裴秀傳」, 1040쪽.
817 『晉書』 권30, 「刑法志」, 927쪽.
818 『梁書』 권33, 「劉孝綽傳」, 484쪽.
819 『梁書』 권26, 「范岫傳」, 391쪽.

【역문】『진고사』43권.『진건무고사』1권.『진함화·함강고사』4권(진 공유 편찬).『진수복산릉고사』5권(차관 편찬).『진팔왕고사』10권.『진·송구사』135권.『진동궁구사』10권.『진잡의』10권.『진탄사』10권(『신당서』「예문지」에는 9권으로 되어 있다).『진박사』4권.[820](『수서』「경적지」)

【원문】 晉太始太康故事八卷. 孔愉晉建武咸和咸康故事四卷. 晉建武以來故事三卷. 晉氏故事三卷. 晉故事四十三卷. 晉諸雜故事二十二卷. 車灌晉脩復山陵故事五卷.(唐書藝文志)

【역문】『진태시태강고사』8권. 공유[가 편찬한]『진건무함화함강고사』4권.『진건무이래고사』3권.『진씨고사』3권.『진고사』43권.『진제잡고사』22권. 차관[이 편찬한]『진수복산릉고사』5권.[821](『신당서』「예문지」)

【원문】 晉賈充等撰律、令, 兼刪定當時制、詔之條, 爲故事三十卷, 與律、令竝行.(唐六典六注)

【역문】 진 가충 등은 율·령을 편찬하였으며, 아울러 당시 제·조의 조문을 산정하여『고사』30권으로 만들어 율·령과 함께 시행하였다.[822](『당육전』권6의 주문)

【세주 원문】 按隋志云, 漢初, 蕭何定律九章, 其後漸更增益, 令甲已下, 盈溢架藏. 晉初, 賈充、杜預, 刪而定之. 有律, 有令, 有故事. 是故事亦多關於律也.

【세주 역문】『수서』「경적지」에서는, "한 초에 소하가 율 구장을 찬정한 후, 점차 [율문이] 더욱 많아져, 영갑 이하가 서고에 차고 넘쳤다. 진 초에 가충과 두예가 그것을 산정하여, 율과 영, 고사를 두었다."[823]고 하였다. 이 고사는 역시 대부분 율에 관련된 것이다.

---

820 『隋書』권33,「經籍志」, 966쪽.
821 『新唐書』권58,「藝文志」, 1474쪽.
822 『唐六典』권6,「尙書刑部」, 185쪽.
823 『隋書』권33,「經籍志」, 974쪽.

# 찾아보기

**가**인수전(呵人受錢) 28
가죄(加罪) 135
가차불렴(假借不廉) 28
간죄(姦罪) 41
감림부주견지고종(監臨部主見知故縱)31
減死一等 74
갑자과 80
갑진령(甲辰令) 94
강도(强盜) 134, 155
거마(車馬) 30
居職犯公坐 229
겁략 22, 25, 128, 224, 226
겁략률(劫略律) 25
겁략죄 224, 225
경(黥) 53
경사(警事) 22, 128
경사고급(警事告急) 30
경사율(警事律) 30
경형(黥刑) 208
계류(稽留) 29
계수(繫囚) 27, 131
계수단옥률(繫訊斷獄律) 27
계신(繫訊) 22, 121, 131
考竟 75, 246
고반체수(告反逮受) 27
고반체험(告反逮驗) 30
고사(考事) 27
고종(故縱) 134
고핵(告劾) 22, 27, 121, 131, 134
고핵률(告劾律) 27
곤겸사세형 39

곤겸삼세형 39
곤겸오세형 39, 170, 176
곤겸이세형 39
곤형(髡刑) 32, 38-40, 53
공갈 25, 136, 134, 155
공사령(貢士令) 273
과(科) 25, 27, 28
과조(科條) 28
관시(關市) 128
관시령(關市令) 338
관품령(官品令) 273
교 176
交關 244
교제(矯制) 25
矯詔 232
교형 175
구과(舊科) 83
구율(具律) 23, 28
구율(廐律) 23, 27, 29, 30
구전(舊典) 29
구치(廐置) 29
毆兄姊 151
국옥(鞫獄) 27
군리원령(軍吏員令) 344
군법령(軍法令) 346
군수전령(軍水戰令) 345
군전령(軍戰令) 345
군중령(軍中令) 84, 85
군책령(軍策令) 89
궁위령(宮衛令) 344
궁형 53

귀신백찬(鬼薪白粲) 40
금고(禁錮) 182
금포율(金布律) 26, 30
기만(欺謾) 25
기시(棄市) 37, 143, 173-175
기시형 166, 207, 220-223
기치(騎置) 29

闌利宮殿門 151
내계령(內誡令) 99
내죄(耐罪) 176
露泄選擧 151
노역 131
노유도모(老幼悼耄) 196
漏泄 233

단옥(斷獄) 22, 27, 121
대벽(大辟) 37
[대(大)]불경(不敬) 153
大不敬棄市 213
도(徒) 141
盜發冢 160
盜傷縛守 154
도율(盜律) 23, 25
도장(盜臟) 137
도형 135
동직범공좌 229
등문도사(登聞道辭) 27

면관 172, 173, 232
면좌(免坐) 128
면좌율(免坐律) 23
명벌령(明罰令) 98

謀發密事 151
沒官爲奚奴 187
誣告人反 72
誣罔 232
誣罔父母 157
무사(巫史) 69
무축(巫祝) 69
무투(誣偸) 149
묵형(墨刑) 208
문하산기중서령(門下散騎中書令) 343
民殺長吏 234

박수(縛守) 136
반좌(反坐) 138
발욕강적(勃辱强賊) 28
벌금(罰金) 30, 179
벌작(罰作) 40
법례(法例) 121, 128
변사령(變事令) 30, 94
보언(報讞) 27
보전령(步戰令) 91
복작(復作) 40
복제령(復除令) 338
복제령(服制令) 330
봉름령(俸廩令) 330
봉수(烽燧) 30
봉조불근(奉詔不謹) 29
부거(副車) 29
부도(不道) 132, 154
불승용조서(不承用詔書) 29
불승용조서, 핍군(不承用詔書, 乏軍) 29
불여령(不如令) 29
不憂軍事 152
불효(不孝) 71, 149, 216
不孝棄市 215

| | |
|---|---|
| 불효죄 | 216 |
| 非所宜言 | 230 |

| | |
|---|---|
| **사**구작(司寇作) | 40 |
| 사령(祠令) | 335 |
| 徙邊 | 181 |
| 사세형(四歲刑) | 176 |
| 사예교위(司隷校尉) | 290 |
| 사위(詐僞) | 22, 25, 122 |
| 사위생사(詐僞生死) | 26 |
| 사율(詐律) | 26 |
| 사자복면(詐自復免) | 26 |
| 사자험뢰(使者驗賂) | 28 |
| 살상인축산(殺傷人畜産) | 26 |
| 殺子棄市 | 217 |
| 삼대비서령(三臺秘書令) | 343 |
| 삼사(三赦) | 196 |
| 삼세형(三歲刑) | 163, 168, 172, 176 |
| 삼유(三宥) | 196 |
| 上變事 | 151 |
| 상서관령(尙書官令) | 84 |
| 상서령(尙書令) | 343 |
| 상언변사(上言變事) | 30 |
| 상옥(上獄) | 27 |
| 傷人 | 152 |
| 상장(償贓) | 22, 128 |
| 상장령(喪葬令) | 342 |
| 상장률(償贓律) | 31 |
| 上表不以實 | 231 |
| 상형(象刑) | 206 |
| 생죄(生罪) | 134 |
| 생형(生刑) | 62 |
| 선거령(選擧令) | 96 |
| 선리령(選吏令) | 344 |
| 선잡사령(選雜士令) | 344 |

| | |
|---|---|
| 선장령(選將令) | 344 |
| 선전령(船戰令) | 90 |
| 설관령(設官令) | 95 |
| 소건핍(小愆乏) | 29 |
| 속금 | 40 |
| 속령(贖令) | 345 |
| 贖死 | 177 |
| 贖死金 | 171 |
| 贖四歲刑 | 177 |
| 贖三歲刑 | 177 |
| 贖五歲刑 | 177 |
| 贖二歲刑 | 177 |
| 속죄 | 179 |
| 속형(贖刑) | 30, 32, 40 |
| 수(囚) | 141 |
| 수고리물(受故吏物) | 228 |
| 수구(受求) | 137 |
| 수구(受賕) | 134 |
| 受求所監 | 155 |
| 수비 | 131 |
| 首事 | 73 |
| 囚辭所連 | 155 |
| 수소감(受所監) | 28 |
| 수율(囚律) | 23, 26, 121 |
| 수재왕법(受財枉法) | 28, 149 |
| 수화(水火) | 122, 128, 131 |
| 승전(乘傳) | 29 |
| 식주(食廚) | 29 |
| 신과(新科) | 80 |
| 『신율』18편 | 21 |
| 11세형 | 142 |

| | |
|---|---|
| **아**인(阿人) | 136 |
| 呵人取財 | 154 |
| 악역(惡逆) | 132, 154 |

| | |
|---|---|
| 掠人和賣 | 149 |
| 어사중승(御史中丞) | 295 |
| 영병(令丙) | 26 |
| 영을(令乙) | 28 |
| 오세형 | 141, 221 |
| 옥관령(獄官令) | 339 |
| 완형(完刑) | 32, 39, 40 |
| 왕공후령(王公侯令) | 343 |
| 요언 | 65 |
| 요참(腰斬) | 29, 37, 122, 175 |
| 우역령(郵驛令) | 23, 30, 94 |
| 월궁조율(越宮朝律) | 116 |
| 越武庫垣 | 150 |
| 越戌 | 152 |
| 월형(刖刑) | 208 |
| 위과(魏科) | 83 |
| 위궁(衛宮) | 122, 128 |
| 위궁위제(衛宮違制) | 116 |
| 魏金策著令之制 | 101 |
| 위무군령(魏武軍令) | 85 |
| 위제(違制) | 122, 128 |
| 僞造官印 | 152 |
| 유난(留難) | 137 |
| 유봉(踰封) | 25 |
| 6세형 | 141 |
| 육욕(戮辱) | 137 |
| 육형 | 51, 55 |
| 율약론(律略論) | 107 |
| 淫亂破義 | 157 |
| 의(劓) | 53 |
| 의약질병령(醫藥疾病令) | 342 |
| 이삼족(夷三族) | 42, 179 |
| 이세형(二歲刑) | 176 |
| 이원령(吏員令) | 328 |
| 이자(異子)의 과(科) | 34 |
| 1세형 | 226 |
| **자**수(自首) | 72, 160, 245 |
| 作窣 | 152 |
| 작형(作刑) | 32, 40 |
| 잡령(雜令) | 343 |
| 잡률(雜律) | 23, 28 |
| 잡법령(雜法令) | 347 |
| 잡저죄(雜抵罪) | 178 |
| 장정(章程) | 122 |
| 저죄(抵罪) | 32, 42 |
| 저치불판(儲峙不辦) | 29 |
| 적률(賊律) | 23, 25, 26 |
| 적벌수목(賊伐樹木) | 26 |
| 전령(佃令) | 337 |
| 전복(傳覆) | 27 |
| 정유조서(丁酉詔書) | 29 |
| 정죄양형(定罪量刑) | 137 |
| 제구품(第九品) | 325 |
| 제망인(諸亡印) | 26 |
| 제명(除名) | 172, 185 |
| 제사품(第四品) | 292 |
| 제삼품(第三品) | 279 |
| 제오품(第五品) | 296 |
| 제육품(第六品) | 303 |
| 제이품(第二品) | 278 |
| 제일품(第一品) | 274 |
| 제칠품(第七品) | 313 |
| 제팔품(第八品) | 322 |
| 제후(諸侯) | 128 |
| 조의(造意) | 133, 244 |
| 족주(族誅) | 122 |
| 종좌(從坐) | 122 |
| 좌도(左道) | 69 |
| 좌지(左趾) | 53 |
| 주군령(州郡令) | 84 |
| 주금(酒禁) | 253, 254 |
| 走馬衆中 | 153 |

主守偷五疋常偷四十疋處死 227
중령군(中領軍) 290
知情 74
지질(持質) 134, 137, 155
진고사(晉故事) 354
진령(晉令) 270, 271
진조조(晉詔條) 352

착전(鑿顚) 61
참(斬) 173, 175
참수(斬首) 143, 175
참우지 207
참좌우지 205
참최복 83
참형(斬刑) 37, 223
擅去官 235
천부(擅賦) 137
천사 215
천작수사(擅作修舍) 28
擅縱罪人 235
천흥(擅興) 23
천흥요역(擅興徭役) 28
청구(請賕) 22, 122
청구율(請賕律) 28
추협(抽脅) 61
축양 131
출매정(出賣呈) 28

탈작(奪爵) 186
태자첨사(太子詹事) 289
태형(笞刑) 53
鬪殺傷傍人 154
투죄(鬪罪) 133
특질(持質) 25

팔의(八議) 63, 159, 209
팽자(烹煮) 61
편독(鞭督) 41
편장(篇章) 25
편장(鞭杖) 208
편장령(鞭杖令) 340
評價貴 235
평용좌장(平庸坐臟) 30
포망령(捕亡令) 339
포상령(襃賞令) 95
포율(捕律) 23, 131
품식(品式) 122
핍군흥(乏軍興) 29, 156, 236
핍류율(乏留律) 29
핍요(乏徭) 29

학령(學令) 272
虛張首級 237
형명(刑名) 23, 25, 121
형명제일(刑名第一) 22
형제보인(兄弟保人) 151
호령(戶令) 272
호율(戶律) 23
호조령(戶調令) 335
화매매인(和賣買人) 25
환장비주(還贓畀主) 30
효(梟) 173
효수(梟首) 37, 122, 143, 166
훼망(毀亡) 22, 122
훼망률(毀亡律) 26
훼상망실현관재물(毀傷亡失縣官財物) 26
흥률(興律) 23, 27
흥천율(興擅律) 28
戲殺人 152